Ehrsfeld
Cram
Mehren
Orfgen
Albach
Flamersfeld
Pulsch
Roth
Ob. Lahr
Kirthausen
Hohmbach
Krenckel
Hahnbuch
Wehrod
Muschad
Mühl
Olim
ad
Malert
Schurb
Ob. Wambach
Rothebach
Nazert
Puderbach
Hilgerth
Nid. Dreiss
Hahnroth
Roßbach
Eigerth
Hausen
Herschbach
DIERDORF
Mühle
Brückrachdorf
Rushaid
Anhausen
Dahlhausen
Kl. Meyschaid
Gr. Meyschaid
Steinbach
Stebach
Lanfen
Isenburg
Hausenborn
Steinbruch
Romersdorf
Gladbach
Heimbach
Kieselborn
Weiss
Eisenhutt
Schloss
Sarn
Engers
Mühle
Benndorf
Weydersberg
Grentshausen
Hilgert
Rantebach
Hauwerten
Bembach
Nordhof
Flus
Hf. Steinebach
Nid. Hofen
Damsbach
Marienhausen
Grenzhausen
Mühle

Ausschnitt einer Landkarte der wiedischen und niederisenburgischen Lande von J. F. v. Düntzfeld aus dem Jahre 1772 © Kreismuseum Neuwied

. . . . . Grenzen des Fürstentums Wied-Neuwied im Jahr 1784

REINHARD SCHMOECKEL

UNTER DEM BLAUEN PFAUEN

Reinhard Schmoeckel

Thalhausen, 26. November 1985

REINHARD SCHMOECKEL

Unter dem blauen Pfauen

EIN DEUTSCHES FÜRSTENTUM

IM 18. JAHRHUNDERT

HISTORISCHER ROMAN

EUGEN SALZER-VERLAG HEILBRONN

1. Auflage 1984

Umschlaggestaltung: Christa Pohl
Bildnachweis: Neuwied-Rheinufer, Kupferstich von Schlickum,
entnommen einer Sammelmappe der Buchhandlung Kehrein, Neuwied,
handkoloriert von Christa Pohl
Satz und Druck: Offizin Chr. Scheufele, Stuttgart
Printed in Germany · ISBN 3 7936 0237 0

Vorwort

Vor einem Fernsehfilm mit einem historischen Thema war kürzlich der Vorspann zu lesen: »Dieser Film wurde nicht von der Geschichte geschrieben, sondern von den Autoren. Sollten trotzdem einige Ereignisse den historischen Vorgängen entsprechen, so wäre das ein Zufall.«

Dieses Buch ist nicht nach diesem Motto geschrieben. Im Gegenteil. Auch wenn eine Romanhandlung sich durch die Szenen des Buches zieht, wenn persönliche Schicksale, Einzelsituationen, Dialoge vom Autor erfunden wurden, so ist sein Inhalt doch weitaus mehr Historie als Roman. Neun Zehntel der auftretenden Personen haben wirklich gelebt, und auch ihre Namen sind unverändert. Die große Mehrzahl der geschilderten Vorgänge ist für den, der es möchte, aus den sorgfältig aufbewahrten handschriftlichen Akten im Fürstlich-Wiedischen Archiv in Neuwied rekonstruierbar – so verblüffend und unwahrscheinlich uns Heutigen auch manche Ereignisse und Einstellungen scheinen. Der Autor hat sich nur erlaubt, einige Vorgänge, die sich in Wirklichkeit ein paar Jahre früher oder später ereigneten, in das Jahr 1783/84 zusammenzuziehen.

Geschichte ist viel mehr als das Agieren der »großen Herren«, sie geht weit über die diplomatischen und kriegerischen Verwicklungen der Staaten hinaus. Geschichte wird in Wahrheit erst dann lebendig, wenn auch das Leben und Denken des »kleinen Mannes« einbezogen wird. Doch da sind die herkömmlichen Geschichtsbücher wenig ergiebig. Wie haben denn unsere Ur-Ur-Großeltern vor sechs oder sieben Generationen gelebt? Ist das, was in diesem Buch an Lebensumständen und Lebensgefühl geschildert wird, tatsächlich nicht länger als gerade erst genau zweihundert Jahre her?

Das Leben in Preußen oder Österreich im 18. Jahrhundert hat schon viele gute, packende Darstellungen gefunden, auch in Form historischer Romane. Aber wie war das Dasein in den vielen »Duodez-Ländchen« mit ihren Herzögen, Bischöfen, Fürsten und Grafen an der Spitze, die damals das übrige, das viel größere, eigentliche »Reich« bildeten? Es wird von Historikern und Schriftstellern nur zu gerne übersehen. Vielleicht, daß das Herzogtum Sachsen-Weimar zur Goethezeit noch heute seinen literarischen Nachklang findet. Aber war nicht auch das Leben abseits kriegerischer, politischer oder geistiger Größe ein unabdingbarer Teil unserer deutschen Geschichte? Gab es dort in den kleinen deutschen Herrschaften zur Zeit des aufgeklärten Absolutismus noch die »gute alte Zeit« – oder stöhnten die Menschen unter einer erbarmungslosen »Fürstenknechtschaft«? Es war wohl von beidem etwas und von keinem zu viel.

Dieses Buch ist eine historisch getreue Momentaufnahme aus *einem* dieser kleinen Territorien; aber es zeichnet – trotz aller örtlichen Begrenztheit – dennoch ein durchaus für weite Teile des damaligen »Heiligen Römischen Reiches deutscher Nation« geltendes Sitten- und Gesellschaftsbild.

Die Grafschaft – seit 1784 Fürstentum – Wied-Neuwied ist vielleicht eines der unbekanntesten, aber auch interessantesten Beispiele für die Kräfte, die sich kurz vor der Umgestaltung der deutschen Landkarte durch Napoleon in Deutschland regten. Da war der Graf, der gerne ein berühmter Diplomat im Dienst Preußens oder des Reiches geworden wäre und der stattdessen als echter aufgeklärter absoluter Monarch zum sich um alles kümmernden Landesvater seiner knapp elftausend Untertanen wurde; der Fürst, der mangels eines größeren Betätigungsfeldes um so intensiver im Inneren seines Ländchens wirkte. Da waren die Unternehmer und Kaufleute, die mit allen Hindernissen der fast noch mittelalterlich-ständischen Gesellschaft fertigzuwerden wußten und, gelenkt von tiefer Religiosität, frühkapitalistische Zustände bereits im letzten Viertel des 18. Jahrhunderts einführten. Da waren die Bauern, für die Begriffe wie Fortschritt oder Veränderung unvorstellbar waren, die für ihr »gutes altes Recht« zäh Prozesse gegen ihren Landesherren führten und die dennoch die Person und die Familie ihres Grafen tief verehrten. Da war – eine große Seltenheit in damaligen Zeiten – die weitgehende religiöse Toleranz und dennoch die Unduldsamkeit unter der Decke, das bigotte Festhalten an jahrhundertealten religiösen Schranken.

In der modernen Industriestadt Neuwied wird auch nach 130jähriger Zugehörigkeit zu Preußen und nach fast 40jähriger Zugehörigkeit zum Bundesland Rheinland-Pfalz mit Stolz an die Zeiten der alten Reichsgrafschaft Neuwied gedacht. Für die vielen Lokalhistoriker unter den Neuwiedern sei gesagt: die politischen Hintergründe der Erhebung des Grafen Johann Friedrich Alexander in den Reichsfürstenstand im Jahr 1784 und auch der Zusammenhang dieses Ereignisses mit der »Privatisierung« des Eisenwerkes Rasselstein – Vorfahre der heutigen »Rasselstein AG« – stellen echte historische Fakten dar, auch wenn sie bisher in der Lokalgeschichte noch nicht berücksichtigt worden sind.

Mein Dank gebührt Landesarchivdirektor a. D. Dr. Graf Looz-Corswarem, der mich bei meiner Entdeckungsreise durch das Fürstlich-Wiedische Archiv unterstützt und damit dieses Buch erst möglich gemacht hat.

Reinhard Schmoeckel

Sommer am Rhein

1

Jacques Nillion, der Wirt des »Braunschweiger Hofes«, trat auf die Straße, als er die Kutsche der fürstlich Thurn-und-Taxisschen Post vor dem Haus halten hörte. Es kamen immer wieder Reisende, die der aufstrebenden Residenzstadt Neuwied einen Besuch machen wollten und gern in seinem Gasthof Wohnung nahmen. Er sah ein junges Mädchen in einfacher Kleidung aus der Kutsche springen, offenbar eine Zofe. In fremdklingendem Dialekt begann sie mit dem Postillion eine Diskussion wegen der Koffer. Ihr folgte eine junge Dame, die den Wirt sogleich zu einem Kratzfuß und einem höflichen Ziehen der Mütze veranlaßte. Hübsch, von gutem Haus, sieht aber nicht gerade nach viel Geld aus, taxierte sie der Wirt routiniert bei sich. Noch keine zwanzig, schätzte er. Was mag sie hier wollen?

Die Dame setzte aufatmend die Füße auf festen Boden und blickte sich aufmerksam um. Ihr schienen die Tage ein wenig durcheinandergeraten zu sein – der Wirt erlebte das häufiger bei Reisenden, die lange mit der Postkutsche unterwegs waren –, denn sie fragte ihn:

»Wir sind doch hier in Neuwied? Können Sie mir sagen, welchen Tag wir heute haben?«

Der Wirt zog erneut die Mütze:

»Ja, dies ist Neuwied, Euer Gnaden, und heute ist Mittwoch, der 16. Julius im Jahre des Herren 1783. Belieben Euer Gnaden, in meinem Hause zu logieren?«

»Nur kurz, Herr Wirt, ich wäre Ihnen sehr verbunden, wenn Sie einen Boten zum Herrn Obristen von Lützow schicken könnten, daß ich angekommen bin. Ich bin seine Nichte, Charlotte Christine von Lützow.«

Erfüllt von zwiespältigen Gefühlen wartete die junge Frau im Gastzimmer des »Braunschweiger Hofes« auf ihren Onkel und auf das, was die nächste Zeit ihr bringen werde. Endlich angekommen, dachte sie. Wie lange waren die beiden Mädchen allein unterwegs gewesen, auf ungefederten Leiterwagen oder in ruckelnden Postkutschen. Jeden Abend in einem anderen Bett, manchmal auch nur auf einem Strohsack. Waren es drei Wochen oder schon vier, seit sie von zu Hause aufgebrochen waren? So weit lag die Heimat hinter ihnen. Und nun hier das Neue, Unbekannte, vor dem sie sich fürchtete und das sie zugleich mit einem leichten Kribbeln der Ungeduld ersehnte. Die Häuser, die sie vom Fenster des Gasthofes aus erblicken konnte, waren einfach und schmucklos, fast eines wie das andere. Keines ragte über das andere empor, alle sahen sie noch ziemlich neu aus. Die Menschen auf der Straße trugen schlichte, aber saubere und ordentliche Kleidung. Was mochte dies für ein Land sein?

Charlotte wurde in ihren Gedanken unterbrochen, als ein fülliger älterer Herr in einem Samtrock von mittelblauer Farbe und spitzenbesetzten Manschetten die Gaststube betrat, noch etwas außer Atem vom schnellen Gehen.

»Du bist das kleine Lottchen? Hast du dich aber herausgemacht!« begrüßte er die junge Dame herzlich, erst mit einem formvollendeten Handkuß, dann mit einer familiären Umarmung. »Als ich dich das letzte Mal gesehen habe, warst du fünf Jahre alt, und deine Mutter war gerade gestorben. Aber wie ich sehe, hat mein Bruder Claus dich auch ohne Frau großgezogen. Erzähle mir von Klein-Zierow!«

Nach der langen Reise mit so vielen verwirrenden Eindrücken mußte Charlotte sich erst besinnen, aber im Plaudern mit dem Onkel kam die Erinnerung an das schlichte Gutshaus im östlichen Mecklenburg lebhaft in ihr Gedächtnis: das einfache zweistöckige Fachwerkhaus, das Dorf, die Pächter und Leibeigenen, die Köchin Sophie, unter deren fürsorglicher Obhut sie vom Kind zur jungen Dame gereift war, ihre Zofe und gleichaltrige Freundin Anna, die sie bis hierher begleitet hatte – die kleine, unkomplizierte Welt, in der sie groß geworden war. Und auch die Ängste der letzten Monate, nachdem ihr Vater, der herzoglich mecklenburgisch-schwerinsche Major außer Dienst Claus von Lützow, gestorben war und sie als Waise zurückgelassen hatte. Sie hatte als unerfahrenes Mädchen nicht so recht verstanden, was danach geschehen war. Nur daß irgendwelche anderen Glieder der weitverzweigten Familie von Lützow Ansprüche auf das väterliche Gut erhoben und sie von dort fortziehen sollte.

Wie froh war Charlotte gewesen, als der Brief ihres Onkels Bernhard eintraf, der sie zu sich nach Neuwied einlud und auch genug Reisegeld enthielt. Denn beim Tode des Vaters hatte sich herausgestellt, daß dieser mehr Schulden als Vermögen hinterlassen hatte. Und dann die weite Reise von Mecklenburg bis an den Rhein, von zwei jungen unbeschützten Mädchen allein unternommen. Interessant sei die Reise

gewesen, und manchmal hätten sie und ihre Zofe Anna auch ein wenig Furcht gehabt, aber ihnen sei unterwegs nichts Böses geschehen, versicherte Charlotte auf die besorgte Erkundigung ihres alten Onkels.
»Aber was soll hier werden, Herr Onkel?« brachte Charlotte ihrerseits die Frage an, die sie während der ganzen Reise bewegt hatte. »Wovon soll ich hier leben? Soll ich Ihnen auf der Tasche liegen? Sie wissen, daß ich von Klein-Zierow nur Erinnerungen und kein Geld mitnehmen konnte!«
»Mach dir keine Sorgen, ma chère nièce«, beruhigte sie Obrist von Lützow, »für deine Zukunft ist gesorgt. Ich konnte dir dies in meinem Brief noch nicht schreiben, aber inzwischen habe ich mit der Erbgräfin Louise gesprochen. Sie bietet dir eine Stelle als Hofdame an. Du weißt, daß meine Tochter Dorothea, deine Kusine, Hofdame bei der Gräfin Caroline ist, bei der Schwiegermutter der Erbgräfin.«
»Hofdame soll ich werden – ich dummes, unerfahrenes Mädchen, das nur sein Dorf kennt und nicht weiß, wie es an einem Fürstenhof zugeht?«
Charlotte war zugleich entzückt und erschreckt. In ihren Jungmädchenträumen hatte sie sich auszumalen versucht, wie schön und aufregend es im Schloß eines Fürsten sein müsse. In den Bildern ihrer Phantasie flossen die Märchen von Königen und Kaisern, die ihr die Köchin Sophie so gerne erzählt hatte, zusammen mit den spärlichen Brocken von Klatschgeschichten, die gelegentliche Besucher ihres Vaters vom herzoglichen Hof in Schwerin oder gar vom Preußenkönig Friedrich in Potsdam mitbrachten. Aber gleichzeitig war Charlotte realistisch genug zu erkennen, daß ihre eigentlich recht unzulängliche Erziehung sie nicht gerade auf das glanzvolle, von Etikette und unklar erahnten Fallstricken erfüllte Leben an einem Fürstenhof vorbereitet hatte.
»Keine Angst, liebe Charlotte«, bemühte sich der Onkel erneut, ihre Sorgen zu zerstreuen. »Du bist selbstbewußt und schlagfertig, das habe ich in unserem kurzen Gespräch schon bemerkt, du bist klug und hübsch. Du hast ein wenig Französisch gelernt, wie mir dein Vater geschrieben hat. Du weißt dich wie eine junge Dame von Stand zu benehmen, wenn dir auch die höfischen Feinheiten fehlen – das genügt. Celsissimi[1], ich meine den regierenden Grafen Alexander und

1 Celsissimus (Genitiv, Dativ und Mehrzahl: Celsissimi): Titel, gelegentlich auch Anrede für regierende Reichsgrafen im 18. Jahrhundert. Reichsfürsten erhielten den Titel »Serenissimus« (Anrede: »Durchlaucht« oder »Durchleuchtigst«.).

seine Gemahlin Caroline, die alten Herrschaften, sind das gütigste und wohlwollendste Herrscherpaar, das du dir vorstellen kannst, und die junge Erbgräfin Louise ist eine schöne Frau, klug, warmherzig und liebenswürdig. Die ganze Grafschaft liegt ihr zu Füßen. Sie wird dich gleich in ihr mütterliches Herz schließen und du sie auch. Der Erbgraf Friedrich Carl, ihr Mann, ist ein wenig schrullig, aber nicht schlecht. Er hält sich meist von Neuwied fern, da er sich mit seinem Vater nicht gut versteht. Du wirst nicht viel mit ihm zu tun haben, aber um so mehr mit der reizenden Kinderschar des erbgräflichen Paares, bis jetzt sechs an der Zahl.«

»Meinen Sie wirklich, Herr Onkel, daß ich in eine so vornehme Umgebung passe, ich einfaches Bauernmädchen vom Lande?« Charlottes Stimme war anzuhören, daß ihr bei der beruhigenden Schilderung ihres Onkels einige Steine vom Herzen gefallen waren. »Vom Herzogshof in Schwerin und auch vom preußischen Hof habe ich schon etwas gehört. Aber ich muß ehrlich gestehen, daß ich mir keine Vorstellung machen kann, um was für einen Fürsten es sich hier in Neuwied handeln mag. Auf meiner Landkarte zu Hause in Klein-Zierow habe ich die Stadt nie finden können, so oft ich auch danach gesucht habe, und erst in Frankfurt fand ich einen Wirt, der den Namen schon einmal gehört hatte.«

»Nun, ein Bauernmädchen ist eine Lützow keinesfalls«, belehrte sie der Onkel, »schließlich ist unser Geschlecht fast ebenso alt wie das der Grafen zu Wied, und es gibt Freiherrn und sogar Grafen unter den Lützows. Nur ist unser Geschlecht landständisch, die meisten Zweige haben den Herzog von Mecklenburg oder den König von Preußen als Landesherrn über sich, je nachdem, wo die Güter unserer Familie liegen. Der Reichsgraf zu Wied-Neuwied aber ist ein souveräner Herrscher, ein Stand des Heiligen Römischen Reiches, genau wie der Herzog von Mecklenburg-Schwerin oder der Kurfürst von Trier auch. Natürlich ist die Grafschaft Neuwied nur klein und nicht zu vergleichen mit den Riesenstaaten Preußen oder Österreich, selbst Kurtrier ist eine Großmacht gegenüber unserem Land.«

Bernhard von Lützow erhob sich von seinem Stuhl und schritt im Gastzimmer hin und her, als wolle er die Bedeutung seiner Worte besonders betonen. Er geriet sichtlich in Feuer dabei.

»Seit über vierzig Jahren diene ich meinem gnädigen Herren, dem Grafen, als dessen ältester Ratgeber und Kommandeur seines Regiments. Wir sind zusammen alt geworden, aber ich bewundere ihn täglich mehr. Hier herrschte Frieden, als Preußen und Österreich und die Armeen halb Europas viermal in vierzig Jahren gegeneinander kämpften. Hier herrscht Handel und Wandel, und in Neuwied kann jeder nach seinem Glauben selig werden, während ringsum nur Kleinlichkeit in weltlichen und geistlichen Dingen anzutreffen ist. Hier wird kein Geld für einen prunkvollen Hofstaat und Maitressen verschwendet. Hier werden die Untertanen nicht für solche Zwecke ausgepreßt, wie es leider so viele Fürsten in Europa um ihrer Grandeur willen glauben tun zu müssen. Hier weiß ein gottesfürchtiger Souverän, was er als Herrscher von Gottes Gnaden seinen Untertanen schuldig ist; daß er seine ihm von Gott anvertrauten Untertanen als treusorgender Vater regiert und erzieht und sie dabei zu Wohlstand und Zufriedenheit führt. Was weiß man im Osten, in unserer Heimat Mecklenburg oder in Preußen, schon davon, wie es ist, Untertan eines Reichsgrafen zu sein, der sein Amt ernst nimmt. Nur Mut, meine liebe Nichte Charlotte, es wird dir hier schon gefallen!«

2

Während der Schiffer Jacob Brodt mit fester Hand das Ruder legte und den Schiffsgesellen Befehle zum Trimmen des Segels zurief, beobachtete er heimlich seinen Passagier. Dieser war vor zwei Tagen in Köln an Bord des plumpen Marktschiffes gekommen und stand nun Ausschau haltend am Bug. Ein gutaussehender junger Mann, dachte Jacob Brodt, könnte von Adel sein, wenn man nicht wüßte, daß sein Vater der Kaufmann Johann Wilhelm Breuer in Neuwied ist. Scharf geschnittenes Gesicht, blonde Haare, elegant gekleidet – es fehlt wirklich bloß der Degen an der Seite zum Adel. Der Schiffer hatte auf seinen vielen Fahrten den Rhein hinauf und hinunter zwischen Köln und Koblenz schon zahlreiche Passagiere mitgenommen und verstand sich darauf, Menschen zu beurteilen.

Philipp Heinrich Breuer nahm derweil mit wachen Sinnen den Anblick auf, der sich ihm vom Rheinstrom aus bot. Der frische Westwind blies weiße Wolken über den blauen Himmel und milderte angenehm die Hitze des herrlichen Julitages. Vor ihm lag seine Heimat, das Städtchen Neuwied. Da vorn, jenseits der Bäume des Schloßparks, erhoben sich die gelben Gebäude des gräflichen Schlosses und weiter oberhalb die Häuser der Stadt. Viele waren neu dazugebaut worden, seit er vor drei Jahren das Vaterhaus verlassen hatte, um auf der Universität Würzburg die Rechte zu studieren. Weit im Hintergrund, östlich des Rheins, zogen sich die waldbedeckten Höhen des wiedischen Landes hin. Wenn man genau hinsah, konnte man die Strahlen der Nachmittagssonne sich in den Fenstern des weißen Schlosses Monrepos weit oben auf der Waldhöhe spiegeln sehen. Es ist schön, wieder zu Hause zu sein, dachte Philipp, auch wenn das Leben auf der Universität und die Kavalierstour[2] nach Paris und Amsterdam so viel Freude gemacht hat.

Eine Stunde später saß Philipp Breuer in der guten Stube seines Elternhauses mit Vater und Mutter zusammen. Die erste Aufregung und Wiedersehensfreude hatte sich gelegt. Die Magd Trine, das gute alte Faktotum im Hause Breuer, hatte es sich nicht nehmen lassen, zur Feier des Tages eine gute Kanne Kaffee zu kochen, und nun wollten die Eltern endlich wissen, wie es ihrem Sohn während der langen Abwesenheit ergangen war.

»Ich habe Ihnen doch regelmäßig geschrieben, Herr Vater und Frau Mutter«, meinte Philipp lachend, »man könnte meinen, ich wäre unterdes bei den Mohren gewesen, wenn man Sie so besorgt fragen hört.«

Aber dann erzählte Philipp doch von seinen Studienjahren in Würzburg. Als Katholik hatte Vater Breuer seinen Sohn auf eine katholische Universität schicken müssen, auch wenn sich seine Ergebenheit den Pfaffen gegenüber in Grenzen hielt. Doch die Wahl Würzburgs für seinen Sohn war richtig gewesen, denn unter der Ägide des liberalen und landesväterlich besorgten Bischofs von Würzburg, Franz Ludwig von Erthal, war diese Universität ein Sammelpunkt liberaler und freier Geister unter den katholischen Gelehrten geworden. Philipp hatte gute Kenntnisse im weltlichen und kirchlichen Recht erworben und war nach sechs Semestern zum Baccalaureus[3] der Jurisprudenz promoviert worden. Sein Vater meinte, wenn Philipp einmal in sein Geschäft eintrete und Kaufmann werde, seien juristische Kenntnisse äußerst nützlich. Philipp widersprach dem nicht. Doch ernst und sehr nachdrücklich fügte er hinzu:

»Herr Vater, ich habe in Würzburg mehr gelernt als nur Pandekten

2 Kavalierstour: für junge Adlige und reiche Bürgersöhne übliche Reise durch verschiedene Residenzen in Deutschland und Europa zu Bildungszwecken.

3 Baccalaureus: akademischer Grad, unter dem Doktor stehend, bis ins 18. Jahrhundert von Universitäten verliehen.

und den Codex juris canonici. Ich habe auch die Vorlesungen von Philosophen und Theologen gehört. Und dabei habe ich erkannt, daß Menschen mehr sein müssen als willenlose Untertanen ihrer zufälligen Herrschaft, daß ihnen, gleich ob hoch oder niedrig, von Gott Vernunft, ein freier Wille und eine Würde als Menschen gegeben wurde.«

»Sieh einmal den kleinen Freigeist«, spottete Vater Breuer gutmütig. »Hast du das nur in Würzburg gelernt oder hast du diese Gedanken von deinem Aufenthalt in Paris mitgebracht? Von dort hört man derzeit so mancherlei. Aber ich will dir eingestehen, daß mir deine Ansicht so übel nicht erscheint. Hier in Neuwied darfst du sie äußern. Aber in meiner Heimatstadt Köln hättest du Bekanntschaft mit den Stockknechten[4] gemacht, wenn du dem Unrechten gegenüber etwas davon verlauten ließest. Das ist mit ein Grund, warum ich vor vielen Jahren aus Köln fortgezogen bin.«

»Ja, Herr Vater, Sie hatten mir ja empfohlen, nach dem Studium Ihren Geschäftsfreund Despineux in Paris zu besuchen. Ich habe dort nicht nur mein Französisch vervollkommnet, sondern ich bin auch in die Salons gebildeter Männer und Frauen eingeführt worden und habe viele geistreiche Gespräche mit angehört...«

Sein Vater unterbrach ihn: »...wo aufrührerische Reden geführt wurden, willst du sagen!«

»Nein, Herr Vater«, betonte Philipp ernst, »aufrührerisch nicht. Aber diese Gespräche und die vielen Schriften, die ich gelesen habe, drehten sich immer um die unverrückbare Wahrheit, daß alle Menschen gleich geboren sind. Sie haben von Natur aus Rechte, die ihnen kein Fürst und keine Kirche willkürlich nehmen können. Alle die verschiedenen Stände unter den Menschen, auch die verschiedenen Religionen und Konfessionen, sind nur menschliche Erfindungen, die vielleicht hier und da einmal einen guten Sinn gehabt haben; aber sie sind nicht naturgegeben und unveränderlich.«

Wieder fiel Vater Breuer ein:

»Und du willst sie ändern, mit Gewalt gar?«

»Gott behüte, Herr Vater«, wehrte Philipp, »ich verabscheue Gewalt. Ich weiß auch, daß ich viel zu unbedeutend bin, um je im Leben als großer Schriftsteller oder Philosoph etwas bewegen zu können. Aber wo ich auch bin, will ich helfen, die Menschen aufzuklären,

4 Stockknechte: Gefängniswärter, Folterknechte.

und ich will helfen, dem natürlichen Recht Geltung zu verschaffen, auch wenn alte Traditionen dagegenstehen.«
»Siehst du, Mutter«, sagte Johann Wilhelm Breuer nachdenklich zu seiner Frau, die dem philosophisch gewordenen Gespräch schweigend zugehört hatte, »siehst du, so ähnlich war ich auch, als ich so alt war wie er. Ich erkenne mich wieder in meinem Sohn, und ich bin stolz darauf. Ich bin nur ein Kaufmann, und du, Philipp, wirst es, wie ich hoffe, auch werden. Aber das heißt nicht, daß wir Kaufleute nicht denken dürfen. Der Kaufmann, Philipp, glaube mir, hat heute viele Möglichkeiten, Gutes zu tun und nicht nur selbst Reichtum aufzuhäufen. Denn seine Arbeit schafft Wohlstand bei Bauern und Handwerkern, denen er hilft, ihre Erzeugnisse mit Gewinn zu verkaufen. Wenn der Kaufmann klug ist und erkennt, was die Welt bewegt und was richtig ist, kann er viel verändern, vielleicht mehr als ein Schriftsteller, dessen Bücher kaum ein Mensch liest.«
Allmählich verstummte das Gespräch. Das alte Vertrauensverhältnis zwischen Philipp und seinem Vater, es war wieder da. Die Väter der meisten Gleichaltrigen, die Philipp kannte, befleißigten sich äußerster Strenge und Distanz gegenüber ihren Kindern. Bei seinem Vater war das anders. Von klein auf hatte Philipp seinen Vater nicht nur kindlich geliebt, sondern verehrt wegen seiner Natürlichkeit, Toleranz, ja Kameradschaftlichkeit selbst einem Kind gegenüber. Heute, als heimgekehrter junger Erwachsener, spürte er, daß diese Eigenschaften bei seinem Vater nur noch stärker geworden waren.
Die untergehende Sonne sandte ihr rötliches Licht von jenseits des Rheins in den kleinen Salon. Philipp genoß es, müde und behaglich einfach nur dazusitzen und dem Vater zuzusehen, wie er gemächlich aus einer langen Tonpfeife holländischen Knaster rauchte. Er war wieder zu Hause, und es war gut.

3

Jetzt im Hochsommer war es draußen längst hell, als um halb sechs Uhr früh das Glöckchen an der Decke des Schlafsaales geläutet wurde. Vögel zwitscherten, und die Morgensonne schien in die Fenster des großen Raumes. Sechzig weißgestrichene Holzbetten, die in langen Reihen neben- und hintereinander standen, wurden lebendig. Sechzig Mädchen oder junge Frauen zwischen fünfzehn und dreißig Jahren

warfen die Bettdecken zurück, kletterten in ihren langen Nachthemden aus den Betten und drängten durch die schmalen Gänge zur Tür. Niemand sprach ein Wort. Nur das Knarren der Betten und das Tappen der bloßen Füße waren zu hören. Schwester Grünewaldin stand an der Tür, ernst, die Haare unter einer weißen Leinenhaube verborgen, im schmucklosen grauen Kleid, und beaufsichtigte wie jeden Morgen das Aufstehen der jungen Mädchen. Im Hause des Schwesternchores der Herrnhuter Brüdergemeine[5] in Neuwied begann der Arbeitstag früh. Gott selbst wollte, daß das alte Wort »Bete und arbeite« streng befolgt wurde.
Schweigend liefen die Mädchen die Treppe hinunter in ihre Arbeitszimmer im ersten Stock des langgestreckten Hauses, wo sie ihre Tageskleidung aufbewahrten. Denn im Schlafsaal gab es außer den Betten und der Glocke kein einziges Möbelstück, nicht einmal einen Stuhl. Schweigend zogen sie sich an und sammelten sich dann wieder im Singsaal im Erdgeschoß, setzten sich schweigend auf die lehnenlosen Bänke und warteten schweigend, bis die Vorsteherin des Schwesternchores, Schwester Favre, sich ans Clavicembalo setzte und einen Choral anstimmte. Die Worte dieses Liedes waren die ersten, die die Mädchen am Morgen hörten, heute so wie immer.
Das Zimmer »Golgatha« hatte sein Fenster zur Engerser Straße. Wenn die sechs jungen Mädchen den Kopf von ihren Stickrahmen hoben, an denen sie schweigend arbeiteten, konnten sie die gegenüberliegenden Häuser sehen und darüber den blauen Sommerhimmel. Das Fenster stand offen, und die Luft flimmerte in der heißen Julisonne. Ein Wagen rumpelte auf der Straße vorbei. Männerstimmen riefen sich lachend etwas zu. Zwei Frauen schienen etwas weiter entfernt beim Wasserholen am städtischen Brunnen einen längeren Tratsch zu halten. Eines der jungen Mädchen steckte mit einer plötzlichen Bewegung ihre Nadel in das gerade begonnene Röschen und legte den Stickrahmen weg. »Ich muß einfach mal nach draußen sehen«, sagte das Mädchen in trotzigem Tonfall und stellte sich ans offene Fenster. Die Leinenhaube mit dem roten Rand, die alle Bewohnerinnen des Hauses trugen, machte ihr Gesicht streng und ließ von ihrem Haar nur eine kleine blonde Locke vor dem rechten Ohr hervorlugen. Viel älter als zwan-

5 Brüdergemeine: eine auch heute noch in Deutschland und vielen Teilen der Welt bestehende evangelische Glaubensgemeinschaft, gegründet von Nikolaus Reichsgraf von Zinzendorf (1700–1760) in dessen Gut Herrenhut in der Oberlausitz (Sachsen).

zig Jahre war das Mädchen bestimmt nicht. Seine hübschen ebenmäßigen Gesichtszüge zeigten Spuren von Trotz und Angst.
»Ich möchte wissen, wie es da draußen ist«, sagte das Mädchen leise, mehr zu sich selbst als zu ihren Zimmergenossinnen, die ihre Stickarbeit nicht unterbrochen hatten und weiter schwiegen. »Wie es ist, wenn man auf der Straße gehen kann, wohin man will, wenn man mit anderen Menschen sprechen und lachen kann. Wie mag es sein, wenn einem niemand sagt, daß ich jetzt zu sticken und nachher zu beten und sonst zu schweigen habe...«
»Elisabeth«, ließ sich jetzt zaghaft eines der anderen Mädchen vernehmen, »ich sag' schon nichts, daß du am Fenster gestanden und geschwatzt hast. Aber setz dich lieber wieder hin. Wie oft sieht Schwester Grünewaldin ins Zimmer. Wenn sie dich so sieht, zankt sie mit dir, das weißt du doch!«
Wie zur Bestätigung dieser Worte öffnete sich plötzlich die Tür, und die Aufseherin betrat mit energischen Schritten das Zimmer.
»Schwester Schettlerin«, fuhr sie das am Fenster stehende Mädchen barsch an, »du bist und bleibst ein unbußfertiges Glied unserer Gemeine. Wie oft haben wir dir schon gesagt, daß unser lieber Herrgott im Himmel es nicht will, daß wir unsere Zeit mit Gaffen und Schwatzen vertun. Marsch an deine Arbeit!« Und mit kräftiger Hand drängte sie das erschrockene Mädchen wieder auf seinen groben Holzstuhl und hielt ihm den Stickrahmen hin. »Laß es dir nicht einfallen, erneut aus dem Fenster zu gaffen!« Im Hinausgehen verkündete die Aufseherin: »Heute abend in der Andacht werden wir für dich beten!«
Es klang, als habe sie eine schwere Strafe verhängt. Elisabeth senkte schuldbewußt den Kopf. Ihr Gesicht war puterrot vor Scham, und Tränen traten ihr in die Augen.
Am Abend um halb acht Uhr bimmelte das Glöckchen im Haus des Schwesternchores. Wie jeden Tag nach dem Abendessen sammelten sich die sechzig graugekleideten stummen Gestalten im Singsaal zur Abendandacht. Elisabeth Schettlerin wollte wie üblich ihren Platz in der vierten Bankreihe aufsuchen, doch ein Wink der Vorsteherin verwies sie an die Stirnseite des Saales. Dort mußten jedesmal die Mitglieder der Hausgemeinschaft stehen, denen die Gebete der Schwestern Gottes Gnade erflehen sollten, weil sie gegen ein Gebot der Gemeine verstoßen hatten. Neugierig starrten die jungen Mädchen die Sünderin an, die da mit vor Scham hochrotem Kopf vor ihnen stand. Was mochte sie verbrochen haben? Bruder Bayer, einer der Vorsteher der

Brüdergemeine in Neuwied, der die Abendandachten im Schwesternhaus zu halten pflegte, betrat den Saal und warf einen langen strafenden Blick auf sie.

Die zwei langen Choräle, wie üblich durch das Los aus dem Gesangbuch ausgewählt, durch die die Andacht eingeleitet wurde, waren ja noch erträglich. Aber dann das Gebet, zu dem alle niederknieten – für Elisabeth klang die Stimme des Bruders Bayer wie die Glocken des Jüngsten Gerichts: »...und wende, Herr, Deine übergroße Gnade unserer Schwester Elisabeth Schettlerin zu, stärke ihre Kraft und ihr Gewissen, daß sie die Sündhaftigkeit ihres Schwatzens und Trödelns erkennen möge. Nimm ihre Seele ganz von Dir gefangen, o Herr, daß in ihr kein Platz sei für Leichtsinn und Phantasie und Gedanken der Sünde. Sondern daß sie mit fröhlichem Herzen Dich, o Gott, loben und preisen möge, daß Du ihr erlaubst, im Kreise der lieben Schwestern die Hände zu Deinem Lobpreis zu rühren, denn unser keiner lebt sich selber, sondern dient mit seiner Hände Arbeit dem Herrn in Christo.«

Habe ich denn wirklich ein Verbrechen begangen, als ich aus dem Fenster geblickt habe, fragte sich das junge Mädchen verzweifelt. Kann Gott das für eine Sünde halten? Ich wollte doch nur nach der Sonne sehen. Doch Gott schien kein Erbarmen mit der schmalen Gestalt zu haben, die da auf dem Sünderplatz kniete. Denn die Stimme Bruder Bayers riß sie aus ihren Gedanken:

»Sprich mir laut im Angesicht Gottes, unseres Herrn, und deiner Schwestern nach, Schwester Schettlerin: Ich, Elisabeth Schettlerin, bekenne in tiefer Zerknirschung, daß ich gegen Gott gesündigt habe, indem ich geschwatzt und getrödelt habe, und ich bitte alle Schwestern inständig, mir mit ihrem Gebet zu helfen, damit nicht der Teufel des Müßiggangs und der Vergnügungssucht mich ganz verschlinge.«

Mit erstickter Stimme, kaum verständlich, murmelte das Mädchen diese Worte nach, und Tränen rannen ihr über das Gesicht.

4

Der Sommer war in diesem Jahr heiß und trocken gewesen, und das Getreide war früher gereift als sonst. Am Hang oberhalb des Dorfes Thalhausen lag die Flur, die die Bauerschaft diesmal für das Sommer-

getreide bestimmt hatte. Der Roggen war gut geraten und konnte schon gemäht werden. Allerdings, viel mehr als Roggen und Hafer gedieh hier oben auf den Höhen des unteren Westerwaldes nicht.
Am Ende seines schmalen Feldstückes schwang Klosenwöllm[6] seine Sense mit dem Bügelgestell zum Auffangen der Halme, der Räff. Im Kirchenbuch des Kirchspiels Anhausen hatte ihn Pfarrer Melsbach vor fünfzig Jahren als Johannes Schneider von Thalhausen eingetragen. Aber kaum jemand kannte ihn unter diesem Namen. Sein Schwiegervater war der Klaus Wilhelm Kutscher gewesen, den das Dorf Klosenwöllm genannt hatte, und als der Johannes Schneider dessen Tochter geheiratet und den Hof übernommen hatte, da war der Name Klosenwöllm am Hof und am späteren Eigentümer hängengeblieben, wie es überall hierzulande der Brauch war.
Für ein Weilchen stützte sich der Bauer auf seine Sense und sah sich um. Ein paar Schritte neben ihm war der Wilmluisch mit seiner Sense ihm dicht auf den Fersen. Ein Prachtjunge, dachte Klosenwöllm, schmuck und kräftig. Er war vor kurzem einundzwanzig geworden und würde nach der Erntezeit zum Militär müssen, allerdings nicht für lange. Am anderen Ende des Feldes waren die Frauensleute dabei, das gemähte Getreide in Garben zu binden. Dottchen, seine Frau, war nach acht Geburten ein wenig in die Breite gegangen, aber immer noch lebenslustig und gut anzusehen. Und dann Klärsch, die der Pfarrer Klara getauft hatte, sein Augapfel und Liebling. Wie ihre kräftigen Arme zupackten und die blonden Haare beim Bücken unter dem Kopftuch hervorquollen! Aufpassen muß man auf sie, dachte Klosenwöllm bei sich, denn die jungen Burschen warfen ihr gern verliebte Blicke zu. War ja auch Zeit für sie zu heiraten mit ihren fast zwanzig Jahren. Und dann waren da noch die beiden Kleinen, Trinchen und Fräs, die aber auch schon kräftig mithelfen konnten. Ja, er hatte allen Grund, auf seine Familie stolz zu sein, der Klosenwöllm. Er spuckte in die Hände und schwang erneut die Sense.
»Du mußt aufpassen und zählen, wenn du die Garben in die Reihe legst«, wies drüben die fünfzehnjährige Trinchen ihren kleinen Bruder Fräs an. »Immer drei und nochmal drei und nochmal drei Garben schön in einer Zeile und dann eine Garbe rechts heraus. Die nennt man

6 Klosenwöllm: Klaus Wilhelm; Wilmluisch: Wilhelm Ludwig, Dottchen: Dorothea, Klärsch: Klara; Trinchen: Katharina; Fräs: Friedrich (Namensformen in Westerwälder Mundart).

den Zehnten, die bekommt der Schultheiß für den Grafen«, schloß sie altklug.
Mutter Dottchen fuhr dazwischen.
»Erzähl deinem Bruder keinen Unsinn. Drei Garben und vier Garben und nochmal drei Garben und dann eine rechts heraus, aber keine so ganz dicke, und alle im gleichen Abstand – so muß man die Reihe legen.«
»Drei und vier und drei und eine, das gibt elf«, rechnete der zwölfjährige Fräs an den Fingern, stolz auf sein Wissen, das er beim Schulmeister Diez in Thalhausen gelernt hatte.
»Was du auch alles für Kunststücke kannst«, schalt Mutter Dottchen halb ärgerlich, halb verlegen. »Das geht niemanden etwas an, wieviel Garben das zusammen sind, jedenfalls legen wir sie immer so hin und nicht anders. Die Herren da oben bekommen genug Abgaben, da müssen wir armen Bauern sehen, wie was für uns übrigbleibt.«
Als die Sonne nach einem heißen Tag über der Anhauser Höhe unterging, war auch die Arbeit im Roggenschlag getan. Klosenwöllm und Wilmluisch schulterten ihre Sensen, und die Frauen packten die Tonkruken und Körbe zusammen, in denen sie Wasser und grobes Bauernbrot mit aufs Feld genommen hatten. Rechts und links von ihnen traten auch die anderen Bauernfamilien den Heimweg an. Erntezeit bedeutete eine Woche Arbeit für jeden im Dorf, der seine Hände regen konnte. Auch wenn jedem Bauern sein eigenes Stück in den drei großen Fluren rings um das Dorf gehörte, so konnten doch die Hauptarbeiten wie Pflügen, Säen und Ernten nur gleichzeitig ausgeführt werden. Sonst hätte einer den anderen gehindert oder wäre über das frisch bestellte Feld eines Nachbarn gelaufen. Einige Wochen später, wenn der Hafer reif sein würde, blieb noch die Ernte auf der Haferflur nördlich des Dorfes als große Gemeinschaftsaufgabe, und dann natürlich die Flachsernte und -verarbeitung.
Abendfrieden senkte sich über das Land, als die Bauern heimwärts wanderten. Jenseits des Zaunes aus Eichenstangen, der den Getreideschlag umhegte, bimmelten die Glöckchen der kleinen Rinderherde. Im Unkraut und zwischen dem Buschwerk der Rahmhecken[7] rings um das Dorf hatte sich das Vieh unter Aufsicht des Viehhirten seine

7 Rahmhecken: unbebautes, mit Buschwerk bestandenes Gelände, meist in Gemeindeeigentum, diente als Viehweide und versorgte die Bauern mit Brennholz. Bis gegen Ende des 18. Jahrhunderts war das Territorium der Grafschaft Neuwied zu gut einem Viertel mit Rahmhecken bedeckt.

spärliche Nahrung gesucht, jetzt war es wie die Bauern unterwegs ins heimatliche Dorf. Das Tor im Zaun rund um die zusammengedrängten Häuser und Gärten des Dorfes war bereits geöffnet. Geruhsam trotteten die kleinen, aber zähen Ochsen, Kühe und Rinder, dahinter auch ein paar Schafe, auf den Brunnen in der Dorfmitte zu, um getränkt und gemolken zu werden. Ein Tag ging allmählich zu Ende, stets neu und doch ewig gleich im ruhigen unveränderlichen Lauf des bäuerlichen Jahres.

5

Mit vor Rheuma steifen Beinen betrat der alte Kammerdiener das Schlafzimmer des Grafen im ersten Stock des Neuwieder Schlosses. Sachte zog er die Vorhänge auf, öffnete das Fenster und ließ das Morgenlicht ein. Vom Rhein und vom Schloßpark her kam der Duft frisch gemähten Grases und blühender Linden.

»Untertänigsten guten Morgen, Euer hochgräfliche Gnaden, es ist sechs Uhr. Belieben Euer Gnaden aufzustehen?«

Seine siebenundsiebzig Jahre machten dem Grafen Johann Friedrich Alexander schon etwas zu schaffen. Er war etwas zu dick für seine Größe und litt an Schlaflosigkeit. Auch plagte ihn gelegentlich das Rheuma, und sein Haar war dünn geworden. Da aber jeder Herr von Stand stets eine Perücke mit sorgfältig gebundem Zopf trug, fiel das nicht weiter auf. All das hinderte den Grafen nicht, früh aufzustehen. Er hatte auch in seinem Alter noch viel zu tun.

»Wie geht es der Tochter, Michel?« erkundigte sich der Graf bei seinem Kammerdiener, während dieser ihm beim Ankleiden half und ihn rasierte. »Hat sie das Fieber überwunden?«

»Untertänigsten Dank für die Nachfrage, Euer Gnaden, es geht ihr schon wieder viel besser. Die Arznei von Hofmedikus Doktor Bruning hat geholfen, und meine Schwiegertochter, die Zuffie[8], hat sie gut gepflegt. Befehlen Euer Gnaden die Morgenschokolade?«

»Ja, Michel, laß Er sie bringen. Und dann geb Er mir mein Gebetbuch. Er weiß ja, daß ich morgens gern ein Weilchen mit meinem lieben Herrgott allein bin.«

Pünktlich um sieben Uhr betrat Graf Alexander sein Arbeitskabinett. Im Vorzimmer wartete schon Professor Simon. Celsissimus hatte ihn

8 Zuffie: Sophie (Westerwälder Namensform).

für heute früh zu einer Besprechung befohlen und konnte sehr ungnädig werden, wenn jemand zur Audienz zu spät kam. Das vor einigen Monaten von den beiden Männern – dem Grafen und dem Professor – mit so viel Schwung und guten Ideen begonnene Projekt eines Philanthropins[9] in Neuwied war etwas ins Stocken geraten. Die Schüler aus reichen russischen Adelsfamilien, denen hier in Deutschland westliche Kultur und allgemeine Persönlichkeitsbildung neben dem üblichen Schulwissen beigebracht werden sollte, waren ausgeblieben. Und was sonst an Schülern auf die Werbeprospekte des Professors hin nach Neuwied gereist war, entstammte häufig nicht gerade den zahlungskräftigsten Adels- oder Bürgerfamilien. Es fehlte – der junge Professor aus Straßburg mußte es verlegen zugeben – an Barmitteln für den Aufbau dieser Schulanstalt.

»Wir, der Herr Stadtschultheiß Greyß und ich, haben«, erläuterte Johann Friedrich Simon dem Grafen eifrig, »wie Euer Gnaden wissen, versucht, Aktien zu je 100 Gulden[10] an Bürger der Stadt auszugeben, um das nötige Kapital zusammenzubringen. Aber nur wenige Bürger haben gezeichnet. Die meisten, die wir angegangen sind, meinten, eine solche Erziehungsanstalt sei für Neuwied überflüssig. Herr Stadtpfarrer Touby befand, mein Erziehungsplan sei zu aufklärerisch und entspreche nicht der Frömmigkeit, die den Geist dieser Stadt auszeichne. Einem Deïsten[11] wie mir könne man die Erziehung der Kinder nicht anvertrauen.«

»Dummköpfe und Ignoranten sind's, Simon«, brummte der Graf mißmutig.

Professor Simon machte einen Vorschlag, den er sich lange überlegt hatte.

»Könnten Euer hochgräfliche Gnaden nicht in Erwägung ziehen«, meinte er vorsichtig, »höchstdero Enkel, die Herren Grafen Clemens

9 Philanthropin: Schulart für höhere Stände in den siebziger und achtziger Jahren des 18. Jahrhunderts, mit stark philosophischer Komponente, in gewisser Weise den heutigen Waldorfschulen vergleichbar. Der Name kommt aus dem Griechischen: »Menschenfreundliche Anstalt«.

10 Gulden: alte Goldmünze, hauptsächlich in Süddeutschland in Umlauf, aber als Rechnungseinheit auch darüber hinaus gebräuchlich, 2/3 Reichstaler.

11 Deïst (Aussprache: De-ist): Anhänger des Deismus, einer Überzeugung vieler Vertreter der Aufklärung, es gebe eine natürliche, allen Menschen gemeinsame Religion, die Wurzel und Maßstab der unterschiedlichen historischen Religionen sei.

und Christian, künftighin mein Philanthropisches Institut besuchen zu lassen, statt sie zum Präzeptor Bender in die Lateinschule zu schicken? Dies würde dem Institut zur allerhöchsten Ehre gereichen und aller Welt demonstrieren, daß hier Prinzen von hoher Geburt eine gründliche und der heutigen aufgeklärten Zeit angemessene Ausbildung erfahren. Es würde sicher zahlreiche andere Familien von Stande veranlassen, dem erleuchteten Vorbild Euer Gnaden nachzueifern. Durch mehr Schüler würden sich auch die Finanzsorgen sehr verringern.«
»Ihr Vorschlag in allen Ehren, Herr Professor«, erwiderte Graf Alexander und rückte sich in seinem Sessel in eine etwas bequemere Lage, »aber ich kann darauf nicht eingehen. Ich weiß, daß sich meine Standesgenossen heimlich das Maul darüber zerreißen, weil ich meine Enkel in der lateinischen Stadtschule zusammen mit Söhnen von Stadtbürgern, einfachen Handwerkern und anderen Untertanen erziehen lasse, statt ihnen ausschließlich im Schloß durch einen Gouverneur Unterricht erteilen zu lassen. Ich möchte nicht wissen, was der Graf Metternich sagen würde, wenn er meine Enkel jeden Morgen über die Straße zur Schule ziehen sähe. Aber Professor Bender ist ein außerordentlich fähiger Mann, der, wie Sie wissen, auf meine Kosten seine Ausbildung ebenfalls auf dem Basedowschen Philanthropin in Dessau erhalten hat. Ich habe ihm meine Enkel zum Unterricht anvertraut, und ich möchte ihn nicht kränken und zurücksetzen, indem ich die Grafen Clemens und Christian jetzt Ihrer Obhut übergebe. Verstehen Sie, Professor, bei allem Wohlwollen Ihnen und Ihrem Institut gegenüber ist das unmöglich!«
Professor Simon verbarg seine Enttäuschung so gut es ging und machte einen neuen Ansatz, doch noch zu seinem Ziel zu kommen.
»Ich darf Euer Gnaden untertänigst an meine Erfahrungen im Philanthropin des berühmten Professors Basedow in Dessau erinnern. Dank der Großherzigkeit des Fürsten von Anhalt-Dessau gab es dort nie einen Mangel an Geldmitteln.«
Graf Alexander verstand die Anspielung, wie er es sollte.
»Der Fürst von Anhalt-Dessau ist auch ein viel reicherer Mann als ich. Aber damit Ihre so wohl begonnene Unternehmung, die ich wirklich hochschätze, nicht gleich zu Beginn an Geldmangel scheitert, bin ich bereit, aus meiner Privatschatulle Ihnen ein Darlehen zu gewähren. Wieviel benötigen Sie?«
»Viertausend Gulden müßten reichen, Euer Gnaden!« antwortete der Professor nach kurzer Überlegung.

»Gut, Sie sollen zweitausend Gulden als zinsloses Darlehen bekommen, für den Rest müssen Sie mir aber vier Prozent Interessen[12] zahlen. Wir wollen gleich den Vertrag ausfertigen lassen. Sie wissen, lieber Professor Simon, wie sehr ich mir wünsche, die Erziehung der Jugend durch Ihre und Basedows menschenfreundliche und naturgemäße Methode zu befördern und zugleich meine Stadt Neuwied zu einem Saatbeet der Aufklärung am Rhein zu machen. Wir wollen also weiter alles tun, was in unseren Kräften steht, um Ihr Philanthropin zu unterstützen.«

6

Charlotte von Lützow hatte schlecht geschlafen, obwohl Tante Ulrike, ihres Onkels Frau, in rührender Weise für jede Bequemlichkeit gesorgt hatte. Kein Wunder, daß das junge Mädchen aufgeregt war, hatte sie doch der regierende Reichsgraf zu Wied-Neuwied für heute mittag zur gräflichen Tafel befohlen. Seit früh am Morgen flatterten die Lützowschen Mägde und Charlottes Zofe Anna im Haus Lützow an der Schloßstraße mit Brennschere, Bügeleisen, Nadel und Faden umher, um Frisur und Kleid des Gastes in eine Form zu bringen, die den Damen angemessen schien, bei Hofe präsentiert zu werden.
In ihrem Zimmer übte Charlotte vor dem Spiegel den tiefen Hofknicks. Ihre Kusine Dorothea war extra aus dem Schloß herübergekommen, um ihr mit ein paar Ratschlägen für das Benehmen am neuwiedischen Hofe beizustehen. Celsissimi legten keinen Wert auf ein übertriebenes höfisches Zeremoniell; es ging bei ihnen schlicht und einfach, fast wie bei wohlhabenden Bürgersleuten, zu. Aber gewisse Formen mußte man doch wahren. Dazu gehörten der Hofknicks vor den erwachsenen Angehörigen der gräflichen Familie und der Handkuß für den regierenden Grafen.
Als dann kurz vor ein Uhr mittags Obrist Bernhard von Lützow seiner Nichte den Arm bot, um sie ins schräg jenseits der Straße liegende Schloß zu führen und sie dem Grafenpaar und der Erbgräfin vorzustellen, da glänzte sein Gesicht mit dem kräftigen Schnurrbart vor Stolz.
»Bist ein blitzsauberes Mädchen geworden, kleine Lotte«, machte er sein Kompliment. »Wenn ich nicht schon siebenundsechzig Jahre auf

12 Interessen: Zinsen.

dem Buckel hätte und dein Onkel wäre, könnte ich mich auf der Stelle in dich verlieben.«
Charlotte sah auch wirklich bildhübsch aus in ihrem Reifrock aus roten und weißen bestickten Samtstreifen und dem gerüschten weißseidenen Oberteil. Ihre Haare waren, wie es die Mode heute mehr und mehr wollte, nicht gepudert, sondern in ihrer natürlichen blonden Farbe gelassen, zu zierlichen Löckchen gekräuselt und fielen in einem Chignon in den Nacken. Ihre braunen Augen blitzten lebhaft in die Welt, wenn sich auch in ihren erwartungsvollen Blick jetzt ein wenig Nervosität mischte.
Im großen Speisesaal des Schlosses hatten sich das Grafenpaar und die zur Tafel befohlenen Gäste zum Essen niedergelassen, nachdem Obrist von Lützow seine Nichte vorgestellt hatte. Charlotte war froh, diese aufregenden Minuten hinter sich zu haben. Dabei mußte sie sich eingestehen, daß die hohen Herrschaften alles getan hatten, ihr die anfängliche Befangenheit zu nehmen. Mit großer Herzlichkeit war sie begrüßt und im Kreise des kleinen Hofes willkommen geheißen worden. Man hatte sie nach ihrem Vater und ihrer Heimat im fernen Mecklenburg gefragt, und der Leiter der gräflichen Regierung, Kanzleidirektor von Becmann, war ihr mit gewissem Stolz als Landsmann aus Mecklenburg vorgestellt worden.
Nun hatte Charlotte ein wenig Muße, sich umzusehen und die Menschen zu beobachten, mit denen sie künftig zu tun haben würde. Da war zunächst Graf Alexander, der mit freundlicher Altersweisheit der lebhaften Unterhaltung rund um sich zuhörte und doch der selbstverständliche Mittelpunkt der ganzen Tischrunde war. Es ist nicht sein Rang, sondern seine Persönlichkeit, konstatierte Charlotte im stillen. Sie hatte schon immer gerne Menschen beobachtet und beurteilt, wenn auch im ländlichen Klein-Zierow nur selten Gelegenheit dazu war. Gräfin Caroline war eine würdige ältere Dame mit intelligenten Gesichtszügen. Ihre ein wenig zu spitze Nase ließ sie herber wirken, als sie wohl in Wirklichkeit war. Denn aus dem, was sie während der Tafel sagte, sprach Wärme und Menschlichkeit. Charlotte von Lützow hatte zu wenig Erfahrung in Hofkreisen, um beurteilen zu können, ob diese menschliche Wärme eine häufige Erscheinung bei regierenden Herrschaften war.
Am meisten interessierte sich Charlotte natürlich für die Erbgräfin Louise, ihre künftige Herrin. Mit ihrer hochgetürmten, sorgsam gepuderten Frisur und einer tadellosen Figur sah man ihr ihre sechsund-

dreißig Jahre nicht an, erst recht nicht, daß sie bereits acht Kindern das Leben geschenkt hatte und das neunte erwartete. Zwei Kinder waren allerdings kurz nach der Geburt gestorben. Ihr schmales, vornehmes Gesicht konnte mitunter abweisend und hochmütig wirken. Gelegentlich überflog ein Zug geheimer Trauer ihre sonst beherrschte Miene. Meist aber zeigte sie ein freundliches Lächeln jedem, dem sie sich zuwandte. Charlotte spürte instinktiv, daß sie dieser Frau rückhaltlos vertrauen konnte und ihr Verhältnis weniger das zwischen Herrin und Untergebener als zwischen zwei Freundinnen werden würde.

Charlotte löffelte vorsichtig ein wenig von der Taubenpastete auf ihren silbernen Teller. Sie getraute sich nicht, von anderen, weiter entfernten Platten auf dem Tisch, von Gemüsen oder Fischen in Soße, zu nehmen, weil sie dann jemanden hätte ansprechen müssen, dessen Name sie schon wieder vergessen hatte. Aber ich werde sie ja wohl im Laufe der Zeit noch näher kennenlernen, dachte Charlotte.

7

Das Kontor im ersten Stock des Hauses Breuer in der Rheinstraße hatte zwei Fenster, die den Blick auf den Rhein erlaubten. Der Strom mit seinen Schiffen war ja auch die Lebensader des Breuerschen Geschäftes. Im Erdgeschoß war das große Warenlager untergebracht. Man konnte durch die geöffneten Fenster die Gehilfen unten mit Fässern und Kisten rumpeln hören. Am Stehpult in der Ecke des Zimmers stand der alte Buchhalter Adam Fuchs. Sein Gänsekiel kratzte unablässig über das Papier. Philipp Breuer beobachtete ihn, wie er einen Brief nach dem anderen fertigstellte, ohne sich um das Gespräch seines Prinzipals mit dessen Sohn zu kümmern. Briefe sind wie das Lebensblut des Fernhandels, und der rastlose Buchhalter ist das Herz, das dieses Blut unablässig durch die Adern pumpt, dachte Philipp.

Vater Breuer hatte seinen Sohn heute in sein Kontor geführt, um mit ihm über die Zukunftspläne des jungen Mannes zu sprechen. Als der reiche Handelsherr ihn vor drei Jahren auf die Universität geschickt hatte, da waren beide stillschweigend davon ausgegangen, daß Philipp trotz seines juristischen Studiums einmal in das Breuersche Unternehmen eintreten werde. Eigentlich war es etwas Unerhörtes, einen angehenden Kaufmann studieren zu lassen. Ein Kaufmann hatte sich im Lager und Kontor vom Lehrling über den Gehilfen zum Buchhalter emporzudienen. Aber Johann Wilhelm Breuer liebte es, neuartige Ideen auszuprobieren, und er hatte Erfolg damit gehabt. Warum nicht auch mit der Ausbildung seines Sohnes? Nur – würde der mit seiner akademischen Bildung sich jetzt nicht für den Beruf seines Vaters zu gut sein? Doch Philipp konnte seinen Vater beruhigen.

»Ich bin nicht stolz geworden auf der Universität. Als Bücherwurm mich durch juristische Akten zu nagen, liegt mir gar nicht. Ich habe Ihnen, Herr Vater, gesagt, daß ich auch nicht als Schriftsteller die Welt verändern möchte. Aber etwas schaffen möchte ich doch, was nicht nur dem eigenen Nutzen dient. Sie haben mir gesagt, daß ein Kaufmann das kann, und ich habe das bei meinen Aufenthalten in Paris und Amsterdam auch selbst gesehen. Was sind die Generalstaaten[13] für ein reiches Land, in dem es fast allen Menschen gut geht, und das nur durch den Handel mit aller Welt!«

»Richtig, mein Junge«, meinte Vater Breuer, von Freude über die Auffassung seines Sohnes erfüllt. »Welche Verblendung bei den meisten Fürsten, Städten und Zünften, daß sie ihre oft winzigen Gebiete mit Zollmauern und Wällen aus den kleinlichsten Vorschriften umgeben, nur um ein paar Gulden in ihre Tasche zu lenken. Wenn der Handel blüht, verdienen alle daran, dann wachsen auch die Einnahmen der Fürsten. Deswegen bin ich ja aus meiner Vaterstadt Köln, der Freien Reichsstadt, weggegangen. Dort ist es allein Schuld des kurzsichtigen Stadtmagistrats, daß Handel und Wandel darniederliegen und Köln eine Stadt der Bettler geworden ist. Hier in Neuwied gibt es mehr Freiheit für den Handel als in den meisten Ländern am Rhein. Von hier aus kann ich die Einfuhr von Kolonialwaren aus fremden Kontinenten über Hamburg oder Amsterdam organisieren, aber auch die Ausfuhr von Baumwollenem oder Leinenzeug oder von Blech- und Eisenwaren aus dem wiedischen Land, aus Kurköln oder Kurtrier. Das wird mir noch schwer genug gemacht, und ich muß manche Umwege dabei gehen. Aber, lieber Philipp, ich habe Erfolg gehabt und bin reich dabei geworden, und alle, die mit mir in Geschäftsverbindung stehen, auch.«

Philipp hatte aufmerksam zugehört.

»Herr Vater, ich kann Ihnen versprechen, daß ich gerne bei Ihnen in die Lehre gehen werde, aber ich bitte Sie auch herzlich, mir zu erlauben, nicht immer den ganzen Tag im Kontor hocken zu müssen. Ich

13 Generalstaaten: Niederlande (Holland). Das heutige Belgien hieß im 18. Jh. »Österreichische Niederlande«.

brauche das Licht des Geistes, das ich auf der Universität und bei meiner Reise kennengelernt habe. Ich möchte auch weiter gute Bücher lesen dürfen und mich mit Menschen von Geist und Weitblick unterhalten. Glauben Sie, Herr Vater, daß dies hier in Neuwied möglich sein wird?«

»Aber sicher, mein Sohn«, meinte Vater Breuer. »Ich habe großes Verständnis dafür, denn mir geht es ja nicht anders. Ich darf dir verraten, daß ich selbst Mitglied der hiesigen Freimaurerloge ›Caroline zu den drei Pfauen‹ bin. Die Gespräche, die wir dort im Kreis der angesehensten Männer der Grafschaft führen, sind immer eine Quelle der Freude und ein Gewinn für mich. Vielleicht kannst du auch einmal zum Kreis der Brüder der ehrwürdigen Freimaurerei gehören. Aber vorerst möchte ich dich bei unserer Gräfin Caroline vorstellen. Sie ist die rührige Direktorin der ›Ismenischen Gesellschaft‹[14]. Ich bin überzeugt, daß diese Vereinigung hervorragender Männer und Frauen dich aufnehmen wird und daß du mit deinem Wissen und deinen Gedanken auch für sie eine Bereicherung sein wirst.«

8

Am Gartentisch unter einer schattenspendenden Baumgruppe im Schloßpark saßen drei Männer, zwei davon in angeregtem Gespräch. Vögel zwitscherten in den Bäumen ringsum, während ein strahlender Sonnenuntergang diesen herrlichen warmen Sommertag beschloß. Bei einer großen Kanne Kaffee und Gebäck hatten es sich Graf Alexander und sein junger Gast bequem gemacht. Ein Herr mittleren Alters folgte schweigend der Unterhaltung.

»Es ehrt mich, lieber Neffe, daß Sie mich um Rat fragen«, meinte Graf Alexander höflich.

Vor zwei Tagen war Graf Carl Ludwig von Wied-Runkel, der Erbe der Nachbargrafschaft, in Neuwied eingetroffen, wohlversehen mit einem achtungsvollen Schreiben seines Vaters, des regierenden Reichsgrafen Christian Ludwig von Wied-Runkel. Darin hatte der Regent der oberen Grafschaft Wied seinen verehrten Herrn Onkel und Senior des Geschlechts herzlich gebeten, seinen zwanzigjährigen Sohn

14 Ismenische Gesellschaft: genannt nach Ismene, Tochter des Ödipus und Schwester der Antigone, in der klassischen griechischen Tragödie des Sophokles.

doch mit seiner großen Erfahrung ein wenig »in politicis und cameralibus«[15] einzuführen, da er im abseits gelegenen Dierdorf, seiner Residenz, so wenig davon zu hören bekomme.
Viel weiß er wirklich nicht, dachte Graf Alexander während ihrer Unterhaltung. Im Grunde war der junge Edelmann unbeschwert von jeglichem zusammenhängenden Wissen über Rechte und Pflichten eines Reichsstandes oder über Politik und Weltereignisse. Dafür konnte er fließend lateinisch und französisch sprechen und interessierte sich für römische Altertümer. Aber er war voller Eifer zu lernen und hing förmlich an den Lippen seines Lehrmeisters. Graf Alexander beobachtete es mit Freude und erklärte geduldig die komplizierten Zusammenhänge der gegenwärtigen Politik im Reich.
»Im Reichstag zu Regensburg gibt es gerade jetzt einen großen Streit«, meinte der junge Erbgraf, »davon habe ich etwas gehört, aber ich verstehe nicht, worum es dabei geht. Könnten Sie mich darüber aufklären, verehrter Herr Onkel?«
»Gerne, cher neveu. Man nennt ihn den ›Westfälischen Grafenstreit‹, und er hängt unmittelbar mit unserer Vertretung als Reichsgrafen zusammen. Daß auf dem Reichstag Gesandte die Stände des Heiligen Römischen Reiches deutscher Nation vertreten, das wissen Sie doch?«
»Ja, Herr Onkel, aber ich möchte so gerne mehr darüber lernen.«
»Nun, die Stände des Reiches, also die Kurfürsten, Herzöge, Fürsten, Grafen, Bischöfe und Prälaten sowie die Reichsstädte stimmen im Reichstag in drei Kollegien ab. Die Gesandten der Kurfürsten haben gemäß ihrem hohen Rang ein besonderes Gremium für sich, den Kurfürstenrat.«
»Sie wählen also den Römischen Kaiser?« fiel Graf Carl Ludwig ein.
»Ganz richtig, nur gibt es eine solche Kaiserwahl nur alle paar Jahrzehnte einmal. In der Zwischenzeit haben die Gesandten der Kurfürsten auf Anweisung ihrer Herren über die vielen anderen Geschäfte zu beraten und abzustimmen, die das Reich als Ganzes angehen oder die von den Ständen des Reiches auf dem Reichstag vorgebracht werden. Die Gesandten der Herzöge, Fürsten und Grafen und der reichsunmittelbaren Bischöfe und Prälaten stimmen im Fürstenrat ab, also in einem zweiten Kollegium, und die Gesandten der freien Reichsstädte im Städtekollegium. Nur wenn alle drei Reichstagskollegien überein-

15 in politicis und cameralibus: Politik und Staatsverwaltung.

stimmend votieren, kommt ein Reichsabschied[16] rechtsgültig zustande.«

»Aber der Kaiser regiert doch das Reich?« fragte der Gast zaghaft.

»Die römisch-kaiserliche Majestät«, dozierte sein alter Onkel, »ist die geheiligte Spitze des Reiches, aber nicht sein Regent. Der Kaiser wird von den Kurfürsten gewählt, und er entstammt seit Jahrhunderten fast ohne Ausnahme dem österreichischen Erzhaus.[17] Aber in allem, was er für das Reich gebietet, ist er an die Zustimmung der Reichsstände im Reichstag gebunden. Im Fürstenrat hat jeder Herzog oder Fürst oder Bischof eine Stimme, die er durch einen Gesandten abgeben lassen kann. Außerdem sitzen noch auf der weltlichen Bank des Fürstenrates die Gesandten der vier Reichsgrafenkollegien. Die annähernd hundert Reichsgrafen haben nicht wie die mächtigeren Reichsstände je eine Einzelstimme im Fürstenrat – man nennt sie Virilstimme –, sondern nur zusammen mit anderen Grafenfamilien gemeinschaftliche Stimmen, Kuriatstimmen genannt. Jedes der vier Grafenkollegien führt eine Kuriatstimme. Ebenso gibt es auf der geistlichen Bank die Gesandten der zwei Prälatenkollegien[18] im Reich. Zusammen gibt es gerade hundert Stimmen im Fürstenrat.«

»Sind Sie, Herr Onkel, nicht Direktor eines dieser Grafenkollegien?« warf der junge Mann ein, stolz, wenigstens etwas Sachdienliches zu wissen.

»Sehr richtig, mein junger Freund. Sie werden noch ein intimer Kenner des deutschen Staatsrechts.« Der Stimme des alten Grafen war die feine Ironie nicht anzuhören. »Im Jahr 1741 haben mich die Mitglieder des niedersächsisch-westfälischen Reichsgrafenkollegiums zu ihrem Direktor auf Lebenszeit gewählt. Auch Ihr Haus, Herr Neffe, und viele andere Reichsgrafen im nördlichen und westlichen Teil des Reiches gehören dazu. Seitdem ist ein großer Teil meiner Tätigkeit dieser Aufgabe gewidmet. Hier der Herr Direktorialrat Rotberg« – und damit wies der Graf auf den Herren, der mit am Tisch saß – »ist der Leiter der Verwaltung dieses Grafenkollegiums und meine bewährte Stütze dabei. Er kann ein Lied davon singen, wieviel Mühe es kostet, Ehre, Ansehen und Freiheit des altehrwürdigen Reichsgrafenstandes zu wahren.«

16 Reichsabschied: Beschluß des Reichstages, bestätigt durch den Kaiser.

17 Erzhaus: das Herrscherhaus der Habsburger, als österreichische Landesherrn trugen sie den Titel »Erzherzog«.

18 Prälaten: geistige Würdenträger, hier Äbte usw. als Inhaber landesherrlicher Gewalt im Reich.

Hier wurde dem alten Herrn ganz offensichtlich das Herz warm, und er geriet ins Erzählen. Von den Sorgen der alten reichsgräflichen Familien berichtete er, sich der Überfremdung durch neu in den reichsunmittelbaren Grafenstand erhobene Günstlinge des Kaisers oder anderer mächtiger Fürsten zu erwehren und den besonderen Rang der altgräflichen Familien – wie der zu Wied oder Lippe – zu wahren, die seit undenklichen Zeiten ihre Gebiete regierten.

Vor allem aber gehe es um die Stellung der evangelischen Reichsstände im Reichstag, fuhr der alte Herr fort. Zwar habe das Corpus Evangelicorum, der Zusammenschluß der Gesandten aller evangelischen Reichsstände im Reichstag, gleich ob von lutherischen oder reformierten Fürsten, seit dem Frieden von Osnabrück[19] das verbriefte Vetorecht in allen Fragen, die die Religion betreffen, erläuterte Graf Alexander.

Die Reichstagsstimme der niedersächsisch-westfälischen Grafen sei seit vielen Jahrzehnten eine evangelische Stimme. Doch jetzt, nach dem Tode des langjährigen Gesandten dieser Grafen in Regensburg, des Herrn von Pistorius, erhöben die katholischen Grafen, die in seinem Kollegium säßen, Anspruch darauf, daß ein katholischer Gesandter diese Stimme abgebe. »Dabei haben sie sich bisher nie um die Angelegenheit dieses Kollegiums gekümmert und nie zu dessen Unkosten beigetragen, obwohl es etwa ebensoviel katholische wie evangelische Grafenhäuser darin gibt«, bemerkte Graf Alexander bitter. »Mein katholischer Mitdirektor im Kollegium, der Graf von Metternich-Winneburg aus Koblenz, ist auch so ein erst kürzlich zum Reichsstand aufgerückter Emporkömmling. Er hat eigenmächtig den katholischen Gesandten von Haimb beauftragt, die Stimme der westfälischen Grafen zu führen.«

»Aber haben Sie denn nichts dagegen unternommen, Herr Onkel?« fragte der Runkeler Graf.

»Natürlich, ich hatte ja schon den Gesandten des fränkischen Grafenkollegiums, den Herrn von Fischer, zu unserem Vertreter ermächtigt. Früher war er hier in Neuwied mein Kabinettsdirektor, ein tüchtiger und zuverlässiger Mann. Doch nun verweigern die katholischen Stände ihm die Akkreditierung als Gesandter, und die evangelischen Stände verweigern dem Herrn von Haimb die Akkreditierung. Das geht

19 Friede von Osnabrück: Westfälischer Friede, geschlossen in Münster und Osnabrück, nach dem Dreißigjährigen Krieg, 1648.

schon seit drei Jahren so. Der Fürstenrat kann seitdem keine Beschlüsse mehr fassen, weil sein Präsident, der Gesandte des österreichischen Erzherzogs, also des Kaisers, sich weigert, ihn einzuberufen, solange nicht die Stimme der westfälischen Grafen den Katholiken zugesprochen ist. Infolgedessen kann auch der ganze Reichstag nicht mehr beschließen, wie es Recht und Herkommen verlangen.«

»Das ist ja wie ein Patt im Schach!« rief der Graf Ludwig.

Erfreut meinte sein Onkel:

»Ich höre gerne, daß Sie etwas vom edlen Schachspiel verstehen, cher neveu. Wir müssen unbedingt eine Partie spielen. Ja, Sie haben vollkommen recht, es ist wie ein Patt. Nur, wie soll man herauskommen, ohne daß eine Seite verliert?«

»Und das alles nur wegen einer Gesandtenstimme?« fragte der junge Graf verwundert.

»Nun, es geht um mehr als das, es geht um ein Prinzip. Wie ich schon sagte, der Kaiser oder genauer gesagt der Erzherzog von Österreich als Katholik sucht jeden Vorteil für seine Religionspartei zu erringen, und hier ist es ihm einmal gelungen, alle katholischen Stände, große und kleine, hinter sich zu vereinen. Auf meiner Seite stehen allerdings bisher geschlossen alle protestantischen Fürsten, allen voran der König von Preußen, sowie der sächsische und der hannoversche Kurfürst, der ja gleichzeitig König von England ist.«

»Kann man denn nicht der anderen Seite irgendetwas bieten, damit sie uns den evangelischen Gesandten läßt?« fragte der Graf Carl Ludwig eifrig.

»Sie lernen schnell, bald werden Sie ein gewiegter Diplomat sein«, bemerkte der alte Herr trocken. »Gewiß sind solche Versuche schon unternommen worden, und nicht zu wenig. Aber ich möchte noch nicht darüber sprechen. Denn zur Diplomatie gehört es auch, Pläne nicht vorzeitig in die Öffentlichkeit zu bringen. Beenden wir lieber für heute diese anstrengende Lektion und spielen eine Partie Schach, lieber Neffe. Schach ist eine gute Übung für angehende Diplomaten, wissen Sie das?«

9

Die Glocke der reformierten Stadtkirche in der Marktstraße hatte den Feierabend eingeläutet. In den Werkstätten und Kontoren durfte nun die Arbeit ruhen, und jedermann, der es sich erlauben konnte, hatte Muße, den Vergnügungen der Freizeit nachzugehen. Viele Einwohner des Städtchens Neuwied lockte die milde Luft des Sommerabends zum Spaziergang in den Straßen oder am Rheinufer entlang.
Männer und Frauen in Sonntagsgewändern strebten gemessenen Schrittes über den großen Exerzierplatz vor dem gräflichen Schloß dem hinter den Gebäuden liegenden Schloßpark zu. Das Schloß in Neuwied und sein Park waren nicht, wie in vielen anderen Residenzen, ein für das gemeine Volk unzugänglicher Bezirk. Vielmehr hatte der Graf jedem Bürger der Stadt gestattet, im Schloßpark spazieren zu gehen, nur anständig gekleidet mußte er sein. Aber die Männer und Frauen lockte diesmal nicht die schöne Umgebung. Heute fand im Gebäude der gräflichen Fasanerie im Schloßpark die Monatssitzung der Ismenischen Gesellschaft statt.
Munter plaudernd betraten die Besucher über die mit Putten und Muschelschmuck verzierte Freitreppe den Saal im oberen Stock des gräflichen Lusthauses. Hier waren Tische und Stühle in Gruppen aufgestellt, an denen die Mitglieder und Gäste der Gesellschaft zwanglos Platz nahmen. Einige Lakaien in blau-weißer Livree reichten Tee und Erfrischungen. Um sieben Uhr betrat die Direktorin den Saal, begleitet von einem kleinen Gefolge. Ehrerbietig erhoben sich alle Anwesenden und begrüßten Ihre hochgräfliche Gnaden, die Gräfin Caroline, mit einer Verbeugung oder einem Hofknicks.
Charlotte von Lützow sah sich neugierig um. Zusammen mit Erbgräfin Louise und ihrer Kusine Dorothea hatte sie die Landesherrin zu dieser Veranstaltung begleiten müssen. Hier seien stets die Spitzen der Neuwieder guten Gesellschaft versammelt, hatte man ihr gesagt und ihr sogleich vorgeschlagen, sie nach der üblichen Probezeit ebenfalls als Mitglied aufzunehmen. Ohne rechte Vorstellung von dem, was sie dort erwarten würde, hatte Charlotte zugestimmt. Nun war sie doch ein wenig besorgt, ob sie den Anforderungen dieser geistvollen Unterhaltung gewachsen sein würde.
Als alle Anwesenden wieder Platz genommen hatten, klopfte die Direktorin mit einem zierlichen silbernen Hammer auf den Tisch und gebot damit Schweigen.

»Hiermit ist die monatliche Sitzung der hochwohllöblichen Ismenischen Gesellschaft zu Neuwied eröffnet. Herr Sekretär Schwarz, bitte verlesen Sie den Anfang unseres heutigen Protokolls.«
Ein jüngerer Herr in blauem Frack und gelber Weste, der jetzt so sehr in Mode gekommenen Tracht, wie sie der Geheimrat von Goethe vor Jahren in seinem vielbewunderten Roman »Werthers Leiden« geschildert hatte, erhob sich. Umständlich schlug er ein dickes, in Schweinsleder gebundenes Buch auf und begann zu lesen:
»Neuwied, am Dienstag, dem 5. August anno Domini 1783. Anwesend sind die Mitglieder der hochwohllöblichen Ismenischen Gesellschaft. Entschuldigt haben sich für heute die Mitglieder Philotas, Damoë und Klytië. Unentschuldigt nicht erschienen sind die Mitglieder Mentor und Danaë und werden in sechs Albus[20] Strafe genommen. Als neues Mitglied vorgeschlagen wird Herr Philipp Heinrich Breuer, Kaufmann von hier. Der Vorstand unserer Gesellschaft hat beschlossen, ihm als Gelehrten und Sohn des angesehenen Bürgers dieser Stadt, des Kaufmanns Johann Wilhelm Breuer, die übliche Probezeit zu erlassen. Er wird daher, wenn die Mitglieder der Aufnahme zustimmen, bereits heute seine Eintrittsrede halten. Ich bitte die verehrlichen Mitglieder zur Abstimmung über die Aufnahme zu schreiten.«
Einer der Lakaien trug jetzt ein von einem Tuch bedecktes Tablett von Tisch zu Tisch. Die meisten der etwa fünfundzwanzig Anwesenden faßten unter das Tuch und warfen etwas in eine kupferne Urne, die der zweite Lakai ihnen hinhielt. Nach kurzer Pause verkündete der Sekretär das Ergebnis:
»Es waren 22 weiße und zwei schwarze Kugeln in der Urne. Herr Breuer ist daher mit großer Mehrheit aufgenommen. Wir begrüßen unser neues Mitglied herzlich in unserer Mitte. Wir sind überzeugt, daß Herr Breuer mit seinen guten Geistesgaben und seiner gelehrten juristischen Ausbildung viel zum Nutzen der Gesellschaft beitragen wird, die ja dazu dienen soll, die Einsichten über allerhand Wahrheiten zu erweitern, die Gemütskräfte zu üben, sich an guten Vortrag der Gedanken zu gewöhnen und sich zugleich auf vernünftige Art zu vergnügen. Herrn Breuer wird hiermit auf seinen Wunsch in unserer Gesellschaft der Name Philander beigelegt, den hinfort jedermann zu benutzen gehalten ist. Ich bitte nun unser neues Mitglied Philander, seine

20 Albus: Geldstück, auch Groschen genannt. Ein Reichstaler (= 1 ½ Gulden) war in 60 Albus zu je 8 Pfennig eingeteilt.

Thesen vorzutragen, wie es die Aufgabe eines jeden neuen Mitgliedes ist.«

Erwartungsvoll setzten sich die Damen und Herren an ihren Tischchen zurecht, nippten noch einmal an ihren Teetassen und blickten auf den jungen Mann, der sich leicht befangen erhob und einige Papiere in seiner Hand ordnete.

»Ihro hochgräfliche Gnaden, hochverehrte Mitglieder«, begann Philipp Breuer seinen Vortrag mit einer höflichen Verbeugung. Am Anfang klang seine Stimme noch ein wenig nervös, doch als er seine Gedanken entwickelte, wurde er zunehmend sicherer. »Ich danke ehrerbietig für die freundliche Aufnahme in Ihrer Mitte und will mich gerne bemühen, mit meinen bescheidenen Kräften zu Ihrem großen Ziel der besseren Aufklärung der Menschheit beizutragen. Aus den mir zur Auswahl gestellten drei Aufgaben«, fuhr er fort, »habe ich mir erlaubt, das Thema zu behandeln: Was ist Adel und worin besteht sein Vorzug? Die Namenspatronin unserer Gesellschaft, Ismene, war von Adel. Sie gehörte zur königlichen Familie in Theben und war die Tochter des Ödipus, wie wir aus der vortrefflichen klassischen Tragödie des Sophokles wissen. Erst warnte sie ihre Schwester Antigone vor deren Vorhaben, entgegen dem Verbot ihres Onkels, des Königs Kreon, ihren im Zweikampf mit dem eigenen Bruder umgekommenen Bruder Polyneikes zu begraben. Doch als Antigone aus lauter Geschwisterliebe dennoch dem Polyneikes ein würdiges Grab bereitet hatte und sie nun von Kreon zum Tode verurteilt wurde, da übernahm Ismene mutig die Mitverantwortung für diese Tat und forderte auch für sich selbst den Tod. So sehen wir in Ismene das Vorbild einer Tugend, der wir nachstreben wollen. Doch war Ismene tugendhaft, weil sie von Adel war? Wir können es nicht glauben. Denn andere Mitglieder ihrer Familie handelten alles andere als tugendhaft. Vielmehr war sie tugendhaft, weil sie menschlich handelte.«

In schwungvoller Rede legte der junge Mann weiter dar, daß nach den übereinstimmenden Zeugnissen der großen Geister der Neuzeit, etwa der Denker Rousseau, Locke, Pufendorf und Wolff, einst bei den Menschen in ihrem Naturzustand eine allgemeine Gleichheit geherrscht habe. Das Recht der Natur habe den Adel nicht gekannt, erst die Geschichte habe ihn als besonderen Stand entstehen lassen. »Was das Recht der Staaten heutzutage diesem Stand für Privilegien gewährt, das wollen wir hier unerörtert lassen. Was aber das Recht der Natur angeht, so kennt es nur einen Vorzug von Menschen gegenüber anderen Menschen: die Tugend. Wer diese besitzt, ist wahrhaft edel. Wer aber nicht tugendhaft fühlt und handelt, dem erkennt dieses natürliche Recht auch nicht den Vorzug wahren Adels zu.«

Freundlicher Beifall belohnte den Redner, der sich nach seinem Vortrag wieder bescheiden in eine Ecke setzte. Gräfin Caroline übernahm es, die Gefühle der Anwesenden in Worte zu fassen:

»Sie haben mir aus dem Herzen gesprochen, lieber Philander, seien Sie bedankt für diesen gelungenen Vortrag.«

Charlotte von Lützow hatte mit wachsendem Interesse zugehört, von zwiespältigen Empfindungen hin- und hergerissen. Die Ausführungen des jungen Mannes gefielen ihr sehr, und auch die Persönlichkeit des Vortragenden machte ihr Eindruck, wie er bescheiden und sympathisch, ohne je verletzend zu wirken, doch mit unwiderstehlicher Logik seine Thesen vertrat. Aber wie sollte sie, ein ungebildetes junges Mädchen vom Lande, es je fertigbringen, selbst auch nur annähernd so kluge Gedanken vorzutragen, die hier doch offenbar erwartet wurden? Ihre eigene Aufnahme in die Ismenische Gesellschaft schien ihr, je länger sie darüber nachdachte, umso mehr als ein schlechter Scherz. Schweigsam, in sich gekehrt, entzog sich Charlotte dem lebhaften Gespräch, das wie üblich nach dem einleitenden Vortrag einsetzte. Sollte sie nicht lieber auf den Eintritt in diese so anregende und interessante Gesellschaft verzichten? Doch alles in ihr wehrte sich gegen eine solche beschämende Kapitulation. Noch immer war sie unentschlossen, als Gräfin Caroline den unterhaltsamen und lehrreichen Abend mit einem Dank an alle Mitglieder und Gäste beendete. Wie im Traum hörte sie den Sekretär Schwarz sagen, daß auch Fräulein Charlotte Christine von Lützow, Hofdame am hiesigen gräflichen Hof, um Aufnahme in die hochwohllöbliche Ismenische Gesellschaft nachgesucht habe und in einer der nächsten Monatsversammlungen ihre Eintrittsthese vorlegen werde. Schon wollte Charlotte den Mund öffnen, um zu widersprechen, aber sie brachte kein Wort heraus.

Ein Tag des Herren

1

In tiefem Schweigen füllte sich das Bethaus der Herrnhuter Brüdergemeine in der Friedrichstraße. Nur ein kleiner Tisch anstelle des Altars, eine kleine Orgel und ein paar freundliche Gardinen schmückten den Saal. Die Gläubigen traten in Gruppen durch zwei Türen ein und begaben sich auf die ihnen von der Tradition zugewiesenen Plätze. Links die Chöre der Witwer, der verheirateten Männer, der unverheirateten jungen Männer und Burschen sowie der Knaben. Rechts, schon beim Einzug in den Saal von den Männern getrennt, die Chöre der Witwen, der verheirateten Frauen, der unverheirateten Frauen und der Chor der jungen Mädchen, streng nach der Reihenfolge des Alters. Die Gesichter der Frauen und Männer wirkten ernst und beherrscht, keine Fröhlichkeit, aber auch keine Trauer oder Verzweiflung war ihnen anzusehen.
Im Chor der jungen Frauen schritt Elisabeth Schettlerin neben ihrer Freundin Sophie Preudhomme. Bei den seltenen Gelegenheiten, in denen sich die jungen Mädchen unterhalten durften, sprachen sie meist französisch miteinander, wie auch der Unterricht im Chor der ledigen Schwestern häufig in dieser Sprache gehalten wurde. Sophies Eltern stammten, wie so viele Glieder der Neuwieder Brüdergemeine, ursprünglich aus der französischen Schweiz und waren vor längerer Zeit nach Neuwied gezogen, als dessen Landesherr der Brüdergemeine des Grafen Zinzendorf dort eine religiöse Freistatt gewährt hatte. Elisabeths Eltern, die Schettlers, waren dagegen aus der Wetterau im Hessischen. Als junge Menschen hatte sie dort der Geist Gottes ergriffen, und sie waren zur Brüdergemeine in Herrenhag bei Büdingen gekommen und später, 1750, nach Neuwied übergesiedelt. Damals hatte die kleine Herrnhuter-Niederlassung plötzlich Herrenhag verlassen müssen, als der alte Graf von Isenburg-Büdingen starb und der junge Graf die religiösen Freiheiten aufhob, die sein Vater gewährt hatte. Doch hier in Neuwied hatten die Brüder und Schwestern endgültig Zuflucht gefunden und sich zu einer starken Gemeinde entwickelt.
Elisabeth gab sich Mühe, wenigstens einen Blick auf ihre Mutter zu erhaschen, die vorn auf der ersten Bank der Frauenseite inmitten des

Chores der Witwen Platz nahm. Seit einem guten Jahr trug ihre Mutter das weiße Band der Witwen an ihrer Leinwandhaube und war aus ihrer alten Wohnung in der Pfarrstraße in das Gebäude des Witwenchores gezogen, nachdem ihr Mann, der Stempelschneider Elias Schettler, gestorben war. Und, obwohl die beiden Häuser der ledigen Schwestern und der Witwen aneinanderstießen, bekamen sich Mutter und Tochter nur bei den Gemeindegottesdiensten aus der Ferne zu sehen. Doch das war auch vorher kaum anders gewesen. Denn seit ihrer Konfirmation im vierzehnten Lebensjahr lebte Elisabeth in der Gemeinschaft des Chores der ledigen Schwestern, wie es in allen Niederlassungen der Brüdergemeine der Brauch war.

Die Versammlung der Gemeine zur Feier des heiligen Abendmahls, wie stets einmal im Monat am Abend vor einem Sonntag gehalten, war diesmal besonders auf den Chor der ledigen Schwestern zugeschnitten. Denn an diesem Tag, dem 9. August 1783, konnte die ganze Brüdergemeine freudig die Einweihung des neuen Hauses für diesen Chor an der Engerser Straße, Ecke Friedrichstraße, feiern. Am Vormittag waren die Schwestern von ihrem alten, recht beengten Gebäude in das neue größere Haus umgezogen. Aber abgesehen von dieser Aufregung des Umzuges blieb für die jungen Mädchen und Frauen ihr Tageslauf der gleiche. Eher wäre die Welt untergegangen, als daß die Brüdergemeine hieran etwas geändert hätte.

Jetzt, im Gottesdienst am Abend dieses Tages, war es Aufgabe des Chores der ledigen Schwestern, das Lied des Grafen Zinzendorf zu singen: *»Herz und Herz vereint zusammen sucht in Gottes Herzen Ruh', lasset eure Liebesflammen lodern auf den Heiland zu«*. Und die anschließende Ansprache des Predigers Bruder Riesler ermahnte die Schwestern besonders, in ihrem Singen nicht müde zu werden und stets, wenn einmal unfromme Gedanken ins Herz kommen sollten, schnell an den lieben Heiland zu denken, der für alle am Kreuz gestorben sei und die Menschen von ihren Sünden erlöst habe.

Elisabeths Gesicht wurde rot. War diese Mahnung auf sie persönlich gemünzt? Wie oft irrten ihre Gedanken während ihrer Arbeit im Schwesternhaus, ja selbst während der Predigt oder des Gebetes, ab. Wie oft versuchte sie sich vorzustellen, wie man außerhalb des gewohnten Kreises der Schwestern leben könne. Die einzige Möglichkeit, aus dem Chor der ledigen Schwestern auszutreten, war ja die Heirat mit einem jungen Mann aus der Brüdergemeine. Wie oft blickte Elisabeth während des Gottesdienstes hinüber zur Männerseite des

Saales, um die Glieder des Chores der ledigen Brüder zu mustern. Auch von dort wurden häufig verstohlene Blicke hinüber zu den jungen Frauen geworfen. Welcher würde es sein, der einmal die Vorsteherschaft der Gemeine um die Erlaubnis bat, mit ihr, der Schwester Elisabeth Schettlerin, in den Stand der Ehe zu treten? Und würde das Los, das die Vorsteher der Gemeine dann nach altem Herrnhuter Brauch über dieses Vorhaben warfen, um den Willen Gottes zu ermitteln, würde dieses Los die Ehe gestatten? Würde der junge Mann ihr gefallen? Elisabeth wußte, daß sie das Recht hatte, einen solchen Antrag abzulehnen, doch wann würde sie dann je wieder einmal an die Reihe kommen, gefragt zu werden? Und wie würde es sein, das Leben als Frau und Mann? Sie konnte sich nichts Rechtes darunter vorstellen. Das junge Mädchen seufzte tief und erschrak. Bruder Riesler hatte seine Predigt längst beendet, und sie war mit ihren Gedanken wieder einmal spazieren gegangen.

Auf der Männerseite reichten Brüder und auf der Frauenseite Schwestern Tee und weißes Brot herum zum Liebesmahl, das wie stets der eigentlichen Feier des Abendmahls voranging. Nach einem weiteren Choral knieten alle nieder und nahmen von den Vorstehern der Gemeine das geweihte Brot des Abendmahles entgegen, um es gemeinsam zu verzehren. Elisabeth behielt das Brotbröckchen im Mund, bis der Kelch mit dem Abendmahlswein auch bei ihr angelangt war. Denn ohne die Mithilfe von Christi Blut, so hatte sie das Gefühl, wäre ihr das Brot im Hals steckengeblieben. War sie nicht im Angesicht Gottes eine Sünderin, da sie immerzu weltliche Gedanken im Kopf hatte?

2

Der Sonntagmorgen unterschied sich für Klärsch in nichts von den Werktagen. Der Hahn im Stall des Bauern Klosenwöllm Schneider in Thalhausen krähte genauso früh wie sonst im Sommer, und die Kühe warteten schon am Brunnen darauf, gemolken zu werden. Bereits kurz nach Sonnenaufgang hatte Paule, der Viehhirt, die kleine Dorfherde von der Nachtweide zurück ins Dorf getrieben. Melodisch klangen die Glocken, die die meisten Kühe und Ochsen um den Hals trugen, und weckten alle Bewohner von Thalhausen.

Unsanft stieß Trinchen ihre ältere Schwester Klärsch in die Seite, um

sie zu wecken. Die beiden Mädchen teilten das schmale Strohlager in der Mädchenkammer im Obergeschoß des alten Fachwerkhauses. Nebenan in der Burschenkammer schliefen ihre Brüder.
Klärsch warf seufzend das Federbett beiseite. Sie hatte, wie so oft in der letzten Zeit, schlecht geschlafen und war erst gegen Morgen durch den Schlummer von den trüben Gedanken erlöst worden, die sie neuerdings insbesondere nachts verfolgten. Aber gleichgültig, ob sie sich müde und zerschlagen fühlte, sie mußte aufstehen, denn die tägliche Arbeit nahm darauf keine Rücksicht.
Über das Leinenhemd, in dem sie geschlafen hatte, zog sie rasch ihre dunkelblaue Motze[21], den dunkelgrauen Alltagsrock aus schwerem selbstgewebtem Leinen und die hellblaue »Rundherum« Schürze. Die Haare barg sie vorläufig unter einem rasch übergeworfenen Kopftuch. Dann weckte sie nebenan ihre Brüder und turnte leichtfüßig die enge Wendeltreppe hinab in die Küche. Ihre bloßen Füße tappten über das Steinpflaster des engen Raumes. Obwohl die Sonne schon aufgegangen war, herrschte hier noch Dunkelheit, denn das winzige, höchstens einen Quadratfuß messende Fenster ließ nicht genügend Licht hinein. Aber Klärsch hätte auch in finsterster Nacht gewußt, wo der hölzerne Melkeimer und der Melkschemel am Holzpflock an der Wand hingen. Rasch ergriff sie beide Gegenstände, öffnete Ober- und Unterteil der Haustür und eilte um ein paar Ecken der verwinkelten Dorfstraße zum Brunnen. Es war ihre Aufgabe, jeden Morgen die vier dem Bauern Schneider gehörenden Kühe zu melken.
Während sie gewohnheitsmäßig die anderen Mädchen und Frauen begrüßte, die dieselbe Arbeit zu verrichten hatten, waren Klärschs Gedanken schon ein paar Stunden im Tageslauf vorangeeilt. Nun dauerte es nicht mehr lange bis zur Kirche und bis zu den kostbaren kurzen Minuten danach, wo die jungen Mädchen und Burschen aus dem ganzen Kirchspiel Gelegenheit hatten, zusammenzustehen und zu schwatzen. Dann würde sie Jost Acker sehen. Allein der Gedanke daran gab ihr Trost in ihrer gegenwärtigen Trübsal, die sie niemanden merken lassen durfte, nicht einmal Jost Acker, der ihr doch so gut war.
Ohne viel Reden erledigten die Mitglieder der Familie Schneider ihre morgendlichen Pflichten. Während Fräs, der Jüngste, die Asche auf der kniehohen, aus Bruchsteinen gemauerten Feuerstelle mit einer aus Holz geschnitzten unförmigen Schaufel zusammenkratzte und ins

21 Motze: Mieder.

Freie trug, war seine Schwester Trinchen damit beschäftigt, durch eifriges Schlagen eines Stahlstückes auf Feuerstein den trockenen Zunder und mit diesem etwas trockenes Gestrüpp in Glut zu versetzen. Bruder Wilmluisch ergriff die beiden hölzernen Wassereimer, um vom Brunnen Wasser zu holen, und Mutter Dottchen schüttete zwei Altmaß[22] Breimehl[23] für den täglichen Haferbrei in den Kochtopf, der am Hehl[24] über der Feuerstelle hing. Vater Klosenwöllm war als letzter aus dem Bett – dem einzigen im Haus – im Niederlaß[25] gekommen, in dem die Eltern schliefen. Er allein von der Familie hatte am Morgen keine bestimmten Pflichten, aber er wanderte zum Brunnen, um in der dort zum Tränken und Melken versammelten Herde seine Kühe zu begutachten.

Nach dem wortlosen Frühstück um den kleinen Küchentisch aber begann der Tagesablauf des Sonntags von dem der Werktage abzuweichen. Denn alle Familienmitglieder beeilten sich, sich für den Kirchgang zu schmücken.

Als eine halbe Stunde später Klosenwöllm und seine Angehörigen das Haus verließen, sah man ihnen an, daß sie von einem durchaus wohlhabenden Bauernhof kamen. Die Männer trugen statt des üblichen dunkelblauen Alltagskittels eine Kniehose von weißem Leinen, schwarze Strümpfe und feste Schuhe, eine schwarzblaue Weste und darüber das schwarztuchene Staatskamisol[26] mit großen Knöpfen und Schößen, die bis zu den Kniekehlen reichten. An den schweren schwarzen Wollröcken und den Schürzen aus dunkelgrünem und dunkelbraunem Wollstoff der Frauen des Hauses hatten diese viele Winterabende zu spinnen und zu weben, zu färben und zu nähen gehabt. Für die großen Brusttücher der Frauen aus dunkler bestickter Seide hatte der Bauer gewiß einige mühsam ersparte Reichstaler an den Krämer auf dem Simon-Judae-Markt[27] in Neuwied bezahlen müssen. Über den sorgfältig zu Kränzen geflochtenen und um den Kopf gelegten

22 Altmaß: Maß für Mehl, ca. 0,45 Liter.

23 Breimehl: grob geschrotetes Hafermehl.

24 Hehl: Eiserner Haken zum Aufhängen der Töpfe über der Feuerstelle, in der Höhe verstellbar.

25 Niederlaß: Kammer an der Wetterseite des Westerwälder Bauernhauses unter dem an dieser Seite tief herabgezogenen Strohdach.

26 Kamisol: altertümlicher Männerrock der Westerwälder Bauerntracht.

27 Simon-Judae-Markt: einer der fünf Jahrmärkte der Stadt Neuwied für die ganze Grafschaft, am 28. Oktober.

Haaren der Frauen saß das Kommodchen, die kleine bestickte Haube aus steifem schwarzem Seidenstoff.
Auf dem Weg durchs Dorf schlossen sich von jedem Haus in Thalhausen die anderen Familien den Kirchgängern an. Nur die gebrechlichen Alten und die kleinen Kinder blieben in den Häusern zurück. So war es jeden Sonntag. Auf dem halbstündigen Weg den Berg hinauf zur evangelisch-reformierten Kirche in Anhausen gebot es die Tradition, daß die Hofinhaber, die verheirateten Frauen, die jungen Burschen, die unverheirateten Mädchen und die Kinder jeweils in Gruppen miteinander wanderten und sich dabei lebhaft unterhielten. Doch Klärsch war entgegen ihrer sonstigen Munterkeit einsilbig und lachte nur selten über die Scherzworte ihrer Altersgenossinnen. Ab und zu stahl sich ein heimlicher Seufzer aus ihrer Brust. Es mußte eine schwere Sorge sein, die ihr heiteres Gemüt bedrückte.
Der Gottesdienst in der alten Kirche von Anhausen ging vorüber, ohne daß Klärsch ein Wort von der Predigt Pfarrer Caesars behalten hätte. Sonst pflegte sie immer gut aufzupassen und glänzte im Kreis der jungen Leute nach der Kirche damit, daß sie noch genau wußte, über welche Bibelstelle der Pfarrer seine Predigt gehalten hatte. Endlich, endlich war die Kirche aus. In behäbiger Ruhe erhob sich die Gemeinde von ihren angestammten Plätzen, die Frauen links, die Männer rechts im Kirchenschiff, und wandelte dem Ausgang zu. Lehrer Schneider, der die wacklige alte Orgel geschlagen hatte, packte seine Noten zusammen. Draußen auf dem von hohen alten Bäumen beschatteten Vorplatz blieben die Einwohner des Kirchspiels Anhausen in Grüppchen zusammen stehen, um sich die Ereignisse der vergangenen Woche zu erzählen, die Ernteaussichten zu erörtern oder auch mit spitzer Zunge über einen Nachbarn zu sticheln.
Klärsch trat rasch zu der Gruppe von jungen Mädchen und Burschen, die wie sie vor vier Jahren von Pfarrer Caesar konfirmiert worden waren. Scherzworte flogen hin und her. Ihre Freundinnen waren viel zu sehr in ihr Gespräch vertieft, als daß sie bemerkt hätten, daß Klärsch sich daran kaum beteiligte. Ihre Augen suchten vielmehr Jost Acker. Jost stammte aus dem Nachbardorf Meinborn, und er war zusammen mit Klärsch und ihren Altersgenossen zur Konfirmation gegangen. Aus der Bekanntschaft der beiden war etwas geworden, was Klärsch mit Worten nicht zu beschreiben vermocht hätte. Aber sie wußte, daß sie ihre Gefühle vor den anderen Mädchen und Burschen des Kirchspiels verbergen mußte, um sich nicht den üblichen groben Anspie-

lungen auszusetzen, denn eine Heirat mit Jost Acker schien unmöglich. Er war der dritte Sohn eines kleinen Bauern in Meinborn und hatte nicht die geringste Aussicht, einmal selbst ein Stück Land zu erben, von dem er eine Familie ernähren könnte. Er würde wie die meisten nachgeborenen Söhne der Bauern hier als billige Arbeitskraft bei seinem älteren Bruder auf dem Hof bleiben oder sich als Knecht auf einem anderen Hof verdingen, und er würde vermutlich als Junggeselle sein Leben beschließen müssen.

Ein vertrauliches Gespräch war Klärsch und Jost im Kreise der lebhaft schwatzenden und lachenden jungen Leute natürlich nicht möglich. Aber ihre Blicke trafen sich immer wieder. Allein das Bewußtsein, in Josts Nähe zu sein, beruhigte Klärsch, und es gab ihr die Kraft, die schwere Last leichter zu ertragen, die auf ihrer Seele lag.

3

Im Neuwieder Schloß war der Sonntagmorgen immer eine Zeit hektischer Tätigkeit. Denn die Herrschaften aus der gräflichen Familie wollten ja alle gleichzeitig zum Kirchgang fertig sein. Kammerdiener und Kammerjungfern eilten in die Zimmer ihrer Herrschaften, um bei der Garderobe zu helfen. Auch Charlotte von Lützow mußte sich sputen, von ihrem Zimmerchen im dritten Stock in die Gemächer der gräflichen Familie zu kommen. Am Sonntagmorgen, so hatte Charlotte von ihrer Herrin, der Erbgräfin, die Anweisung erhalten, sollte sie zuerst das Ankleiden von Komteß Caroline und Komteß Louise überwachen, den ältesten Töchtern des erbgräflichen Paares, zwölf und zehn Jahre alt. Danach sollte sich die junge Hofdame der alten Gräfin Caroline anschließen, um mit ihr die lutherische Kirche in der Rheinstraße zu besuchen.

Denn so eisern auch die Regel galt, daß jeder Bewohner des Schlosses am Sonntag zum Gottesdienst zu gehen habe, so ungewöhnlich war in dieser Residenz die Toleranz, gehörten doch die Schloßbediensteten, ja auch die gräfliche Familie selbst, den verschiedensten Religionen an. Kurz vor neun Uhr verkündete die Glocke der reformierten Kirche der ganzen Stadt, daß es Zeit sei, die Gotteshäuser aufzusuchen. Der alte Graf Alexander fuhr zusammen mit seiner Schwiegertochter in einer Kutsche zur reformierten Kirche. Läufer Raeder in der gräflichen Livree lief vor der Kutsche her, und überall vor den Häusern standen

Kinder und Erwachsene und verneigten sich ehrfürchtig vor ihrer Landesherrschaft.
Die alte Gräfin Caroline bestand jedoch darauf, die paar Schritte bis zur lutherischen Kirche zu Fuß zurückzulegen, in Begleitung der beiden Hofdamen Dorothea und Charlotte von Lützow. Die meisten Schloßbewohner folgten in langem Zuge zu Fuß ihren Herrschaften in die beiden Kirchen, doch einige strebten auch in die Luisenstraße, in die schmucklose, kleine katholische Kirche.
Die alte Gräfin hatte die junge Hofdame ihrer Schwiegertochter offenbar sehr ins Herz geschlossen. Besonders in religiösen Fragen meinte die Lutheranerin Caroline, ihre Glaubensgenossin aus Mecklenburg unter ihre Fittiche nehmen zu müssen. Schon mehrfach hatte sie bei Tisch oder anderen Gelegenheiten Charlotte in ein Gespräch gezogen und ihr die außergewöhnliche Situation erklärt, in der sich die verschiedenen Religionen in Neuwied befanden.
Vor über zweihundert Jahren, so hatte Gräfin Caroline erzählt, hätten die Grafen zu Wied die Reformation in der Form des Heidelberger Bekenntnisses[28] angenommen und die Untertanen in ihrer Grafschaft dieser Religion zugeführt. Das sei nicht leicht gewesen, denn das Ausland ringsumher sei katholisch geblieben, da es zum Besitz der Erzbischöfe und Kurfürsten von Trier und Köln gehöre. Charlotte erinnerte sich, daß die alte Dame mit Stolz weiter davon berichtet hatte, wie der Großvater ihres Gemahls, der Graf Friedrich, in der ihm durch Erbteilung zugefallenen unteren Grafschaft Wied vor hundertdreißig Jahren nicht nur die Stadt Neuwied neu gegründet hatte. Sondern er hatte auch allen im Reich zugelassenen Religionsparteien, den Reformierten, den Lutheranern und den Katholiken, in dieser neuen Stadt freie Religionsausübung versprochen. Später, unter der Regentschaft ihres Mannes, hätten dann noch andere Glaubensgemeinschaften in Neuwied Zuflucht und Duldung gefunden: die Herrnhuter Brüdergemeine des Grafen Zinzendorf, Mennoniten aus der Schweiz und aus der Pfalz und einige sogenannte Separatisten oder Inspirierte, allesamt friedliche und arbeitsame Leute, wie die Gräfin meinte. Schließlich gebe es in Neuwied auch eine Synagoge für die hiesigen Juden.
»Ich glaube, es gibt kaum einen Ort im ganzen Reich, in dem so viele

28 Heidelberger Bekenntnis: Bekenntnisschrift der Reformierten Kirchen in Deutschland (nach Zwingli und Calvin, 1563 verfaßt), weist gegenüber Martin Luthers Glaubenssätzen und Gottesdienstordnung einige wichtige Unterschiede auf.

verschiedene Religionen ohne Bedrückung frei nach ihrer Weise Gott verehren können«, hatte Gräfin Caroline befriedigt hinzugefügt. Dabei hielt sie selbst unerschütterlich an der lutherischen Lehre fest, in der sie, die geborene Gräfin von Sayn, im Schloß von Hachenburg einst erzogen worden war.
Charlotte hatte in einer ihrer Unterhaltungen bekannt, von Katholiken in ihrer Heimat wohl gehört, aber noch nie mit Bewußtsein einen gesehen zu haben.
»Man erzählt sich so furchtbare Dinge über die Papisten. Sind sie wirklich so schreckliche Menschen, Euer Gnaden?«
Nachdenklich hatte die alte Gräfin ihr geantwortet:
»Was die Katholiken glauben, das halte ich für falsch und nicht nach Gottes wahrem Willen. Aber die Menschen, die dieser Religion anhängen, wissen es nicht besser. Sie sind nicht schlechter und auch nicht besser als andere Menschen auch. Wir dürfen sie darum nicht verurteilen. Glauben Sie mir das, mein Kind!«
Auf dem Weg vom Schloß zur Kirche an diesem Sonntagmorgen setzte Gräfin Caroline den Unterricht für Charlotte fort.
»Heute predigt übrigens Pfarrer Roentgen. Er ist von einer Reise zurückgekehrt, bei der er Geld für den Neubau unserer baufälligen Kirche gesammelt hat. Pfarrer Roentgen ist selbst ein Beispiel für religiöse Toleranz. Er stammt aus einer Familie der Herrnhuter; sein Vater und sein Bruder sind hier in Neuwied berühmte Ebenisten.[29] Sie müssen sie und ihre Kunstwerke unbedingt einmal kennenlernen, liebes Kind. Da die Brüdergemeine sich hier in Neuwied als besonderer Teil der lutherischen Religion ansieht, hat Ludwig Roentgen in Tübingen lutherische Theologie studiert und ist danach von unserer Gemeinde vor kurzem hierher berufen worden. Er ist ein sehr vernünftiger, aufgeklärter Mann, ich schätze ihn sehr.«
Bevor die Gruppe der drei Damen in das unscheinbare Kirchlein in der Rheinstraße eintrat, deutete Gräfin Caroline auf ein schräg gegenüber liegendes Fachwerkhaus mit einem hübschen Erker:
»Hier wohnt übrigens der Kaufmann Breuer, ein Katholik. Sein Sohn ist neulich in die Ismenische Gesellschaft aufgenommen worden, Sie erinnern sich gewiß!«

29 Ebenist: Kunsttischler; das Wort stammt von der Edelholzart Ebenholz, die damals viel verarbeitet wurde.

4

Der Segen war gesprochen, der Schlußchoral gesungen. Der Gottesdienst in der lutherischen Kirche ging zu Ende. Ohne Hast verließ die Gemeinde den fast hundert Jahre alten, inzwischen zu klein und baufällig gewordenen Kirchenraum. Wie es sich gehörte, verabschiedete Pfarrer Roentgen an der Tür mit Handschlag die einzelnen Gemeindemitglieder, etwas verlegen, weil er nur die wenigsten mit Namen kannte.

Schließlich hatte er erst vor fünf Monaten diese seine erste Pfarrstelle angetreten und war bald darauf schon wieder auf Sammelreise geschickt worden, von der er gerade zurückgekehrt war. Sein Vorgänger, der alte Pfarrer Zeitz, der eigentlich schon emeritiert war, hatte ihn während seiner Abwesenheit noch einmal vertreten. Pfarrer Roentgen war noch jung, noch nicht einmal dreißig Jahre. Aber in seiner Amtstracht, dem langen schwarzen Talar, dem weißen Kragen und der weißen Perücke, sah er dennoch sehr würdig aus.

Wie üblich schritt Gräfin Caroline mit ihren beiden Ehrendamen erst unter den letzten Besuchern aus der Kirche.

»Ich danke Ihnen, Herr Pfarrer«, sprach sie ihn an, »für Ihre heutige Predigt. Sie ist mir so recht zu Herzen gegangen. Mit Ihrem Bericht, wie Sie nicht nur in lutherischen Herrschaften, sondern auch von reformierten Fürsten, Grafen und Gemeinden Spenden für unseren Kirchenbau erhielten, haben Sie erneut bewiesen, daß es nicht so wichtig ist, ob jemand lutherisch oder reformiert oder herrnhutisch getauft ist. Jeder ist unser Bruder, der die Gerechtigkeit Gottes aus dem Glauben erfahren hat, ob er nun an die Gegenwart des wahren Leibes und Blutes Christi im Abendmahl nach Martin Luther glaubt oder nach Calvin davon überzeugt ist, daß Brot und Wein Leib und Blut Christi nur bedeuten. Dieser unselige Streit zwischen den Pfarrern und Gelehrten der verschiedensten Richtungen in der evangelischen Christenheit ist doch überflüssig!«

»Das ist auch meine Meinung, Ihro Gnaden«, erwiderte Pfarrer Roentgen, »ich werde in meinem Leben gewiß nichts tun, diesen Streit zu schüren.«

»Sie sind zu jung, um sich zu erinnern, daß vor gut fünfundzwanzig Jahren hier in Neuwied einmal eine Freie Akademie zur Vereinigung des Glaubens und weiteren Verbesserung der Religion bestanden hat, zu eben dem Zweck, diesen Streit zu überwinden. Seine hochgräfliche

Gnaden, mein Herr Gemahl, hatte sie sehr gefördert. Aber infolge vieler Anfeindungen mußte sie ihre segensreiche Tätigkeit bald wieder einstellen. In Ihrem Wirken hier, Herr Pfarrer Roentgen, sehe ich so etwas wie eine Wiederaufnahme der Gedanken von damals. Im übrigen Dank auch für den Eifer, den Sie bei der Geldsammlung für unsere Kirche erwiesen haben. Das Ergebnis ist ja ein erfreulicher Grundstock für den Neubau.«

Mit einer tiefen Verbeugung nahm der junge Pfarrer die Komplimente entgegen.

»Untertänigsten Dank, Ihro hochgräfliche Gnaden, für die gute Meinung über mich. Ich hätte aber nicht so wohlgemut und Gottes Segens gewiß auf die Sammelreise gehen können, wenn nicht Seine hochgräfliche Gnaden höchstselbst die allerhöchste Gnade gehabt hätten, der lutherischen Gemeinde das notwendige Grundstück für den Neubau zu schenken. Ich weiß immer noch nicht, wie ich Ihro Gnaden hierfür danken soll.«

»Indem Sie weiter mit Vernunft und Frömmigkeit Ihre Herde hüten, wie Sie es bisher zum guten Anfang gezeigt haben.« Mit einem wohlwollenden Kopfnicken verabschiedete sich die alte Gräfin.

Der fast achtzigjährige Pfarrer Zeitz hatte sich beim Gottesdienst und bei dem folgenden Gespräch bescheiden im Hintergrund gehalten. Er wollte nicht den Eindruck erwecken, als überwache er die ersten selbständigen Amtshandlungen seines jungen Nachfolgers. Jetzt trat er aus der dämmrigen Kirche heraus und lud den Amtsbruder zum Mittagessen im Pfarrhaus ein. Denn infolge der besonderen Umstände bei seiner Emeritierung war Pfarrer Zeitz vorerst noch im Pfarrhaus wohnen geblieben. Der junge unverheiratete Pfarrer Roentgen benötigte ja auch noch nicht unbedingt eine eigene Wohnung.

Bei der Mittagstafel legte die besorgte Pfarrfrau ihrem Gast die besten Bissen vor. Doch Pfarrer Roentgen war zu zerstreut, um davon gebührend Kenntnis zu nehmen. Das, was er von seinem Amtsvorgänger über die Ereignisse hörte, die die lutherische Gemeinde in den letzten Monaten betrafen, war nicht dazu angetan, seinen Appetit zu fördern. Der Alltag mit seinen Widrigkeiten unterschied sich, was die Einigkeit unter den evangelischen Christen in Neuwied anging, doch sehr von dem idealistischen Ausblick im Gespräch mit der alten Gräfin Caroline.

Über den Bauplan für die neue Kirche an der Friedrichstraße war es zu heftigem Streit gekommen, erzählte der alte Pfarrer. Den Vorschriften

gemäß mußte die Bauzeichnung aus der Hand des kaiserlich-russischen Baumeisters Cancrini bei der gräflichen Regierung zur Begutachtung eingereicht werden. Die hatte auch zunächst ihre Zustimmung erteilt. Doch auch das gräflich wied-neuwiedische reformierte Konsistorium[30] verlangte ein Mitspracherecht. Äußersten Unwillen erregten dort die in der Zeichnung enthaltenen zwei Türme der neuen Kirche. War es doch bisher das Privileg der reformierten Stadtkirche in Neuwied gewesen, als einzige Kirche oder Bethaus in der Stadt einen Glockenturm zu besitzen. Nach vielen Schreibereien und Gegenvorstellungen hatte erst eine Eingabe von Pfarrer Zeitz an Celsissimus höchstpersönlich Erfolg gehabt. »Wird mit Türmen gebaut«, hatte Graf Alexander in seiner bekannten Kürze darauf verfügt.
Ein anderer Fall häßlicher Streitigkeiten war ausgerechnet über die Beerdigung eines älteren Mitgliedes der lutherischen Gemeinde entstanden. Er war mit einer reformierten Frau verheiratet gewesen. Jetzt verlangte der reformierte Amtsbruder für sich das Recht, die Leichenpredigt zu halten.
»Der Friedhof ist für alle in Neuwied vertretenen Bekenntnisse da, wie Sie ja wissen«, erläuterte Pfarrer Zeitz seinem Amtsbruder, »mit Ausnahme der Herrnhuter und der Juden, die ihre eigenen Friedhöfe haben. Schließlich hat Pfarrer Touby sich mit den halben Stolgebühren[31] zufrieden gegeben und mich die Leichenpredigt halten lassen.«
Der alte geistliche Herr berichtete trocken und ohne spürbare Bewegung von den Querelen, die ihm aus jahrzehntelanger Tätigkeit so vertraut waren. Aber er schloß die freundschaftliche Warnung an: »Die Stimmung in unserer Gemeinde ist nicht gerade sehr wohlgesonnen gegenüber den Reformierten. Ich weiß nicht, mein lieber junger Freund, ob es sehr klug ist, die großen Unterschiede zwischen uns und den Reformierten so mit dem Mantel christlicher Nächstenliebe zuzudecken, wie Sie das in Ihrer Predigt getan haben. Ich habe heute schon recht kritische Stimmen bei einigen Ältesten unserer Gemeinde gehört.«
Das sind ja keine schönen Aussichten, dachte Pfarrer Roentgen im stillen. Er hatte sich die Tätigkeit in seiner Vaterstadt so befriedigend

30 Konsistorium: Geistliche Behörde in evangelischen (lutherischen oder reformierten) Territorien, denen der Landesherr seine geistlichen Verwaltungs- und Rechtsprechungsrechte als »summus episcopus« (Oberster Bischof) übertragen hatte, meist aus Geistlichen und Juristen zusammengesetzt.

31 Stolgebühren: Gebühren für kirchliche Amtshandlungen.

gedacht, so stolz war er nach dem entbehrungsreichen Studium zurückgekommen. Auf seiner Geldsammelreise hatte er im fernen Lübeck die Frau gefunden, die er gerne als Pfarrfrau in das schöne Haus am Neuwieder Marktplatz heimgeführt hätte. Sollte es für sein künftiges Leben hier in Neuwied noch mehr Hindernisse geben als nur seine Armut?

5

Tief in Gedanken verloren schritt Pfarrer Roentgen durch die sonntäglich stillen Straßen, in denen die Sonnenglut dieses herrlichen Spätsommers waberte. Der Weg zu seinem Bruder fiel ihm nicht leicht, aber er mußte wohl sein. Denn Pfarrer Zeitz würde in Kürze aus dem Pfarrhaus ausziehen und seine Möbel mitnehmen. Er konnte seiner künftigen Frau doch keine leere Wohnung bieten!

Der junge Pfarrer machte sich nichts vor. Er war bettelarm. Das viele Geld, das er von seiner Sammelreise mitgebracht hatte, gehörte ja nicht ihm. Nur noch wenige vom Munde abgesparte Dukaten[32] klimperten in seinem privaten Geldbeutel. Sie waren der letzte, sorgsam gehütete Rest des Stipendiums, das sein Freund und Gönner Lavater[33] einst vom Herzog von Württemberg besorgt hatte, um ihm das Theologiestudium in Tübingen zu ermöglichen. Und von dem winzigen Pfarrergehalt, das er jetzt bezog, waren beim besten Willen keine größeren Anschaffungen zu machen.

Seltsam, wie verschieden die Brüder waren und welch himmelweit auseinanderstrebenden Lebenswege sie eingeschlagen hatten! Ihn selbst, den dritten Sohn des Kunsttischlers Abraham Roentgen aus der Niederlassung der Herrnhuter Brüdergemeine in Herrenhag in der Wetterau, hatte es nach vergeblichen Versuchen in einer Tischler- und einer Uhrmacherlehre aus der Tradition der Familie herausgedrängt. Er war mehr oder weniger heimlich von Neuwied abgereist und hatte sich mit fremder Hilfe das Studium der Theologie abgehungert. Sein ältester Bruder David aber war Tischler geblieben, und er war ein wohlhabender Mann geworden.

32 Dukaten: Geldmünze, vor allem in Süddeutschland gebräuchlich, Wert etwa ¾ Taler.

33 Lavater: Evangelischer Theologe, Philosoph und Schriftsteller aus Zürich (1741–1803), Freund Goethes.

Wohlhabend, dachte Ludwig, als er vor dem geräumigen Haus seines Bruders in der Pfarrstraße stehenblieb, wohlhabend ist nicht das richtige Wort: er muß ein fürstliches Vermögen besitzen. Der ganze Komplex – das große dreistöckige Haupthaus mit der zweiläufigen Freitreppe, den symmetrischen zweistöckigen Nebengebäuden rechts und links und den von großen Toren durchbrochenen Mauern zwischen den Nebengebäuden und dem Haupthaus – wirkte wie ein kleines Adelspalais. Dabei beherbergte es nur die Wohnung eines einfachen bürgerlichen Tischlers. Allerdings auch die Werkstätten für mehrere Dutzend Meister und Gesellen, alles hervorragende Könner in ihren verschiedenen Fächern. Unter der künstlerischen und kaufmännischen Leitung seines Bruders stellten sie Möbel her, die von allen großen Fürstenhöfen Europas bestellt und teuer bezahlt wurden.

Ludwig Roentgen gab sich einen Ruck und betätigte den Türklopfer an der Haustür. Eine Magd öffnete und führte den Besucher in das Wohnzimmer seines Bruders. Ein eindringlicher Geruch nach frischgehobeltem Holz, Lack und Leim erinnerte daran, daß hier auch eine Möbelfabrik war, doch heute am Sonntagnachmittag fehlten die üblichen Geräusche des Sägens und Hobelns aus den Werkstätten.

»Ach, du bist's, Ludwig«, begrüßte David Roentgen seinen Bruder. Sein feingeschnittenes Gesicht mit der hohen Stirn wirkte ein wenig geistesabwesend. In der modischen Perücke mit den feingekräuselten Lockenröllchen über den Ohren wirkte er wie ein Gelehrter oder Höfling, keinesfalls wie ein einfacher Handwerker. »Ich habe schon gehört, daß du wieder im Lande bist. Zu deiner ersten Predigt heute morgen mochte ich nicht kommen, ich habe wie üblich hier im Haus mit meiner Familie meine stille Andacht gehalten. Du weißt ja, daß ich aus der Gemeine unserer Herrnhuter Brüder und Schwestern ausgeschlossen worden bin, weil sie glauben, daß mein Geschäft zu groß und ich damit zu weltlich geworden bin. Das schmerzt, Ludwig, aber ich kann es nicht ändern. Wem Gott ein Pfund gab, der soll damit wuchern. Unserem Vater und mir gab er die Fähigkeit, schöne Möbel zu bauen.«

David hatte seinen Bruder auf ein bequemes Sofa komplimentiert, und die Magd hatte einen Krug Wein gebracht. Doch bisher war Ludwig Roentgen nicht dazu gekommen, sein Anliegen vorzubringen. Ganz von seinen eigenen Problemen beansprucht, erzählte David von seinen zahlreichen Geschäftsreisen in die Residenzstädte Europas.

An König Ludwig von Frankreich hatte der erfolgreiche Fabrikant im vorigen Jahr eine ganze Möbelsendung für sein Schloß in Versailles verkauft, darunter einen Schreibschrank mit zahlreichen Papier- oder Geldkästen und kunstvoller Verriegelung und mehreren Geheimfächern, der allein einen Wert von 80000 Livres[34] hatte. Doch das sei nicht etwa der Reingewinn, hatte David eilig erklärt, schließlich müsse er die hohen Löhne für die vielen Meister und Gesellen bezahlen, die daran gearbeitet hätten. Allein sein Freund und Mitarbeiter Peter Kinzing, der Uhrmachermeister aus Neuwied, habe für die in den Schreibschrank eingebaute mechanische Spieluhr eine Summe von 20000 Livres erhalten. Jetzt sei er gerade dabei, eine Reise nach Sankt Petersburg vorzubereiten, zum Hof der Zarin Katharina. Vom russischen Gesandten am französischen Hof habe er eine sehr wohlwollende Empfehlung erhalten. Seine Werkstätten seien gerade dabei, eine außergewöhnlich wertvolle Kollektion von Schreibschränken, Tischen, Kommoden, Stühlen, Pendeluhren und anderen Möbeln zusammenzustellen, um sie am Zarenhof anzubieten. Im Frühwinter, wenn Frost und Schnee die preußischen, polnischen und russischen Straßen für Schlitten passierbar machten, werde sein Transport abgehen.

Ludwig Roentgen mußte fürchten, auch noch von anderen Reisen und Geschäften seines Bruders erzählt zu bekommen. Wenn er jetzt nicht allen Mut zusammennahm, würde er noch nicht einmal seine Bitte geäußert haben, bis er das Haus wieder verließ. Entschlossen fiel er daher David ins Wort:

»Das freut mich ungemein, lieber Bruder, daß es dir geschäftlich so gut geht. Ich selbst habe in Lübeck ein reizendes Mädchen kennengelernt, das ich als Pfarrfrau heimführen möchte, eine Kusine des Malers Tischbein übrigens.«

»Meinen Glückwunsch, dazu, Bruder Ludwig«, meinte David ohne Enthusiasmus.

»Und aus diesem Anlaß«, fuhr Ludwig eilig fort, »hatte ich gehofft, du würdest mir bei der Einrichtung des hiesigen lutherischen Pfarrhauses mit etwas Geld als Darlehen behilflich sein. Ich hatte an etwa 500 Reichstaler[35] gedacht...«

»Wozu benötigst du so viel Geld?« fragte sein Bruder mißtrauisch.

34 Livre: Französische Goldmünze; 80000 Livres sind etwa 72000 DM.

35 Reichstaler: Gängige Münze in Deutschland, vielfach neben der Gulden-Währung verwendet.

»Ich habe zwei Möglichkeiten in meinem Beruf als Pfarrer, lieber Bruder. Man hat mir während meiner Reise in Ostfriesland, in Petkum bei Emden, eine Pfarrstelle angeboten. Dort ist der Pfarrer als Witwer gestorben und hat ein komplett eingerichtetes Pfarrhaus hinterlassen. Aber vorher hatte ich schon die Pfarrstelle in der lutherischen Gemeinde hier in Neuwied übertragen bekommen. Hier brauche ich Möbel und Einrichtung für das Pfarrhaus. Mein irdischer Besitz ist aber viel zu gering, um auch nur ein Bett oder einen Schrank anschaffen zu können. Doch bin ich in Neuwied geboren und aufgewachsen, hier wohnt unser alter Vater und unsere Familie, hier möchte ich gerne bleiben. Kannst du mir nicht dabei helfen, Bruder David?«
»Du weißt, ich war nie damit einverstanden, daß du außerhalb unserer Brüdergemeine tratest und dich zum lutherischen Pfarrer hast machen lassen«, meinte der Fabrikant kühl. »Ich kann auch gerade jetzt keinen Albus entbehren, selbst als Darlehen nicht. Die Reise nach Sankt Petersburg, du verstehst...Es tut mir leid, lieber Bruder, ich kann dir nicht helfen. Du mußt schon sehen, wie du allein mit deinem Leben und mit deinen Plänen fertig wirst. Ich habe es auch gemußt.«
Er ist aus, mein Traum, dachte Ludwig Roentgen im Hinausgehen, es wäre auch zu schön gewesen, hier in der Heimatstadt auf der Kanzel stehen zu dürfen. Sein Kopf war zu leer, um Zorn oder Trauer über die Abweisung durch den Bruder zu empfinden. Im innersten Winkel seines Verstandes hatte er ohnehin mit diesem Ende gerechnet. Doch, Gott sei Dank, gab es zwei trostreiche Lichtstrahlen in dieser trüben Finsternis. Der eine war der Gedanke an seine Braut Sophie Tischbein. Sie hatte ihm versprochen, ihm überall hin zu folgen, wohin das Schicksal ihn auch verschlüge. Und der zweite tröstliche Gedanke war der an das alte, wenn auch winzig kleine Pfarrhaus in Petkum, das auf ihn wartete. Und wer weiß, vielleicht wäre das Pfarramt hier in Neuwied doch nicht das Zuckerlecken gewesen, wie er es sich erträumt hatte. Die Erfahrungen des heutigen Tages sprachen dagegen.
Im geräumigen Flur vor der Haustür hatte sein Bruder einen prächtigen Schreibschrank aufstellen lassen, als Anschauungsobjekt für Kunden. Indem er behutsam mit dem Finger über die kostbaren Intarsien aus Edelholz fuhr, die ohne einen Pinselstrich ein buntes Jagdgemälde darstellten, dachte Ludwig Roentgen: Ein solches Möbelstück wird es allerdings in Petkum nicht geben.

6

Unruhig drehte Graf Alexander den Brief in der Hand. Seit ein Postillion ihn gestern abgegeben hatte, waren kaum ein paar Stunden vergangen, in denen er ihn nicht wieder und wieder gelesen hatte. Heute hatte er sich bei seinen Damen und der kleinen Hofgesellschaft entschuldigen lassen, daß er ihnen nicht, wie sonst so gerne an Sonntagnachmittagen, zur Unterhaltung oder am geliebten Schachbrett zur Verfügung stehen könne. Nach langem Nachdenken läutete der alte Herr mit einem kleinen Glöckchen. Dem mit einer tiefen Verbeugung eintretenden Kammerdiener befahl er:

»Laß Er die Herren von Lützow, von Becmann und Rotberg zu mir bitten!«

Als die drei Herren eine halbe Stunde später im gräflichen Arbeitskabinett versammelt waren, erstaunt wegen der für einen Sonntag völlig ungewöhnlichen Aufforderung, entschuldigte sich Celsissimus höflich bei ihnen. Es sei sonst nicht seine Art, den Feiertag zu entheiligen. Doch dieser Brief sei zu wichtig. »Ich brauche Ihren Rat, meine Herren!«

Einen nach dem anderen blickte Graf Alexander die drei vor ihm sitzenden Herren an. Jeden kannte er seit vielen Jahren und wußte, daß er sich bedingungslos auf ihre Treue und Ergebenheit verlassen konnte. Jeder hatte eine andere Funktion in dem komplizierten Mechanismus, dessen Spitze er, der regierende Reichsgraf von Wied-Neuwied, durch Gottes Gnade bildete.

Der Kabinettsdirektor von Becmann, einst der Erzieher seines Sohnes, des Erbgrafen Friedrich Carl, hatte sich seit Jahren als Leiter der gräflichen Regierung und damit der inneren Verwaltung der Grafschaft unentbehrlich gemacht. Die Verdienste in dieser Tätigkeit hatten ihm schon vor einiger Zeit den Adelsbrief[36] eingebracht.

Direktorialrat Rotberg gehörte streng genommen nicht zur gräflich-wiedischen Dienerschaft, sondern wurde von allen Mitgliedern des niedersächsisch-westfälischen Reichsgrafen-Kollegiums gemeinsam besoldet – sofern sie ihren Matrikularbeitrag[37] bezahlten, versteht

36 Adelsbrief: Verleihung des erblichen Adelstitels, formell durch den Kaiser, der dieses Recht aber auf zahlreiche deutsche Reichsfürsten und andere Personen (»Hofpfalzgrafen«) übertragen hatte.

37 Matrikularbeitrag: Beitrag nach einem feststehenden Schlüssel (Matrikel), nach der Leistungsfähigkeit der einzelnen Mitglieder abgestuft.

sich. Aber die äußere Politik dieses Grafenkollegiums und der Grafschaft Neuwied war ja in seiner, des Grafen, Person so unlösbar miteinander verknüpft, daß da praktisch kein Unterschied war.
Der Obrist Bernhard von Lützow, sein alter Freund und Vertrauter, der Kommandeur des gräflich-wiedischen Regiments – er war immer da als Ratgeber, wenn man ihn brauchte. Das Regiment hatte zwar noch nie in einer Schlacht gestanden, selbst vor fünfundzwanzig Jahren im Siebenjährigen Krieg nicht. Der Graf zu Wied-Neuwied war damals durch seinen gewagten – und gescheiterten – Versuch einer Friedensvermittlung zwischen Preußen und Frankreich in Gefahr geraten, sich den höchsten Unwillen der österreichischen Herrscherin Maria Theresia zuzuziehen. Nicht seine völlig unzulängliche militärische Kraft hatte den Grafen zu Wied damals gerettet und auch nicht die Waffen seines Glaubensbruders, des preußischen Königs, sondern nur geschickte Diplomatie und vorsichtiges Eingehen auf die Wünsche des Kaisers hatten das Schlimmste von seinem Haus abgewendet. Nein, militärisch war sein kleines Regiment nichts wert, zumal jetzt in Friedenszeiten nicht. Darüber war sich der Graf völlig im klaren. Aber es symbolisierte doch seinen Rang als einen der souveränen Stände des Reiches, denn nur diesen war es ja erlaubt, eigene Truppen zu unterhalten.
»Der Gesandte von Fischer hat mir vom Reichstag zu Regensburg geschrieben«, unterrichtete Celsissimus seine Ratgeber, die voller Spannung auf seine Eröffnungen gewartet hatten. »Es scheinen wichtige Entwicklungen im Gange zu sein, die unsere äußerste Aufmerksamkeit erfordern. Kaiser Joseph der Zweite hat vor einigen Monaten, wie mir Herr von Fischer schreibt, alle auf österreichischem Territorium liegenden Güter des Fürstbistums Passau eingezogen und die passauischen Diözesanrechte[38] dort für ungültig erklärt. Jetzt haben viele andere Bischöfe Angst, daß es ihnen genauso gehen könnte.«
»Wenn das so ist, Euer Gnaden«, fiel Wilhelm Christoph von Becmann ein, »dann steht doch zu erwarten, daß die ohnehin schon ungewöhnlich lang anhaltende Einigkeit des Corpus Catholico-

38 Diözesanrechte: *geistliche* Aufsichtsrechte eines katholischen Bischofs über die Priester und Gläubigen seines Sprengels, nicht mit der *landesherrlichen* Gewalt zu verwechseln, die die meisten Bischöfe außerdem bis zum Ende des alten Reiches in einem bestimmten, meist viel kleineren Territorium besaßen.

rum[39] im Reichstag mit Österreich und dem Kaiser bald wieder ein Ende findet.«

»Ja, genau das schreibt auch der Herr von Fischer.« Der alte Graf deutete auf den Brief.

»Das kann sich doch nur günstig auf unsere Sache im westfälischen Grafenstreit auswirken«, fuhr Herr von Becmann in seinem Gedankengang fort. »Vielleicht läßt sich das Veto der katholischen Stände gegen den Herrn von Fischer nicht mehr lange geschlossen aufrecht erhalten!«

Celsissimus schüttelte den Kopf.

»Nun, so könnte man glauben, wenn nicht Herr von Fischer im gleichen Brief noch andere, sehr beunruhigende Mitteilungen machen würde. Er schreibt nämlich, er habe von Gerüchten gehört, wonach man in der Staatskanzlei in Wien überlege, ob nicht der ganze Reichstag aufgehoben werden solle. Schließlich habe der Reichstag doch infolge eben dieses Grafenstreits nun schon seit Jahren keine Beschlüsse mehr gefaßt, und man sehe doch, daß das Heilige Römische Reich deutscher Nation auch ohne diese schwerfällige Institution ganz gut bestehen könne. Dieses Gerücht habe die meisten kleineren Reichsstände aufs höchste alarmiert. Eine Aufhebung des Reichstages würde ihnen allen ja jede Mitsprache in Reichsangelegenheiten unmöglich machen. Auch Übergriffe mächtiger Nachbarn gegenüber einem kleineren Reichsstand könnten nicht mehr vom Reichstag durch Mehrheitsbeschluß mit höchster reichsrechtlicher Autorität verurteilt werden. Reichsexekutionen[40] gegen solche Übergriffe würden unmöglich.« Der alte Herr schlug erregt mit der Faust auf den Tisch. »Meine Herren, jetzt geht es nicht mehr nur um die Rechte der westfälischen Reichsgrafen. Es steht auch nicht bloß das Ansehen oder der Vorteil des Corpus Evangelicorum im Reichstag auf dem Spiel. Bemerken Sie nicht, meine Herren, die Verfassung des Reiches und die althergebrachten Rechte und Freiheiten aller Reichsstände sind unmittelbar bedroht, wenn aus diesem Gerücht Wirklichkeit wird. Der Unwillen der Gesandten der kleineren Stände in Regensburg, gleich ob Katholi-

39 Corpus Catholicorum: Zusammenschluß der katholischen Reichstagsgesandten, Gegenstück zum Corpus Evangelicorum, war in der praktischen Politik des Reiches im 18. Jahrhundert allerdings nur selten einig.

40 Reichsexekutionen: bewaffnetes oder gewaltsames Einschreiten größerer Reichsfürsten gegen andere Reichsstände im Auftrag des Kaisers oder des Reichstages.

ken oder Protestanten, gegen den Fürsten Kaunitz[41] in Wien und gegen Österreich ist sehr groß, schreibt Herr von Fischer, aber genau so auch gegen mich als den vermeintlichen Urheber all dieser Verwicklungen.«

»Dann scheinen wir ja plötzlich nicht mehr viele Freunde zu haben«, bemerkte Rotberg sachlich. »Ich darf Euer Gnaden untertänigst daran erinnern, daß Euer Gnaden Kompromißplan im Grafenstreit wegen der preußischen Machtansprüche und der sächsischen und der hannoverschen Eifersucht offenbar gescheitert ist, wie wir kürzlich erfahren haben.«

Der alte Obrist von Lützow machte ein fragendes Gesicht. Graf Alexander bemerkte das und beeilte sich, seinen alten Ratgeber über die langwierigen Verhandlungen im Reichstag ins Bild zu setzen, die ja nicht in sein Ressort fielen und über die er daher nur unvollkommen informiert war.

»Kurz gesagt ging es darum, Herr Obrist, das Patt im westfälischen Grafenstreit dadurch aufzulösen, daß die katholischen Grafen aus dem niedersächsisch-westfälischen und auch aus dem fränkischen Grafenkollegium ausscheiden und ein eigenes Kollegium mit einer Stimme im Reichstag, einer katholischen Stimme, bilden sollten. Das schien auch zuerst ganz aussichtsreich. Doch dann verlangte der preußische König, um des konfessionellen Gleichgewichts im Reichstag willen, seine Grafschaft Tecklenburg[42] zum Fürstentum zu erheben und mit einer eigenen evangelischen Stimme im Fürstenrat auszustatten. Das aber wollen die evangelischen Kurstaaten Sachsen und Hannover nicht zulassen, daß Preußen eine zusätzliche Stimme erhält.«

»Dann sitzen wir aber ganz gehörig in der Klemme, Euer hochgräfliche Gnaden, wenn mir als altem Soldaten dieses offene Wort gestattet ist«, dröhnte von Lützow in seinem tiefen Baß.

»So ist es, meine Herren«, gab Celsissimus mit Bitterkeit in der Stimme zu. »Nicht nur das Corpus Catholicorum hat seine bisherige Einigkeit verloren. Auch die evangelischen Fürsten im Reich stehen

41 Fürst Kaunitz: österreichischer Staatskanzler (1711–1794), berühmter Gegenspieler Friedrichs des Großen.

42 Grafschaft Tecklenburg: der preußische König war 1707 durch Kauf in den Besitz dieser Grafschaft im nördlichen Westfalen gekommen; formell war er dort weiter nur Reichsgraf und war daher Mitglied im niedersächsisch-westfälischen Reichsgrafenkollegium; das gleiche galt übrigens auch für Fürst Kaunitz, der die (katholische) Reichsgrafschaft Rietberg in Westfalen von seiner Mutter geerbt hatte.

nicht mehr einig hinter dem, was ich im Interesse der evangelischen Sache seit Jahren im Reichstag betrieben habe. Und wenn man glaubt, daß der Reichstag als Garant der Stellung aller freien Reichsstände überhaupt durch mein Verhalten bedroht ist, dann werden wir bald keinen einzigen Freund im Reich mehr haben.«

Die vier Männer schwiegen. Jeder fühlte die Last der Verantwortung auf seinen Schultern liegen und grübelte über einen Ausweg nach. Doch nur einem kam die Entscheidung zu. Schließlich meinte Johann Adolph Rotberg vorsichtig:

»Ich fürchte, Euer Gnaden, daß dann nicht viel anderes übrig bleibt, als auf die Forderungen des Grafen Metternich-Winneburg einzugehen. Dann müßte man in Zukunft das Stimmrecht für die westfälischen Grafen der katholischen Seite überlassen, wenigstens für eine gewisse Zeit. Dadurch würde ja Österreich der Vorwand genommen, die Geschäfte des Reichstags anzuhalten und die Gefahr gebannt, daß diese altehrwürdige Institution ganz aufgehoben wird.«

»Ja, ja, Sie können schon recht haben, Rotberg«, murmelte der alte Graf, mehr zu sich selbst als zu den anderen, mutlos geworden, wie es schien. Doch dann straffte sich die massige Gestalt hinter dem Schreibtisch wieder und mit gewohnter Energie entschied Celsissimus: »Gott der Herr ist schon so oft mit mir gewesen, als es um mich am finstersten aussah. Er wird mich auch jetzt nicht im Stich lassen. Im Augenblick tut es ja nicht not, sofort etwas zu unternehmen. Wir wollen erst einmal abwarten und beobachten. Kommt Zeit, kommt Rat. Vielleicht gibt es neue Ereignisse, die die Situation wieder ändern. Doch wachsam müssen wir sein, meine Herren, sehr wachsam.«

Schloß Monrepos

1

Charlotte von Lützow saß in der Sonne auf einer zierlichen Gartenbank und beobachtete zwei Spatzen, die sich nicht weit von ihr auf dem Kiesweg um einen Wurm zankten. Eine dichte übermannshohe Buchenhecke umgab den kleinen Platz und ließ ihn als einen Ort stillen Friedens erscheinen. Charlotte war froh, ein bißchen Ruhe in dieser herrlichen Umgebung genießen zu können.
Der Tag war bisher auch aufregend genug verlaufen: Das Hin und Her im Schloß, bis die kleine Reisegesellschaft richtig gekleidet und mit allen Gepäckstücken versehen in den Wagen saß. Dann die zweistündige Fahrt in der Kutsche zusammen mit ihrer Herrin, der Erbgräfin Louise, und den beiden reizenden Komtessen, die vor Aufregung nicht stillsitzen konnten, weil es zu ihrem geliebten Schloß Monrepos ging. Jedes Jahr im Sommer pflegte die gräfliche Familie sich gemeinsam oder auch einzeln einige Wochen in diesem Jagdschlößchen auf einem Vorberg des Westerwaldes, hoch über dem Rheintal, in würziger reiner Waldluft, aufzuhalten. Charlotte mußte lächeln, als sie an die kleine Ehreneskorte von sechs grün uniformierten Husaren dachte. Das sei die Hälfte der gesamten verfügbaren gräflich-wiedischen Kavalleriestreitmacht, hatte Gräfin Louise ihr erzählt und hinzugefügt, nötig sei diese Eskorte gewiß nicht, denn die Wege in der Grafschaft seien vor Räubern sicher. Aber Celsissimus hatte darauf bestanden, der von ihm so hoch geschätzten Schwiegertochter diese Ehre zu erweisen.
Und dann der Empfang vor dem Schloß, dachte Charlotte. Einige gräfliche Jäger in Paradeuniform hatten Spalier gestanden. Auf das Kommando des Vizeforstmeisters von Hayn hatten zwei Hornisten das alte Jagdsignal *Gruß an den Jagdherren* geblasen, und die Jäger hatten ihre Säbel präsentiert. Charlotte war von Hayn schon ein paarmal im Schloß begegnet, einem schlanken hochgewachsenen Mann von undefinierbarem Alter. Er sei durch seine Frau zu einem beträchtlichen Vermögen gekommen, hatte der Hofklatsch in Neuwied berichtet. Sonst wußte sie nichts weiter über diesen Mann, außer daß er der Stellvertreter ihres Onkels Bernhard von Lützow in dessen Eigenschaft als Leiter des gräflichen Jagdwesens war.

Charlotte seufzte wohlig und setzte sich in der wärmenden Sonne zurecht. Dabei hielt sie allerdings einen kleinen Sonnenschirm aus bestickter Seide vor ihr Gesicht. Im Hofdienst hatte man ihr beigebracht, daß es für eine feine Dame von Stand nicht schicklich sei, ihr Gesicht oder ihre Arme von der Sonne braunbrennen zu lassen wie eine Bauernmagd – oder auch wie eine mecklenburgische Gutsbesitzerstochter. Dies letztere, dachte Charlotte, hatte man aus Höflichkeit nicht ausgesprochen.

Nun, wie dem auch sei, jedenfalls hatte sie nach dem anstrengenden Tag jetzt erst einmal Ruhe. Ihre Herrin hatte sich gleich nach der Ankunft für einige Stunden zu Bett gelegt. Ihre Schwangerschaft war ihr nun schon deutlich anzusehen, und die Reise hatte sie angestrengt. Aber sie hatte ihre Hofdame gebeten, während der nächsten drei Stunden ihre beiden Töchter zu beaufsichtigen. Diese würden sich bestimmt freuen, ihrer älteren Spielgefährtin den herrlichen Park des Jagdschlößchens zu zeigen. Zusammen mit den beiden Komtessen und ihrer Zofe und Vertrauten Anna war Charlotte durch die verschlungenen Wege des Parks gestreift, hatte bewundernd vor einer künstlich aufgemauerten Felsgrotte mit einem kleinen Wasserfall gestanden und die hübschen Blumenbeete betrachtet. Die vier Mädchen waren lachend und sich haschend durch die nach französischem Stil geschnittenen Irrgänge zwischen den Buchenhecken gelaufen. Kreischend vor Freude hatten sie sich auf dem kleinen hölzernen Karussell gedreht, das Celsissimus zur Freude seiner Enkelinnen im Schloßpark hatte zimmern lassen. Doch dann waren die beiden Komtessen dem Ruf der alten Köchin des Schlosses gefolgt, die sie jedesmal, wenn sie auf Monrepos waren, mit Schokolade und Zuckerkuchen verwöhnte. So blieben Charlotte und ihre Zofe Anna noch eine Weile allein im Park.

Anna – daß sie bei ihr war, bedeutete für die junge Hofdame viel, war sie doch die einzige Verbindung zur mecklenburgischen Heimat. Dank des Entgegenkommens des Hofmarschalls von Dobeneck hatte Haushofmeister Volk – der Herr über das Schloßgesinde – sie als zweite Garderobenmagd mit einem Jahresgehalt von 24 Talern und freier Station eingestellt. Soweit ihr Dienst es zuließ, sollte sich Anna weiter um ihre bisherige Herrin kümmern, und so kam es, daß sie mit zum Gefolge der Erbgräfin bei ihrem Sommeraufenthalt gehörte. Jetzt ruhte sich Charlotte auf der Bank in der Sonne aus, während die neugierige Anna einen Gang erkunden wollte, den sie noch nicht gesehen hatte.

Charlotte wurde durch eine laute Stimme aus ihren Gedanken aufge-

stört. Es war Annas Stimme, und sie klang aufgeregt, irgendwoher jenseits der Buchenhecken.
»Bitte, gnädiger Herr, lassen Sie mich durch!«
»Warum denn, Jungfer«, hörte Charlotte einen Mann, der der Stimme nach zu urteilen noch nicht besonders alt sein konnte. »Sie wird sich doch nicht zu fein sein, einmal mit einem Herrn von Stande zu plaudern.«
»Wenn es nur beim Plaudern bliebe, gnädiger Herr«, hörte Charlotte ihre Zofe antworten, schnippisch, wie sie mitunter sein konnte, »aber für manche Herren ist das Plaudern nicht so wichtig wie etwas anderes, was sich hinterher für uns Frauen als ein schweres Päckchen erweist!«
Wieder ertönte die blasierte Stimme des jungen Mannes:
»Sieh an, sieh an, man ist nicht auf den Mund gefallen, hübsches Kätzchen – und wenn es so wäre: ein Küßchen in Ehren kann niemand verwehren!«
»Beim Küßchen bleibt's meistens nicht bei gewissen Herren«, antwortete Anna, und plötzlich lauter werdend: »Lassen Sie mich los, gnädiger Herr!«
Entschlossen stand Charlotte von Lützow auf und eilte zwischen den Hecken auf die Stelle zu, von der sie die Stimmen gehört hatte. Um eine Ecke des verwinkelten Weges biegend, erblickte sie einen Mann, der Anna fest umschlungen hielt und versuchte, ihr einen Kuß zu geben, obwohl sie ihren Kopf krampfhaft abgewandt hielt.
»Was geht hier vor, mein Herr?« rief Charlotte mit aller Schärfe in der Stimme, derer sie fähig war.
Erschrocken ließ der junge Mann das Mädchen los und drehte sich um. Ein Stutzer, dachte Charlotte, ein eingebildeter junger Laffe. Himmelblauer Frack, gelbseidene Kniehosen, Kavaliersdegen und eine übertrieben gekräuselte und gepuderte Perücke und dabei ein noch ganz unreifes Gesicht, in dem jetzt aber nicht etwa Scham, sondern höchstens Ärger über die Störung zu erkennen war. Der Mann – er zählte vielleicht fünfundzwanzig Jahre – machte eine affektierte Verbeugung.
»Untertänigsten guten Tag, meine Gnädigste«, näselte er. »Die hübsche Jungfer hier und ich hatten eine freundschaftliche Plauderei!«
Charlotte warf einen schnellen Blick auf Anna, die schwer atmend ein paar Schritte entfernt stand.
»So freundschaftlich, daß Sie ihr das Schultertuch abgerissen haben!

Ist das in Ihren Kreisen die übliche Art freundschaftlicher Unterhaltung? Wer sind Sie überhaupt, mein Herr?«
Wieder verbeugte sich der junge Mann aufreizend höflich.
»Oh, meine Gnädigste, verzeihen Sie meinen faux-pas, daß ich mich noch nicht vorstellte. Ich bin Johann Albrecht von Hayn, der Sohn des gräflich-wiedischen Vizeforstmeisters und Majors im Regiment Seiner hochgräflich-wiedischen Gnaden, Carl Heinrich von Hayn. Und mit wem zu plaudern habe ich das unsägliche Vergnügen, mein Fräulein?«
Seine Stimme klang so arrogant, daß Charlotte den dringenden Wunsch verspürte, ihm den Sonnenschirm in die Rippen zu stoßen, den sie wie einen Degen erhoben hielt.
»Ich bin Charlotte von Lützow, Hofdame Ihrer hochgräflichen Gnaden, der Gräfin Louise, und dies ist meine Freundin und Zofe Anna Pritzke. Ich meinerseits kann nicht behaupten, daß eine Dame es als Vergnügen empfinden kann, mit Ihnen zu ›plaudern‹. Ist Ihr Verhalten schutzlosen Mädchen minderen Standes gegenüber alles, was Sie als Edelmann gelernt haben? Komm, Anna, wir gehen zu Menschen, die sich zu benehmen wissen, gleich ob sie einen Adelsbrief im Schrank haben oder nicht!«
Hoheitsvoll, als sei sie die Erbgräfin Louise persönlich, wandte sich Charlotte von Lützow ab und schritt zusammen mit ihrer Zofe der Sicherheit des Schlosses zu, so rasch, wie sie es mit der Würde vereinbaren konnte, die sie diesem jungen Stutzer gegenüber an den Tag legen wollte.

2

»Sie sind an der Reihe zu würfeln, Fräulein von Lützow!«
Die Stimme der Komteß Caroline erinnerte Charlotte daran, daß es zu ihren Pflichten gehörte, mit den beiden Komtessen zu spielen, wenn diese einmal keine Unterrichtsstunden bei ihrer Gouvernante, Mademoiselle Jolibois, hatten. Heute saßen die jungen Damen um ein Tricktrack[43]-Brett im Jagdsaal des Schlosses Monrepos, während draußen der Sommerabend sich über die stille Landschaft senkte. Jeder genoß auf seine Weise den Aufenthalt hier oben.

43 Tricktrack: Brettspiel.

Das Leben im Schlößchen war fröhlich und unbeschwert. Erbgräfin Louise konnte sich fernab der Repräsentationspflichten etwas erholen. Die Komtessen freuten sich über die größeren Freiheiten des ausschließlich aus Damen bestehenden kleinen Hauswesens.

Auch Charlotte fühlte sich freier, obwohl sie sich eingestehen mußte, daß ihr Dienst als Gesellschafterin und Vertraute der Erbgräfin viel weniger schwierig war, als sie befürchtet hatte. Wie auf Verabredung hatte weder sie noch ihre Zofe Anna über den unangenehmen Vorfall im Schloßpark ein Wort verloren. Major von Hayn und sein Sohn waren bereits früh am nächsten Morgen fortgeritten, und Charlotte hielt es nicht für nötig, die Angelegenheit ihrer Herrin gegenüber zu erwähnen.

Komteß Louise, die Zehnjährige, war jetzt mit Würfeln an der Reihe und überlegte sorgfältig, welchen Stein sie vorrücken solle. Charlotte blickte sich im Jagdsaal um. Die Hirschgeweihe erinnerten sie ein wenig an ihr altes Gutshaus in Klein-Zierow. Ihr verstorbener Vater hatte gerne gejagt. Hier in Monrepos sollte es vor Jahren auch zahlreiche fröhliche Jagdgesellschaften gegeben haben. Celsissimus sei einst ein begeisterter Jäger gewesen, aber in den letzten Jahren hatte Graf Alexander dieses Vergnügen wegen seines Alters und seines Rheumas aufgeben müssen. Erbgraf Friedrich Carl lehne jedoch die Jagd grundsätzlich ab, hatte ihre Cousine Dorothea von Lützow ihr erzählt. Merkwürdig, dachte Charlotte, ich bin nun schon zwei Monate am gräflichen Hof und habe den Erbgrafen noch nie gesehen. Auch in der gräflichen Familie wird nicht von ihm gesprochen – es ist, als ob er nicht existiert.

Vom Vorplatz vor dem Schloßportal drang Lärm herein: zahlreiche Pferdehufe, Hundebellen, Männerstimmen. Der alte Gärtner Müller, der in Monrepos zugleich die Aufgabe eines Kastellans erfüllte, schaute in den Saal, eine Laterne in der Hand.

»Seine Gnaden, der Herr Erbgraf sind angekommen, gnädigste Komtessen!« rief er und verschwand schon wieder.

»Oh, der Herr Vater!« meinte Komteß Caroline, mehr Verwunderung als Begeisterung in der Stimme. Aber gehorsam erhoben sich die beiden Mädchen, um ihren Vater vor dem Portal zu begrüßen.

Eine halbe Stunde später an der Abendtafel hatte Charlotte Gelegenheit, den Erbgrafen eingehender zu betrachten und sich ihre Gedanken über ihn zu machen. Er sollte erst zweiundvierzig Jahre alt sein, hatte sie vom Schloßpersonal gehört, aber er wirkte erheblich älter. Mittel-

groß und von kräftigem Körperbau, zeigte er eine Neigung zum Dickwerden. Auf dem Kopf trug er eine Perücke in soldatischem Stil mit einem streng gebundenen Zopf. In seinem breiten Gesicht fielen die starke Nase und die vollen Lippen auf. Was kann man alles darin lesen, dachte Charlotte, es ist so widersprüchlich – hohe Intelligenz, aber auch Sprunghaftigkeit, hochmütiges Sichgeben und dabei innere Unsicherheit.
Und wie er mit seiner Gemahlin und seinen Kindern umging! Schroff sprach er mit der Erbgräfin, die diesem unhöflichen Benehmen mit kühler Gelassenheit begegnete. Seine beiden Töchter, die schweigend dem Essen beiwohnten, beachtete er kaum, während er die ihm bisher unbekannte junge und hübsche Hofdame mit Aufmerksamkeit, ja geradezu mit Aufdringlichkeit behandelte. Charlotte war unangenehm davon berührt und sprach nur das Nötigste. Gerüchtweise hatte sie inzwischen von allerlei Skandalgeschichten an großen und kleinen Höfen regierender Herren gehört. Aber in Neuwied? Meinte der hohe Herr vielleicht, sich mit ihr eine neue Mätresse zulegen zu können?
Aus den etwas sprunghaften Ausführungen des Grafen Friedrich Carl bei Tisch entnahm Charlotte, daß dieser einige Wochen verreist gewesen war, in Geschäften, wie er sagte. Es kam der jungen Hofdame merkwürdig vor, daß der Thronfolger einer reichsunmittelbaren Herrschaft überhaupt Geschäfte betreiben konnte. Erst recht war sie verwundert, als sich herausstellte, daß diese Geschäfte im Aufkauf einer größeren Pferdeherde in verschiedenen wetterauischen Grafschaften bestanden hatten. Der Erbgraf hatte höchstpersönlich diese Pferde mit Hilfe einiger Knechte und seines Vertrauten und Kammerdieners Paster von Braunfels und Lich aus bis hierher nach Monrepos getrieben. Morgen wollte er weiter, nach Neuwied. Wenn er die Pferde nach Frankreich schaffen und günstig verkaufen könne, werde er ein Vermögen verdienen, prahlte Graf Friedrich Carl, während er ein gebratenes Hähnchen mit beiden Händen packte und kräftig hineinbiß. Vorher hatte er sich mißtrauisch erkundigt, ob die Pastete auf der Tafel auch nicht mit Wildfleisch zubereitet sei, und einen kalten aufgeschnittenen Schweinebraten hatte er entrüstet zurückgewiesen. Ein seltsamer Mensch, dachte Charlotte mehr als einmal.
Unmittelbar nach dem Essen stand der Graf abrupt auf.
»Die Kerls haben sicher die Pferde nicht gut versorgt, muß selber nachsehen!« verkündete er über die Schulter, während er den Raum

verließ, ohne sich irgendwie für sein unhöfliches Benehmen zu entschuldigen.
Die Erbgräfin verzog keine Miene. Aber überraschenderweise wies sie Charlotte an, sich zusammen mit Mademoiselle Jolibois darum zu kümmern, daß die Komtessen frühzeitig ins Bett kämen. Sie selbst sei sehr ermüdet und werde sich zurückziehen. Sie benötigte Charlotte heute abend nicht mehr. Ihre Kammerzofe Julie werde auch allein mit ihrem Auskleiden fertig. Gehorsam versank Charlotte in einen Hofknicks, jetzt auch verwundert über das Verhalten ihrer Herrin, die sonst gerne noch eine Weile abends mit ihr zusammengesessen und Patience gelegt hatte.
Später wußte Charlotte nicht mehr genau zu sagen, ob sie die seltsamen Vorgänge der Nacht nur geträumt hatte. Und wenn sie Wirklichkeit waren: was hatten sie zu bedeuten? Mitten in der Nacht wachte sie plötzlich auf, so schien es ihr, aber es konnte auch sein, daß sie erst wenige Minuten geschlafen hatte. Vom Gang, an dem auch das Zimmer der Erbgräfin lag, hörte sie Lärm. Eine Männerstimme war zu vernehmen, undeutlich, wie vom Alkohol umnebelt, das Rütteln an einer Türklinke, Pochen an einer Tür, und die scharfe Stimme einer Frau, die dem Mann vor der Tür etwas zuzurufen schien. Nur kurz dauerte der Wortwechsel an, dann entfernten sich Schritte über den Gang, und es war wieder ruhig. Mit klopfendem Herzen lag Charlotte lange wach, mit kreisenden Gedanken, die nicht ergründen konnten, was da vor sich gegangen war. Erst gegen Morgen fiel sie wieder in unruhigen Schlummer.
Beim Frühstück war alles wie sonst: nur die Erbgräfin, die Komtessen, die Gouvernante Mademoiselle Jolibois und Charlotte von Lützow erhielten von der Kammerjungfer die Morgenschokolade gereicht. Gräfin Louise plauderte mit ihren Töchtern oder den beiden Damen der Begleitung. Von ihrem Mann sprach sie kein Wort. Erst später im Laufe des Tages erfuhr Charlotte von ihrer Zofe Anna, daß der Erbgraf bereits am frühen Morgen Schloß Monrepos mit seiner Pferdeherde verlassen habe, ohne sich zu verabschieden.

3

Von ihrem Zimmerchen im Dachgeschoß des Neuwieder Schlosses hatte Charlotte von Lützow einen guten Ausblick über den weiten Paradeplatz und über die Häuser der Stadt. Doch die junge Hofdame hatte heute keine Augen dafür. Wie ein Schulkind kaute sie an einer Gänsefeder. Ein leeres Blatt Papier lag vor ihr. Sollte sie den Brief überhaupt schreiben? Der kurze Aufenthalt auf Schloß Monrepos war schon wieder vorüber. Und mit der Rückkehr nach Neuwied rückte das Ereignis näher, das Charlotte von Tag zu Tag beklommener werden ließ. Eigentlich lächerlich, diese Zeremonie der Aufnahme in die Ismenische Gesellschaft sich so zu Herzen zu nehmen. Aber Charlotte konnte den Gedanken nicht ertragen, dem Gespött geistreicher Menschen ausgesetzt zu sein, wenn ihre Eintrittsrede nicht so geschliffen und voller Aperçus war, wie das in diesem Kreis wohl üblich war. Und was würde der junge Herr Breuer denken? Sie hatte ihn bei seiner Aufnahme in die Gesellschaft so sympathisch gefunden. Beim Nachdenken über das Problem waren Charlottes Gedanken immer wieder um diesen jungen Mann gekreist, und schließlich war ihr ein Einfall gekommen, den sie nun zu Papier bringen wollte. Entschlossen tunkte sie den Gänsekiel ins Tintenfaß und schrieb:

Hochverehrter Herr Philander!
Sie werden nicht wissen, wer die Verfasserin dieses Briefes ist. Es ist ein armes, unwissendes Mädchen, eine Waise, die das Schicksal hierher nach Neuwied verschlagen hat. Als Hofdame Ihrer hochgräflichen Gnaden, der Frau Erbgräfin, soll ich in die Ismenische Gesellschaft aufgenommen werden und muß bei der nächsten Sitzung in zwei Wochen meine Eintrittsthese vortragen. Doch nachdem ich das Glück hatte, Ihre ausgezeichnete Rede vor einigen Wochen bei Ihrer Aufnahme in die Gesellschaft hören zu dürfen, weiß ich, daß mein Verstand und mein Wissen niemals ausreichen werden, um auch nur etwas annähernd Vergleichbares leisten zu können. Oh, mein verehrter Herr, können Sie sich meine Niedergeschlagenheit, ja Verzweiflung vorstellen, mit der ich an den Tag meiner öffentlichen Niederlage denke? Seit langem grüble ich über einen Ausweg aus dieser schrecklichen Lage. Sie, verehrter Herr Philander, haben so feurig und so edel über die wahre Tugend gesprochen, daß ich das Vertrauen gefaßt habe und die Hoffnung zu äußern wage, Sie könnten mir in meiner Not helfen. Wäre es vermessen, Herr Philander, Sie zu bitten, mir mit ein paar Ratschlägen zur Hand zu gehen, was

ich in meiner Rede zur Aufnahme in die Gesellschaft sagen soll? Sicherlich wäre es richtig, über die Hilfe, wenn Sie diese mir je gewähren sollten, Stillschweigen zu bewahren.

Nachdenklich kratzte sich Charlotte mit der Feder an der Stirn. Nachdem sie nun so weit mit ihrem Brief gekommen war, wollte sie nicht mehr zurück. Aber wie konnte sie mit dem jungen Herrn Breuer persönlich Verbindung aufnehmen, ohne die Gebote der Schicklichkeit zu verletzen? Denn reden mußte sie mit ihrem Helfer. So komplizierte Gedanken konnte man nicht schriftlich austauschen. Instinktiv fühlte sie, daß ihre Bitte um Hilfe nicht vergeblich sein würde.

Ich weiß, hochverehrter Herr, daß ich mich als Frau über alle Regeln des Anstandes hinwegsetze, indem ich Sie bitte, mir die Gnade eines Gesprächs unter vier Augen zu gewähren. Doch die Verzweiflung zwingt mich zu Außergewöhnlichem, und das Vertrauen auf Ihren Großmut weckt in mir die Zuversicht, Sie könnten es nicht falsch verstehen, wenn ich als Treffpunkt morgen abend um sechs das Buchenrondell im Schloßpark vorschlage.
In Demut auf die Erfüllung dieser kühnen Bitte hoffend, die sie vor Lächerlichkeit und Schande bewahren kann, wartet auf morgen eine zwischen Bangen und Trost sich verzehrende Charlotte Christine von Lützow.

Aufatmend legte Charlotte die Schreibfeder aus der Hand und streute ein wenig Sand aus dem Kästchen auf ihrem Schreibtisch über den Brief, um die Tinte zu trocknen. Gleich nachher würde Anna den Brief in das Haus des Kaufmanns Breuer in der Rheinstraße tragen – und dann sollte das Schicksal seinen Lauf nehmen.

4

Christian Merz stand auf dem hohen Sägebock und zog die schwere Furniersäge mit ihren zehn eng nebeneinanderstehenden Sägeblättern mit aller Kraft durch einen mächtigen Block rötlichen Mahagoniholzes. Der Sägestaub rieselte auf den Lehrjungen Wilhelm, der das untere Ende der Säge hielt. Gleich würden die beiden sich ablösen. Zwei knochenbrechende Stunden Sägen – das war ein Teil des üblichen Tagespensums der sechs Tischlerlehrjungen in der Roentgenschen Möbelwerkstatt. Seit sechs Uhr morgens war Christian mit seinem Kumpan Wilhelm an der Reihe mit Sägen, gleich nachdem der Altgesell Bohnsack sie mit ein paar tüchtigen Knüffen von ihrem Strohlager auf dem Dachboden des Hauses aufgescheucht hatte. Es konnte nicht mehr lange dauern, bis die zwei Stunden um waren. Dann hatten sie ihr Frühstück verdient, die Biersuppe, die es jeden Tag gab, und den Kanten Schwarzbrot.

Christian schielte vorsichtig über den Hof, ohne das Sägen zu unterbrechen. Drüben standen zwei Lastwagen bereit, und einige stämmige Gesellen waren dabei, sie mit fertigen Möbelstücken zu beladen. Werkmeister Kronrath stand daneben und paßte wie ein Luchs auf, daß jeder der kostbaren Schränke oder Tische sorgsam mit Stroh und alten Säcken rundum gepolstert und festgebunden wurde. Morgen oder übermorgen würden die beiden schweren Wagen, von je vier Pferden gezogen, Neuwied verlassen. Der Prinzipal Roentgen und sein Werkmeister Kronrath wollten nach St. Petersburg zur russischen Zarin reisen. Ach, wer da mitkönnte, dachte der sechzehnjährige Christian und zog heftig an der schweren Säge. An sich machte ihm seine Lehre als Tischler Spaß. Schon als kleiner Junge hatte Christian mit einem Schnitzmesser Holzstückchen bearbeitet. Sein Vater, der Gelbgießermeister[44] Merz, hatte kopfschüttelnd gemeint: »Der ist aus der Art geschlagen« und ihn bei Meister Roentgen in die Tischlerlehre gegeben.

So arbeiteten Vater und Sohn beim gleichen Prinzipal. Denn Vater Merz war ein unternehmender Mann, den es in der Enge seiner Zunft in der Heimatstadt Augsburg nicht gehalten hatte. Wie auch einige andere hervorragende Spezialisten war er vor einigen Jahren auf eine Einladung von David Roentgen hin nach Neuwied gezogen, um seine Kunst in den Dienst der weltberühmten Roentgenschen Möbelmanufaktur zu stellen. Meister Merz bekam zwar Stücklohn, aber da er seine Aufträge für Miniatursäulen, Baluster[45], Kapitelle und anderen Zierat aus Bronze oder Messing nur von David Roentgen erhielt, war er praktisch ein Angestellter. Daß er dafür aus der Zunft der Schlosser und Wagner in Neuwied ausgeschlossen worden war, störte ihn nicht. Er stand unter dem Schutz des gräflich-wiedischen Privilegs für David Roentgen und dessen Unternehmen, das ihm Zunftfreiheit zusicherte. Meister Merz hatte seine Werkstatt im eigenen Haus in der Marktstraße, und er verdiente so gut, daß er imstande war, die 24 Reichstaler

44 Gelbgießermeister: metallverarbeitender Beruf, spezialisiert auf Bronze- und Messingguß.

45 Baluster: verzierte kleine Säule, hauptsächlich für Geländer.

Lehrgeld zu zahlen, die sein Prinzipal für die Ausbildung eines Lehrjungen im Jahr forderte.
Endlich ertönte die Glocke, die die kurze Frühstückspause ankündigte. Erleichtert legten die beiden Lehrjungen ihre Säge beiseite, klopften sich den Staub aus den Kitteln und eilten in die Küche. Auf den wenigen Schemeln um den Küchentisch hatten es sich die älteren Gesellen bequem gemacht. Gut gelaunt hielten sie ihre Tonschalen der Frau Meisterin entgegen, die mit Hilfe einer dicken Köchin die Morgensuppe austeilte. Die jüngeren Gesellen und die Lehrjungen verzehrten stehend ihr Frühstück, das gehörte sich so. Doch keiner tunkte den Holzlöffel in die Suppe oder biß ein Stück Brot ab, ehe nicht die Meisterin ein kurzes Dankgebet gesprochen hatte.
Ein wenig später stand Christian Merz an einer Werkbank und bearbeitete konzentriert mit Hammer und Stechbeitel die Gehrung eines Brettes, das er zu einem Schubkasten verarbeiten sollte. Ringsum tönte wie in einem vielstimmigen Orchester der vertraute Lärm der Werkstatt für die groben Arbeiten: Sägen, Hobeln, Hämmern, Bohren.
Nicht ohne Stolz dachte Christian an die zwei Jahre, die er von seiner Lehrzeit schon hinter sich hatte. Immerhin hatte er es schon so weit gebracht, daß in den kostbaren Möbeln, die da draußen auf die Wagen für St. Petersburg geladen wurden, einige Rückenwände und Schubkästen aus seiner Hand stammten, natürlich nicht die mit edlem Furnierholz verzierten Schauseiten. Doch im letzten seiner vier Lehrjahre würde er in der Werkstatt für die feinen Arbeiten auch mit Schnitzmesser und Leim umgehen lernen und einige auch äußerlich sichtbare Intarsienstücke auf den Prunkmöbeln der Roentgenschen Werkstatt herstellen dürfen.
Wohin würden diese Möbel dann wohl gehen – nach Paris zu König Louis, nach Neapel zum König beider Sizilien oder nach Berlin zum König Fritz? Hier in dieser staubigen und lärmerfüllten Werkstatt im kleinen Neuwied waren solche fernen Königshöfe ein häufiger und sehr konkreter Gesprächsgegenstand. Meister Roentgen verstand sein Geschäft, und er verstand sein Handwerk. Auch wenn er in den letzten Jahren mehr auf Geschäftsreisen unterwegs war oder im Kontor saß, sah er doch bei seinen kurzen Besuchen in den Werkstätten jeden kleinen Patzer, den sich ein Geselle oder ein Lehrjunge geleistet hatte. Dann setzte es ein paar kräftige Maulschellen bei den Lehrjungen oder einen harten Tadel bei den Gesellen. Aber niemand in der Werkstatt

nahm das krumm. Lehrjahre waren nun einmal keine Herrenjahre. Und jeder in der Roentgenschen Werkstatt war sich des Vorzugs bewußt, in der berühmtesten Kunsttischlerei Europas arbeiten zu dürfen. Einst, in Jahren, wenn an ihm die Reihe war, sein Meisterstück zu machen, dann würde Christian Merz einen Schrank bauen, so schön, daß ihn der Kaiser in Wien würde kaufen wollen. Ganz heimlich zeichnete Christian schon daran. Und dann würde er auch nicht mehr Furnierholz sägen müssen.

5

Es waren recht gemischte Gefühle, die Philipp Breuer empfand, als er im Schloßpark durch die sauber geschnittenen Taxushecken schritt, auf der Suche nach dem Buchenrondell. Gewiß, er hatte nicht gezögert, dem Hilferuf der ihm unbekannten Dame zu folgen. Einem Menschen in Not die Hilfe zu verweigern, hätte ihm ebenso widerstrebt, wie die Gebote der Höflichkeit gegenüber dem schönen Geschlecht zu verletzen. Aber war diese Frau wirklich in Not? Wen würde er bei diesem seltsamen Stelldichein antreffen? Ein adelsstolzes, eingebildetes Dummchen? Oder eine kokette »femme fatale«, die auf diesem ungewöhnlichen Wege ein Abenteuer suchte? Abgesehen von einigen Bordellbesuchen, wie sie unter den lebenslustigen Würzburger Studenten zum guten Ton gehörten, besaß Philipp praktisch keine Erfahrungen im Umgang mit Frauen. Immerhin war er mißtrauisch genug, auch andere Absichten hinter dem Brief zu vermuten, als aus den Worten herauszulesen waren.
Mit einer tiefen Verbeugung betrat Philipp den kleinen, von Buchenhecken umgebenen Platz mit der zierlichen Bank. Die überraschend junge Dame dort blickte ihn mit einer Mischung aus Verwirrung, Erleichterung und Scham von der Seite an.
»Mein Name ist Philipp Breuer«, stellte er sich förmlich vor. »Habe ich die Ehre mit Fräulein von Lützow?«
Unter seinen prüfenden Augen errötete die junge Frau. Zaghaft meinte sie:
»Ich bin Ihnen so dankbar, daß Sie gekommen sind. Es ist alles so ungewöhnlich... Indem ich Ihnen schrieb, habe ich mich sicherlich nicht wie eine Dame benommen...« Verwirrt verstummte sie, und auch Philipp wußte nicht, was er sagen sollte. Endlich faßte sich Char-

lotte ein Herz. »Bitte nehmen Sie doch Platz!« Wieder stockte sie und wußte nicht mehr, wie sie das Gespräch eröffnen sollte. Doch zu ihrer Erleichterung nahm ihr der junge Mann diese Aufgabe ab.
»Wie ich aus Ihrem Brief entnommen habe, mein gnädiges Fräulein, sollen Sie in die Ismenische Gesellschaft aufgenommen werden. Hat man Ihnen denn schon die Aufgaben zur Auswahl für Ihre Eintrittsthese gestellt? Sie hatten mich ja hierher befohlen, damit ich Ihnen dabei mit einem kleinen Rat behilflich sein kann.«
»Oh, mein Gott«, fuhr es aus Charlotte heraus, »niemals habe ich Ihnen befohlen! Das könnte ich doch gar nicht. Ich habe vielmehr in Gedanken auf Knien an ihr gutes Herz gefleht, mir armem Mädchen zu helfen.« Jetzt erst blickte sie ihm voll ins Gesicht. »Ich weiß nicht, Herr Breuer, welche Vorstellung Sie sich von mir machen. Sicher eine ganz falsche. Sie glauben vielleicht, wer an einem Hof lebt, der kenne nur Intrigen und Hinterlist. Doch ich schwöre Ihnen, daß mir nichts ferner liegt. Es ist sicher sehr eigensüchtig, ein wenig von Ihrer kostbaren Zeit und von Ihren hohen Gedanken zu erbitten, nur damit ein kleines dummes Mädchen sich vor einem Kreis kluger Menschen nicht blamiert. Aber wenn man so allein steht wie ich, dann – möchte man nicht gerne ausgelacht werden.« Wieder verstummte sie errötend.
War es die Verwirrung, die Befangenheit oder der unberührte Liebreiz der jungen Dame, die Philipps Panzer aus kühler Zurückhaltung schmelzen ließen? Ritterlich versuchte er, ihr dieses offenbar sehr schwierige Gespräch zu erleichtern.
»Bitte, mein gnädigstes Fräulein, zeigen Sie mir doch die Thesen, die man Ihnen zur Auswahl gestellt hat.«
Wortlos zog Charlotte ein Blatt aus ihrem Pompadour und reichte es Philipp. Kopfschüttelnd las er:
»Über Halskrankheiten – verstehen Sie denn etwas von Medizin, gnädiges Fräulein? Ich jedenfalls nicht, und ich könnte Ihnen hierbei auch nicht helfen. Derjenige, der Ihnen diese Aufgabe gestellt hat, hat wohl nicht bedacht, daß sie einer jungen Dame galt. Nun, es gibt ja noch andere Möglichkeiten. Ja, hier die zweite Aufgabe: Sind Schwätzer oder Stumme in Gesellschaft beliebter?« Philipp sah von dem Zettel auf. »Das scheint mir ein wenig seicht als Thema zu sein. Oder neigen Sie zu dieser Aufgabe? Wie wäre es denn mit der letzten These: Welches das beste Band der Freundschaft sei? Daraus müßte sich doch ein hübscher kleiner Aufsatz machen lassen. Was ist denn Freundschaft?

Die Beziehung zwischen zwei Menschen, sie kann von langer Gewöhnung, von der Neigung des Herzens oder vom Verstand her kommen...«
Der Blick erleichterter Dankbarkeit, der Philipp traf, ließ nun ihn unsicher werden und erröten.
»Verzeihen Sie meine Unhöflichkeit, mein gnädigstes Fräulein. Ich habe Sie noch gar nicht gefragt, ob Ihnen dieses Thema überhaupt zusagt!«
Längst war es stockfinster im Park geworden. Ein leichter Wind ließ die Bäume in der milden Spätsommernacht rauschen. Philipp saß noch immer am äußersten Ende der Bank, wo er sich höflich und voller Zurückhaltung vor zwei Stunden niedergelassen hatte. Aber innerlich waren sich die beiden jungen Menschen nähergekommen. Sehr schnell war ihr Gespräch vom eigentlichen Thema abgeschweift. Auf seine Fragen nach der Heimat Charlottes hatte diese erst stockend, dann immer offener von ihrer Jugend in Klein-Zierow, von ihrer Reise nach Neuwied und von ihrem Amt als Hofdame erzählt. Und auch Philipp war aufgetaut. Er konnte sich mit Berichten aus seiner Studentenzeit und lustigen und ernsten Historchen von seiner großen Reise nach Paris und Amsterdam revanchieren.
So verschieden die Herkunft und der Stand der beiden jungen Menschen waren, sie stellten insgeheim fest, daß sie wohl viele Ansichten miteinander teilten. Sie gehörten beide nicht zu den Überempfindlichen, die es heutzutage geradezu als Mode kultivierten, wegen jeder Kleinigkeit in Ohnmacht zu fallen oder beim Anblick eines schönen Sonnenunterganges in Tränen auszubrechen. Und sie mußten beide herzlich lachen, als sie sich über die Modepuppen beiderlei Geschlechts unterhielten, die mit aufgetürmten Frisuren und affektiertem Getue einherstolzierten. Als Charlotte einmal bei einem Windstoß erschauerte, erschrak Philipp.
»Mein gnädigstes Fräulein, es ist schon völlig dunkel, es muß mitten in der Nacht sein. Sie könnten sich erkälten, und was wird man im Schloß sagen, wenn Sie so spät wiederkommen? So leid es mir tut, ich fürchte, wir werden dieses so unerwartet angenehme Gespräch unterbrechen müssen. Darf ich Ihnen meinen Arm reichen, gnädigstes Fräulein, um Sie zum Schloß zu geleiten?«
Gehorsam und selbst erschrocken, wie schnell die Zeit verflogen war, stand Charlotte auf und schritt mit Philipp durch den nachtstillen Park dem Schloß zu.

»Nun haben wir von allem Möglichen geplaudert, mein sehr verehrter Herr«, meinte sie zaghaft, »nur von dem, worum ich Sie bitten wollte, haben wir kaum gesprochen.«
»Es wird mir eine Freude sein, Ihnen morgen einen kurzen Entwurf für Ihre These zu senden«, beruhigte sie Philipp. »Ich hoffe aufrichtig, daß diese Gedanken Gnade vor Ihren Augen finden und die kritischen Gemüter in der Ismenischen Gesellschaft zufriedenstellen werden, mein gnädigstes Fräulein.«
»Ich weiß nicht, wie ich Ihnen danken soll«, sagte Charlotte leise, »aber sagen Sie doch bitte nicht immer ›mein gnädigstes Fräulein‹ zu mir. Man hat mir gesagt, daß ich in unserer Gesellschaft den griechischen Namen Phyllis führen dürfte. Wollen Sie sich nicht gleich dieses Namens bedienen, Herr – Philander?« Charlotte von Lützow war froh, daß es im Park so dunkel war, denn sie fühlte, wie sie bei diesen Worten blutrot wurde.

6

An diesem Sonntagnachmittag fehlte niemand im Dorf. Nur die kleinsten Kinder, die noch nicht krabbeln konnten, waren – fest angebunden in ihren Wiegen – in den Häusern zurückgeblieben. Sonst tummelte sich alt und jung auf dem Platz um den alten Dorfbrunnen und unterhielt sich, wie es dem Lebensalter angemessen war. Die kleinsten Hosenmätze balgten sich oder trieben mit einem Peitschchen einen Holzkreisel über die festgetretene Erde. Die Schulburschen in ihren Holzpantinen neckten die gleichaltrigen Mädchen oder sie versuchten, am Erntebaum mit der großen Krone aus ausgeblasenen Eiern emporzuklettern, bis ein Konkurrent sie am Hosenbund packte und wieder herunterzog. Die älteren Burschen faßten die Mädchen ihrer Altersstufe an den Händen, jedesmal, wenn Schulmeister Diez auf seiner krächzenden Geige zum Tanz aufspielte, und drehten sie juchzend im Kreise. Die Väter und Mütter saßen derweil in ihren Sonntagskleidern würdevoll zusammen und besprachen den Ertrag der diesjährigen Ernte. Eine Kruke voll Branntwein kreiste unermüdlich unter den Männern. Aber auch manche Bauersfrau kam, um sich einen tüchtigen Schluck zu holen. Die Abendsonne goß ihr warmes Licht über die bunte Szene. Das Dorf Thalhausen feierte wie jedes Jahr Ende August sein Erntefest am Sonntagnachmittag nach dem üblichen Kirchgang nach Anhausen.

In einer Ecke hatten sich die Honoratioren des Dorfes auf einer Holzbank zusammengefunden. Bauermeister[46] Heinrich Greiß – im Dorf hieß er nur der Filbenhinz – berichtete gerade von einer erfolgreichen Kur gegen seine Ohrenschmerzen.

»Ein paar Tropfen Hundemilch ins Ohr träufeln, und das drei Tage hintereinander, das hilft, sage ich!«

»Nein«, behauptete Klosenwöllm Schneider mit Nachdruck. Als Richtschöffe[47] des Kirchspielgerichts[48] und der Märkerschaft von Anhausen zählte auch er zu den einflußreichen Leuten im Dorf, und man mußte auf ihn hören, wenn er etwas sagte. »Nein, das geht ganz anders. Du mußt die Blase von einem frisch geschossenen Hasen nehmen, aufs Ohr legen und mit einem Tuch festbinden. Wenn du dann spürst, daß es warm wird, dann hat's geholfen!«

Auch den Nollsmüller hatte man in den Kreis der Honoratioren aufgenommen, schließlich waren die Bauern von seiner Mühle unten am Iserbach abhängig, wenn auch die Müller allgemein immer etwas außerhalb der Dorfgemeinschaft standen. Er war ein untersetzter Mann mittleren Alters, mit schwarzen Haaren und einem stechenden Blick. Die jungen Mädchen im Dorf fürchteten sich vor ihm, und das nicht nur, weil die Müller überall wegen ihrer abgelegenen Häuser und der unheimlichen Geräusche, die aus ihnen drangen, verrufen waren. Der Nollsmüller war unverheiratet, und man wußte, daß er schon länger eine Müllerin suchte – kein Wunder, wenn man in Betracht zog, was die Mädchen von ihm dachten. Klosenwöllm hielt jedoch nichts von derartigen Bedenken.

»Nollsmüller«, wandte er sich an seinen Banknachbarn, als das Gespräch über die probatesten Rezepte gegen allerhand Krankheiten allmählich ins Stocken kam. »Nollsmüller, wir haben ja schon ein paarmal über die Klärsch gesprochen. Wenn du mein Korn künftig umsonst mahlst, sollst du sie haben, und im Frühjahr kann die Hochzeit sein.«

46 Bauermeister: gewählter oder erblicher Vorsteher eines Dorfes (in Städten: Bürgermeister), zu unterscheiden von dem vom Landesherrn eingesetzten Schultheiß; diesen könnte man etwa als Verwaltungsbeamten bezeichnen.

47 Richtschöffe: von der Bauerschaft gewähltes Mitglied eines Gerichts, zugleich eine Art Gemeindevertreter.

48 Kirchspielgericht: »niederes« Gericht (zuständig für kleinere Streitigkeiten oder Vergehen) im Bereich eines Kirchspiels (Großgemeinde), geleitet vom Schultheißen.

Der Nollsmüller schwieg lange und trank erst einen großen Schluck aus der Steinkruke, die gerade bei ihm angelangt war, ehe er antwortete.
»Die Klärsch ist ja schon ein tüchtiges Mänsch[49]«, meinte er, »man sieht sie gerne an, und zupacken kann sie auch. Aber das mit dem Mahlen umsonst – wenn ich das bei jedem Geschäft so machen wollte, dann könnten ich und meine künftige Frau reinweg verhungern. Das müssen wir uns noch mal überlegen, Klosenwöllm. Es eilt ja nicht.«
Das junge Mädchen, über dessen Schicksal hier verhandelt wurde, saß unterdessen auf den Treppenstufen eines nahegelegenen Bauernhauses, wo ein paar Altersgenossinnen harmlos schwatzten. Klärsch sah bleich aus und auch jetzt beteiligte sie sich nur gelegentlich an dem lebhaften Gespräch, so als ob es niemand merken sollte, daß sie mit ihren Gedanken ganz woanders war. Jost war nicht da. Wie gerne wäre er zu diesem Erntefest gekommen, das wußte sie, und hätte mit ihr getanzt. Aber das wäre aufgefallen und hätte nur die Eifersucht der jungen Bauernburschen von Thalhausen hervorgerufen, die Bewerber aus anderen Orten nicht dulden mochten.
Klosenwöllm erhob sich von seiner Bank und reckte die Glieder. Bei einem solchen Fest mußte man sich auch einmal Bewegung verschaffen. Nicht weit vom Brunnen drehte sich an einem Spieß ein Schwein über dem Feuer. Ein gebratenes Schwein gehörte unabänderlich zum Erntefest in Thalhausen, genauso wie die von Branntwein schweren Köpfe am Morgen danach und die Beulen, die sich einige übermütige Burschen bei einer Prügelei gegenseitig bescherten. Der Bauer schnitt sich ein mächtiges Stück Fleisch herunter und verzehrte es prustend und schmatzend. Schließlich war das eine der wenigen Gelegenheiten im Jahr, wo er Schweinefleisch in einem größeren Stück zu kosten bekam. Warum sollte man sie nicht ausnützen?
Endlich wischte Klosenwöllm sich die fettriefenden Finger an seinem großen, roten Taschentuch ab – ein Zeichen, daß er zu den Vornehmen des Dorfes gehörte. Dann sah er sich nach seiner ältesten Tochter um. Es wird Zeit, dachte er, es ihr zu sagen, das mit dem Nollsmüller. Mit dem werde ich schon noch handelseinig werden.
»Klärsch, komm einmal her«, winkte er seine Tochter von ihren Treppenstufen weg und zog sie in eine Ecke des Dorfplatzes, wo gerade keine Menschen herumwimmelten. »Klärsch, ich wollte es dir schon

49 Mänsch: Westerwälder Mundartausdruck: Mädchen, Frau.

lange sagen. Ich und der Nollsmüller, wir sind uns einig, daß du einmal seine Müllerin werden sollst. Richte dich darauf ein und tanz auch einmal mit ihm.«

Erschrocken blickte Klärsch ihren Vater an.

»Den Nollsmüller soll ich heiraten? Das kann doch nicht Euer Ernst sein, Vater! Diesen schrecklichen schwarzhaarigen Teufel? Ich fürchte mich vor ihm!«

»Wenn du erst ein paarmal mit ihm im Bett gelegen hast, wirst du schon keine Angst mehr vor ihm haben, dummes Gör«, fuhr der Vater sie an. »Was soll das heißen: ich fürchte mich vor ihm? Im übrigen wird die Hochzeit nicht gleich morgen sein, du hast also Zeit, dich an ihn zu gewöhnen. Heiraten wirst du ihn, und damit punktum!« Entschieden wandte sich Klosenwöllm von seiner Tochter ab. Er hatte alles gesagt, was nötig war. Was bedurfte es da noch vieler Worte?

Fassungslos, ein Schluchzen krampfhaft verbeißend, schlich sich Klärsch in eine stille Ecke. Jost, dachte sie, warum bist du nicht da? Er hätte sie vielleicht trösten können. Und sie brauchte den Trost so bitter nötig, nicht nur des Schreckens wegen, den ihr der Vater gerade eingejagt hatte.

7

»Hermann Graf zu Wied war Erzbischof von Köln und Kurfürst des Heiligen Römischen Reiches von Anno 1515 bis 1547. Er bemühte sich, das Erzstift der Reformation zuzuführen, wurde aber daran gehindert.«

Mit heller Stimme rasselte der etwa achtjährige, elegant gekleidete Knabe den eingelernten Satz herunter.

»Richtig, Graf Christian«, bemerkte ein jüngerer, etwa dreißigjähriger Mann in blauem Werther-Frack. »Und wer war der letzte Kurfürst von Köln aus dem Hause der Grafen zu Wied, Graf Clemens?«

Wie aus der Pistole geschossen kam die Antwort des Vierzehnjährigen:

»Friedrich Graf zu Wied hatte von Anno 1562 bis 1567 den Stuhl der Erzbischöfe und Kurfürsten von Köln inne, als letzter aus dem Hause Wied. Er war der Neffe des Hermann von Wied.«

»Exzellent, Euer Gnaden, Sie haben Ihre Lektion gut gelernt.«

Hauptmann Schwarz, der Gouverneur und Hauslehrer der beiden ältesten Söhne des Erbgrafenpaares, war ein guter Pädagoge. Er wußte, daß man Kinder mit Lob viel eher zum Lernen anspornen kann als durch Furcht vor Strafen.

In Anbetracht des warmen Sommerabends hatte Hauptmann Schwarz die Unterrichtsstunde für seine beiden Zöglinge ins Freie, an den Gartentisch im Neuwieder Schloßpark, verlegt. Hier hatten sie wenigstens frische Luft, wenn ihnen auch das Stillsitzen in dieser Umgebung besonders schwerfiel. Schließlich hatten sie bereits wie jeden Werktag ein volles Schulpensum in der Lateinschule des Professors Bender in der Engerser Straße hinter sich, mit Latein und Französisch, mit Geographie und Mathematik, Musik und Zeichnen. Nun, am Abend, sollten sie nach dem von Celsissimus höchstpersönlich aufgestellten Lehrplan noch in einigen zusätzlichen Fächern unterwiesen werden. Als junge Edelleute und Angehörige einer regierenden Familie mußten sie natürlich auch gewandte Reiter, Fechter und Tänzer sein, was Kinder geringerer Stände nicht nötig hatten. Außerdem sollten die jungen Grafen wenigstens in Grundzügen etwas von der Nationalökonomie, der Etikette und der Geschichte, insbesondere des Hauses der Grafen zu Wied, erfahren.

Seit Friedrich Emanuel Schwarz vor knapp zwei Jahren an den Hof zu Wied gekommen war, hatte sich rasch ein Vertrauensverhältnis zwischen ihm und seinen Zöglingen entwickelt. Sie hingen an ihm wie an einem Vater. Ihren leiblichen Vater, den Erbgrafen Friedrich Carl, bekamen sie ja nur selten zu sehen. Wegen der gespannten Beziehungen zu seinem Vater und zu seiner Frau hielt er sich meist auf dem gräflichen Gutshof Bonefeld auf, den ihm der Landesherr als ländlichen Wohnsitz zur Verfügung gestellt hatte, zwei Reitstunden von Neuwied entfernt. Und wenn er einmal je im Neuwieder Schloß war, dann behandelte er seine ältesten Söhne mit geringschätziger Gleichgültigkeit.

Auch in der übrigen gräflichen Familie mit Ausnahme des Erbgrafen war Hauptmann Schwarz wohlgelitten. Er stammte aus Braunschweig, war in vielen Wissenschaften wohl gebildet, ein geistig interessierter Mensch und den Musen aufgeschlossen. Von einem kurzen Aufenthalt am Hof des Herzogs Karl August von Sachsen-Weimar hatte er den Titel eines Hauptmanns mitgebracht, obwohl er nie Soldat gewesen war. Vor allem wußte er fesselnd vom Leben an diesem Hof und dem dortigen bekannten Dichter, dem Geheimrat von Goethe, zu erzählen. Die alte Gräfin Caroline hatte ihn zum Sekretär ihrer

Ismenischen Gesellschaft gemacht, welcher Aufgabe er mit Eifer und Pflichtgefühl nachkam.
In der hereinbrechenden Abenddämmerung schaukelte lautlos ein Falter durch die Parklichtung. Den Grafen Christian, den Achtjährigen, hielt es nicht mehr auf seinem Sitz. Er sprang auf, nahm den kleinen Dreispitz[50] vom Kopf und versuchte den Schmetterling zu erhaschen. Schon war er um die Ecke des Gebüschs verschwunden und ließ sich auch durch das Rufen des Lehrers nicht halten.
Besorgt sprang Hauptmann Schwarz auf, um seinem Zögling nachzueilen und ihn zum Unterricht zurückzuholen. So sehr er selbst seine Zweifel hegte, ob ein solcher Drill von frühmorgens bis spätabends für so kleine Kinder wie die Grafensöhne nicht eher schädlich sei – der Wille des Landesherrn und Familienoberhaupts war in diesem Punkt eindeutig und unerbittlich. Wenn Celsissimus erfahren sollte, daß seine Enkel »Allotria« trieben, wie er es nannte, statt in jeder freien Minute zu lernen, dann konnte das eine unangenehme Strafpredigt für die jungen Grafen – und für deren Erzieher nach sich ziehen.
Friedrich Emanuel Schwarz bog mit schnellem Schritt um eine Gebüschgruppe. Verwirrt prallte er zurück. In seinem Eifer hätte er fast die Erbgräfin Louise umgerannt, die in Begleitung ihrer jungen Hofdame einen Abendspaziergang durch den Park machte. Beide Damen trugen kleine weiße Sonnenschirme, damit selbst jetzt am Abend ja nicht ein verirrter Sonnenstrahl die vornehme Blässe ihrer Gesichter tönen könne.
»Pardon, Euer hochgräfliche Gnaden«, stammelte Hauptmann Schwarz und verbeugte sich tief, während flammende Röte in sein Gesicht schoß. »Ich war auf der Suche nach dem jungen Herrn Grafen Christian. Ich hatte ihm in einer kurzen Pause zwischen den Unterrichtsstunden geraten, sich zur Erholung etwas Bewegung zu machen. Haben Euer Gnaden ihn gesehen?«
Jedesmal, wenn er mit der Erbgräfin sprach, schlug sein Herz schneller, und er war von zwiespältigen Gefühlen hin- und hergerissen. Er konnte den Blick nicht von der hoheitsvollen und dabei doch so menschlich-warmen Erscheinung der Erbgräfin lösen, die auch als Sechsunddreißigjährige und achtfache Mutter noch immer eine

50 Dreispitz: Hut, bei dem die Krempe an drei Seiten aufgeschlagen ist, so daß drei Spitzen entstehen, die normale Kopfbedeckung für höhere Stände in der zweiten Hälfte des 18. Jahrhunderts.

Schönheit war. Andererseits spürte er den Drang, sein Gesicht vor ihren Blicken zu verbergen, um sie nicht merken zu lassen, wie er vor Befangenheit rot wurde.
Gräfin Louise lachte leicht auf.
»Ist der Springinsfeld Ihnen wieder einmal entwischt, Herr Hauptmann? Ich kenne Sie doch, daß Sie aus Gutmütigkeit die Verantwortung für seine eigenmächtige Entfernung vom Unterricht übernehmen. Aber lassen Sie ihm für ein paar Minuten seine goldene Freiheit.« Die Stimme der Gräfin nahm einen verschwörerischen Ton an. »Er ist noch so jung. Manchmal fürchte ich, daß der viele Unterricht meinen Söhnen die Nerven ruinieren wird. Dehnen Sie auf meine Verantwortung die Pause ein wenig aus.«
Damit bot die Erbgräfin dem jungen Erzieher ihren Arm. Dieser wußte kaum, wie ihm geschah. Wie auf Wolken schreitend ließ er sich von der hohen Dame zu der Parkbank dirigieren, wo Graf Clemens noch mit seinen Büchern saß. Dort ließ sich die Gräfin in aller Ruhe nieder und winkte sowohl dem Sohn, der zu einer ehrfurchtsvollen Verbeugung aufgesprungen war, sich wieder zu setzen, wie auch ihrer Hofdame und dem Erzieher, Platz zu nehmen.
»Erzählen Sie ein bißchen von Weimar und vom Herrn von Goethe«, bat sie. »Es kann den jungen Leuten hier« – und damit deutete sie auf ihren Sohn und auf Charlotte von Lützow – »gar nichts schaden, wenn sie etwas vom geistigen Leben unserer Zeit hören. Und ich höre Sie gerne erzählen, Herr Schwarz, wissen Sie das? Es tut so wohl, mit einem Menschen zu plaudern, der Verständnis für die Interessen und Sehnsüchte einer Frau hat!«

In Bedrängnis

1

Ins Zimmer der Vorsteherin, der Schwester Favre, geführt zu werden, bedeutete für die Bewohner des Hauses der ledigen Schwestern in der Herrnhuter Brüdergemeine nie etwas Gutes. Die junge Schwester Elisabeth Schettlerin ahnte, was ihr bevorstand, als ihre Schritte im langen Gang des Erdgeschosses widerhallten. Dicht hinter ihr marschierte mit steinernem Gesicht die Aufseherin, Schwester Grünewaldin. Gehorsam blieb Elisabeth vor der Tür stehen, während die Aufseherin anklopfte und zunächst allein eintrat, um Bericht zu erstatten. Was denkt man in so einem Augenblick, grübelte Elisabeth. Man müßte bereuen, man müßte Gott im Gebet um Stärke bitten, den Sünden zu widerstehen, die sie immer wieder von neuem anfochten. Aber stattdessen schrie eine Stimme im Inneren des jungen Mädchens: Das waren doch keine Sünden, was du getan hast! Ohne Zweifel war das die Stimme des Teufels, aber es gab in ihrem Herzen keine Stimme Gottes, die das, was sie getan hatte, Sünde nannte. Bin ich das noch selbst, die da dauernd in Gedanken und in Taten sündigt, dachte Elisabeth. Ist es nicht etwa der Teufel in meiner Gestalt?

Wie eine Puppe bewegte sich Elisabeth, als ihr von der Aufseherin befohlen wurde, ins Zimmer zu treten. Stumm, den Kopf mit der weißen Leinenhaube tief gebeugt und die Hände gefaltet, blieb sie vor dem Tisch der Schwester Vorsteherin stehen.

»Schwester Schettlerin«, ertönte deren scharfe Stimme, »es ist schon das dritte Mal in wenigen Wochen, daß du ermahnt werden mußt, weil du während der Arbeit geschwatzt hast. Dauernd blickst du aus dem Fenster, statt mit deiner Hände Arbeit Gott zu rühmen. Du bist widerspenstig und hast sogar gefragt, ob du denn ewig hier im Schwesternchor leben müßtest. Was hast du dir dabei gedacht, immer während der Arbeit zu reden, obwohl du weißt, daß das verboten ist?«

»Gott hat mir meine Stimme zum Reden gegeben«, fuhr es trotzig aus Elisabeth heraus, »nicht zum Schweigen. Ich habe doch nichts Böses oder Sündiges gesagt. Andere Menschen, die nicht hier im Haus wohnen, dürfen doch auch bei der Arbeit reden, ich höre sie ja täglich auf der Straße!« Elisabeth wußte selbst nicht, was ihr den Mut gegeben

hatte, der gefürchteten Schwester Vorsteherin zu widersprechen und aufzubegehren, statt zerknirscht Besserung zu geloben.
Die Reaktion auf ihren Trotz bekam Elisabeth sofort zu spüren. Denn mit schneidender Stimme zischte Schwester Favre:
»Dies sind auch keine Menschen, die den Durchbruch der Gnade Gottes erlebt haben und zu unserer Gemeine der Brüder und Schwestern gehören. Wir Brüder und Schwestern haben bewußt auf alle Lust und Eitelkeit der Welt Verzicht geleistet. Wie kannst du es nur wagen, Schwester Schettlerin, dich auf eine Stufe mit ihnen zu stellen! Wir haben neulich mit dir zusammen für dich gebetet. Wir sind vom Gebet aufgestanden in der Überzeugung, daß du dich künftig von Gott leiten lassen würdest. Aber du scheinst es abzulehnen, dich seiner Führung anzuvertrauen, Schwester Schettlerin.« Schwester Favre machte eine bedeutungsvolle Pause und blickte lange auf das junge Mädchen, das da unbeweglich vor ihr stand. »Solange du nicht aus freien Stücken zur Einsicht deiner falschen Einstellung kommst und deine Sünden bereust, bist du eine faule Traube im Weinstock des Herrn. Wir müssen dich von den anderen Schwestern fernhalten, damit du sie mit deinen Sünden nicht anstecken kannst.«
Wie durch einen Nebel hörte Elisabeth die Stimme der Schwester Vorsteherin, die ihr das Urteil verkündete. Nur bruchstückweise registrierte es ihr armer, gemarterter Kopf: »Völliges Schweigegebot, auch in den Stunden, in denen sonst das Reden erlaubt ist... Essen getrennt von den anderen, vor der Tür auf dem Flur, bis auf weiteres Ausschluß vom heiligen Abendmahl... Mitteilung an die Vorsteherschaft der Brüdergemeine in Neuwied... Stehen auf dem Sünderplatz während des Gottesdienstes...«
Doch seltsam: während diese Strafen wie Pfeile auf sie losgelassen wurden, um ihr das Herz zu zerreißen, hatte Elisabeth das Gefühl, als ginge sie das alles gar nichts an. Ich habe nicht gesündigt, ich habe nicht gesündigt, jedenfalls nicht vor Gott – das sagte sie sich im stillen immer wieder vor. Diese Strafen können mich doch gar nicht meinen.
Als Schwester Grünewaldin die Delinquentin wieder in ihre Arbeitsstube führte, hatte Elisabeth zu weinen aufgehört, und ihre Augen schienen durch die Mauern des Hauses hindurchzublicken.

2

»Nun, bist du schon mal beim Nollsmüller zu Besuch gewesen, Klärsch?« erkundigte sich Klosenwöllm, während er sich über den Tisch lehnte und seinen Holzlöffel in die große Schüssel mit Haferbrei tunkte. Seit er denken konnte, gab es in der Familie Schneider leicht gesalzenen Haferbrei und ein Stück Brot zum Essen, morgens, mittags und abends. Für Abwechslung sorgten etwas Kohl oder Sauerkraut oder alle paar Wochen eine Wurst. Und natürlich die neumodischen Krommbieren[51], die recht angenehm schmeckten. Klosenwöllm war stolz, sie als unternehmungslustiger Bauer in seinem kleinen Krautgarten angepflanzt zu haben. Der gräfliche Landjäger und der Schultheiß von Anhausen hatten dieses Gemüse damals empfohlen und Saatgut ausgeteilt.

»Nun, Klärsch, warum antwortest du nicht?« fragte der Bauer, dem es mit der Antwort zu lange dauerte.

»Nein, Vater«, brachte Klärsch schließlich leise hervor, »ich war noch nicht da.« Sie blickte auf ihre Schürze, als ob es dort etwas Wichtiges zu entdecken gebe.

»Und warum nicht?« wollte der Vater wissen. »Du weißt doch, daß ihr versprochen seid. Da gehört es sich, daß man mal miteinander redet.«

Endlich entschloß sich Klärsch, ihrem Vater voll in die Augen zu sehen. Hoffte sie, ihn mit ihrem traurigen, ja verzweifelten Blick von seinem Vorhaben abzubringen?

»Ich kann nicht zum Nollsmüller gehen, Vater, ich fürchte mich«, sagte sie mit erstickter Stimme, aber entschlossen. »Es spukt da, sagen alle. Im Mühlenteich ist ein Otter[52], der ist ein verzaubertes junges Mädchen. Und der Nollsmüller hat seine Seele dem Teufel verkauft und bewacht das Mädchen, heißt es. Darum hat er so schwarze Haare und einen stechenden Blick. Vater, zwingt mich nicht...«

Bei dem flehenden Blick seiner Tochter wurde Klosenwöllm unsicher. Er konnte der Klärsch, seinem Liebling, so schwer etwas abschlagen. Aber hier, wo es um seine Idee, die Heirat mit dem Nollsmüller ging, sollte seine väterliche Autorität in Frage gestellt werden?

»Unsinn, Klärsch, was die dummen Leute im Dorf immer reden. Hier

51 Krommbieren: Grundbirnen, alter Mundartausdruck für Kartoffeln.
52 Otter: Fischotter (Marderart).

in Thalhausen hat es noch nie gespukt, höchstens oben in Anhausen, wo die beiden Aufrührer umgehen, die der Großvater des Herrn Grafen dort einst hat an den Galgen hängen lassen. Hör zu, Klärsch« – und die Stimme des Bauern wurde sanft und bittend – »du kannst ja mal mitfahren, wenn der Wilmluisch demnächst ein paar Säcke Korn zum Mahlen hinunterbringt in die Nollsmühle. Wenn dein Bruder dabei ist, wirst du doch keine Angst haben!« Wie um von dem Thema abzulenken, das ihm unangenehm wurde, meinte Bauer Schneider zu seinen Kindern allgemein: »Übrigens, wir brauchen dringend Brennholz für den Winter. Holt euch den großen Korb und geht morgen Holz sammeln. Wo ist der Korb eigentlich? Ich habe ihn schon lange nicht gesehen!«

Wieder blickte Klärsch verlegen auf ihre Schürze und wurde puterrot.

»Ich habe den Korb verloren, Vater!« sagte sie leise.

»Wie kann das angehen, einen so großen Korb kann man doch nicht irgendwo vergessen oder verlieren?«

»Ich habe ihn auch nicht richtig verloren, er ist mir weggenommen worden!«

»Von wem?« brauste Klosenwöllm auf. »Und das hast du mir nicht erzählt! Was fällt dir ein, Kind, willst du uns arm machen, daß du dir den großen Korb wegnehmen läßt?«

Nur allmählich bekam der Bauer aus seiner Tochter heraus, was geschehen war. Es war schon über zwei Monate her, da war Klärsch allein mit dem Korb über den Siersbach in den Wald nach Rüscheid zu gegangen, um wie gewohnt Leseholz zu sammeln. Plötzlich hatte sie ein junger Herr überrascht. Es war der Sohn des Forstmeisters von Hayn, und er hatte dem verschüchterten Bauernmädchen die schrecklichsten Strafen angedroht, weil es im herrschaftlichen Wald Holz gesammelt habe, was doch verboten sei. Schließlich hatte er sich aber doch damit begnügt, dem Mädchen den Korb wegzunehmen und es nach Hause zu schicken.

»Ich war so erschrocken, Vater, daß ich nicht gewagt habe, etwas zu erzählen.«

Klosenwöllm war aufgesprungen und stampfte voller Wut in der engen Küche umher. Angstvoll sahen ihm seine Frau und die Kinder zu. In seinem Zorn achtete er nicht darauf, daß Klärsch blutrot und dann kreidebleich im Gesicht wurde. Nahm sie sich den Verlust des Korbes so zu Herzen?

»Den soll der Teufel holen, den verdammten Hundsfott von Hayn!

Dieser junge Lackaffe muß sich als Herr im Wald aufspielen und uns arme Bauern kujonieren! Da schlage doch das Donnerwetter drein! Was hat er denn zu befehlen und zu verbieten im Wald, der junge Hayn, he? Der Wald ist unser und nicht des Grafen, wir haben mehr Rechte, ihn zu nutzen. Den Schaden für den Korb soll er mir ersetzen, der vornehme Herr, und wehe, wenn ich den mal allein in unserem Wald erwische!«

»Vater«, rief Frau Dottchen ängstlich, »redet Euch doch nicht um Kopf und Kragen! Ihr könnt Euch doch nicht an einem Edelmann vergreifen!«

»Laß nur, Frau, davon verstehst du nichts. Der Wald hinter Rüscheid gehört der Anhäuser Märkerschaft, da hat kein Graf und kein Forstmeister was drin zu befehlen. Ich muß es schließlich wissen«, trumpfte Klosenwöllm auf, »ich bin Schöffe der Märkerschaft[53]. Der Wald ist unser, auch wenn der von Hayn damals unsere Grundtitel und Weistümer[54] über den Wald konfisziert und mit Gewalt weggeschleppt hat. Anno 1766 war das, ich weiß es noch wie heute. Ich könnte jetzt noch platzen vor Wut über das, was er uns damals angetan hat. Und sein feiner Sohn, der eingebildete Laffe, spielt sich jetzt als Herr auf! Na, warte, die Sache hat bestimmt noch ein Nachspiel!«

Wieder wurde Klärsch blutrot im Gesicht. Aber keiner blickte zu ihr hin.

3

Die beiden Galakutschen aus dem gräflichen Marstall rollten langsam durch die Gassen der Stadt Neuwied. Die Pferde mußten im Schritt gehen, damit der Kutscher den Schlaglöchern und Wassergräben ausweichen konnte. Läufer Raeder hatte es daher nicht schwer, mit gravitätischem Schritt vor den beiden Kutschen herzumarschieren und durch sein Erscheinen das Nahen des Landesherrn anzukündigen. In der ersten Kutsche saßen Graf Alexander und Gräfin Caroline, ihnen gegenüber, wie es die Etikette gebot, Hofmarschall von Dobeneck

53 Märkerschaft: Genossenschaft bäuerlicher Waldeigentümer; der Wald stand in gemeinschaftlichem Eigentum, Herkunft aus dem Mittelalter (z. T. heute noch bestehend).

54 Grundtitel und Weistümer: Eigentumsurkunden und Niederschriften über die Rechte.

und die Hofdame Dorothea von Lützow. Den zweiten Wagen nahm die Erbgräfin Louise mit ihren beiden ältesten Kindern ein, dem fast vierzehnjährigen Grafen Clemens und der Komteß Caroline, begleitet von Charlotte von Lützow.

Die Kinder und Charlotte steckten die Köpfe aus den geöffneten Kutschenfenstern und winkten den Leuten auf der Straße, die beim Herannahen der Wagen stehenblieben und sich ehrfürchtig verbeugten, freundlich zu. Allerdings gab es keine Menschenmenge oder dummes Gaffen der Leute. Der Anblick von Mitgliedern der gräflichen Familie war den Einwohnern der kleinen Residenzstadt zu vertraut, als daß sie davon allzu viel Aufhebens gemacht hätten. Außerdem war heute gewöhnlicher Werktag, und jeder, der in den Straßen der Stadt unterwegs war, hatte seine Arbeit oder sein Ziel.

Charlotte war erstaunt, die Menschen aus der Stadt nicht zum Bauplatz an der Friedrichstraße strömen zu sehen, wo gleich die feierliche Grundsteinlegung der neuen Herrnhuter Kirche stattfinden sollte. In ihrer Heimat hätte es bei einem solchen Ereignis keinen im Haus gehalten.

»Darf ich untertänigst etwas fragen, Euer Gnaden?« konnte Charlotte ihre Verwunderung nicht mehr zügeln. »Warum gehen die Leute nicht auch zur Grundsteinlegung?«

»Weil sie Reformierte und Lutheraner und Mennoniten und Juden sind und die Herrnhuter Brüdergemeine sie in religiösen Dingen nicht interessiert«, erwiderte Erbgräfin Louise gelassen und griff sich bei einem Schlagloch vor jähem Schmerz an den schon deutlich gerundeten Bauch. Eigentlich hätte sie als Hochschwangere lieber zu Hause bleiben sollen, dachte Charlotte, aber die Repräsentationspflichten ließen eben ein Mitglied des Grafenhauses niemals aus.

Endlich bogen die gräflichen Kutschen von der Engerser Straße in die Friedrichstraße ein. Auf der südlichen, bisher noch unbebauten Seite der Friedrichstraße hatte man ein größeres Grundstück abgesteckt und mit Tannengrün geschmückte Ehrenpforten errichtet. Auf und vor diesem Grundstück stand nun alles, was in Neuwied zur Brüdergemeine gehörte. Rund vierhundert Personen mochten es sein. Die Männer mit ihren gleich aussehenden, schlichten grauen Anzügen und die Frauen in den grauen Kleidern und weißen Hauben sahen fast wie Mönche und Nonnen aus. Wie üblich waren die einzelnen Chöre streng geordnet und voneinander getrennt aufgestellt. Sie bildeten ein fast militärisch korrektes Viereck um die kleine Grube, in der schon

der Stein lag, in dessen Höhlung gleich nach altem Brauch eine Metallkassette mit verschiedenen Urkunden eingemauert werden sollte. Die Töne eines Zinzendorfschen Chorals, von vierhundert Kehlen aus voller Brust gesungen, klangen über die freie Fläche und stiegen wie ein brausendes Gotteslob zum Himmel.
Auf der Friedrichstraße, direkt vor dem künftigen Kirchengrundstück, hatte man eine größere Stelle für die Ehrengäste dieses Tages freigelassen. Da standen die Vorsteherschaft der Neuwieder Gemeine und eine Abordnung von der Muttergemeine aus Herrnhut in Sachsen, die zu diesem Anlaß quer durch das Reich gereist war. Auch der Neuwieder Stadtmagistrat in feierlichen Sonntagsröcken, die Mitglieder der gräflichen Regierung und andere Honoratioren hatten sich eingefunden.
Direkt vor dem Grundstein hatte man zwei bequeme Sessel aufgestellt, auf die der Herrnhuter Prediger Bruder Riesler das Grafenpaar komplimentierte. Die Kutsche mit der Erbgräfin wurde dicht dahinter dirigiert, so daß die hohe Dame die Zeremonie verfolgen konnte, ohne aussteigen zu müssen. Gräfin Louise winkte ihrer Hofdame, auch sitzenzubleiben, während die Grafenenkel ausstiegen und sich stolz neben die Großeltern stellten. Der junge Graf Clemens in einem auf seine Größe zugeschnittenen eleganten hellgrünen Kavaliersrock mit Zierdegen, die Komteß in einem bezaubernden rosafarbenen Kleid. Hier in Neuwied machte man nicht die Mode nach, die sich aus Preußen an viele Fürstenhöfe im Reich verbreitet hatte, daß schon die jüngsten männlichen Angehörigen der Herrscherfamilie sich in Uniform zeigen mußten.
Während die Chöre der Mädchen und Jungen, der ledigen und der verheirateten Brüder und Schwestern und der Witwen und Witwer einen neuen langen Choral mehrstimmig sangen, wurde es Erbgräfin Louise offensichtlich etwas langweilig. Sie begann ein flüsterndes Gespräch mit ihrer Hofdame, die sie wohl deshalb hatte neben sich behalten wollen. Die Gräfin erklärte Charlotte die Bedeutung der verschiedenen Chöre, die hier im eigentlichen Sinne dieses Wortes als Gruppen zum gemeinschaftlichen Gesang in Erscheinung traten, sonst aber auch streng getrennte Lebensgemeinschaften innerhalb der Brüdergemeine bildeten.
Die Erbgräfin hatte schon bei verschiedenen Gelegenheiten die Einrichtungen der Brüdergemeine besichtigt und wußte über deren besondere Bräuche gut Bescheid. So konnte sie auch ihre wißbegierige

Hofdame aufklären. Unterdessen hielt draußen auf dem Baugrundstück Bruder Riesler eine lange Predigt, in der er den Herrn Jesum Christum pries, der diesen Tag, den 9. September im Jahr des Herrn 1783, so sichtbar gesegnet habe.

»Sie ist schon ein beachtlicher Faktor im ökonomischen Leben dieser Stadt, diese Brüdergemeine«, meinte Louise.

»Das verstehe ich nicht, Euer Gnaden«, wandte die Hofdame höflich ein, »ich denke, die Brüdergemeine ist eine religiöse Gesellschaft!«

»Das schon«, erläuterte die Erbgräfin bereitwillig, »aber zugleich bilden alle Brüder und Schwestern zusammen eine große, ungeheuer arbeitsame und tüchtige Fabrik. Nein, richtiger sind es viele Fabriken, aber vom gleichen gemeinsamen Willen angetrieben und dirigiert. Sie müssen sich diese unbedingt einmal ansehen, Fräulein von Lützow. Man zeigt sie Ihnen gerne, denn viele Reisende, die heutzutage die Städte und Schönheiten am Rhein besuchen, machen oft nur deshalb in Neuwied Station. Da gibt es eine Schreinerei, eine Bäckerei, eine Töpferei, eine Ofenfabrik, eine Brauerei. Es gibt Uhrmacher, Stempelschneider, Sattler, Weber, Schneider, Schuster, Kerzenmacher und allerlei andere Gewerbe unter ihnen. Die Frauen und Mädchen fertigen seidene Handschuhe an, sie weben, nähen oder sticken. Alle Einkünfte fließen der Gemeine zu, und diese unterhält davon alle die Häuser der verschiedenen Chöre. Es gibt keine Armen, aber auch keine Reichen unter ihnen. Niemand wird hier im Stich gelassen, auch Witwen und Waisen nicht. Das nenne ich tätige christliche Nächstenliebe!«

Inzwischen war die Feier zur eigentlichen Grundsteinlegung vorgerückt, die Kassette in ihre Höhlung gesteckt und diese mit einem großen Stein und Mörtel verschlossen worden. Das Zeremoniell begann, bei dem die wichtigsten Ehrengäste mit drei Hammerschlägen auf die Steinplatte zu klopfen und dem künftigen Bauwerk und dessen Benutzern Glück und Gottes Segen zu wünschen hatten. In diesem Augenblick begannen die Glocken der reformierten Stadtkirche am Marktplatz zu läuten.

Stadtpfarrer Touby zuckte bei diesen Tönen schmerzlich zusammen. Er war der reformierte Pfarrer dieser Kirche, er vertrat das herrschende Bekenntnis in der Stadt und in der Grafschaft, und er war in seinem Inneren grundsätzlich dagegen, daß Andersgläubige in dieser Stadt ihren Kultus in die Öffentlichkeit trugen. Leben mochten sie seinetwegen hier, und sie mochten auch im stillen in ihren Häusern Gott so anbeten, wie sie es für richtig hielten. Aber daß sie wie hier in den Straßen einer evangelisch-reformierten Stadt gottesdienstähnliche Versammlungen hielten, die noch dazu mit Hilfe der Glocken der reformierten Stadtkirche in ihrem Höhepunkt für die ganze Stadt hörbar betont wurden – das ging dem alten Pfarrer denn doch zu weit. Aber er hatte sich zu fügen. Ein ausdrücklicher Befehl Celsissimi hatte dies so angeordnet. Genau wie Höchstdieselben in ihrer unbegreiflichen Liberalität befohlen hatten, daß das reformierte Konsistorium für die Grafschaft, zu dem er, Pfarrer Touby, gehörte, persönlich an der Zeremonie der Andersgläubigen teilzunehmen habe. Wo sind die guten alten Zeiten hin? dachte Pfarrer Touby wehmütig, wo auch in der Grafschaft Wied noch der alte Satz galt: »Cuius regio, eius religio.«[55]

4

Jeden Donnerstagabend war es das gleiche Bild. Aus der Haustür des ledigen Schwesternchores in der Engerser Straße quoll eine lange Doppelreihe grauer stummer Schatten. Nur am vorigen Donnerstag war diese Routine unterbrochen worden, denn alle Glieder der Herrnhuter Gemeine hatten die Grundsteinlegung ihrer neuen Kirche mitgefeiert – alle außer Schwester Elisabeth Schettlerin. Sie war allein in ihrem Arbeitszimmer eingeschlossen zurückgeblieben, mit der barschen Weisung, am Abend sechs Stränge Schafwolle fertiggesponnen zu haben.

Wie immer ging Schwester Grünewaldin voran, steif wie ein Ladestock und mit einem Gesicht, das nie eine Gemütsbewegung erkennen ließ. Es war kein weiter Weg von der Engerser Straße aus der Stadt heraus. Nur zwei Häuserecken, dann war der stumme Zug auf dem Fußweg zwischen den Gärten, die sich wohlhabende Neuwieder Bürger dicht vor der Stadt angelegt hatten. Und dahinter lagen die Felder der Bauern von Heddesdorf. Jetzt am Abend, noch dazu im Herbst, waren sie völlig einsam. Eine Stunde auf den Feldrainen entlang, das war der übliche Wochenspaziergang des ledigen Schwe-

55 »Cuius regio, eius religio«: Wörtlich: »Wessen Herrschaft, dessen Glaube«, der seit etwa 1550 in Deutschland anerkannte Grundsatz, wonach lediglich die Landesherren frei waren, ihr Religionsbekenntnis zu bestimmen (katholisch, lutherisch, reformiert) und die Untertanen sich jeweils danach zu richten hatten.

sternchores. Nie wäre es Schwester Grünewaldin eingefallen, den Spaziergang ihrer Schützlinge etwa durch die belebte Stadt zu lenken. Elisabeth Schettlerin trottete als letzte und ohne Partnerin hinter der langen Doppelreihe her. Zu ihrer Strafe der Absonderung gehörte auch, daß sie bei diesen Spaziergängen einen gebührenden Abstand halten mußte. Seit Elisabeth unter Strafe stand, hatte sie das Gefühl, als sei ihr Denken ausgeschaltet. Rein mechanisch zog sie sich an, stand während der Andachten auf dem Sünderplatz, nahm auf dem Flur stehend ihre Mahlzeiten zu sich, erledigte ihre Arbeit am Stickrahmen oder am Webstuhl, saß abends stumm in der Arbeitsstube, während die anderen Mädchen endlich einmal unten im Eßsaal miteinander reden durften, und lag mit dem Glockenschlag um zehn Uhr abends im Bett, ohne auch nur mit einem Menschen gesprochen zu haben. Weder empfand sie Reue noch Zorn, nur Müdigkeit, unendliche Müdigkeit. Schleppend setzte sie beim Spaziergang einen Fuß vor den anderen. Wie lange sollte das alles noch gehen?

Verwundert blickte Elisabeth sich um. Sie war so langsam gegangen, daß die Reihe der Schwestern vor ihr um die Straßenecke gebogen war, ohne daß sie etwas davon gemerkt hatte. Sie war allein. Überrascht blieb sie stehen. In ihrem Kopf regte sich etwas, was sie seit langem nicht mehr gespürt hatte.

Allein – wie lange war es her, seit Elisabeth nicht mehr wirklich allein gewesen war? Wie viele Jahre? Sie empfand es als Erlösung, als Gnade, einmal allein zu sein. Keine Schwestern in grauen Kleidern und keine Aufseherin, die sie mit strafenden Blicken oder harten Worten zurechtwies. Allein...

Später konnte Elisabeth sich selbst nicht erklären, was sie getrieben hatte. Statt den Schwestern zu folgen, wandte sie sich um und ging den kurzen Weg in die Stadt zurück. Aber als sie am Haus der ledigen Schwestern angekommen war, trat sie nicht etwa ein, sondern wanderte weiter. Sie bog um Ecken und schritt durch Straßen, die sie zuletzt als ganz junges Mädchen gesehen hatte, als sie noch bei ihren Eltern in der Pfarrstraße gewohnt hatte. Doch Elisabeth registrierte das alles nicht, auch nicht die Menschen, die jetzt zum Feierabend unterwegs waren und sie verwundert ansahen.

Ihr zielloser Weg endete erst am Ufer des Rheins. Hinter der letzten Hausreihe zog sich ein breiter Landstreifen hin, auf dem einige Ruderboote hochgezogen waren. Ein großes Marktschiff lag zur Nacht vertäut an dem aus Bruchsteinen gefügten primitiven Kai. Wagenspuren

zeigten, daß das Ufer auch als Landweg zwischen Nord und Süd viel benutzt wurde.
Elisabeth wachte wie aus einem Traum auf. Es wurde dunkel, und sie war nicht im Haus der ledigen Schwestern, sondern an einer Stelle der Stadt, die ihr völlig unbekannt war. Was sollte sie tun? Ins Schwesternhaus zurückgehen und sich erneut, nun noch schwerer, bestrafen zu lassen? Das junge Mädchen schauderte und blickte sich um. Irgendwie wurde ihr der Gedanke bewußter, der schon während ihres ganzen ziellosen Weges durch die Stadt in ihrem Kopf herumgegeistert war: weglaufen, frei sein, nicht mehr zu den Schwestern zurück. Elisabeth empfand diesen Gedanken je bewußter er ihr wurde, nicht mehr als etwas Verbotenes, als Sünde. Aber was dann? Außer den Schwestern und den anderen Mitgliedern der Brüdergemeine kannte sie keinen Menschen hier. Zu ihrer Mutter ins Witwenhaus konnte sie auch nicht. Wohin sollte sie sich wenden?
Unschlüssig drehte sie sich um. In dem hübschen Fachwerkhaus hinter ihr wurden gerade ein paar Lichter angezündet. Das große Tor im Erdgeschoß öffnete sich einen Spalt und ließ eine schlanke Gestalt durch, die Elisabeth im Dämmerlicht nicht genau erkennen konnte. Gemächlich schlenderte sie dem Wasser zu, offenbar, um vor der Nacht noch einen Blick auf den im Abendfrieden ruhig dahinströmenden Rhein zu werfen. Elisabeth erschrak, als eine männliche Stimme sie plötzlich ansprach:
»Was tun Sie hier so allein des Abends, Jungfer? Es ist schon fast dunkel. Sie könnten fallen oder sich den Fuß vertreten, wenn Sie noch länger warten, ehe Sie nach Hause gehen.« Die Stimme klang freundlich und besorgt.
»Ich kann nicht nach Hause gehen, man würde mich bestrafen«, rutschte es Elisabeth heraus. Im nächsten Moment biß sie sich auf die Lippen. Was fiel ihr ein, hier einem Fremden, noch dazu einem Mann, ihre geheimsten Gedanken anzuvertrauen?
»Bestrafen, wenn Sie nach Hause gehen? Was haben Sie getan, mein Fräulein? Ist es etwas Schlimmes? Haben Sie Vertrauen zu mir. Wollen Sie mir nicht erzählen? Vielleicht kann ich Ihnen helfen!«
Elisabeth sah den jungen Mann an, der ohne Hut vor ihr stand, wie er gerade für ein abendliches Luftschnappen vor die Tür getreten war. Sie kannte Männer, insbesondere junge Männer, nur von fern: aus der Kirche auf der anderen Seite des Mittelganges und von ihren heimlichen Blicken aus dem Fenster. Noch nie in ihrem Leben hatte sie mit

einem Mann gesprochen, außer mit ihrem Vater oder mit einem Vorsteher der Brüdergemeine. Es war für unverheiratete Schwestern der Gemeine völlig undenkbar, unbeaufsichtigt mit einem Mann zusammenzusein. Doch alles, was jahrelange Erziehung ihr eingeprägt hatte, war plötzlich verschwunden, als ob ein Schwamm über eine Schiefertafel gewischt hätte. Sie stand hier im Dunkeln dicht bei einem jungen Mann, den sie überhaupt nicht kannte, und erzählte ihm, daß sie vom Spaziergang der ledigen Schwestern der Brüdergemeine weggelaufen sei. Sie berichtete, daß sie seit Tagen unter Strafe stand, weil sie während der Arbeit gesprochen und aus dem Fenster geblickt habe. Ruhig erkundigte sich der junge Mann, worin denn diese Strafe bestanden habe, und Elisabeth zählte ihm die verschiedenen Maßnahmen auf. Hier war ein Mensch, der ihr nicht das Reden verbot, der sie nicht als Sünderin bezeichnete und verdammte. Mit einer beruhigenden Geste faßte der junge Mann sie am Arm und zog sie auf das Hoftor des nahen Hauses zu.

»Kommen Sie, mein Fräulein«, sagte er, »ich weiß ein Haus in dieser Stadt, in dem Sie Schutz und Hilfe finden in Ihrer Not. Mein Vater ist der Kaufmann Breuer. Er wird es nicht zulassen, daß ein junges Mädchen wie ein Verbrecher behandelt wird. Gott hat dem Menschen den Mund zum Reden gegeben. Es ist wider das Recht der Natur, ihm dies zu verbieten!«

5

Onkel Bernhard hatte Charlotte von Lützow für ein Nachmittagsstündchen zum Tee eingeladen. Seit sie in die Routine ihres Dienstes am Hof eingespannt war, sah sie ihren Onkel nur noch selten. Ein- oder zweimal in der Woche, wenn der alte Obrist und gelegentlich auch seine Frau zur gräflichen Mittags- oder Abendtafel befohlen waren, saßen sie zwar am gleichen Tisch, hatten aber nicht viel Gelegenheit zur Unterhaltung.

Erwartungsvoll schritt Charlotte über den Schloßhof und über die Schloßstraße auf das stattliche Haus des Obristen von Lützow zu. Sie freute sich auf diesen Nachmittag. Ihre Herrin hatte sie bereitwillig dafür vom Dienst befreit. Von Onkel Bernhard und Tante Ulrike freundlich begrüßt, wurde Charlotte in einen kleinen Salon mit altmodischen Möbeln im Louis-quatorze-Stil komplimentiert. Die Seiden-

bespannung der Stühle war schon etwas verschossen und an einigen Stellen voller Löcher.
Während die drei Lützows ihre Teetassen zierlich in der Hand balancierten, drehte sich das Gespräch um den üblichen Hofklatsch. Wie sich die Frau Erbgräfin in ihrer Schwangerschaft fühle. Daß die Krebsschwänze aus der gräflichen Küche neulich abends beim Diner nicht ganz gar gewesen seien. Wie es Charlotte beim Ball des Hofmarschalls von Dobeneck in dessen Haus am Marktplatz vor einigen Tagen gefallen habe. Charlotte berichtete wahrheitsgemäß, daß sie von diesem gesellschaftlichen Ereignis nicht viel gesehen habe. Ihre Herrin, die Frau Erbgräfin, war zwar der Einladung des Ehepaars von Dobeneck gefolgt, hatte sich aber wegen arger Kopfschmerzen bald wieder verabschiedet; Charlotte hatte sie natürlich zurück ins Schloß begleiten müssen. Daß sie unter den Ballgästen auch den jungen Johann Albrecht von Hayn gesehen und geflissentlich in eine andere Richtung geblickt hatte, wenn er in ihre Nähe kam, verschwieg sie. Was hätte das auch den Onkel interessiert?
Aber gerade der Name dieses jungen Mannes fiel in dem Gespräch, dem Charlotte nicht sehr aufmerksam gefolgt war. Onkel Bernhard mußte noch einmal fragen, ob Charlotte nicht schon den Sohn seines Vertreters im Amt des gräflichen Forstmeisters, des Majors von Hayn, kennengelernt habe. Das sei doch so ein netter, wohlerzogener junger Mann, dieser Johann Albrecht von Hayn. Erstaunt blickte Charlotte ihren Onkel an, sagte aber nichts. Instinktiv spürte sie, daß diese Bemerkung offenbar mehr zu bedeuten hatte als nur Teil einer ziellosen Plauderei zu sein.
»Hast du ihn schon einmal kennengelernt, den Johann Albrecht von Hayn?« fragte Bernhard von Lützow zum drittenmal.
»Ja«, antwortete Charlotte knapp.
»Mir läge viel daran, wenn ihr beide euch gut verständet, Charlotte«, meinte der Onkel und musterte dabei das gestickte Deckchen auf dem Tisch. »Irgendwann wirst du ja auch ans Heiraten denken müssen, und der junge von Hayn wäre keine schlechte Partie. Er stammt aus einer reichen Familie, Charlotte, was wir Lützows – wenigstens unser Zweig – leider nicht behaupten können.«
Nun war es also heraus, was sich hinter der Einladung des Onkels zum Tee verborgen hatte. Charlotte war verblüfft, faßte sich aber rasch.
»Haben Sie irgendeinen besonderen Grund, warum ich gerade den

jungen Herrn von Hayn heiraten soll, cher oncle?« fragte sie kühl, fast geschäftsmäßig.
»Nun ja, liebe Charlotte...« Obrist von Lützow wand sich unbehaglich auf seinem Stuhl. »Es gibt ja nicht viele heiratsfähige junge Männer von Stand hier in Neuwied, und wenn unter den wenigen einer Geld mitbringt, dann sollte eine nicht so mit Glücksgütern gesegnete Familie wie wir sich schon darum kümmern. Major von Hayn hat mir übrigens angedeutet, daß er eine Verbindung unserer beiden Familien begrüßen würde.«
»Und warum soll der junge von Hayn nicht Ihre Tochter, meine Kusine Dorothea, heiraten, Herr Onkel?« Charlotte behandelte die ganze Angelegenheit immer noch sehr distanziert, wie eine geschäftliche Transaktion.
»Dorothea ist leider viel zu alt für Johann Albrecht von Hayn. Sie würden im Alter nicht zusammenpassen. Wenn nicht ein Wunder geschieht, wird Dorothea einmal als alte Jungfer sterben«, seufzte Bernhard von Lützow. »Umso mehr hoffe ich, daß du eine gute Partie machst, liebe Charlotte. Schließlich fühle ich mich als dein Onkel und Vormund für deinen weiteren Lebensweg verantwortlich.«
Ruhig, aber mit äußerster Entschiedenheit in der Stimme, erklärte Charlotte:
»Ich werde Johann Albrecht von Hayn nicht heiraten, lieber Onkel. Ich habe ihn kennengelernt. Er ist kein Edelmann. Ersparen Sie mir, Einzelheiten über unser Zusammentreffen zu berichten. Jedenfalls wird keine Macht der Erde es fertigbringen, mich in diesem Entschluß umzustimmen, auch Sie nicht, Herr Onkel!«

6

Das Kontor im Haus des Kaufmanns Breuer in der Rheinstraße hatte wohl selten eine solche Szene erlebt. Wo normalerweise in ruhiger Gelassenheit über die Qualität und den Preis von Waren verhandelt wurde, führten drei Männer einen erregten und immer lauter werdenden Disput. Alle übrigen Hausbewohner schlichen auf Zehenspitzen umher und hielten sich so weit wie möglich vom Kontor fern.
»Ich muß doch sehr bitten, sich zu mäßigen, Herr Vorsteher«, mahnte Johann Wilhelm Breuer seinen Besucher, einen älteren hageren Mann in schlichtem dunkelgrauem Tuchrock.

»Aber ich betone noch einmal«, rief dieser mit kaum verminderter Lautstärke aus, »daß es absolut unzulässig ist, Personen, die zur Brüdergemeine gehören, mit Gewalt in einem fremden Haus festzuhalten. Noch dazu in einem papistischen Haus, was doch nur dazu führen kann, daß die Festgehaltene dem wahren Glauben abspenstig gemacht und zum papistischen Irrglauben hinübergezogen werden soll!«
Allmählich wurde auch die Stimme des alten Kaufmanns Breuer schärfer als gewohnt.
»Herr Vorsteher Gerner, wir wollen uns hier nicht über die Richtigkeit Ihrer oder meiner Religion unterhalten. Ihre Erregung gibt Ihnen aber nicht das Recht, den Glauben der katholischen Kirche in meinem Hause als papistischen Irrglauben zu bezeichnen. Im übrigen haben Sie mit Ihrer Behauptung unrecht, Herr Gerner, daß Jungfer Schettlerin hier mit Gewalt festgehalten wird. Sie haben eben selbst mit der Jungfer gesprochen, die vorübergehend in meinem Haus Schutz und Aufnahme gefunden hat. Sie hat Ihnen frei und unbeeinflußt bestätigt, daß sie ohne Zwang hier in meinem Haus bleiben und nicht in das Haus der ledigen Schwestern Ihrer Gemeinde zurückkehren will. Niemand hält das Mädchen hier fest und niemand wird sie ihrer Religion entfremden. Sie kann ungehindert jede Kirche in Neuwied besuchen, die sie vorzieht.«
So schnell gab sich Christoph Gerner, der Älteste Vorsteher der Neuwieder Brüdergemeine, nicht geschlagen.
»Schwester Schettlerin ist eine Waise, und als Vormund...«
Jetzt war es Philipp Breuer, der sich in das Gespräch einschaltete, dem er bisher mehr oder weniger schweigend zugehört hatte.
»Gibt es, Herr Vorsteher, ein Testament des verstorbenen Vaters der Jungfer Schettlerin, in dem Ihnen die Vormundschaft übertragen wurde? Oder hat in Ermangelung dessen der städtische Magistrat Ihnen mit Brief und Siegel diese Vormundschaft übertragen?«
Vorsteher Gerner war verblüfft. Im ersten Moment wußte er nicht, was er sagen sollte.
»Aber das ist doch absurd, mein Herr! So etwas kann es in unseren Reihen überhaupt nicht geben, denn es gehört zu den ehernen Gesetzen der Evangelischen Brüdergemeine von unserem Gründer, dem Grafen Zinzendorf, her, daß die jeweilige Gemeine Schutz und Schirm aller Waisen ist. Und Seine hochgräfliche Gnaden haben uns das in der General-Konzession Anno 1756 bewilligt.« Der alte Herr glaubte damit einen unwiderleglichen Trumpf angebracht zu haben.

Doch Philipp fühlte sich nun als Kenner der Jurisprudenz herausgefordert.

»Was in der Konzession unseres Landesherrn zu lesen ist, das weiß ich nicht«, gab er zu. »Das müßte erst einmal genau festgestellt werden. Aber ich kann mir nicht vorstellen, daß es die Reichspolizeiordnungen de Anno Domini 1548 und 1577 außer Kraft setzt. Darin ist vom Reichstag beschlossen und mit kaiserlicher Zustimmung für alle Stände des Reichs bestimmt, daß jeder Vormund erst aufgrund einer besonderen Übertragung des Amtes durch die Behörde und eidliche Verpflichtung seines Amtes walten darf. Diese Gesetze gelten im ganzen Heiligen Römischen Reich, auch in der Grafschaft Neuwied. Haben Sie, Herr Vorsteher, einen Eid abgelegt, daß Sie die Vormundschaft für Elisabeth Schettlerin zu deren Wohl führen werden?«

»Das ist nicht nötig«, erwiderte Christoph Gerner, nun etwas unsicher geworden. »Denn die Vorsteherschaft der jeweiligen Gemeine ist ganz von selbst der geborene Vormund aller Waisen.«

»Herr Vorsteher, ich muß Sie noch auf einen anderen Gesichtspunkt aufmerksam machen«, fuhr der junge Breuer in seiner Belehrung fort. »In unserer heiligen römisch-katholischen Kirche, zu der ich gehöre, können Männer und Frauen in einen religiösen Orden eintreten und sich dabei scharfen Regeln für ihr künftiges Leben als Mönche und Nonnen unterwerfen. Aber sie tun das freiwillig und nach ernsthafter Prüfung ihres Gewissens. Oder ein Verbrecher kann vom Gericht verurteilt werden, in ein Zuchthaus eingesperrt zu werden. Die ledigen Schwestern Ihrer Gemeinde, Herr Vorsteher, haben aber weder ein freiwilliges Versprechen abgelegt, in einer Gemeinschaft wie in einem Kloster zu leben, noch sind sie von einem ordentlichen Gericht zur Einschließung verurteilt worden. Lediglich der Brauch Ihrer Kirche zwingt sie dazu. Das Recht der Natur spricht aber dagegen, daß jemand gegen seinen Willen eingesperrt wird, wenn er nicht ein Verbrechen begangen hat. Herr Vorsteher, lassen Sie sich gesagt sein, daß das Recht nicht auf Ihrer Seite ist. Jungfer Schettlerin wird in unserem Haus Wohnung und Schutz finden, solange sie selbst das will!«

»Das werden wir ja sehen!« rief Christoph Gerner wütend und griff nach seinem Hut. Schon an der Tür stehend, machte er seinem Herzen Luft. »Ich habe ja geahnt, daß mit Papisten kein vernünftiges Wort zu reden ist. Wir werden Sie vor dem Stadtmagistrat verklagen! Unser lieber Herrgott und die Behörden Seiner hochgräflichen Gnaden werden uns schon zu unserem Recht verhelfen!«

7

Seit dem frühen Morgen war Graf Alexander in seinem Arbeitskabinett damit beschäftigt, die Post und Akten zu bearbeiten, die am vergangenen Tag eingegangen waren. Er hatte es sich bequem gemacht, Rock und Weste geöffnet und die lästige Perücke auf einem Stuhl abgelegt. Manchmal seufzte der alte Herr leise, wenn er den Stapel Papier ansah, den er noch zu erledigen hatte. Aber sein Amt als Regent – wie er es ansah – ließ er sich von niemandem abnehmen, mochten auch andere Fürsten im Reich solche Aktenarbeit als unter ihrer Würde erachten. Die Mitglieder seiner Regierung oder seines Konsistoriums, die Schultheißen und anderen gräflichen Diener hatten ihre Pflicht zu tun – und der oder jener sollte sie holen, wenn sie es nicht taten. Aber die letzte Entscheidung kam nun einmal ihm selbst, dem Herrscher von Gottes Gnaden, zu.
Gewohnheitsmäßig hatte Graf Alexander zuerst den Brief aus Regensburg geöffnet, den wöchentlichen Bericht von den Vorgängen am Reichstag, den ihm sein alter Vertrauter, der Gesandte von Fischer, mit eigener Hand in seiner sorgfältigen Handschrift erstattete. Diesmal enthielt der Brief Nachrichten, die erfreulicher klangen als kürzlich, wenn auch nicht völlig unerwartet.

Euer Gnaden wissen, so schrieb der Gesandte von Fischer, *daß ich durch einige an richtiger Stelle eingesetzte Unterstützungen in der Lage bin, hier und da etwas aus der geheimen Korrespondenz des kursächsischen Gesandten am hiesigen Reichstag, des Freiherrn von Hohenthal, zu erfahren. Wie, das möchte ich dem Papier nicht anvertrauen. Der Freiherr von Hohenthal seinerseits hat als Direktor des ›Corpus Evangelicorum‹ und als Vertreter eines der reichsten deutschen Fürsten es auf ähnliche Weise verstanden, gelegentlich Einblick in vertrauliche Akten anderer einflußreicher Gesandter zu erhalten, ein Vorteil, an dem ich und damit auch Euer Gnaden bei Gelegenheit unerkannterweise partizipieren können.*

»Er soll nicht so lange Einleitungen machen«, brummte Graf Alexander, als er diese Sätze gelesen hatte, spürte er doch, daß ihnen etwas sehr Wichtiges folgen würde.

In einer Konferenz maßgeblicher Vertreter des österreichischen Erzhauses am Regensburger Reichstag wurden jüngst ernste Besorgnisse über die Folgen der bisherigen kaiserlichen Politik gegenüber den Reichsständen geäußert. Zu dem schon von mir gemeldeten radikalen Stimmungsumschwung vieler katholischer geistlicher Fürsten wegen der Enteignung des Passauer Fürstbischofs kam die Enttäuschung vieler kleiner, auch katholischer Reichsstände über die angeblich von Wien aus betriebene Auflösung des Reichstages. Darüber hinaus scheint man in allerletzter Zeit in Wien erfahren zu haben, daß nun auch in Berlin Pläne betrieben werden, die die österreichische Politik ernsthaft durchkreuzen könnten. Es scheint sich um einen gegen Österreich gerichteten Fürstenbund zur Wahrung der Reichsverfassung ohne Rücksicht auf die Konfession der in diesen Bund eintretenden Fürsten zu handeln. Genaueres über diesen Plan weiß man entweder in Wien selbst noch nicht, oder der Gewährsmann des Freiherrn von Hohenthal hatte keine Gelegenheit, Näheres darüber zu erfahren. Jedenfalls darf ich Euer Gnaden untertänigst melden, daß die Vertreter der römisch-kaiserlichen und königlich-böhmischen Majestät[56] *am Reichstag von der Staatskanzlei aus Wien die Anweisung erhalten haben, ihre Haltung gegenüber den Reichsständen grundlegend zu ändern.*

Erwartungsvoll drehte der Graf zu Wied das Briefpapier um. Jetzt wird es interessant, dachte er.

Nicht mehr die Einigung des Corpus Catholicorum hinter dem Wiener Erzhaus ist die Parole – die sich ja auch heute beim besten Willen nicht mehr aufrecht erhalten läßt –, sondern die Bildung einer überkonfessionellen Partei, die Österreich freundlich gesinnt ist. Dabei dürfte man manchen kleineren evangelischen Reichsständen Entgegenkommen zeigen, damit sie nicht völlig ins preußische Fahrwasser abschwimmen. Darunter werden sicher auch Eure hochgräfliche Gnaden sein, denen Wien sich wieder nähern möchte, als einem der wichtigsten Anführer der evangelischen Sache. Allerdings in der Streitfrage um die Stimmführung der westfälischen Grafen, der Ursache all dieser Verwirrungen, scheint man in Wien nicht bereit zu sein, nachzugeben. Sobald ich weiteres in Erfahrung bringen kann, werde ich mich beeilen,

56 Römisch-kaiserliche und königlich-böhmische Majestät: Kaiser Joseph II. von Habsburg-Lothringen (Kaiser von 1765–1790, in den österreichischen Erblanden bis 1780 – Tod seiner Mutter Maria Theresia – nur Mitregent) war wie seine Vorgänger aus dem Habsburger Haus zugleich Kaiser des Heiligen Römischen Reiches deutscher Nation, Erzherzog von Österreich und König von Böhmen; in seinen beiden letzten Eigenschaften hatte er besondere Stimmen und Gesandte am Reichstag.

es Euer Gnaden mitzuteilen. Ich bleibe wie stets Euer hochgräflicher Gnaden untertänigster Diener Christian Hiskias Heinrich von Fischer.

Aufatmend legte der alte Graf diesen Brief beiseite und verharrte ein paar Minuten still, wie in einem stummen Gebet. Hatte Gott hier bereits geholfen, in der großen Not, in die er und sein Haus durch die Winkelzüge der großen Politik geraten waren? Wie die Sache endgültig ausgehen würde, das konnte Graf Alexander nicht sicher vorhersagen. Aber Gott hatte offenbar einen Lichtschimmer in die Finsternis gesandt, und das war etwas, woran der fromme Regent sich klammern konnte.

Nach einer Weile gab sich der alte Herr einen Ruck und griff zum nächsten Aktenstück auf dem Stapel, den ihm sein Privatschreiber Raeder am Abend zuvor zurechtgelegt hatte. *Korrespondenz puncto*[57] *Merinozucht* stand auf dem Deckblatt des umfangreichen Faszikels.

In jüngerer Zeit hatten verschiedene deutsche Fürsten kleine Herden der sagenhaften spanischen Merinoschafe vom spanischen König zum Geschenk erhalten, oder sie waren als Schmuggelware heimlich aus Spanien gebracht worden. Denn die Ausfuhr dieser Schafsrasse aus Spanien war verboten, nur der König konnte Ausnahmen genehmigen. Die Merinoschafe sollten doppelt so viel und weit wertvollere Wolle liefern als die gewöhnlichen Schafe im Reich.

Auch der Graf von Neuwied hatte sich dafür interessiert und deswegen an seinen Agenten in Barcelona, den aus Hamburg gebürtigen Kaufmann Guillermo Meesen, schreiben lassen. Die Antwort war ermutigend gewesen, was die wirtschaftliche Leistung dieser Schafe anging. Aber über die Kosten der Geschenke, die nötig wären, um eine königliche Sondergenehmigung zur Ausfuhr zu erhalten, hatte Senor Meesen sich nur unklar ausgelassen. Darüber hatte es weitere Korrespondenz gegeben, und nun lag als letztes Schriftstück in dem Aktenband ein Gutachten der gräflichen Regierung, das auf Kenntnisnahme und Entscheidung durch den Landesherrn harrte.

In der von Celsissimus gewünschten Kürze hatten die Herren der Regierung dargelegt, daß Kaufpreis, Kosten der Geschenke für verschiedene Bedienstete des spanischen Hofes und Transportkosten den möglichen Mehrerlös für Wolle in den nächsten zehn Jahren noch übersteigen würden. Sie hatten aber zugleich den Vorschlag gemacht,

57 puncto: wegen.

vom Kurfürsten von Sachsen einen kleinen Stamm von Merinoschafen zu erwerben, Abkömmlinge der ersten nach Deutschland gebrachten Herden dieser Rasse. Seine Hoheit, Kurfürst Friedrich August, werde vielleicht geneigt sein, einen günstigen Preis zu gewähren, und Dauer und Kosten des Schaftriebs von Sachsen bis Neuwied würden auch nicht so enorm sein wie von Spanien bis Neuwied.
Sorgsam prüfte Graf Alexander jede Zeile, jede Berechnung in diesem kurzen Gutachten. Dann tunkte er die Gänsefeder in das Tintenfaß und schrieb rasch unter die letzte Zeile: *Fiat ergo. F.J.A.*[58]

8

Langsam rumpelte der schwerbeladene Karren den Weg von Thalhausen nach Anhausen empor. Die beiden Fahrkühe gaben sich zwar redliche Mühe, angetrieben von den Rufen des Klosenwöllm Schneider und seines Sohnes Wilmluisch, sowie von gelegentlichen Stockschlägen, aber einen schnelleren Schritt als ein sehr langsamer Fußgänger hatten sie nun einmal nicht am Leibe. Hinter dem Karren schritt stolz wie ein Fürst der zwölfjährige Fräs. Er durfte heute zum erstenmal bei der Zehnt-Ablieferung zuschauen. Ihn störte es noch nicht, daß seinen Vater dabei keineswegs frohe Gefühle erfüllten.
Der Tag vor Michaelis, der 28. September, war bei den Bauern nicht beliebt. Denn wie bei allen Quartalsfesten im Kirchenjahr – Weihnachten, Ostern, Pfingsten und Michaelis – war nach alter Tradition am Vortag der jeweilige nach der Jahreszeit fällige Zehnte abzuliefern. Zugleich mußten die Bauern eine Vierteljahresrate der verschiedenen Steuern dem Schultheißen zahlen. Zu Michaelis war außerdem die jährliche Brennholzlieferung fällig, die die Bauern von Thalhausen ihrem Pfarrer schuldeten.
Neugierig blickte sich Fräs auf dem Platz vor dem Pfarrhaus zu Anhausen neben der Kirche um. Hier herrschte ein ungewohnt lebhaftes Treiben. Während von mehreren Fuhrwerken aus Thalhausen Holz abgeladen und an der Scheunenwand gestapelt wurde, brachten einige Bauern aus Rüscheid je ein lebendes Huhn.
»Warum bringen die Leute aus Rüscheid Hühner und wir Holz, Vater?« fragte Fräs; er platzte fast vor Wißbegierde.

58 Fiat ergo (lat.). J.F.A.: »Es geschehe also. Johann Friedrich Alexander.«

»Weil es seit ewigen Zeiten Pflicht der Thalhauser Bauerschaft ist, den Pfarrer zu Anhausen zu beholzigen[59]«, gab ihm der Vater bereitwillig Auskunft. »Zu Weihnachten sind die Bauern von Meinborn damit an der Reihe, und wir aus Thalhausen haben dann ein Fäßchen Honig zu liefern. Aber die Bauern aus Anhausen und Rüscheid zahlen dem Pfarrer die Hälfte ihres Frucht- und Blutzehnten.[60] So werden die Lasten schön verteilt, und der Herr Pastor hat immer etwas zum Heizen und zum Essen.«

Die Frau Pastor hatte mit Hilfe ihrer Magd einen großen Topf Kaffee gekocht, nicht den Kaffee aus gerösteten Eicheln, den die Bauern sich manchmal gönnten, sondern einen viel feineren, der längst nicht so bitter schmeckte. Gut gelaunt schenkte sie persönlich jedem Bauern, der sein Deputat abgeliefert hatte, einen Tonbecher voll Kaffee ein. Mit unbeholfener Höflichkeit zog Klosenwöllm seine Bembelmetsch[61] und murmelte ein »Dank' schön, Frau Pastur!«, während Fräs stumm vor Staunen und Ehrfurcht zusah.

Nach diesem Aufenthalt beim Herrn Pastor trieb Klosenwöllm seine Kühe wieder an, um den Rest seiner Wagenladung zur Zehntscheune zu bringen. Dieser große Bau stand neben dem Haus des Schultheiß Klein, etwas oberhalb der in Stein gefaßten Quelle, der Wasserversorgung des Dorfes Anhausen. Der Schultheiß hatte einen Tisch auf dem Platz vor der Scheune aufstellen lassen und thronte würdevoll auf einem Stuhl dahinter. Neben ihm machte sich der für das Kirchspiel Anhausen zuständige gräfliche Steuererheber Kutscher mit Listen und einem großen Tintenfaß wichtig.

Klosenwöllm hatte eine Weile zu warten, bis er an der Reihe war, denn vor ihm mußten noch andere Bauern abgefertigt werden. Endlich konnte auch er an den Tisch treten, und der Steuererheber vermerkte gewissenhaft in einer Liste, was er an Bargeld einzahlte, um seiner Steuerpflicht als gräflich wied-neuwiedischer Untertan nachzukommen.

»22 Albus und 4 Pfennig für das doppelte Monatsgeld, 11 Albus für

59 Beholzigen: mit Brennholz versehen.

60 Frucht- und Blutzehnte: Naturalsteuer bis zum Ende des 18. Jahrhunderts an Grundherren. Fruchtzehnter wurde die Abgabe von Gemüse, Obst usw. genannt, Blutzehnter die von Vieh, Geflügel (meist wurde lebendes Jungvieh, bzw. Geflügel abgeliefert). Hauptzehnter hieß die Abgabe von Getreide.

61 Bembelmetsch: lange, aus Wolle gestrickte Zipfelmütze, die übliche Werktagskopfbedeckung der Westerwälder Bauern.

dem Erbgrafen bewilligte Gelder; dazu kommen 35 Albus Dienstgeld, 15 Albus für Wachtgeld und ein Albus 4 Pfennig für Hühnergeld, macht Summa Summarum einen Reichstaler und 15 Albus.«[62]
Fräs schaute neugierig über die Schulter seines Vaters und bemühte sich, diese komplizierten Summen nachzurechnen, wie man es ihm in der Schule beigebracht hatte. Heimlich seufzend zählte Klosenwöllm die kostbaren Kopfstücke[63] und Albus-Münzen auf den Tisch. Die Steuerzahlung in Bargeld, die neuerdings immer mehr überhand nahm, mochte für den gnädigen Herrn Grafen und dessen Diener die Geschäfte vereinfachen. Aber für die Bauern war es nicht leicht, während des Jahres das Geld zu verdienen. Wann bekam ein Bauer schon bares Geld in die Hand? Wenn er Glück hatte und einen gut gemästeten Ochsen an den jüdischen Wandermetzger verkaufte, konnte er ein paar Dutzend Taler dafür einstreichen. Aber das mußte dann für die Bedürfnisse der Familie ein ganzes Jahr ausreichen. Alle paar Monate kam ein Mann mit einem Karren vorbei, der bezahlte für die gesammelte Holzasche einige Albus. In Neuwied oder Ehrenbreitstein verkaufte er seine Ladung dann an die Seifensieder, die aus schmutzigem Fett und schmutziger Pottasche die saubere Seife herstellten, die die Bürger in der Stadt zum Wäschewaschen benötigten. Oder das Fahren einer Wagenladung Holz zu einer Eisenhütte brachte einige Albus ein. Aber insgesamt war Bargeld im Bauernhaus immer außerordentlich knapp.
Dann kam die Ladung des Karrens an die Reihe. Fräs mußte tüchtig

62 Doppeltes Monatsgeld: Eine Art direkte Steuer für jeden Haushalt, zahlbar in Vierteljahresraten; 22 Albus 4 Pfennig entsprechen DM 1,76, natürlich nicht im heutigen Geldwert.
»Erbgrafen bewilligte Gelder«: Sondersteuer, bestimmt zum Unterhalt des Erbgrafen; 11 Albus = DM 0,88.
»Dienstgeld, Wachtgeld«: Die Bauern in der Grafschaft Wied hatten wie die Bauern fast überall in Deutschland als »Leibeigene« ursprünglich weitgehende persönliche Dienstleistungspflichten gegenüber dem Grund-, bzw. Landesherren, z.B. Hand- und Spanndienste, Botendienste, Vieh- und Nachtwachen. Im 18. Jahrhundert waren diese persönlichen Dienstleistungen schon weitgehend in genau festgelegte Geldleistungen umgewandelt worden, also praktisch auch in eine Steuer.
»Hühnergeld«: Der Graf hatte im Mittelalter Anspruch auf die Ablieferung eines »Rauchhuhnes« jährlich, d.h. von jedem »Rauch« = Feuerstelle = Haus. Auch diese Naturalleistung war später durch eine Geldzahlung ersetzt worden.

63 Kopfstücke: Häufige Scheidemünze, ein Sechstel Reichstaler = 10 Albus = 80 Pfennig, der Name kommt von dem auf der Münze abgebildeten Fürstenkopf.

mit zupacken, um die drei Maltersäcke mit Grundbirnen, den Sack mit Kohl und das Fäßchen Butter in die Zehntscheune zu tragen. Ein mittelgroßes Ferkel, das mit zusammengebundenen Beinen erbärmlich quiekend auf dem Karren gelegen hatte, wurde zu mehreren seiner Artgenossen in ein Gatter freigelassen.

»Wo ist das Kalb, das Er alle drei Jahre liefern soll, Klosenwöllm?« fragte Schultheiß Klein stirnrunzelnd, indem er die vor ihm liegende Liste studierte. »Es ist dieses Jahr fällig!«

Klosenwöllm kratzte sich etwas verlegen am Kopf.

»Es gab diesen Sommer bei meinen Kühen nur ein Kalb statt der drei, die sie sonst geworfen haben, Herr Schultheiß. Fragt die anderen Bauern aus Thalhausen, es geht ihnen genauso. In letzter Zeit wird unser Vieh immer schwächer, es findet nicht mehr genug kräftige Weide.«

Schultheiß Klein nickte trübsinnig. Ihm war die gleiche Klage von den Bauern seines Kirchspiels nur zu gut bekannt. Wieviel Vieh hatte es noch zu Zeiten seines Vaters und Großvaters auf dem Brachland und in den Rahmhecken gegeben, und wie sehr war dieser Bestand in den letzten Jahren geschrumpft. Es lag bestimmt nicht an der Faulheit oder am bösen Willen der Bauern, sondern es mußte eine unbekannte Ursache geben. War es Gottes Wille? Zwar standen die Bauern in seiner Liste alle drei oder vier Jahre mit einem Mastkalb als Zehntpflicht verzeichnet, und der gräfliche Rentmeister oder der gnädige Herr Graf selbst würde ihm gehörig zusetzen, wenn er, der Schultheiß, sie nicht ablieferte. Aber es war nun einmal uraltes Weistum[64]: von nichts kann der Zehnte nicht geleistet werden. So mochte der Graf sehen, wo er seine Kälber herbekam.

Fräs hatte sich unterdessen neugierig in der großen Zehntscheune umgesehen. Da lagen in großen Haufen der schon ausgedroschene Hafer, der Roggen, die Gerste, auch etwas Weizen. Der Zehnt-Anteil vom Getreide war schon kurz nach der Ernte, kaum daß es getrocknet war und gedroschen werden konnte, vom Schultheißen und seinen Knechten von den Feldern abgeholt worden. Dem Jungen fiel auf, daß es mehrere unterschiedlich große Haufen der gleichen Getreidesorten gab. Er überwand sich, einen der aufsichtführenden Knechte des Schultheißen nach deren Bedeutung zu fragen.

64 Weistum: Aussage über geltendes Gewohnheitsrecht, von rechtskundigen Männern abgegeben, etwa im Bauerding = Versammlung der vollberechtigten Bauern eines Dorfes, band im Mittelalter und der frühen Neuzeit Bauern und Herrscher.

Der war gerne bereit, dies zu erklären, denn er war stolz auf sein genaues Wissen, und er hatte Spaß an dem aufgeweckten Burschen.
»Ja, weißt du, mein Junge, der Zehnte aus dem Kirchspiel Anhausen steht nicht der gnädigsten Landesherrschaft allein zu. Aus den Dörfern Thalhausen und Meinborn bekommt der Herr Graf nur ein Neuntel vom Hauptzehnten. Der Hauptzehnte, das ist der Zehnte von allen Sorten Getreide, verstehst du? Der Rest gebührt den Freiherrn von Reiffenberg, weil ihnen seit alten Zeiten so viel vom Grund und Boden dort als Obereigentum[65] gehört. Aus Anhausen und Rüscheid bekommt der Herr Pastor die Hälfte des Haupt-, des Frucht- und des Blutzehnten, und von der anderen Hälfte wieder der Herr Graf ein Neuntel, und acht Neuntel die Herren von Reiffenberg. Dies, was du dahinten siehst, sind die Anteile der Freiherrn von Reiffenberg, das ist der Zehnte für den gnädigen Herrn Grafen, und dort liegt der Zehnte für den Herrn Pastor!«
Dem Jungen schwindelte es nach dieser Auskunft, von der er kaum ein Wort begriffen hatte, aber er zog ehrfürchtig vor dem Knecht die Mütze, als ob der Herr Schultheiß selbst mit ihm gesprochen hätte.
Endlich war auch der letzte der Bauern mit seiner Steuerzahlung und seiner Zehnten-Ablieferung abgefertigt. Schultheiß Klein ließ sich nicht lumpen. Er wußte, daß zum Abschluß des für die Bauern so teuren Tages auch etwas zur Aufmunterung nötig war. So waren mehrere große Steinkruken voll Schnaps unter den Männern im Umlauf, die geduldig auf diesen Augenblick gewartet hatten. Die vorher gedrückte Stimmung hob sich, und Lachen und Scherzworte klangen auf.
Während die Bauern so mit ihren Nachbarn den Tag besprachen, kam eine fremdartige Gestalt auf den Hof geritten. Der Mann trug schwere Reiterstiefel mit großen Sporen, eine rote Hose und eine grüne, mit weißen Schnüren verzierte kurze Jacke sowie einen kurzen Übermantel aus rotem Stoff, der an einer Schnur keck über der Schulter baumelte. Auf dem Kopf thronte eine hohe Mütze aus schwarzem Pelz. Sein Gesicht mit dem hochgezwirbelten Schnurrbart ließ ihn wie einen

65 Obereigentum: mittelalterlicher, bis ins 18. Jahrhundert gebräuchlicher Rechtsbegriff für das Recht des Grundstückseigentümers (Grundherren), schloß freie Verfügung der das Land bearbeitenden Bauern über ihren Anteil nicht unbedingt aus. (Die Steuerrechte der Landesherren, wie der Grafen zu Wied, entsprangen einer anderen Quelle: sie waren das Entgelt der Untertanen für die Gewährung von rechtlichem und militärischem Schutz durch den Landesherren.)

Ausländer erscheinen, doch sein Dialekt war unverkennbar Westerwälder Mundart, als er sich vom Pferd schwang und die Umstehenden begrüßte:
»G'nowend, Vettern, das war aber heute ein heißer Tag!«
Halb erschrocken, halb herablassend murmelten die Bauern sich zu:
»Das ist ein gräflicher Husar! Was mag er bei uns wollen?«
Wie zur Bekräftigung seiner Worte vom heißen Wetter zog der Husar ein großes rotes Tuch aus der Hosentasche, nahm den Kalpack[66] ab und wischte sich die Stirn ab. Dabei schielte er auffällig nach der Steinkruke mit Schnaps. Bereitwillig wurde sie ihm gereicht. Nach einem langen Schluck rülpste der Soldat zufrieden und zog dann ein Blatt Papier aus der Tasche.
»Heda, aufgepaßt!« rief er mit einer Stimme, als ob er auf dem Kasernenhof in Neuwied zu kommandieren habe. »Sind hier der Wilhelm Ludwig Schneider von Thalhausen und der Friedrich Schütt von Anhausen anwesend? Sie sollen vortreten!«
Gehorsam stellten sich Wilmluisch Schneider und sein Altersgenosse aus Anhausen vor dem so prächtig uniformierten Husaren auf. Der musterte die beiden von oben bis unten mit kritischen Blicken und verkündete dann laut:
»Ihr wißt sicher schon Bescheid. Seine hochgräfliche Gnaden, der gnädige Herr Graf, brauchen Rekruten für das nächste Jahr im Regiment. Ihr beide habt diesmal das richtige Alter dafür. Am nächsten Mittwoch, am 1. Oktober, meldet ihr beiden euch um Punkt zehn Uhr vormittags in der Kaserne in Neuwied. Wenn nicht, dann soll euch der Teufel holen! Das bißchen Drill mit der Muskete wird euch schon nicht schlecht bekommen. Und es ist ja nicht für lange. In acht Wochen seid ihr wieder zu Hause, wenn ihr nicht länger dienen wollt, so wie ich. Kann euch sagen, Burschen, es ist kein schlechtes Handwerk, das Soldatsein, es ernährt seinen Mann!«

66 Kalpack: Pelzmütze der Husaren.

Unter der Regimentsfahne

1

Jeden Dienstagvormittag tagte in der großen Stube des Rathauses an der Rheinstraße der hochwohllöbliche Magistrat der Stadt Neuwied. Bürgermeister Arnold Ackermann saß an der einen Schmalseite des Ratstisches auf einem wuchtigen, altertümlichen Stuhl. Sein feistes Gesicht mit den rosa Hängebacken und die ansehnliche Rundung des Leibes unter dem Samtrock ließen erkennen, daß er die Freuden der Tafel und des Bechers wohl zu würdigen wußte. Während der übrigen Woche war er der wohlhabende Tuchhändler in der Marktstraße, aber am Dienstag hatte er sein Ehrenamt als Bürgermeister und Vorsitzender des Magistrats noch nie versäumt. Die fünf weiteren ehrenamtlichen Mitglieder des Magistrats nahmen die beiden Längsseiten des Tisches ein. Etwas zu großspurig für die kleine Stadt ließen sie sich gerne Senatoren nennen. Die untere Schmalseite mußten sich zwei Personen teilen. Äußerlich gesehen, machten sie mit ihren Papierstapeln, einem gewichtigen Tintenfaß vor ihrem Platz und Gänsefedern in der Hand den Eindruck eher subalterner Bediensteter. Aber der Stadtschultheiß und gräflich-wiedische Regierungsrat Christian Carl Greyß und der Stadtschreiber Heinrich Eduard Schott waren für die täglichen Geschäfte und Vorgänge in der Stadt verantwortlich und hatten damit in Wahrheit die eigentliche Macht in der Stadt in ihren Händen.

»Ich rufe auf Punctum primum[67] unserer heutigen Agenda[68]!« rief Bürgermeister Ackermann so laut, als präsidiere er in einem riesigen Saal und nicht in einer relativ kleinen Stube. »Aufnahme des Jacob Braß von Braunschweig in die hiesige Bürgerschaft und Ablegung des Bürgereides. Stadtschreiber Schott, darf ich bitten!«

Geschäftig blätterte der Stadtschreiber in seinen Akten, fischte ein Papier heraus und begann zu lesen. Daß der Strumpfwirkermeister Jacob Braß, bisher herzoglich-braunschweigischer Untertan, lutherischer Religion, sich entschlossen habe, sich in Neuwied ansässig zu machen,

67 Punctum primum: erster Punkt.

68 Agenda: Tagesordnung.

referierte er dem Magistrat. Das Papier, aus dem Achenbach vorlas, würde er später dem Protokoll der Sitzung beifügen, als Beweis dafür, daß alles seine Ordnung und Richtigkeit gehabt habe. Daß besagter Jacob Braß unbescholten und nicht mittellos sei, daß die hiesige Innung der Strumpfweber sich für ihn verbürge, daß er ordnungsgemäß die übliche Kaution von 100 Reichstalern in die Stadtkasse erlegt habe, die bei einwandfreier Führung nach fünf Jahren zurückzuzahlen sei. Daß besagter Jacob Braß bereit sei, die sechs Reichstaler Zuzugsgeld für Ausländer zu erlegen, und daß er in Person anwesend sei, den vorgeschriebenen Bürgereid zu leisten.
Bedächtig wiegten die Herren Senatoren ihre Köpfe und gaben damit ihr Einverständnis kund. Der Stadtdiener, der mit einer Hellebarde als Zeichen seiner Würde an der Tür Wache stand, führte den künftigen Neuwieder Bürger in die Stube. Feierlich erhoben sich alle Anwesenden, als Jacob Braß mit der Hand auf der Bibel schwor, für sich, seine Familie und Nachkommen als künftiger Untertan Seiner hochgräflich neuwiedischen Gnaden, dem regierenden Reichsgrafen Johann Friedrich Alexander und seinen Nachfolgern in Treue ergeben zu sein und als Bürger der Stadt Neuwied seine Pflichten in guten und schlechten Tagen zu erfüllen, »so wahr mir Gott helfe durch seinen Sohn Jesum Christum, Amen!« Endlich war auch die Erfüllung dieser Zeremonie gebührend im Protokoll vermerkt und vom Bürgermeister Ackermann und dem neuen Bürger Braß mit ihren Unterschriften bestätigt. Leise erinnerte Stadtschreiber Schott den Strumpfwirker daran, daß er nun noch seine sechs Taler Zuzugsgeld bezahlen müsse. Der zog umständlich einen Tuchbeutel aus der Tasche und zählte sechs silberne Talerstücke auf den Tisch, die vom Stadtschreiber sorgfältig geprüft und für gut befunden wurden.
»Mit Verlaub, Herr Stadtschreiber«, meldete sich jetzt erstmals der gräfliche Schultheiß Greyß zu Wort und ergriff rasch drei der Münzen. »Sie wissen ja, das Zuzugsgeld steht Celsissimus zur Hälfte zu!«
»Dann kommen wir jetzt zum Punctum secundum!« schmetterte Bürgermeister Ackermann in den Raum. »Klage des Vorstehers Gerner von der Evangelischen Brüdergemeine, hier, gegen den Kaufmann Johann Wilhelm Breuer, hier, auf Herausgabe der zur Brüdergemeine gehörigen Jungfer Elisabeth Schettlerin. Der Kläger und der Beklagte mögen eintreten!«
Kerzengerade, ganz fromme Würde, betrat Christoph Gerner, der Älteste der Vorsteherschaft der Brüdergemeine, die Ratsstube. Zu lange

hatte er schweigend und mit zusammengebissenen Zähnen zusammen mit dem beklagten Kaufmann Breuer und dessen Sohn im kleinen Vorraum warten müssen. Im Ton gekränkter Unschuld brachte er seine Klage vor, daß die Schwester Elisabeth Schettlerin widerrechtlich im Hause des Kaufmanns Breuer festgehalten werde und herausgegeben werden müsse.

Bürgermeister Ackermann rief, wie es der Prozeßgebrauch erforderte, nunmehr den Beklagten zur Erwiderung auf. Doch Johann Wilhelm Breuer bat nur, an seiner Stelle seinen Sohn Philipp anzuhören. Als Gelehrter der Jurisprudenz sei er besser geeignet, seine Sache zu vertreten.

Philipp Breuer verbeugte sich achtungsvoll vor dem Magistrat, als er sein Plädoyer begann. Er hatte sich gut darauf vorbereitet, das spürte jeder. Zuerst bezeugte er seine Achtung vor der Weisheit des hochwohllöblichen Magistrats, diesen schwierigen Rechtsfall zu entscheiden. Dann bekundete er Respekt vor den Glaubensüberzeugungen jedes Bürgers dieser achtbaren Stadt Neuwied, in der die Gnade Celsissimi über den Angehörigen aller Religionen leuchte. Das erlaube aber keiner Religionsgemeinschaft, wider die bürgerlichen und natürlichen Gesetze zu verstoßen.

»Niemandem kann es erlaubt sein, Menschen in engster Abgeschlossenheit wie in einem Kloster oder Gefängnis festzuhalten ohne deren ernsthafte und freiwillige Einwilligung dazu oder ohne den Richterspruch eines ordentlichen Gerichts, meine Herren Senatoren!«

Dies sei aber, so fuhr Philipp Breuer fort, im Falle der Jungfer Elisabeth Schettlerin geschehen und im übrigen sei eine Vormundschaft weder durch Testament noch durch Magistratsbeschluß übertragen worden. Die Jungfer Schettlerin lebe jetzt höchst freiwillig im Haus Breuer und werde von niemandem gezwungen, dort zu bleiben, wovon sich jeder der Herren Senatoren – und selbstverständlich auch der Bürgermeister höchstpersönlich – jederzeit überzeugen könnten.

Wie schon ein paar Tage vorher im Haus des Kaufmanns Breuer fiel Vorsteher Gerner erregt ins Wort und behauptete das unbestreitbare Recht der Brüdergemeine, Vormund aller Waisen aus dieser Gemeine zu sein, und die unbestrittene Gewohnheit, daß alle jungen Mädchen aus der Gemeine wohlbeschützt gemeinsam im Haus der ledigen Schwestern wohnten.

Die Magistratsmitglieder hatten dem Vortrag des Klägers und des Beklagten bisher schweigend zugehört. Streit zwischen Bürgern um einen falsch zugeschnittenen Rock, um zu klein geratene oder zu teure Brote oder nicht vollständig ausgezahlte Dienstbotenlöhne – das kannten sie und hatten darüber in der Vergangenheit mit Ernst und Bedacht ihr Urteil gefällt. Aber eine Klage wie diese war ihnen im Leben noch nicht begegnet. Mit einigen zaghaften Fragen an den Kläger und an den Beklagten zeigten die Herren Senatoren, daß ihnen die Sache ausgesprochen unheimlich war.

Bürgermeister Ackermann war es, der bewies, daß der Magistrat ihn nicht ohne Grund zum Bürgermeister gewählt hatte. Ihm fiel der rettende Ausweg ein, der dem Neuwieder Magistrat ersparte, sich mit einem Urteilsspruch mögicherweise zu blamieren oder sonst Unannehmlichkeiten zuzuziehen.

»Diese Sache scheint in der Hauptsache ein Streit über die Vormundschaft zu sein«, entschied er würdevoll. »Für solche Fragen ist aber der Neuwieder Stadtmagistrat gemäß Numero 26 der Punctatio Wetzlariana[69] de Anno Domini 1721 nicht zuständig, sondern allein unser allergnädigster Landesherr. Die Klage ist damit abgewiesen und wird dem Kläger anheimgestellt, sie bei richtiger Stelle, einer hochgräflich wied-neuwiedischen Regierung, erneut vorzubringen. Die Sitzung ist geschlossen. Stadtdiener, bring Er den Wein für die Herren Senatoren!«

2

Klosenwöllm war heute morgen schlechter Laune. Der Aufbruch seines Sohnes Wilmluisch in aller Herrgottsfrühe nach Neuwied zum Antritt seines Dienstes unter der Regimentsfahne machte ihm innerlich mehr zu schaffen, als er zugeben wollte. Daher fuhr er seine ältere Tochter ärgerlich an:

»Was läufst du denn während des Frühstücks plötzlich aus der Küche, Klärsch? Das ist doch keine Art!«

Mit bleichem Gesicht und mühsam den Würgereiz unterdrückend, stand das Mädchen an der Tür.

69 Punctatio Wetzlariana: ein 1721 vor dem Reichskammergericht in Wetzlar geschlossener Vergleich zwischen dem Grafen zu Neuwied und der Stadt Neuwied in einem Rechtsstreit; der Vergleich legte die beiderseitigen Rechte genau fest und war für die Stadt Neuwied im 18. Jahrhundert so etwas wie eine Gemeindeordnung.

»Mir ist schlecht, Vater«, hauchte es.
»Was heißt hier schlecht!« polterte der Vater. »Wovon soll einem jungen Mädchen schon schlecht sein. Das sind doch Flausen! Setz dich wieder hin und iß!«
Mutter Dottchen hatte das Schimpfen des Bauern schweigend angehört. Sie kannte ihren Mann: es klang meistens schlimmer, als es gemeint war. Aber sie blickte ihre Tochter jetzt schärfer an. Ahnungsvoll fragte sie:
»Klärsch, sag mir die Wahrheit. Wie lange hast du schon kein Blut mehr gehabt?«
Klärsch wurde, soweit das überhaupt möglich war, noch bleicher. Mühsam hielt sie sich am hölzernen Türriegel fest.
»Ich weiß nicht, Mutter. Schon länger nicht.«
»Klosenwöllm, Eure Tochter erwartet ein Kind«, stellte Frau Dottchen nüchtern fest. Sie wußte, wie einer Frau zumute war, die ein Kind unter dem Herzen trug, hatte sie doch selbst acht Kinder zur Welt gebracht, wenn auch vier davon jeweils nach wenigen Tagen gestorben waren.
»Ein Kind!« Mit einem Ruck stand Klosenwöllm auf und schob den schweren Tisch zurück. »Ein Kind!« schrie er Klärsch an, »ein lediges Kind! Du Hurenstück! Wer ist der Vater? Deswegen willst du also den Nollsmüller nicht heiraten!«
»Vater, ich kann nichts dafür!« rief Klärsch angstvoll und warf sich auf die Knie. »Ich hatte solche Angst, ich konnte mich nicht wehren!«
»Wer war es?« brüllte der Bauer. »Auf der Stelle will ich das wissen!«
Klärsch hob die gefalteten Hände wie im Gebet. Ihr sonst so hübsches Gesicht war vor Aufregung und Angst verzerrt. Tränenüberströmt stammelte sie:
»Ich darf es nicht sagen, er hat es verboten!«
Bauer Schneider lief rot im Gesicht an.
»Verboten oder nicht – sofort sagst du mir den Namen!«
Klärsch kniete immer noch wie eine verurteilte Sünderin:
»Er war es, der Herr... damals im Wald... er hat mir den Korb weggenommen...«
»Ach, der junge Herr von Hayn war es also!« Klosenwöllm war jetzt etwas ruhiger geworden. »Und dem hast du dich an den Hals geworfen, dem vornehmen Herrn, he?«
»Nein, Vater!« Klärsch rang die Hände und blickte mit ihren blauen Augen, aus denen Tränen quollen, den Vater an. »Nein, Vater, er hat

mir gedroht, ich käme an den Schandpfahl und ins Zuchthaus, weil ich Holz gestohlen habe. Und nur, wenn ich ganz still halte und verspreche, nichts zu erzählen, wolle er mich nicht anzeigen!«

»So war das also!« Vater Schneider war sofort bereit, seiner Tochter zu glauben. Er schien erleichtert, daß seine Tochter Klärsch nicht von sich aus Schuld an der Angelegenheit hatte. »Dieser Hundsfott von Hayn – alle Knochen breche ich ihm im Leibe!«

»Vater!« schrie Klärsch wie in höchster Not, immer noch auf Knien. »Niemals dürft Ihr diesen Namen nennen! Versprecht es mir! Und ihr anderen auch!« Dabei blickte sie ihre Mutter und die jüngeren Geschwister an, die der Szene in stummem Schrecken gefolgt waren. »Er hat es mich bei meiner Seele Seligkeit schwören lassen, daß ich ihn nicht nenne! Laßt mir meine Seligkeit im Himmel, wenn auch hier auf der Erde alles verloren ist!«

Schwerfällig, wie zerbrochen, setzte sich Klosenwöllm wieder auf die Bank. Jetzt, da er das ganze Ausmaß des Unglücks seiner Tochter allmählich begriff, wurde er ruhiger. Sein Verstand sagte ihm, daß erst einmal andere Dinge nötiger seien als sich in Wut hineinzusteigern.

»Setz dich, Klärsch«, forderte er seine Tochter auf. »Ihr Kinder verschwindet erst mal aus dem Haus. Und wehe, es fällt euch ein, auch nur ein Sterbenswort darüber zu reden, was ihr eben gehört habt.«

Hilflos schluchzend saß Klärsch am Tisch, den Kopf in den Armen verborgen.

»Ich halte die Schande nicht aus«, stieß sie hervor, »Ich gehe ins Wasser!«

»Nun, nun, Klärsch, so schnell geht man nicht ins Wasser«, versuchte ihr Vater sie zu beruhigen. Jetzt ging es um den guten Ruf, ja vielleicht um das Leben seiner Lieblingstochter. Krampfhaft überlegte er, wie er ihr helfen könne. »Vielleicht weiß Paule, der Viehhirt, ein Mittel, um dir den Balg wegzumachen!«

3

»Wilhelm Ludwig Schneider von Thalhausen!«

Laut hallte die Stimme des Korporals über den Kasernenhof an der Luisenstraße. Gehorsam trat der Aufgerufene drei Schritte aus dem Glied vor und brüllte, so laut er konnte, sein »Hier!« So hatte es der gleiche Korporal ihm und seinen Schicksalsgenossen kurz zuvor beigebracht.

Eine kleine Gruppe prächtig uniformierter Herren stand bereit, um die neuen Soldaten im Regiment des Reichsgrafen von Neuwied gründlich zu mustern. Wilmluisch kannte die militärischen Ränge noch nicht, um die Offiziere unterscheiden zu können. Einer der Herren ließ ihn die Zunge herausstrecken und blickte ihm tief in den Hals. Ein anderer gab ihm eine Muskete in die Hände und ließ ihn mit ausgestreckten Armen zehnmal die Knie beugen. Seine Arm- und Beinmuskeln wurden abgetastet und offenbar in Ordnung befunden.
Zum Abschluß dieser Musterung führte ihn ein anderer Korporal in das langgestreckte Fachwerkgebäude, in dem unten die Pferdeställe und oben die Schlafkammern der unverheirateten Mannschaften untergebracht waren. Hier mußte Wilmluisch seinen blauen Bauernkittel ausziehen und empfing dafür die Montur eines gräflich-wiedischen Musketiers: schwarze Lederschuhe, eine weiße Kniehose, weiße Gamaschen mit zahllosen Knöpfen, ein weißes Hemd, einen blauen Rock mit weiß abgesetzten Knopflöchern, ein Halstuch, ein Haarband, einen blauen Dreispitz mit weißen Borten, eine Muskete mit Bajonett, einen Säbel und eine Patronentasche. Einige längerdienende Soldaten halfen den neuen Rekruten beim vorschriftsmäßigen Anlegen der Uniform, was nicht ohne anzügliche Bemerkungen und breites Grinsen abging. Am schwierigsten war es, die langen ungebändigten Haare der jungen Burschen vom Lande mit Hilfe des Haarbandes in einen adretten Zopf zu binden, der vor den kritischen Blicken der Vorgesetzten Gnade finden konnte.
Endlich standen alle sechsundzwanzig neuen Rekruten des Jahres 1783 aus den Kirchspielen der unteren Grafschaft Wied richtig uniformiert und in einer Linie angetreten wieder auf dem Kasernenhof. Die Hälfte davon trug blaue Dreispitze und wurde Musketiere genannt. Die andere Hälfte war mit einer Mütze ausstaffiert, die gewiß einen Fuß in der Höhe maß und vorne ein prächtiges Schild aus Blech zeigte. Die Träger dieser Mützen redeten die Korporale nunmehr mit dem Namen Grenadiere an. Das Exerzieren konnte beginnen...
Als die Sonne untergegangen war, wurden die neuen Rekruten in die Stuben entlassen. Müde, aber auch ein wenig stolz, daß sie den ersten Tag ihres Soldatseins heil überstanden hatten, tauschten sie ihre Eindrücke aus. Sie alle waren kräftige, muskulöse Bauernburschen, gewöhnt an harte Arbeit auf den Feldern und das Ertragen von Hitze und Durst. Das ständige Üben von »Rechtsum« und »Linksum«, des Strammstehens in einer schnurgeraden Linie, des gleichmäßigen Auf-

tretens mit jedem Bein beim Marschieren – das war vorläufig noch eher eine willkommene Abwechslung vom Einerlei der bäuerlichen Arbeit als ein Schrecken für sie. Schließlich wußten sie ja alle, daß sie nur für ein paar kurze Wochen im Regiment zu dienen hatten.
Für die meisten Rekruten war der lange Fußmarsch vom heimatlichen Dorf bis nach Neuwied zur Kaserne der erste Ausflug in die große weite Welt gewesen. Auch Wilmluisch war bisher erst zweimal in seinem Leben mit einem Holzfuhrwerk bis in die Stadt gekommen. Ein wenig bänglich war es ihm schon gewesen, als er hierher wanderte, aber er war auch voll gespannter und nicht unangenehmer Erwartung auf das neue Leben, das ihm bevorstand.
Ein Neuwieder Bierbrauer hatte den Rekruten zur Feier ihres Eintritts ins Regiment ein großes Faß Bier gestiftet. Kein Wunder, daß die jungen Soldaten am späten Abend ihres ersten Tages im Dienst todmüde, aber in guter Stimmung auf ihren Strohsäcken einschliefen.

4

Im Offizierszimmer der Kaserne hatten sich am gleichen Abend alle vierzehn Mitglieder des neuwiedischen Offizierskorps eingefunden. Selbst die Herren, die sonst ganz von ihren anderweitigen Pflichten in Anspruch genommen waren, hatten sich freigemacht. So der Major und Hofmarschall von Dobeneck, der Major und Vizeforstmeister von Hayn, und die Leutnants von Brunner und von Roques, die normalerweise als Amtmann von Rengsdorf und als Verantwortlicher für die Sicherheitspolizei der Grafschaft fungierten. Natürlich war auch der alte Oberst von Lützow anwesend, der Chef der gesamten gräflich-neuwiedischen bewaffneten Macht, und rauchte Tabak aus einer langen holländischen Tonpfeife.
Große Humpen mit frischgebrautem Bier standen vor den Herren. Der Tag der Musterung der neuen Rekruten war jedes Jahr einer der wenigen Anlässe, zu dem sich das Offizierskorps vollständig unter sich versammelte. Der Abend wurde dann genutzt, um in zwangloser Runde ohne Ansehen des Ranges miteinander zu plaudern.
»Auf das Wohl der Musketier-Kompanie!« rief Hauptmann von Dieskau und hob seinen Humpen, damit die Herren Kameraden ihm Bescheid tun konnten. Der junge Hauptmann war stolz auf seine Kompanie. Erst seit einigen Monaten befehligte er sie, seit er in gräflich-

wiedischen Diensten stand. Er stammte aus Preußen, war Enkel eines königlich-preußischen Generalmajors und hatte selbst einige Jahre als Seconde- und Premierleutnant im Heer des Preußenkönigs gedient.
»Mir will es immer noch nicht in den Kopf, wie groß der Unterschied zwischen den preußischen und den wiedischen Rekruten ist. In Preußen muß man die Kerls mit Prügeln und den härtesten Strafen zum Dienst zwingen und sich ständig vor Desertionen fürchten. Und hier kommen sie ganz brav von allein zur Musterung.«
»Na ja«, meinte gemütlich Oberstleutnant von Trützschler, der eigentliche militärische Kommandeur des Regiments. Man hörte ihm seinen sächsischen Akzent noch stark an, obwohl er schon viele Jahre in Neuwied lebte. »Na ja, es ist ja auch ein Unterschied für die Leute, ob sie zwanzig Jahre lang die Muskete tragen müssen oder acht Wochen wie hier in der Grafschaft. Celsissimus hat nun mal ein anderes System eingeführt als euer Preußenkönig. Bei euch Preußen ist es ein Zufall, ob ein Bursche für das Heer eingefangen wird und Handgeld nimmt oder nicht. Hier ist jeder männliche Untertan vom Lande verpflichtet, sich als Soldat ausbilden zu lassen, aber normalerweise bleibt er nur acht Wochen in der Kaserne und wird dann als Freiwächter wieder nach Hause entlassen.«
Hauptmann von Dieskau wiegte bedenklich den Kopf.
»Ja, aber in acht Wochen kann man doch keine Soldaten ausbilden, mit denen man Schlachten gewinnen kann.«
»Auch in zwanzig Jahren nicht immer, Herr Kamerad«, gab der Oberstleutnant mit einem etwas abfälligen Lächeln zurück. »Im letzten Krieg Anno 78[70] hat es das ruhmreiche Heer des preußischen Friedrich nicht geschafft, auch nur eine größere Schlacht zu gewinnen. Sie müßten das wissen, Herr von Dieskau, Sie waren doch selbst in Böhmen und Schlesien mit dabei!«
»Weil Ihre sächsischen Regimenter uns nicht ausreichend unterstützt haben!« warf der junge Hauptmann hitzig ein.
»Gemach, gemach, meine Herren«, fand es jetzt Obrist von Lützow an der Zeit, sich einzuschalten. Allzu leicht konnte sich aus solchen Wortwechseln eine Duellforderung entwickeln. Darum meinte er begütigend: »Wir stammen alle aus verschiedenen Ländern, ich aus Mecklenburg, Sie, Herr von Dieskau, und einige andere aus Preußen,

70 Anno 78: der sogenannte »Bayerische Erbfolgekrieg« 1778/79 zwischen Preußen (mit Sachsen verbündet) und Österreich.

andere aus Sachsen, aus Württemberg und weiß ich woher. Aber wir wollen doch nicht die Schlachten dieser Könige und Fürsten hier im wiedischen Offizierskorps noch einmal austragen! Wir sind alle gräflich-wiedische Untertanen und damit basta!«

»Ich kann nur sagen, daß die gräflichen Untertanen im allgemeinen stolz darauf sind, einmal Soldaten im wiedischen Regiment gewesen zu sein«, warf Major von Dobeneck ein, in der Absicht, seinen Obristen zu unterstützen und von dem gefährlichen Thema abzulenken. »Ich habe in meiner Dienstzeit keine Desertion erlebt. Wir haben hier das Ideal einer Nationalarmee, meine Herren. Keine Ausländer im Regiment und das Verbot für wiedische Landeskinder, in ausländische Dienste zu gehen!«

»Sind wir denn keine Ausländer, wir Offiziere?« fragte Hauptmann von Dieskau etwas naiv. »Ich meine, ursprünglich einmal.«

»Aber bester Herr von Dieskau«, ließ sich jetzt Major von Hayn vernehmen. »Sie wollen doch wohl nicht die Mannschaften mit uns Offizieren von Adel gleichstellen! Für uns gilt immer noch in ganz Europa, daß wir Dienste annehmen können, in welchem Heer uns die günstigsten Bedingungen geboten werden. Wobei ich allerdings sagen muß, daß ich lieber in einem Regiment im Reich als bei den Schweden oder Franzosen diene.«

Allmählich wandte sich das Gespräch anderen Themen zu.

»Haben Sie in den Wöchentlichen Neuwiedischen Nachrichten von gestern den neuesten Brief aus Versailles gelesen?« fragte Hauptmann von Buri, der die Grenadier-Kompanie befehligte und sich nebenher als Oberdirektion des vor wenigen Wochen neu ins Leben gerufenen gräflich-wiedischen Hoftheaters betätigte. Daher las er auch interessiert alle am gräflichen Hof abonnierten Zeitungen. »England hat endlich Frieden mit den Rebellen in Amerika geschlossen und mit Frankreich, das mit den Rebellen verbündet war.«[71]

»Wann werden dann wohl die letzten Truppen des Landgrafen von Hessen-Kassel und des Markgrafen von Ansbach aus Amerika zurückkommen, die diese Herren an die Engländer verkauft haben?« meinte der jüngste Offizier in der Runde, Leutnant von Roeder, mit Bitterkeit und Verachtung in der Stimme. »Sicher haben die Landesherren das Recht, ihre Truppen so einzusetzen, wie sie es für richtig

71 Friedensschluß von Versailles: Offizielles Ende des amerikanischen Unabhängigkeitskrieges 1775–1783.

halten. Und Soldaten sind nun mal zum Schlachten schlagen da. Aber sie nach Amerika zu verkaufen, damit sie dort den Engländern die Kastanien aus dem Feuer holen, und mit den Subsidien dafür die jeweiligen Maitressen mit einem neuen Schloß zu beschenken – das geht gegen mein Gewissen, meine Herren, wenn ich ehrlich sein soll!«
Ein allgemeines Murmeln ließ erkennen, daß zumindest in diesem Kreis alle so dachten, wenn auch selten die Meinung so offen wie vom jungen Leutnant von Roeder geäußert wurde.
»Meine Herren, wenn ich denke, daß unter Umständen Celsissimus und damit wir alle in diesen Krieg mit verwickelt worden wären«, brummte der alte Obrist von Lützow nachdenklich, »dann kann ich nur Gott danken... Damals waren wir traurig, aber heute bin ich überzeugt, daß Gott selbst es so gefügt hat, daß aus dem Landkauf und der Anlegung einer wiedischen Kolonie in Amerika nichts geworden ist. In Massachusetts sollte das sein, Anno 1757, ich erinnere mich noch genau!«
»Wie«, fragte Hauptmann von Dieskau erstaunt, »der Graf von Neuwied hat Interessen in Amerika gehabt? Die hatte ja nicht mal der König von Preußen! Können Sie davon erzählen, Herr Obrist?«
Bernhard von Lützow sah den Sprecher ernst an.
»Herr von Dieskau und meine Herren, Seine hochgräfliche Gnaden, Graf Alexander zu Neuwied, dem zu dienen wir alle die Ehre haben, ist kein Herr von Krähwinkel. Auch wenn er nur ein einfacher Reichsgraf ist, so haben seine Pläne und sein politischer und diplomatischer Einsatz mehr Gutes erreicht und er selbst hat mehr Einfluß im Reich als ein halbes Dutzend Fürsten und Herzöge zusammen. Ja, es stimmt, Celsissimus wollte damals, vor über fünfundzwanzig Jahren, ein großes Landgebiet im Westen der britischen Kolonie Massachusetts erwerben. Er sollte es sogar kostenlos erhalten, wenn nur tausend Siedlerfamilien aus Neuwied dorthin geschickt würden. Dafür fehlte damals das Geld, und das Projekt kam daher nicht zustande. Wer weiß, was die Wirren des jetzt dort zu Ende gegangenen Krieges für diese Siedlung und für uns hier in Neuwied bedeutet hätten, wenn damals die Sache anders gegangen wäre!«

5

Die Sitzung der Ismenischen Gesellschaft im Fasaneriegebäude war zu Ende. Sich angeregt über den interessanten Abend unterhaltend, schritten die Mitglieder und Gäste über die Freitreppe hinab, um sich durch den nachtdunklen Schloßpark nach Hause zu begeben. Die Herren entzündeten an der Kerze, die ihnen ein Lakai am Ausgang hinhielt, ihre Windlaternen, damit es etwas Licht im finsteren Park gab.

Charlotte von Lützow schwebte wie auf Wolken. Der seelische Druck, der wochenlang auf ihr gelegen hatte, war wie weggeblasen. Zunächst schüchtern und mit leiser Stimme hatte sie nach der Eröffnung dieser Versammlung damit begonnen, den kurzen Aufsatz über das beste Band der Freundschaft zu verlesen, von dem nur zwei Personen wußten, daß er nicht von ihr selbst stammte. Nachdrückliches zustimmendes Kopfnicken der alten Gräfin Caroline zu einigen besonders wohl formulierten Passagen hatte ihr Mut gemacht, und am Ende war sie von dem wohlwollenden Beifall der Mitglieder geradezu überwältigt gewesen. Sie, ein unerfahrenes junges Mädchen vom Lande, hatte von einer großen Runde hochgebildeter Herren und Damen Beifall erhalten!

An der dann einsetzenden lebhaften Unterhaltung über ihren Aufsatz und dem allmählich auf andere Themen übergehenden Gespräch hatte sich Charlotte wohlweislich kaum beteiligt. Denn wie leicht hätte man ihr dabei auf die Schliche kommen können, daß es mit ihrer geistreichen Ausdrucksweise in Wahrheit nicht so weit her war. So war der Abend ungetrübt vorübergegangen, und manch einer der Herren machte ihr beim Hinausgehen eine artige Verbeugung und beglückwünschte sie nochmals ausdrücklich zu ihren wohlgelungenen Thesen.

Charlotte war froh, diesmal allein in die Fasanerie gekommen zu sein. Ihre Herrin hatte in Anbetracht der nun schon weit fortgeschrittenen Schwangerschaft alle Besuche außer Haus eingestellt, ihr aber bereitwillig Urlaub für diesen Anlaß erteilt. Die junge Hofdame legte ihr Cape gegen die Herbstkühle um und verließ als eine der letzten den Saal, in dem die gräflichen Lakaien schon alle Kerzen auslöschten. Wie selbstverständlich bot ihr Philipp Breuer seinen Arm, um sie sicher zum nahen Schloß zu geleiten. Hatte auch er aus dem gleichen Grund mit dem Aufbruch gezögert?

Ein paar Dutzend Schritte gingen die beiden schweigend. Dann sagte Philipp Breuer:
»Lassen Sie auch mich Ihnen zu Ihrem großartigen Erfolg heute abend gratulieren, Fräulein Phyllis! Es waren weniger die Worte, die Sie verlesen haben, als vielmehr der Liebreiz Ihrer Persönlichkeit, der uns alle zum Beifall veranlaßte. Sie haben sicher jetzt zahlreiche heimliche Bewunderer in Neuwied!«
Energisch schüttelte Charlotte ihren Kopf, so daß die Ringellöckchen flogen.
»O nein, Herr Philander, Sie wissen genau, daß ich es nur Ihrer Großmut und Ihrem Geist zu verdanken habe, wenn ich mich heute abend nicht lächerlich gemacht habe. Wir beide sollten uns doch nichts vormachen. Der Beifall und die Komplimente galten in Wirklichkeit doch nur Ihrem geistigen Erzeugnis. Ich schäme mich nachträglich zutiefst, daß ich nicht mutig bekannt habe, es stamme von Ihnen!«
»Aber Phyllis!« fuhr es Philipp heraus. Es war offensichtlich, daß ihm in seinen Gedanken dieser Name geläufiger war als die förmliche Anrede. »Verzeihen Sie, mein gnädigstes Fräulein, ich meine natürlich Fräulein Phyllis!« Philipp merkte in seinem Eifer, sich zu entschuldigen, nicht, daß er seinen Versprecher damit nur noch besonders betonte. »Wir wollen doch nicht über den Anteil streiten, den Sie oder ich an Ihrem Erfolg hatten. Ich freue mich jedenfalls aufrichtig, daß Sie mit so viel Wohlwollen und Beifall in die Ismenische Gesellschaft aufgenommen worden sind. So werde ich die Freude haben, Sie wenigstens alle Monate sehen zu dürfen.«
Charlotte sah ihn an, ohne im Dunkeln seine Züge richtig erkennen zu können. Wie hatte er diesen Satz gemeint? Vorsichtig erwiderte sie daher:
»Und ich werde es als eine große Ehre ansehen, wenn ich zwei oder drei Stunden im gleichen Raum mit einem so kenntnisreichen, gelehrten und – sympathischen jungen Mann weilen darf – wenigstens einmal im Monat!«
»Haben Sie, mein gnädigstes Fräulein...« Philipp zögerte, das auszusprechen, was ihm auf den Lippen lag – »Haben Sie es eben ernst gemeint, als Sie von einem sympathischen jungen Mann sprachen? Ich gestehe Ihnen offen, Fräulein Phyllis, daß ich Sie sehr sympathisch finde, und nichts würde mich glücklicher machen als die Erkenntnis, daß dieses Gefühl nicht nur ein einseitiges ist.«
Charlotte erschauerte vor freudigem Schreck. Noch nie hatte ein jun-

ger Mann ihr ein solches Geständnis gemacht, und nun gar der Mann, zu dem ein unnennbares Gefühl sie so stark hinzog.

»Ja, ich finde Sie sehr sympathisch, Herr Philander«, sagte sie schlicht und ohne Umschweife. »Und ich würde Sie gerne öfter sehen!«

Mit einem Ruck blieb Philipp stehen.

»Danke, Fräulein Phyllis«, flüsterte er. Sanft ergriff er die behandschuhte Hand der jungen Dame, die auf seinem rechten Arm ruhte, und hauchte einen Handkuß auf die Fingerspitzen. »Mit diesem Wort von Ihnen im Herzen könnte ich der ganzen Welt Trotz bieten!«

»So wollen wir ein Band der Freundschaft knüpfen, Herr Philander, das auf gegenseitiger Sympathie und Achtung beruht«, wandelte Charlotte halb scherzhaft, halb ernsthaft einen Satz aus dem Aufsatz etwas ab, den sie vorhin verlesen hatte. Ihre Hand ergriff die seine, und ohne sich dessen recht bewußt zu werden, schritten die beiden jungen Menschen nun schweigend Hand in Hand. Sie erschraken fast, als sie aus den Büschen und Bäumen des Schloßparks auf die freie Fläche des Paradeplatzes hinaustraten. Denn jetzt, viel zu schnell, war ja auch schon das Ende dieser verzauberten Augenblicke gekommen. Charlotte mußte in ihr Stübchen im Schloß und Philipp Abschied nehmen.

»Wird es mir vergönnt sein, Fräulein Phyllis«, fragte Philipp leise, »Sie dann und wann einmal sprechen zu dürfen – ohne daß eine störende Gesellschaft uns umgibt?«

Charlotte nickte, während sie verzweifelt nachgrübelte, wie ein solches Treffen unter vier Augen wohl zu bewerkstelligen wäre, ohne gegen die guten Sitten zu verstoßen und ohne daß die Klatschmäuler des kleinen Städtchens Anlaß zum Getuschel bekamen.

»Wenn ich nur wüßte, wie, mein Herr«, seufzte sie. »Im Schloß haben Sie bisher noch keinen Zutritt, obwohl ich nicht zweifle, daß Sie, wenn Sie nur wollten, in Kürze die höchsten Stellungen in der gräflichen Regierung erreichen könnten.«

»Und Sie können nicht allein in die Stadt gehen, ohne Ihrem guten Ruf zu schaden«, meinte Philipp bedauernd. »Uns noch einmal hier im Schloßpark zu treffen, ist jetzt, da es auf den Winter zugeht, auch nicht ratsam«, fügte Charlotte sachlich hinzu. »Aber ich werde nachdenken, ob mir nicht doch eine Gelegenheit einfällt. Dann schreibe ich Ihnen wieder ein Briefchen. Meine Zofe Anna ist treu wie Gold und verschwiegen wie ein Grab. Gute Nacht, lieber Herr Philander!«

Erst jetzt gab sie seine Hand frei und huschte um die Ecke des Schlosses auf den Eingang zu.

6

Wilmluisch saß auf dem Strohsack, der ihm als Bett diente, und rieb voller Hingebung mit einer groben Bürste seinen Uniformrock sauber. Hinter ihm kniete sein Kamerad, der Fräs aus Anhausen, und flocht sorgfältig das lange Haar seines Freundes zum vorschriftsmäßigen Zopf eines Soldaten. Schon vor Tau und Tag waren die unverheirateten Gemeinen des neuwiedischen Regiments geweckt worden, um sich beim Schein einiger blakender Kienspäne in dem langgestreckten niedrigen Wohnraum der Kaserne zur Sonntagsparade fertigzumachen.
»Zu Hause melken wir um diese Zeit die Kühe«, meinte Wilmluisch etwas wehmütig. Er dachte oft an zu Hause, war er doch noch nie länger als einen Tag vom heimatlichen Thalhausen und der Familie fortgewesen. Wie mochte es dem Vater, der Mutter und den Geschwistern gehen? Einer seiner neuen Kameraden, der aus einer reichen Bauernfamilie stammte, hatte vor ein paar Tagen von zu Hause einen Brief bekommen. Aber daran war bei Schneiders von Thalhausen natürlich nicht zu denken. Wilmluisch selbst kannte keinen Menschen, der seine spärlichen Kenntnisse in der Kunst des Schreibens dazu benutzen würde, einen Brief zu schreiben.
Wie Wilmluisch ging es auch den meisten seiner Schicksalsgefährten. Aus ihrer Familie herausgerissen, litten sie unter Heimweh, wenn sie es auch nicht offen zugaben. Aber sonst empfanden sie ihren Dienst nicht als besonders unangenehm. Das Exerzieren als Soldaten war zwar anstrengend und das Schimpfen der Korporale und Offiziere manchmal lästig, doch die Rekruten ließen das mit einem Grinsen über sich ergehen. Es war ja nicht für lange, und so schrecklich ernst meinten es die Vorgesetzten offenbar auch nicht. Mit einigem Staunen merkten die Bauernburschen, daß es auch Befriedigung brachte, in schmucker Uniform in gleichem Schritt und Tritt durch die Stadt zu marschieren, so daß die Mädchen sich nach ihnen umdrehten. Der Zahlmeister des Regiments hatte den Rekruten für den ersten Monat ihres Dienstes einen Reichstaler und 30 Albus als Löhnung in die Hand gezählt, und so viel Geld auf einmal hatte kaum einer der jungen Leute vom Lande je in der Tasche gehabt.

Kurz vor der Kirchzeit traten die Soldaten auf dem Kasernenhof an, ausnahmsweise ohne Säbel und Muskete. Nachdem die kleine Schar lutherischer Soldaten und die noch kleinere Gruppe von Katholiken rechts herausgetreten war, um von Offizieren ihres Glaubens in ihre Kirche geführt zu werden, konnte der Rest zur reformierten Stadtkirche marschieren. Auf der Empore hinter der Orgel war der den Soldaten ein für allemal angewiesene Platz. Der sonntägliche Weg zum Gottesdienst war den Bauernburschen etwas Selbstverständliches, nur war hier in Neuwied der Weg bis zur Kirche viel näher als zumeist in ihren heimischen Dörfern. Es hätte hierfür der gräflich-wiedischen Kriegsartikel nicht bedurft, in deren Nummer eins den Soldaten befohlen wurde, sich eines christlichen Wandels zu befleißigen und sich regelmäßig zu den öffentlichen Gottesdiensten einzufinden.
Der eigentliche Höhepunkt des Tages begann aber erst nach der Kirche. Wieder trat das Regiment auf dem Kasernenhof an, diesmal mit Säbeln und Musketen, in großer Montur und in streng der Größe nach geordneten Dreierreihen. Der alte Obrist von Lützow kletterte etwas mühsam auf sein Pferd, das ihm ein Reitbursche hielt. Die prächtig uniformierten Husaren schwenkten – heute ausnahmsweise einmal alle zu Pferde – in Zweierreihe durch das Kasernentor. Das kleine Korps der Spielleute mit Trommeln und Querflöten intonierte einen Marsch, und die ganze gräflich-neuwiedische Streitmacht – insgesamt heute fast zweihundert Mann stark – setzte sich im Gleichschritt in Bewegung.
Von der Schloßstraße her schwenkte der Zug auf den weißen Schloßhof, zwischen den beiden Torhäuschen hindurch. In einem dieser Häuschen hatte das kleine Detachement wiedischer Soldaten, das jeweils für vierundzwanzig Stunden Ehrenwache am Schloß hielt, sein Wachlokal. Das andere Häuschen beherbergte den Schloßkarzer – der meist leer stand – und die Wohnstube des Gefängniswärters, der zugleich als gräflicher Gärtner fungierte.
Gelenkt von den Kommandos der Offiziere – »Links schwenkt marsch – Geradeaus – Kompanie halt« – nahm das Regiment Aufstellung vor dem Schloß, während durch das Hoftor die Scharen der Neuwieder Bürger quollen, die das Schauspiel miterleben wollten. Hinter den geöffneten Fenstern über dem Schloßportal hatten sich die gesamte gräfliche Familie und der kleine Hofstaat eingefunden. Selbst Erbgräfin Louise saß, sorgsam in einen warmen Mantel gehüllt, auf einem bequemen Stuhl, hinter ihr stand Charlotte von Lützow.

Parade des wiedischen Militärs war wie in den meisten anderen Residenzen auch jeden Sonntag nach der Kirche. Aber diese Parade jeweils zur Mitte des Oktobers war etwas Besonderes. Nur einmal im Jahr wurden die neuen Rekruten feierlich auf ihren Landes- und Kriegsherrn vereidigt. Zu diesem Anlaß kamen auch zahlreiche Freiwächter[72] aus den Dörfern der Grafschaft nach Neuwied und nahmen in ihren Uniformen an der Parade teil. Niemals sonst im Jahr konnte man daher in der Stadt so viele Soldaten auf einmal paradieren sehen, und niemals sonst ging es so feierlich zu. Kein Wunder, daß auch die Bürger von Neuwied, ja selbst die Bauern aus dem benachbarten Heddesdorf mit ihren Familien zahlreich als Zuschauer erschienen waren.
Das Regiment war im exakten Halbkarree vor dem Schloß aufmarschiert. Den rechten Flügel bildeten die grünen Husaren, etwa 25 Mann auf prächtigen Pferden; auch dieses Korps war heute durch zahlreiche Freiwächter verstärkt. Die Hauptfront wurde von den beiden Kompanien der Grenadiere und der Musketiere gestellt. Auf dem linken Flügel sah man die kleine gräfliche Artillerie-Batterie mit ihren drei Kanonen, sowie die sechzehn Feldjäger der Grafschaft in ihren grünen Uniformen, befehligt von Major von Hayn.
Auf ein Kommando traten nun die beiden Fähnriche mit den Kompaniefahnen vor. Diese zeigten in prächtiger Stickerei das Wappen der Grafen zu Wied: einen blauen, radschlagenden Pfauen. In exaktem Gleichschritt marschierten die Rekruten des Jahres 1783 an die Fahnen heran und hoben auf ein Kommando die rechte Hand zum Schwur. Oberstleutnant von Trützschler sprach mit lauter Stimme den Wortlaut vor: »Ich schwöre bei Gott, dem Allmächtigen, Seiner Hochgräflichen Gnaden getreu, hold und gehorsam zu sein, dieselbe gebührend zu ehren, deren Nutzen zu fördern, Schaden und Nachteil abzuwenden und den Kriegsartikeln und allen sonstigen Befehlen meines allergnädigsten Landesherren und meiner anderen Vorgesetzten zu gehorchen. So wahr mir Gott helfe durch Jesum Christum, seinen Sohn, Amen!«
Laut hallte der Chor der Stimmen über den Schloßhof, und ein plötzlicher Windstoß ließ die gräfliche Fahne auf dem Dach des Schlosses

72 Freiwächter: Soldaten, die nach ihrer »Grundausbildung« mit ihrer Uniform nach Hause entlassen wurden, aber als Reservisten im Bedarfsfall wieder herangezogen werden konnten.

flattern, als ob der wiedische Pfau sich stolz in die Lüfte erheben wollte.

7

Schon Tage vorher hatten die Lakaien und Hausmägde den großen Festsaal im ersten Stock des Schlosses von den Leintüchern befreit, die fast das ganze Jahr die kostbaren Möbel darin schützten, und sie hatten Staub gewischt. Der Tag der Rekrutenvereidigung, Mitte Oktober, war in jedem Jahr der Anlaß für ein großes Fest am Hofe des Grafen von Neuwied.

Charlotte von Lützow war aufgeregt. Würde dieses Fest, das erste, das sie in Neuwied miterlebte, ihre Erwartungen von fürstlichem Prunk und Pomp erfüllen? Bisher hatte sie nicht viel davon gesehen. Ihre Herrin war wegen ihrer Schwangerschaft von der Teilnahme dispensiert, und sie selbst hatte die Weisung erhalten, sich beim Einzug des gräflichen Paares zusammen mit den Hofkavalieren in dessen Umgebung zu halten, sonst aber sich an diesem Abend frei und unbeschwert zu fühlen und sich zu amüsieren.

So stand die junge Hofdame in ihrem besten Kleid und mit sorgfältig gekräuselten Locken im Vorraum bereit, das Grafenpaar zu empfangen. Mit ihr warteten ihre Kusine Dorothea sowie Major von Dobeneck, Hauptmann von Dieskau und Leutnant von Roeder. Hofkavaliere mußte es geben, zumal bei einem Hoffest, bei dem sich das Ansehen und die Ehre des gräflichen Landesherren sichtbar darstellen sollten. Aber da Celsissimus ein sparsamer und zugleich praktischer Mann war, hatte er schon vor Jahrzehnten die Anordnung getroffen, daß die Offiziere seines Regimentes immer umschichtig und bei Bedarf als Hofkavaliere des regierenden Grafen Dienst tun müßten. Außerdem gehörten die älteren der gräflichen Enkel, die jungen Grafen Clemens und Christian und die Komtessen Caroline und Louise, zum Gefolge, das die hohen Herrschaften beim feierlichen Einzug zu begleiten hatte, sowie der Schwager der alten Gräfin, Graf Johann Martin von Stolberg-Roßla. Seit dessen Frau, die Schwester der Gräfin Caroline, gestorben war, lebte er mit seinen drei Söhnen im Neuwieder Schloß und zählte zur gräflichen Familie.

Die beiden Hornisten des gräflichen Feldjägerkorps waren auf der Empore über dem Festsaal aufgestellt, um mit ihren Jagdhörnern das

Signal zum Beginn des Festes zu geben. Die Flügeltüren öffneten sich, und das Grafenpaar betrat feierlich den Festsaal. Blendende Helle verbreitete sich von den vielen Kerzen der beiden Kronleuchter, die von der Decke herabhingen. Die zahlreichen festlich gekleideten Menschen im Saal verneigten sich tief oder versanken in einen Hofknicks. Während der alte Graf Alexander und seine Gemahlin langsam durch den Raum schritten und immer wieder stehenblieben, um mit einzelnen Gästen ein paar freundliche Worte zu wechseln, betraten die gräflichen Lakaien den Festsaal und boten von ihren Tabletts Gläser mit Wein aus dem gräflichen Keller und Schnittchen mit kaltem Braten an. Das Stimmengewirr der nun wieder lebhaft miteinander plaudernden Menschengrüppchen erhob sich zu beachtlicher Lautstärke. Charlotte kam sich ohne ihre Herrin verloren und nutzlos vor. Sie stand allein in der Nähe eines Fensters und beobachtete die Gäste. Ihr Onkel Bernhard und Tante Ulrike unterhielten sich eifrig inmitten einer Gruppe von Offizieren mit ihren Frauen. Charlotte wagte es nicht, sich dazu zu gesellen, da sie spürte, daß ihr Onkel ihr wegen der Ablehnung ihrer Verbindung mit dem jungen Schnösel von Hayn böse war. Auf einmal stand ein älterer Herr mit einem scharfprofilierten Gesicht neben ihr und hob das Weinglas in seiner Hand:
»Erlauben gnädiges Fräulein einen ganz privaten Toast auf eine der hübschesten jungen Damen in diesem Saal auszubringen?«
Charlotte wurde rot, aber sie faßte sich schnell. Sie kannte den General Clemens Ferdinand von Hachenburg von mehreren Essen her, bei denen er Gast an der gräflichen Hoftafel gewesen war. Herr von Hachenburg wohnte in Neuwied, ihm gehörte ein kleineres Gut vor der Stadt, aber er war, wie es hieß, General im Dienst des Landgrafen von Hessen-Kassel. Dieser unterhielt ja die größte Militärmacht im Reich nächst dem König von Preußen, dem Kaiser und den weltlichen Kurfürsten und freute sich, Leute, denen er wohlwollte, mit militärischen Titeln auszuzeichnen, die ihn nichts kosteten. Der General war ein gutaussehender Mann Ende Fünfzig und verwitwet. Mit distanzierter Freundlichkeit demonstrierte er seine Unabhängigkeit vom hiesigen Landesherren, ohne doch je die Gebote der Höflichkeit zu verletzen.
»Machen Sie mir Komplimente, Herr von Hachenburg?« fragte Charlotte.
»Warum nicht, gnädiges Fräulein«, antwortete dieser galant, »wenn es doch wahr ist? Aber keine Angst, ich alter Mann habe keine unlaute-

ren Absichten dabei. Ich sah Sie nur so allein stehen und wunderte mich, daß niemand von den jüngeren Kavalieren sich einer so bezaubernden jungen Dame annimmt. Zu meiner Zeit mußte man sich durch einen Ring von Anbetern hindurchhauen, wenn man mit einem so reizenden Wesen wie Ihnen sprechen wollte.«

Charlotte mußte leise lachen. Man konnte diesen Herrn von Hachenburg nicht ganz ernst nehmen, aber sie faßte Vertrauen zu ihm und beschloß, auf seinen scherzenden Ton einzugehen.

»Das hätte wohl Mord und Totschlag gegeben, und die Menschheit wäre schnell ausgestorben. Ich bin froh, daß es heute nicht mehr so gefährlich ist. Aber da Sie so gütig sind, mir bei diesem Fest Ihre Gesellschaft anzubieten, wäre ich Ihnen dankbar, wenn Sie mich unwissendes Mädchen vom Lande und aus der Fremde ein wenig ins Bild setzen könnten, wer denn hier alles zur Hofgesellschaft gehört.«

Bald waren Charlotte von Lützow und der alte General in ein eifriges Gespräch vertieft. Herr von Hachenburg nannte ihr die Namen der Gäste und fügte meist kurze Bemerkungen über ihre Profession, ihre Familie oder ihre persönlichen Eigenarten hinzu. Die vornehmsten Gäste waren die Offiziere des gräflich-wiedischen Regiments, die Älteren davon meist mit ihren Frauen. Außerdem waren traditionsgemäß die Mitglieder der gräflichen Regierung und des Konsistoriums geladen sowie die Spitzen der Stadt Neuwied – Bürgermeister, Magistratsmitglieder, Stadtachter und Offiziere der Bürgerwehr –, ferner die Geistlichen der verschiedenen in der Stadt ansässigen Glaubensbekenntnisse und einige der reicheren Fabrikanten und Handelsherren der Stadt. Mit heimlichem Interesse sah sich Charlotte von Lützow aus der Ferne den Kaufmann Johann Wilhelm Breuer an, den Vater des Herrn Philander. Zu ihrem großen Bedauern war dieser nicht auch geladen, sonst – so dachte sie – hätte Herr von Hachenburg sich sicher nicht über die Unaufmerksamkeit der jüngeren Herren mokieren müssen. Laut sagte sie:

»Was mich wundert, Herr General, das ist, daß es unter den vielen Leuten hier so wenige Personen von Adel gibt. Ich habe bisher wenig von Hoffesten gehört, aber mir immer eingebildet, daß diese eine Versammlung des Adels seien.«

»Da haben Sie im allgemeinen recht, mein junges Fräulein«, meinte der General in leicht ironischem Ton. »Sie sollten einmal sehen, wie es bei den vielen und kostspieligen Festen seiner Durchlaucht, des Landgrafen von Hessen-Kassel, oder auch am Hof des Herzogs von Sachsen-

Gotha zugeht. Vor lauter Herren von und Baroninnen zu, Komtessen und Kavalieren zweifelhafter Herkunft sehen Sie gewiß nichts vom gewöhnlichen Volk. Hier in Neuwied ist das doch erheblich anders. Sie müssen wissen, Mademoiselle, daß es hier in der Grafschaft keinen landsässigen Adel mehr gibt, der seit alters auf seinen Gütern wohnt. Alle die alten Familien, die es hier einmal gab, sind mit der Zeit ausgestorben. Auch ich bin ja eigentlich landfremd und habe mich nur hier angekauft. Die Herren Offiziere haben ihren Adelsbrief oft erst erhalten, wenn sie ihre Ernennung in der Tasche hatten, weil Offiziere nun einmal nach alter Tradition von Adel sein müssen. So muß Celsissimus eben mit gewöhnlichen Untertanen vorlieb nehmen, wenn er ein Fest in seinem eigenen Land geben will. Aber er tut es gern, wie man sieht. Gnädiges Fräulein stammen zwar selbst aus einer alten adligen Familie, aber Sie werden es mir nicht übelnehmen, wenn ich bekenne, daß mir die Gesellschaft eines bürgerlichen Fabrikanten oder Handelsherrn, der mit harter Arbeit sein Geld verdient und dem Lande nützt, lieber ist als das eitle Gewäsch eines adligen Nichtstuers.«

»Ich kann Ihnen nicht widersprechen, Herr von Hachenburg«, antwortete Charlotte nachdenklich. »Ich glaube, daß die Tugend das einzige Adelsprädikat ist, das vor dem natürlichen Recht bestehen kann.« Sie verriet nicht, daß sie damit nur einen Gedanken wiederholte, den der junge Herr Philander vor kurzem in der Ismenischen Gesellschaft vorgetragen und der ihr so großen Eindruck gemacht hatte.

»Dieser Gedanke könnte fast die Leitmaxime des Reichsgrafen von Neuwied sein«, ging Herr von Hachenburg darauf ein. »Zur Tugend zählt Celsissimus vor allem die Sparsamkeit, die Einfachheit und die Arbeitsamkeit. Seine Religion hat ihn gelehrt, daß fleißige Arbeit von Gott gesegnet wird und nicht müßige Zeitverschwendung. Daher arbeitet der Graf auch höchstpersönlich hart an der Wohlfahrt seiner Grafschaft. Daher vermeidet er kostspielige Liebhabereien, wie sie bei manchen viel kleineren Landesherren deren Finanzwesen in Unordnung bringen. Daher ist sein Hofstaat so klein und einfach, daß wohl die meisten Standesgenossen über ihn insgeheim lächeln. Seine Hoffeste wie dieses hier, wo es nur ein Glas Wein gibt und kein teures Musikorchester, keine Tänze, die zur Unmoral verführen, und keine Festbanketts, die das Land in Schulden stürzen, wo Bürger gewöhnlichen Standes die Festgesellschaft bilden, solche Feste, mein gnädiges Fräulein, wären in Kassel oder in Darmstadt oder an den kurfürstlichen Höfen in Koblenz und Bonn undenkbar. Hier ist der Landesherr nicht der gottgleich hoch über den Untertanen thronende Souverän, sondern der geliebte Landesvater, zu dem jedes Landeskind mit seinen Sorgen kommen kann. Darum, das will ich Ihnen ganz im Vertrauen verraten, mein liebes Fräulein von Lützow, darum lebe ich auch so gerne hier auf meinem Gut und nicht in Kassel, weil ich ähnlich denke. «

8

Selten war Klosenwöllm ein Weg so schwer gefallen. Nicht die halbe Stunde Fußmarsch von Thalhausen nach Meinborn machte ihm zu schaffen, sondern der Anlaß. Wer geht schon gerne jemanden um etwas zu bitten, wenn er von vornherein weiß, daß diese Bitte vergeblich sein wird? Aber was tat Vater Schneider nicht alles, um die Ehre seiner geliebten Tochter zu retten!

Die letzten Tage waren für die Familie Schneider in steter Aufregung und Sorge vergangen. Klärsch weinte, nun da ihre Schande der ganzen Familie bekannt war, sich ständig die Augen aus. Heimlich hatte man den Viehhirten des Dorfes, den alten Paule, geholt, der so viele Rezepte gegen allerlei Leiden des Viehs und der Menschen kannte. Er war ein verschwiegener, eigenbrötlerischer Mann. Ein Geschenk von zwanzig Albus – es war fast das letzte Bargeld, das Bauer Schneider besaß – hatte ihn bewogen, sein angeblich unfehlbares Rezept zur Beseitigung einer unerwünschten Schwangerschaft anzuwenden, das er sonst ängstlich geheimhielt. Das getrocknete Herz einer Schlange, in ein Beutelchen eingenäht, mußte mehrmals auf den Bauch der Frau gelegt und dabei das Vaterunser gebetet werden. Dann mußte dieses Beutelchen unter Anrufung Gottvaters, Gottsohnes und des Heiligen Geistes in einen rasch fließenden Bach geworfen werden. Alle diese Vorschriften hatte Klärsch weinend, aber gehorsam ausgeführt. Doch nichts hatte sich geändert.

Klosenwöllm hatte darauf nochmals eine geheime Unterhandlung mit dem Nollsmüller gehabt, ob er nicht doch die Klärsch zur Frau nehmen wolle. Von irgendwelchen Forderungen bezüglich des kostenlosen Mahlens hatte Bauer Schneider nicht mehr gesprochen. Das hatte den Nollsmüller mißtrauisch gemacht, und durch geschicktes Fragen hatte er aus Klosenwöllm herausgepreßt, daß schon jemand anderes sich bei Klärsch mit Gewalt die Rechte eines Ehemanns angemaßt habe, was nicht ohne Folgen bleiben werde. Der Nollsmüller hatte erwidert, daß so etwas traurig sei, aber leider öfter vorkomme. Er wolle aber kein von anderen angebissenes Brot weiteressen. So war auch dieser Versuch Vater Schneiders, seiner Tochter doch noch zu helfen vergeblich geblieben.

Auf Klärschs inständiges Bitten und Flehen hatte Klosenwöllm seiner Tochter hoch und heilig versprechen müssen, niemals etwas über den Vater des Kindes zu verraten, so sehr auch die Wut über den adligen Herrn in dem Bauern kochte. Aber der Schwur, den das junge Mädchen damals in seiner Angst geleistet hatte, mußte gehalten werden, koste es, was es wolle. Die ewige Seligkeit seiner Tochter stand auf dem Spiel, und die war ihm noch teurer als ihr offenbar verpfuschtes Leben.

Nun war Klosenwöllm auf dem Weg zum Filbefranz[73], dem Bauern Acker, der im Nachbardorf Meinborn ein kleines Häuschen, ein wenig Land und eine große Familie besaß. Denn unter vielen weiteren Tränen hatte Klärsch ihrem Vater gestanden, daß sie dessen Sohn Jost liebe und er sie auch. Der würde sie sicher heiraten, wenn er nur dürfe, und wenn sie drei Bankerte hätte.

Klosenwöllm hatte extra eine Steinkruke voll frisch gebranntem Schnaps mitgenommen, um das Gespräch von Mann zu Mann zu erleichtern. Aber er gab sich über den Ausgang keinen Illusionen hin. Filbefranz Acker war ein vernünftiger Mann, der Klosenwöllms Sorgen gut verstehen konnte, als der sie ihm nach vorsichtiger Einleitung und unter dem Siegel der Verschwiegenheit mitgeteilt hatte.

»Ich weiß nichts davon, Vetter«, meinte Filbefranz, als die beiden Männer in der engen Küche des Ackerschen Hauses am Tisch saßen und die Familie hinausgeschickt hatten, damit sie sich ungestört unterhalten konnten. »Ich weiß nichts von einer Liebschaft, die der Jost mit der Klärsch hat. Ich hab' nichts gegen die Klärsch. Aber heiraten – wo denkst du hin, Klosenwöllm! Wovon soll der Jost heiraten? Eine Frau mehr im Haus, und bei dem einen Kind wird es nicht bleiben! Mein Ältester, der Hannes, muß selbst noch lange warten, bis er den Hof übernehmen und heiraten kann. Noch bin ich und meine Alte rüstig und will mich nicht aufs Altenteil setzen. Dann ist da noch der Wilm, mein Zweiter, und die Zuffie und der Jost.«

»Könntest du nicht den Hof teilen, Filbefranz?« fragte Klosenwöllm vorsichtig. »Das ist doch üblich hierzulande. Dann könnte der Jost eine Familie gründen!«

73 Filbefranz: Philipp Franz, Name in Westerwälder Mundart.

Kopfschüttelnd meinte Filbefranz Acker:
»Mein Hof ist nicht dein Hof, Klosenwöllm. Mein Vater mußte seinen Hof schon in drei Stücke teilen, weil er drei Söhne hatte. Jetzt habe ich nur noch so wenig Land, daß niemand davon leben könnte, wenn es noch mal geteilt werden müßte. Nein, Klosenwöllm, du weißt doch, wie das ist!«
Stumm nickte Bauer Schneider, der alle diese Argumente ja bereits vorher gewußt hatte. Gab es denn gar keinen Ausweg für seine Klärsch? Mußte sie wirklich ein in Schande gezeugtes Kind als ledige Mutter zur Welt bringen und in Schande damit weiterleben?
Als ledige Mutter würde ihr der Pfarrer das heilige Abendmahl verweigern und dem Kind möglicherweise die Taufe. Im Dorf, ja im ganzen Kirchspiel, würde sie als Hure angesehen werden. Sie würde mit ihrem Kind die Heimat verlassen und als Bettlerin in den Städten versuchen müssen, ihr tägliches Stückchen Brot zu bekommen. Als Straßenhure würde sie enden...
»Könnte sie nicht«, machte Klosenwöllm noch einen letzten verzweifelten Versuch, »könnte die Klärsch dann nicht den Hannes, deinen Ältesten heiraten?«
»Der ist schon versprochen«, schnitt Filbefranz auch den letzten Hoffnungskeim rasch ab. »Und was soll's auch, er müßte doch noch einige Jahre warten. Es tut mir leid, Klosenwöllm, ich kann dir nicht helfen. Du mußt das Schicksal tragen, das Gott dir und deiner Familie auferlegt hat!«

Liebe, Geburt und Tod

1

Schon am frühen Morgen hatte Klosenwöllm sein Haus verlassen, eine Axt über der Schulter und die eine seiner beiden mageren braunroten Fahrkühe am Strick. Ein Balken an der Stallseite seines alten Fachwerkhauses war morsch geworden und mußte dringend ersetzt werden. Geeignetes Holz dafür gab es nur im Anhäuser Märkerwald jenseits des Siersbaches, dort, wo sich das Drama mit seiner Tochter abgespielt hatte. Es war ein regnerischer, unfreundlicher Spätoktobertag, für nichts anderes besser geeignet als für harte Arbeit im Holz. Als Bauer Schneider in dem lockeren Hochwald aus Eichen, Linden und Buchen eine passende jüngere Eiche gefunden hatte, band er seine Kuh an einen Baum. Sie sollte ihm nachher den gefällten Baum nach Hause ziehen. Dann säuberte er die Umgebung von Unterholz und begann mit kraftvollen, geübten Hieben eine Kerbe in den Stamm zu hauen. Weithin hallten die Schläge durch den Wald; sie würden mit Sicherheit einen etwa umherstreifenden Wolf vertreiben. Zwei oder drei Stunden würde Klosenwöllm mit dem Fällen zu tun haben, vier bis fünf weitere Stunden mit dem Entästen und dann noch einmal gut zwei Stunden mit dem Nachhauseschaffen – ein langer harter Arbeitstag, aber nun einmal nötig, wenn sein Haus nicht eines Tages zusammenfallen sollte.

»Was geht denn hier vor? Sind hier Holzdiebe am Werk?«

Eine scharfe Stimme tönte plötzlich dicht hinter Klosenwöllm. Der war so in seine Arbeit vertieft gewesen, daß er die Annäherung eines Reiters nicht bemerkt hatte. Klosenwöllm drehte sich um und stützte sich auf seine langstielige Axt, um den Sprecher zu betrachten.

»Ach, der Herr Forstmeister von Hayn!« stellte Klosenwöllm in einem Ton fest, der weder auf Schrecken noch auf Erstaunen schließen ließ.

»Kann Er nicht die Mütze ziehen, wenn er mit einem Herrn spricht, Bauer?« fuhr der Major von Hayn ihn an.

Mit übertriebener Höflichkeit, aber ohne ein Wort zu sagen, kam Klosenwöllm dieser Aufforderung nach.

»Weiß Er nicht, daß dies gräflicher Wald ist und daß das Holzschlagen

außer im gräflichen Auftrag verboten ist?« schnauzte der Major in seinem grünen Forstmeisterrock. Klosenwöllm öffnete schon den Mund, um heftig zu entgegnen, aber er schloß ihn wieder. Seine Finger spielten mit dem Axtstiel. Mit funkelnden Augen blickte er Herrn von Hayn an.
»Schlägt Er den Baum im Auftrag des Schultheißen oder eines Waldknechtes, Bauer?« drängte der Forstmeister.
»Dies ist der Anhäuser Märkerwald, Herr!« sagte Klosenwöllm, sich zur Ruhe zwingend. »Das war seit uralten Zeiten so, und das wird auch so bleiben, auch wenn Ihr damals unsere Weistümer und Grundtitel konfisziert habt, Herr!«
»Also schlägt Er den Baum für sich und begeht damit Waldfrevel am gräflichen Wald, Bauer?« forderte Major von Hayn nochmals die Bestätigung seiner Vermutung, ohne auf den Einwand Klosenwöllms einzugehen.
»Ich schlage diesen Baum aus eigenem uraltem Recht als Anhäuser Märkergenosse und Schöffe im Märkerding. In diesem Wald hat kein Graf und kein gräflicher Forstmeister etwas zu befehlen!« Die Stimme des Bauern war noch immer ruhig, fast teilnahmslos, so als verkünde ein Richter einen Urteilsspruch.
»Was redet Er da für einen Unsinn, Bauer!« fuhr der Forstmeister dazwischen. »Er weiß ganz genau, daß dieser Wald gräflicher Besitz ist und daß Er sich strafbar macht, indem er hier unerlaubt einen Baum fällt. Aber da er schon einmal an der Arbeit ist, will ich Gnade vor Recht ergehen lassen und Ihn nicht zur Anzeige bringen, wenn er den Baum zu Ende fällt und liegen läßt, bis im nächsten Monat die Anhäuser Bauern hierher befohlen werden, um für das Schloß der Grafen von Wied-Runkel in Dierdorf den Christbrand zu schlagen. Dann kann der Baum hier gleich mit abgefahren werden!«
»Den Teufel werde ich tun!« schrie jetzt Klosenwöllm, der seine Wut nicht mehr zügeln konnte. »Der Baum ist für mein Haus, damit es nicht zusammenstürzt, und für niemanden anderes. Wenn die hohen Herrschaften von Dierdorf Holz zum Heizen brauchen, dann sollen sie es doch selber schlagen, aber nicht in unserem Wald!«
Major von Hayn griff seinem Pferd in die Zügel, daß es sich hoch aufbäumte. Erbittert rief er:
»Was, Er widersetzt sich den herrschaftlichen Befehlen, Er Lump! Das wird Ihn teuer zu stehen kommen!«
»Geht mir aus dem Weg, Herr!« brüllte Klosenwöllm, dessen Stimme

jetzt vor Wut zitterte. »Ein Ast oder meine Axt könnte Euch treffen. Ich habe zu tun!« Damit wandte er sich wieder dem Eichbaum zu und schwang weit ausholend seine Axt.
Eine solche Widersetzlichkeit war dem Major und Forstmeister von Hayn noch nicht vorgekommen. Mit vor Wut hochrotem Gesicht starrte er auf den Bauern, der ihm verachtungsvoll den Rücken zuwandte. Wie von Sinnen zog von Hayn seine Offizierspistole aus dem Halfter.
»Wird Er wohl meinem Befehl gehorchen, Er Lumpenhund?« kreischte er mit überschnappender Stimme.
Klosenwöllm ließ die zum nächsten Schlag bereits erhobene Axt wieder sinken und drehte sich erneut um. Jetzt hatte er sich wieder besser in der Gewalt.
»Eure Befehle gelten hier nichts, Herr von Hayn«, grollte er, »und einen Lumpenhund findet Ihr hier nicht, Herr, der war im Sommer hier mit meiner Tochter!«
Herr von Hayn fuchtelte mit der Pistole umher, aber er schien zu merken, daß die Drohung mit der Waffe den Bauern nicht schreckte. Vielleicht bewahrte ihn auch ein Rest kühler Überlegung davor, den Bauern wegen dieses Streites mit einem Schuß niederzustrecken. Da fiel sein Blick auf die in der Nähe angebundene Kuh, die sich im dürren Herbstlaub Futter suchte.
»Ist das Sein Tier, Bauer?« fragte er. »Er will wohl damit den gestohlenen Baum nach Hause schaffen?« Klosenwöllm nickte nur. »Dann werde ich die Ausführung dieses frechen Diebstahls zu verhindern wissen!« schrie der Forstmeister und zielte mit seiner Pistole aus wenigen Schritten Entfernung auf das Tier. Ein scharfer Knall peitschte durch den Wald und klang als Echo zurück. Die schmächtige Kuh brach in die Knie und fiel zu Boden, während Klosenwöllm fassungslos auf das Tier starrte.
»Wir sprechen uns noch, Bauer!« rief Herr von Hayn, während er seinem Pferd hastig die Sporen gab, um sich außer Reichweite der gefährlichen Axt zu bringen. Ein paar Atemzüge lang hörte man noch das Pochen der galoppierenden Hufe. Dann war Stille...

2

Unruhig drehte sich Erbgräfin Louise im Bett von einer Seite auf die andere. Das schwere Federbett bedrückte sie körperlich, und die dumpfe Luft unter dem von allen Seiten mit dicken Vorhängen gegen die Zugluft abgedichteten Betthimmel erschwerte ihr das Atmen. Das Kind in ihrem Leibe meldete sich wieder einmal mit ungeduldigen Bewegungen. In wenigen Tagen mußte es erneut soweit sein: die Schmerzen und die Erschöpfung einer Niederkunft. Wie vertraut ihr alle diese Zeichen waren, wie vertraut – und wie verhaßt! Schließlich warf Louise das Federbett beiseite und kletterte aus dem Bett. Leise rief sie im Dunklen:
»Charlotte – Fräulein von Lützow!«
Aber niemand antwortete ihr. So blieb der Erbgräfin nichts anderes übrig, als im Dunklen ihre Pantoffeln zu suchen, im Schrank nach einem Pelzcape zu tasten, es sich über das Negligékleid zu legen, das sie im Bett getragen hatte, und mit tastender Hand die Klinke der Vorzimmertür zu drücken, um etwas Licht zu haben.
Aber auch die Kerzen in den Kandelabern des Vorzimmers waren zum Teil verlöscht oder flackerten nur noch düster, weil die Dochte nicht geputzt waren. Unwillig runzelte die Erbgräfin die Stirn. Sie hatte doch ausdrücklich ihre Hofdame gebeten, ausnahmsweise einmal in ihrem Vorzimmer zu wachen, um Lichter und Kaminfeuer in Gang zu halten. Sonst war es nicht Louises Art, ihre Hofdame oder auch ihre Kammerjungfer herumzukommandieren und sie mit absonderlichen Befehlen zu plagen. Aber sie wußte aus Erfahrung, daß es ihr so wenige Tage vor der Entbindung unmöglich sein würde, nachts wach im Bett zu liegen. Sie brauchte dann einfach Licht, Wärme und mitfühlende Gesellschaft im nachtstillen Schloß.
Da war ja auch ihre Hofdame, die junge Charlotte von Lützow. Sie saß am Tisch des Vorzimmers, hatte die Arme auf den Tisch und den Kopf auf die Arme gelegt – und schlief fest. Leise trat Gräfin Louise näher. Ihr kurzer Unwille war schon verflogen, und eigentlich hatte sie Mitleid mit dem jungen Mädchen, dessen häusliches Schicksal es gezwungen hatte, als von jedem Wink ihrer Herrin abhängige Hofdame die Launen einer hypochondrischen, von der Schwangerschaft erschöpften Frau zu ertragen. Leise ergriff die Gräfin die Lichtputzschere, die neben dem Kandelaber auf dem Tisch lag, und stutzte die Kerzendochte, so daß die Kerzen wieder hell und ohne Blaken brannten.

Dann strich sie sanft und mütterlich über das Haar des schlafenden jungen Mädchens, das schließlich nur wenige Jahre älter war als ihre älteste Tochter.
Was lag denn da auf dem Tisch, halb unter den Armen der schlafenden Hofdame verborgen? Es schien ein Brief zu sein, ein angefangener Brief. Voll weiblicher Neugier zog Gräfin Louise langsam und vorsichtig, ohne Charlotte zu wecken, das Papier hervor. *Mein lieber Herr Philander* stand da als Überschrift mit drei Ausrufungszeichen. Philander – wer mag das sein? dachte die Gräfin, bis ihr einfiel, daß vor einiger Zeit ein junger Kaufmannssohn aus Neuwied in der Ismenischen Gesellschaft diesen Namen erhalten hatte. Zuerst belustigt und dann gerührt las die Erbgräfin den Brief und legte ihn dann behutsam soweit wie möglich wieder an Ort und Stelle. Dann wandte sie sich, doppelt unbeholfen durch ihre Schwangerschaft und ihre Unerfahrenheit mit solchen hauswirtschaftlichen Arbeiten, dem Kamin zu, um mit dem Schürhaken das nur noch glimmende Feuer wieder besser zu entfachen. Das Geräusch dabei ließ Charlotte hochfahren. Sie sprang auf und sah zu ihrem höchsten Schrecken ihre Herrin mit der Arbeit einer Stubenmagd beschäftigt.
»Euer Gnaden«, rief Charlotte zitternd vor Angst, »ich habe geschlafen!« Dabei sprang sie zum Kamin, kniete sich davor, riß der Gräfin den Schürhaken aus der Hand und machte sich daran, die Asche von der Glut zu kratzen. Schweratmend setzte sich die Gräfin auf einen Stuhl.
»Sie brauchen sich nicht zu entschuldigen, Charlotte«, sagte sie beruhigend. »Sie sind jung und brauchen Ihren Schlaf. Es war gedankenlos von mir, Sie um die Nachtwache zu bitten. Ich hätte jemand anderes vom Personal damit beauftragen sollen. Aber da Sie nun schon einmal wach sind, setzen Sie sich ein bißchen zu mir und vertreiben einer alten Frau die Zeit, nicht wahr, Charlotte?«
Charlotte von Lützow, die einen harten Rüffel erwartet hatte, blickte mit tränenglänzenden Augen ihre Herrin an. Spontan rutschte sie, die immer noch vor dem Kamin kniete, vor den Stuhl der Erbgräfin und küßte ihr erleichtert und dankbar die Hand. Dann setzte sie sich zaghaft auf einen Stuhl am Tisch.
»Charlotte«, begann die Erbgräfin das Gespräch. »Ich habe Ihren Brief gelesen, den Sie da angefangen haben. Sie brauchen nicht rot zu werden, ich werde gewiß nichts verraten. Aber von Frau zu Frau: lieben Sie den jungen Mann?«

Verwirrt zupfte Charlotte an einer Haarlocke und blickte auf die Tischdecke.
»Euer Gnaden, ich weiß nicht, was ich sagen soll.«
Die Erbgräfin ließ nicht locker. Freundlich meinte sie:
»Ganz einfach, liebes Kind: mögen Sie diesen jungen Mann so gerne, daß Sie bereit wären, alle Schwierigkeiten in Kauf zu nehmen, um ihn zu heiraten? Oder wäre es Ihnen gleich, welchen Mann die Konvention oder die Staatsraison Ihnen zudiktiert, wenn Sie nur in einer Ehe versorgt sind?«
Charlotte sah auf und ihrer Herrin ins Gesicht. Ihr dämmerte allmählich, daß die Erbgräfin dieses intime Gespräch unter Frauen zu nachtschlafender Zeit nicht begonnen hatte, um ihr Vorhaltungen zu machen, sondern aus echter menschlicher Anteilnahme. Oder war es mehr?
»Einen solchen Heiratsplan habe ich bereits zurückgewiesen, Euer Gnaden«, sagte sie leise. »Ich glaube, ich möchte lieber ledig bleiben als einen Mann zu heiraten, den ich nicht achten und lieben kann...«
»Ich möchte lieber ledig bleiben, als einen Mann zu heiraten, den ich nicht achten und lieben kann.« Verwundert hörte Charlotte, wie die Erbgräfin Louise diese ihre Worte ebenso leise und im gleichen Tonfall wiederholte. Mit ganz anderer, entschlossenerer Stimme fuhr die Gräfin fort: »Sagen Sie es mir, liebes Kind, haben Sie Vertrauen zu mir: lieben Sie diesen Mann, an den Sie diesen Brief schreiben wollen? Lieben Sie ihn aufrichtig, so daß Sie ihn heiraten wollen, allen Schwierigkeiten zum Trotz? Er ist ja wohl der Sohn eines Kaufmanns und katholisch obendrein?«
Charlottes Gesicht erglühte erneut. Verwirrt fragte sie sich selbst, was sie eigentlich wollte. Die drängende Frage ihrer Herrin, die sich in dieser Stunde als verständnisvolle mütterliche Freundin offenbarte, zwang sie, sich über ihre Gefühle klar zu werden.
»Ich glaube ja, Euer Gnaden«, hauchte sie. Und im Sturm der Gefühle, die in Sekundenschnelle eine Entwicklung vorwegnahmen, die ohne dieses seltsame nächtliche Gespräch vielleicht Monate oder Jahre gebraucht hätte, fügte sie hinzu: »Ja, Euer Gnaden, ich bin mir ganz sicher. Ich liebe ihn so, daß ich nur ihn heiraten möchte. Und ich glaube, er liebt mich auch.«
»Dann laß mich über eure Liebe wachen, liebes Kind«, sagte Gräfin Louise sanft. »Was ich vermag, will ich tun, damit ich dereinst, wenn Gott mich zu sich nimmt, sagen kann, daß ich *eine* Ehe erlebt habe, die zwischen Menschen geschlossen wurde, die sich innig lieben.«

3

Philipp Breuer saß mißmutig auf der Bank am Fenster des väterlichen Kontors und versuchte die letzte Helligkeit des trüben Nachmittags auf ein Bündel Papiere zu lenken. Nach einem besonders schönen Sommer und Herbst war nun in der letzten Oktoberwoche das Wetter gründlich umgeschlagen. Regenschauer und tiefliegende Wolken zogen über den Rhein, und der Wind drückte den Rauch aus den Schornsteinen der Häuser tief in die Straßen des Städtchens Neuwied.
Seufzend bemühte sich Philipp, anhand des Bündels von Briefen und Rechnungen, Abschriften von Wechseln, Zahlungsanweisungen und anderen Papieren, den Geschäftsgang im Handelshaus seines Vaters zu verstehen. Es schien alles sehr kompliziert zu sein. Philipp war nun über ein Vierteljahr wieder zu Hause, aber er konnte nicht behaupten, auch nur einigermaßen das Ineinandergreifen der verschiedenen Lieferanten, Transporteure und Abnehmer zu durchschauen, mit denen sein Vater und dessen Buchhalter ständig korrespondierten. Nur so viel war ihm klar geworden, daß die Zoll- und Stapelrechte der vielen Landesherren, deren Gebiete an den Rhein stießen, aber auch die engen Zunftregeln der Rheinschiffer, jeden großzügigen und weiträumigen Handel auf dem Rhein nahezu unmöglich machten. Und dennoch hatte sein Vater Geschäftsverbindungen mit Hamburg, Emden und Amsterdam, mit Wesel, Duisburg und Köln, mit Koblenz, Mainz und Mannheim; und Schiffe, voll beladen mit wertvollen Waren, zwar nicht im Namen, aber offenbar auf Rechnung seines Vaters, fuhren zwischen den holländischen Handelsstädten und Straßburg hin und her.
Also versuchte Philipp, den Gang einer bestimmten Schiffsladung anhand der Papiere zu verfolgen: vor sechs Monaten hatte der Herr Vater die Firma Vanderfleth in Amsterdam beauftragt, dem Rheinschiffer Vermeulen aus Rotterdam 10 Säcke rohen Zucker aus Westindien, 3 Säcke Kaffee, 5 Fässer Tabak, 15 große Packen gutes holländisches Leinen und etliche kleinere Posten verschiedener Waren zu verkaufen, zum Transport rheinaufwärts. Eine Abrechnung über die an Vermeulen erfolgte Lieferung im Wert von 1272 holländischen Dukaten oder 10498 Mark Banco hamburgisch war in dem Papierbündel zu finden.
Dafür hatte wohl der Schiffer Vermeulen der Firma Vanderfleth eine Schiffsladung übereignet, die aus Westerwälder Eichenholz, einigen

Fässern Alaunerde und 3000 Schiffspfund Stab- und Reckeisen aus dem Rasselsteiner Eisenwerk in der Grafschaft Neuwied bestand. Vermeulen hatte diese Ladung in Wesel übernommen und rheinabwärts über die holländischen Kanäle bis Amsterdam gebracht. Nach einer Aufstellung, die Philipp ebenfalls vorfand, hatte diese Ladung einen Wert von 7140 Gulden nach dem 24 Gulden-Fuß oder 1428 holländischen Dukaten gehabt. Soweit verstand es Philipp. Aber was hatte eigentlich sein Vater damit zu tun?
Verzweifelt ließ Philipp die Papiere sinken. Nein, er konnte sich nicht darauf konzentrieren. Seine Gedanken wanderten allzu oft zu einem Kopf voll blonder Locken. In seinem Unterbewußtsein beschäftigte er sich mehr damit, wie er unauffällig Charlotte von Lützow wiedersehen könne als mit den Geschäftspapieren seines Vaters. Philipp war dankbar, als es an der Tür des Kontors klopfte. Der alte Buchhalter Adam Fuchs, der sich in Abwesenheit seines Prinzipals in diesem Raum als Hausherr fühlte, rief vom Stehpult mit dem Kienspan darüber sein »Herein«, ohne den Kopf zu wenden.
Knicksend trat ein junges Mädchen in die Tür. Kaum jemand, der sie vorher gesehen hatte, würde in ihr die verängstigte und verhärmte Schwester Schettlerin aus dem Haus der ledigen Herrnhuter Schwestern wiedererkannt haben. In den kurzen Wochen, die sie sich jetzt im Haus Breuer aufhielt, war Elisabeth unter freundlichen Menschen, die ihr nicht jedes Wort und jedes Lachen verboten, zu einer unbefangenen jungen Frau aufgeblüht. Das bunte Tuch, das sie um die Schultern trug und vorzüglich zu ihren blonden Haaren paßte, zeigte, daß sie von weiblicher Eitelkeit nicht ganz frei war. Halb als Gast des Hauses, halb als Hilfe im Haushalt bei freier Station und Wohnung und achtzehn Talern Jahresgehalt – so hatte Johann Wilhelm Breuer es von Anfang an mit ihr ausgemacht – konnte sie jederzeit den Dienst im Haus Breuer verlassen, wenn sie dies wollte. Aber vorerst verspürte sie gar keine Neigung dazu. Philipp hatte schon oft mit angehört, wie sie in der Küche mit der alten Trine und den beiden jungen Küchenmägden scherzte und kicherte.
Jetzt blickte Elisabeth den von ihr schwärmerisch verehrten jungen Herrn Prinzipal strahlend an und meldete:
»Eine junge Frau ist draußen, gnädiger Herr, sie sagt, sie käme vom Schloß.«
Hastig rief Philipp:
»Laßt sie herein, Jungfer Elisabeth, schnell!« Und er drängte Elisa-

beth, die immer noch unter der Tür stand, zur Seite. »Guten Tag, Jungfer Anna. Ihr bringt mir sicher etwas vom Schloß.«
Anna Pritzke blickte sich neugierig in der Kontorstube um und knickste tief. Unter ihrem Busentuch holte sie ein kleines, mehrfach gesiegeltes Briefchen hervor.
»Mit einem schönen Gruß, gnädiger Herr. Sie wissen schon, von wem.«
Philipp griff in seine Rocktasche und zog einen wohlgefüllten Geldbeutel hervor.
»Habt herzlichen Dank, Jungfer. Hier, das ist für Ihre Mühe.«
Erstaunt blickte Anna auf das glänzende Guldenstück. Noch nie hatte sie für einen so kurzen Weg von nur wenigen hundert Schritten einen so überreichlichen Botenlohn erhalten. Mit einem neuen Knicks verabschiedete sie sich.
Philipp flüchtete mit dem Papier, das ihm kostbarer war als ein kaiserliches Privileg, in sein Dachstübchen. Vor Nervosität gelang es ihm nicht, mit Stahl und Feuerstein eine Kerze zu entflammen. Innerlich fluchend vor Ungeduld mußte er noch einmal hinunter in die Küche laufen, um am ständig brennenden Herd seine Kerze zu entzünden. Dann erst war es ihm möglich, die Siegel zu erbrechen und das zierlich gefaltete Papier aufzuschlagen.
Mein lieber Herr Philander!!! stand da, und unwillkürlich hob Philipp den Brief an seine Lippen, um einen Kuß darauf zu hauchen. Charlotte hatte ihm geschrieben! In ihrer unkomplizierten Art erzählte sie ihm von ihrem Ergehen und beschrieb, wie sie sich den Kopf zerbrochen habe, bei welcher Gelegenheit sie sich beide wiedersehen könnten, ohne Aufsehen zu erregen.

Denken Sie sich, lieber Freund, heute nacht ist ein Ereignis eingetreten, das mir zu großer Klarheit über meine Freundschaft zu Ihnen verholfen hat und das vielleicht dazu beitragen kann, unser beider Leben von Grund auf zu verändern. Worin dieses Ereignis bestand, möchte ich dem Papier nicht anvertrauen. Aber eine Auswirkung davon ist meine herzliche Bitte an Sie, lieber Freund, ob Sie nicht über zwei Wochen zum Ball Seiner Durchlauchtigsten Hoheit, des trierischen Kurfürsten, ins Schloß Engers kommen können. Als Sohn eines kurtrierischen Kammerrats dürfte es Ihnen doch möglich sein, eine Einladung dorthin zu erhalten. Meine Herrin hat mich für diesen Abend beauftragt, Celsissimi dorthin zu begleiten, die eingeladen sind. Die Erbgräfin selbst geht ja nicht mehr aus dem Haus, da sie in den allernächsten Tagen ihre

Niederkunft erwartet. Werden wir uns in Engers sehen, mein lieber, lieber Freund? Es sehnt sich nach Ihrer Nähe, Ihre Phyllis.

4

Unter der uralten riesigen Eiche am Rande des Anhäuser Märkerwaldes jenseits des Siersbaches herrschte ein lebhaftes Treiben. Aus allen vier Dörfern des Kirchspiels Anhausen strömten die Bauern zum jährlichen Märkerding.[74] Niemand wußte zu sagen, seit wie vielen Generationen diese Versammlung unter freiem Himmel üblich war. Sie schien uralt zu sein. Denn ihr Termin am Nachmittag des 1. November, des Allerheiligentages, den in der seit zweihundertfünfzig Jahren evangelisch-reformierten Grafschaft Wied niemand mehr als Feiertag beging, ließ darauf schließen, daß der Ursprung dieses Brauches irgendwann in grauer Vorzeit gelegen haben mußte. Das zumeist schlechte Wetter an diesem Tag focht die Bauern nicht an. Sie legten einfach einen Regenumhang aus schwerer hausgewebter Wolle um. Ein Märkerding in einem geschlossenen Raum war jedenfalls genauso undenkbar wie ein Gottesdienst im Freien.

Auf der moosüberwachsenen Steinbank unter der Eiche hatte Schultheiß Klein Platz genommen. In seinem resedagrünen Sonntagsrock und einer weißgepuderten Perücke unter dem dreieckigen Hut wirkte er etwas fremdartig zwischen den Bauern in ihrem Sonntagsstaat. Im Grunde war auch er nur ein Bauer. Aber die Gnade Celsissimi und die Größe seines Hofes hatten ihn nun einmal zum Schultheißen und Vertreter des Landesherrn im Kirchspiel Anhausen auf Lebenszeit gemacht. Daher mußte er bei einer solchen Gelegenheit repräsentieren und die ungewohnte Tracht der Stadtleute tragen.

Links vom Schultheißen, der als einziger das Recht hatte, bei dieser Versammlung zu sitzen, hatte Pfarrer Caesar in Talar und Halskrause seinen Platz. Es gehörte zu seinen Amtspflichten, mit einem kurzen Gebet das Ding zu eröffnen und zu schließen. Auch Lehrer Schneider von Anhausen, der zugleich die Dienste des Küsters an der alten Kirche versah, stand mit einem mächtigen Buch unter dem Arm, einem Tintenfaß vor sich und einer Gänsefeder über dem Ohr bereit, seines Am-

74 Märkerding: Jährliche Versammlung der genossenschaftlichen Waldeigentümer. Das Wort »Ding« ist die deutsche Entsprechung des nordgermanischen »Thing«.

tes als Protokollführer zu walten. Im Halbkreis um den Schultheißen, Pfarrer und Lehrer hatten sich die acht Dingschöffen aufgestellt, zwei aus jedem Dorf des Kirchspiels. Sie waren die gewählten Sprecher und Vertreter der Bauern im Märkerding. Mit der Wahl dieser Schöffen durch die Bauerschaft ihres Dorfes war es allerdings so, daß in der Regel die Besitzer bestimmter Höfe auf Lebenszeit mit diesem wichtigen Amt betraut wurden; so gab es keinen Streit über die geeignetsten Vertreter. Rund um diese kleine Gruppe der Honoratioren bildeten die etwas über hundert Bauern aus dem Kirchspiel den mehr oder weniger auf die Rolle von Zuhörern beschränkten Umstand[75] des jährlichen Märkerdings.

Nach dem Gebet des Predigers Caesar setzte sich Schultheiß Klein von Anhausen würdevoll wieder auf die Steinbank und sprach seine von der Tradition geheiligten Einleitungsworte:

»Im Namen und an Stelle des Holzgrafen[76], Seiner hochgräflichen Gnaden, des regierenden Reichsgrafen zu Wied-Neuwied, frage ich das Anhäuser Märkerding, ob es zur rechten Zeit und am rechten Ort sich versammelt habe?«

Feierlich sprachen die acht Schöffen wie im Chor ihr Ja.

»Ist jemand im Ding, der nicht Märker ist?« fragte der Schultheiß weiter.

Die Schöffen wandten sich um und prüften die in Gruppen zusammenstehenden Bauern ihrer Dörfer, obwohl sie natürlich genau wußten, daß niemand unbefugt sich in den Umstand gemischt hatte. Aber diese Prüfung gehörte genauso zum alten Zeremoniell wie ihre Antwort: »Nein«.

Schultheiß Klein erhob sich daraufhin und erklärte feierlich das diesjährige Märkerding nach altem Brauch und Recht für eröffnet. Danach setzte er sich wieder und stellte die nächste vorgeschriebene Frage:

»Hat jemand etwas Erhebliches gegen die bisherigen beiden Waldknechte der Märkerschaft einzuwenden?«

75 Umstand: die »Umherstehenden«; nach dem germanischen, in ländlichen Gegenden Deutschlands bis ins 19. Jahrhundert erhaltenen Rechtsbrauch die Teilnehmer eines Gerichts, einer rechtssetzenden oder rechtsprechenden Versammlung (»Ding«), die aber im Gegensatz zu den Schöffen nur als Ganzes zustimmend oder ablehnend mitwirken konnten.

76 Holzgraf: Der Leiter oder Vorsteher der Genossenschaft der Waldeigentümer, des Märkerdings; im Mittelalter einer der Genossen, später ging diese Würde meist auf die größeren Grundherren oder – wie in Neuwied – auf die Landesherren über.

Beide Waldknechte, denen die Aufsicht im Wald oblag, waren schon seit fast zwanzig Jahren im Dienst, aber sie mußten jedes Jahr neu bestätigt werden. Nach dem üblichen Schweigen auf diese Frage erklärte Schultheiß Klein die beiden Waldknechte für bestätigt.
Das war die kurze Eröffnung des Märkerdings, der der herkömmliche Schnatgang[77] folgte, der längste Teil der ganzen Versammlung. In langem Zug umwanderten die Bauern die Grenzen des zum Kirchspiel Anhausen gehörigen Märkerwaldes, an jeder markanten Ecke Halt machend.
»Bis zu der Buche, allwo einst Filbdresen[78] den Tod fand – Gott sei seiner unsterblichen Seele gnädig – reicht der Anhäuser Märkerwald!« verkündete der Schultheiß mit lauter Stimme und fragte: »Ist es recht so?«
Und im Chor antworteten die Schöffen, nachdem sie pro forma ihre Dorfgenossen befragt hatten: »Es ist recht so!« Die uralte Buche, die den Platz markiert hatte, war vor einigen Jahren umgefallen und als Brennholz abgeräumt worden. Auch wußte niemand mehr, wer einst Filbdresen gewesen und wie er zu Tode gekommen war; aber es war undenkbar, einen zum Märkerzeremoniell gehörigen Spruch zu verändern.
Endlich, nach einem gut zweistündigen strammen Marsch, war die Versammlung wieder an der Märkereiche angekommen. Zufrieden, diese lästige Zeremonie hinter sich gebracht zu haben, ließ sich Schultheiß Klein wieder auf der Steinbank nieder und befahl dem Lehrer Schneider, im Protokollbuch zu vermerken, daß der Schnatgang der Anhäuser Märkerschaft nach altem Recht und Brauch am 1. November Anno Domini 1783 erfolgt sei.
»Im Namen Seiner hochgräflichen Gnaden, unseres allergnädigsten Herrn Grafen, habe ich zu verkünden, daß die Märker von Thalhausen in diesem Jahr angewiesen werden, den Christbrand für das Dierdorfer Schloß im alten Buchenhang zu schlagen.« Schultheiß Klein hatte es eilig. Er fröstelte, es war kalt und feucht im Wald, und es wurde bald dunkel. Er wollte nach Hause.
Da meldete sich Klosenwöllm Schneider von Thalhausen zu Wort. Als gewählter Dingschöffe hatte er das unbestreitbare Recht, im Märkerding zu reden.

77 Schnatgang: Umgang um die Grenze eines Grundstücks, einer Gemeinde (Schnat = Grenze).

78 Filbdresen: Philipp Andreas, Name in Westerwälder Mundart.

»Wir haben jetzt, Herr Schultheiß«, begann er bedächtig und seine Gefühle im Zaum haltend, »wie jedes Jahr die Grenze unseres Märkerwaldes umschritten und seine Größe festgestellt. Aber wir Märker wissen nicht, welche Rechte wir in unserem eigenen Wald haben. Der Herr Graf läßt uns anweisen, den Christbrand[79] für das Schloß in Dierdorf zu schlagen und abzufahren. Aber sonst sollen wir keine Rechte haben. Es heißt, daß der Wald dem Herrn Grafen gehört und der Märkerschaft nur zum beschränkten Lehen gegeben sei. In Wahrheit ist es umgekehrt, Herr Schultheiß. Vor ein paar Tagen, Herr Schultheiß, hat mir der Herr von Hayn die Fahrkuh totgeschossen. Die sollte einen Baum ziehen, den ich hier im Wald fällen wollte. Ich brauche den Baum nötig, damit mein Haus nicht zusammenfällt. Ich frage das Märkerding: ist das das einzige Recht von uns Märkern an unserem eigenen Wald, sich vom gräflichen Forstmeister die Kuh totschießen zu lassen, wenn man einen Baum braucht?«

»Er weiß, Bauer Schneider«, meinte Schultheiß Klein vorsichtig, »daß Seine hochgräfliche Gnaden das Holznutzungsrecht an diesem Wald haben und den Viehtrieb[80]. Da hat der gräfliche Forstmeister auch das Recht, gegen Holzdiebe einzuschreiten!«

»Den Teufel weiß ich von diesem Recht«, polterte Klosenwöllm los. In der Erinnerung an jenen schmachvollen Augenblick im Wald brachte er es jetzt nicht mehr fertig, seine Wut zu beherrschen. Das Murmeln und Murren im Umstand zeigte ihm, daß wohl alle Bauern so dachten wie er. »In unserem eigenen Wald bin ich kein Holzdieb. Wenn von einem Dieb die Rede ist, dann frage ich, wer hat vor zwanzig Jahren mit Gewalt die Weistümer und Grundtitel unserer Märkerschaft hier in Anhausen und Thalhausen abgeholt? Das war der Herr Forstmeister von Hayn. Meinen Schwiegervater, Gott hab ihn selig, hat vor Ärger und Wut fast der Schlag getroffen, als damals der gnädige Herr mit zwei Feldjägern kam und die Lade hat aufbrechen lassen, in der diese Papiere seit Generationen verwahrt wurden. Heute kann der Herr Graf und kann der Herr Forstmeister behaupten, was sie an Rechten haben an unserem Wald, wie es ihnen beliebt. Wir haben ja nichts mehr in der Hand, womit wir unser gutes eigenes Recht am Wald beweisen können. Wer ist hier der Dieb, frage ich?« schloß Klosenwöllm rhetorisch geschickt.

79 Christbrand: Holzlieferung zu Weihnachten.

80 Viehtrieb: Das Recht, Vieh (vorzugsweise Schweine) in den Wald treiben zu lassen, um sie durch Eichelmast fettzumachen.

Erneutes Murren und verhaltene Rufe zeigten dem Schultheißen an, daß er das gesamte Märkerding gegen sich haben würde, wenn er jetzt zu scharf entgegnete. Schultheiß Klein war ohnehin in dieser Frage in einer schwierigen Lage. Er war ein gräflicher Beamter, Celsissimus und der gräflichen Regierung für die pünktliche Ablieferung der Abgaben an den Landesherrn und die anderen Zinsberechtigten in seinem Kirchspiel verantwortlich, ebenso wie für ein Verhalten der Untertanen gemäß Brauch und Ordnung und den Anweisungen des Grafen. Aber er war schließlich selbst ein Bauer, ein Märker, dem der Widerspruch zwischen der jährlichen Durchführung des althergebrachten Märkerzeremoniells und den faktisch nicht mehr vorhandenen Rechten der Bauern an ihrem eigenen Wald längst klar war. So antwortete er diplomatisch:

»Seine Rede, Klosenwöllm, soll im Protokollbuch unseres Märkerdings aufgenommen werden. Lehrer Schneider, schreibe Er das nieder. Im übrigen werde ich nicht verfehlen, Seiner hochwohllöblichen gräflichen Regierung zu berichten und einer höheren Entscheidung gemäß zu verfahren. Hiermit ist das diesjährige Märkerding geschlossen. Pfarrer Caesar, sprechen Sie Ihr Gebet!«

Kaum war das Amen verklungen, so eilte Schultheiß Klein aus dem Kreis der Märker.

Auf dem ganzen Heimweg nach Anhausen hörte der Schultheiß hinter sich wie eine Drohung das Gespräch der Bauern, die in ihrer wortkargen Art, dennoch deutlich erregt, den ungewöhnlichen Verlauf dieses Märkerdings kommentierten.

5

Das Raunen und Laufen im Schloß war vorüber, die Ruhe nach einem Tag voll Aufregung und Spannung wieder eingekehrt. Ruhig lag Erbgräfin Louise in ihrem Himmelbett und schlief den Schlaf der Erschöpfung. Am Mittag dieses 6. November 1783 hatte sie ihr neuntes Kind geboren, einen gesunden Jungen. Die Glocken der reformierten Stadtkirche in Neuwied hatten an einem normalen Arbeitstag, einem Dienstag, zu ungewöhnlicher Zeit geläutet, um der ganzen Stadt das freudige Ereignis im Hause des Landesherrn mitzuteilen. Der kleine Graf Victor, ein strammer Junge, lag ordentlich in saubere Leinentücher gewickelt und von der Milch einer Amme gestärkt, in seiner Wiege im Nebenzimmer und schlief ebenfalls.

Charlotte von Lützow saß in einem großen Lehnstuhl am Fenster, von wo sie das Bett ihrer Herrin gut im Auge hatte. Celsissimus hatte für die ersten Tage nach der Niederkunft eine ständige Wache am Bett der Wöchnerin angeordnet, damit ihr sofort jeder Wunsch erfüllt werden konnte. Diesmal, so hatte Charlotte sich vorgenommen, würde sie nicht wieder während ihres Dienstes einschlafen. Schamvoll dachte sie an die Szene vor einigen Tagen, als ihre Herrin sie nachts im Schlaf überrascht hatte. Doch war das nicht zu ihrem Glück gewesen? Sie hatte, durch die beharrlichen Fragen der Erbgräfin gezwungen, sich selbst ihre tiefe Liebe zu Philipp Breuer eingestanden. In ihrem Leben gab es nun einen festen Punkt, um den sich ihr Denken drehte. In gut acht Tagen würde sie ihn sehen, und sicher würden sie beim Ball des trierischen Kurfürsten auch genug Gelegenheit finden, sich ungestört auszusprechen und sich über ihre Zukunft klarzuwerden.
Die Gedanken Charlottes wandten sich wieder ihrer Herrin zu. Die Wehen vor der Geburt waren schlimm gewesen. Gräfin Louise hatte sich oft mit einer Hand an der Bettlade festgekrallt und mit der anderen Charlottes Hand gepackt. Stundenlang hatte die Hofdame neben dem Bett ihrer Herrin sitzen müssen. Aber dann war die eigentliche Geburt rasch und ohne Komplikationen vonstatten gegangen. Der gräfliche Leibarzt, Hofmedicus Dr. Bruning, hatte die Sternmannin, die Wehmutter der Stadt Neuwied, bei ihren Hantierungen überwacht.
Als alles vorüber war, hatten als erste Celsissimus und seine Gemahlin, die hohen Schwiegereltern, der Mutter gratuliert, gefolgt von den erbgräflichen Kindern, den Hofdamen, dem Hofmarschall, dem Hofprediger von Roques und Hauptmann Schwarz. Auch Graf Johann Martin von Stolberg-Roßla war zu der vom Neuwieder Hofbrauch vorgeschriebenen Gratulationscour erschienen. Nur vom Erbgraf Friedrich Carl, dem Gatten und Vater des Kindes, war nichts zu sehen oder zu vernehmen. Er weilte schon seit Wochen auf seinem Hof Bonefeld.
»Charlotte«, tönte es leise vom Bett her. Die junge Hofdame sprang auf und eilte zu ihrer Herrin.
»Euer Gnaden sollten doch schlafen!« meinte sie vorwurfsvoll.
»Ich habe schon geschlafen und werde es sicher nachher bald wieder tun«, sagte Gräfin Louise. »Aber im Augenblick bin ich wach. Setzen Sie sich zu mir, Charlotte, ich kann jetzt nicht allein sein!«
Gehorsam trug Charlotte von Lützow einen Schemel an das Bett und

setzte sich darauf. Wieder faßte die Erbgräfin ihre Hand und drückte sie. »Wissen Sie, Charlotte, wie schmerzhaft es ist, ein Kind auf die Welt zu bringen?« brach es aus ihr heraus. »Und wie unerträglich und demütigend, ein Kind zur Welt bringen zu müssen, für dessen Vater man nur Abscheu und Verachtung empfindet? Oh, Charlotte, vielleicht wird es einmal ein Jahrhundert geben, in dem Frauen die Männer heiraten dürfen, die sie lieben, ein Jahrhundert, in dem keine Staatsräson, keine Pflicht und kein Familienrat über das Lebensschicksal von Menschen beschließt.« Die Hand der Gräfin, mit der sie die Hand Charlottes umfaßte, zuckte nervös. Erschöpfung und Nervenanspannung hatten Gräfin Louise offenbar in eine Stimmung gebracht, die sie über alle Schranken des guten Tons hinwegsetzte und sie zwang, endlich einmal einem fremden Menschen ihre innersten Gedanken mitzuteilen. »Nie wieder will ich diesen Menschen berühren oder gar von ihm schwanger werden! Er fordert von mir die Erfüllung der ehelichen Pflichten, wieder und wieder, ohne mir nur im geringsten ein freundliches Gefühl oder gar Liebe entgegenzubringen! Er ist ein Rohling, ein Barbar! Oh, meine guten armen Kinder, so einen Vater zu haben!«

Gräfin Louise schwieg einen Moment und drehte den Kopf zur Seite, um ihre Tränen zu verbergen. Doch nachdem sie einmal damit begonnen hatte, einen anderen Menschen in ihr Herz blicken zu lassen, brachen sich ihre ein Leben lang aufgestauten, bisher nie geäußerten Gefühle Bahn.

»Wissen Sie, Charlotte, in Kreisen der Bürger und der Bauern mag es das ja häufiger geben, daß Eheleute glücklich miteinander leben und sich treu sind. Aber im hohen Adel kenne ich kaum eine Frau, die den äußeren Glanz und ihren Titel Majestät oder Hoheit oder Durchlaucht nicht mit einem Leben voll innerer Demütigung und Einsamkeit bezahlen muß. In den meisten Fürstenhäusern gehört es zum guten Ton, daß die Männer ihre Mätressen haben und ins Bett ihrer rechtmäßig angetrauten Gattin nur dann steigen, wenn sie den Thronerben zeugen müssen!«

Charlotte wagte, ermutigt durch das Vertrauen, das ihre Herrin ihr geschenkt hatte, einen vorsichtigen Einwand.

»Aber, Euer Gnaden, hier in Neuwied habe ich noch nie etwas davon gehört, daß es Mätressen am Hof gibt. Hier lebt man doch viel zu sehr nach der strengen Moral der reformierten Kirche. Denken Sie doch nur an Seine hochgräfliche Gnaden, Ihren Herrn Schwiegervater.«

»Er ist auch eine der ganz wenigen Ausnahmen, die ich kenne«, gab

Gräfin Louise zu. »Wenn ich ihn und meine Schwiegermutter hier nicht hätte, die mich trösten und die mich verstehen, dann wüßte ich nicht, was ich täte. Nein, Charlotte, da haben Sie recht, Mätressen, wie sie in Frankreich, in Hessen-Kassel und an unzähligen großen und kleinen Höfen geradezu offiziell zum Hofstaat gehören, die gibt es hier nicht. Aber meinen Sie, Charlotte, ich wüßte nicht, daß mein Mann sich von seinem Kammerdiener und Spießgesellen Paster fast jeden Abend willfährige Frauen aus Koblenz, Frankfurt oder anderswoher zuführen läßt? Und dennoch ist er in seiner fleischlichen Lust so unersättlich, daß er mich bedrängt, selbst wenn meine Schwangerschaft schon weit fortgeschritten ist. Erinnern Sie sich, Charlotte, an unseren Aufenthalt in Monrepos im August? Da kam er nachts, berauscht vom Wein und seiner Sinne nicht mehr mächtig, und forderte von mir, daß ich seinen viehischen Gelüsten nachgebe. Nur die verschlossene Tür hat mich gerettet. Oh, Charlotte, was ist das für ein Leben!« Erschöpft schwieg die Gräfin. Charlotte von Lützow, durch die freimütigen Bekenntnisse ihrer Herrin innerlich zutiefst aufgewühlt, glaubte schon, daß diese wieder eingeschlafen sei. Doch fast wie im Halbschlaf murmelnd sprach Gräfin Louise ihre Hofdame noch einmal an: »Charlotte, ich wünsche Ihnen ein besseres Schicksal!«

6

Mit fliegendem Atem hastete Cord Velten den steilen Hang vom Iserbach zum Dorf Thalhausen hinauf. Immer ihn, den Müllerknappen, mußte alles Unheil treffen, dachte der Fünfzehnjährige wütend. Erst schickte ihn der Nollsmüller in der Dämmerung des grauen Novembermorgens hinaus, um nachzusehen, welche Störung das große Mühlrad am Drehen hinderte. Dann mußte er dort im Wasser des Mühlteiches den grausigen Fund machen, den er gewiß in seinem ganzen Leben nicht vergessen würde: die Leiche eines jungen Mädchens. Ihr Kleid hatte sich in der Welle des Mühlrades verfangen, aber offenbar war sie schon vorher ertrunken gewesen. Der Nollsmüller hatte in dem Mädchen die Klärsch erkannt, die Tochter des Bauern Klosenwöllm von Thalhausen. Und nun mußte er sich auch noch die Lunge aus dem Leib hetzen und dem Vater die traurige Nachricht überbringen.

Der Nollsmüller hatte sich merkwürdig benommen, fand der junge

Müllerbursche. Als sie beide vorhin mit vereinten Kräften die Tote aus dem Wasser gezogen und vorläufig auf eine Strohschütte vor die Tür des Müllerhauses gebettet hatten, da hatte der Nollsmüller lange stumm das Mädchen angeblickt und gemurmelt: »Dies Schicksal hattest du nicht verdient, Klärsch!« Dann hatte er sich umgewandt und war ins Haus gegangen. Von drinnen hatte er dem Müllerburschen zugerufen, dem Vater Bescheid zu sagen.
An der Tür des alten Bauernhauses, in dem Klosenwöllm und seine Familie wohnten, klopfte der Müllerbursche. Das Pochen klang laut und unheilverkündend durch die neblige Morgenluft. In der Küche fand Cord den Bauern am Tisch sitzend, den Kopf in den aufgestützten Armen verborgen. Eine Schnapskruke lag vor ihm, sie war leer.
»Klosenwöllm, Eure Tochter ist tot!« verkündete der Junge laut und ohne jedes Zartgefühl. »Sie liegt unten vor der Nollsmühle. Ihr könnt sie abholen. Sie ist ins Wasser gefallen, sagt der Nollsmüller!«
Neugierig sah der junge Bursche dem Bauern ins Gesicht, als dieser den Kopf hob. Doch Klosenwöllm blickte geistesabwesend durch den Unglücksboten hindurch. Seine Tochter, sein Augapfel Klärsch, war verschwunden, war seit gestern abend trotz allem Suchen und Rufen im Dorf nicht nach Hause gekommen. Das konnte nur eines heißen...
»Habt Ihr's gehört, Klosenwöllm«, fragte Cord nach, rücksichtslos in der Unbekümmertheit seiner Jugend. »Habt Ihr's gehört, Eure Tochter ist tot!«
Langsam, wie betäubt, nickte Klosenwöllm.
»Ja, ich hab's gehört«.
Die Nachricht konnte ihn nicht mehr überraschen und nicht mehr erschüttern als er ohnehin erschüttert war. Sie war wie eine Bestätigung einer längst bekannten Tatsache. Seine Klärsch war tot. Im Teich der Mühle, den sie so gefürchtet hatte, hatte sie die Erlösung von einem Leben gesucht, das ihr noch furchtbarer schien als der schimpfliche Tod. Ein einziger verhängnisvoller Augenblick im Wald, ein Mensch, der rücksichtslos seine Standesvorrechte mißbrauchte, hatte das alles verschuldet. Ein hoffnungsvolles, junges Leben war verpfuscht und mußte in Sünde, Schande und Schimpf enden.
»Verdammter Junker, das werde ich dir heimzahlen!« Klosenwöllm knirschte diese Worte mit zusammengebissenen Zähnen. Der Müllerbursche hörte mit offenem Munde zu, aber er konnte sich keinen Reim auf diese geheimnisvollen Worte machen.
Da Bauer Schneider weiter stumm blieb und mit vor Verzweiflung

und Schnaps trüben Augen vor sich hin stierte, zog sich Cord still wieder zurück. Er hatte seine Botschaft überbracht. Was weiter passierte, sollte ihn nicht kümmern. Aber er versäumte nicht, noch beim Nachbarhaus anzuklopfen und auch dort mit lauter Stimme seine Todesnachricht loszuwerden. Es dauerte keine Viertelstunde, bis es in den vierundzwanzig Häusern des Dorfes Thalhausen keinen erwachsenen Menschen mehr gab, der vom Tod der Klärsch nichts gehört hatte. Denn eine Todesnachricht mußte unverzüglich weitergegeben werden. Wer solches Wissen über Nacht bei sich behielt, der würde schon im nächsten Jahr sterben. Das war die feste Überzeugung der Bauern.

7

Würdevoll betrat der Herr gräflich-wiedische Kanzleidirektor Wilhelm Christoph von Becmann die niedrige Stube über den Gewölben des gräflichen Weinkellers, in der sich jeden Montag und Freitag, Schlag zehn Uhr vormittags, die gräfliche Regierung zu versammeln pflegte. Herr von Becmanns tressenbesetzter langer Rock aus dunkelblauer Seide harmonierte vorzüglich zu dem hellblauen Seidenhalstuch, das künstlerisch um seinen Kragen geschlungen war. Seine Perücke war tadellos gepudert, seine Manschetten exakt gefältelt, die goldenen Schnallen an seinen Schuhen glänzten. Der Herr Kanzleidirektor war ein wenig eitel.

Wer ihn aber deswegen für einen oberflächlichen Menschen gehalten hätte, der täuschte sich gewaltig. Seine Intelligenz und sein umfassendes Wissen über alle Zweige der Nationalökonomie und der inneren Verwaltung waren ebenso unbezweifelbar wie sein enormer Arbeitseifer als Leiter der Regierung der Grafschaft Neuwied und seine unbedingte Loyalität und Verehrung für Graf Alexander. Vor zwanzig Jahren war er auf Empfehlung seines mecklenburgischen Landsmannes, des damaligen Majors von Lützow, ins Land gekommen, um Gouverneur des jungen Erbgrafen zu werden. Graf Alexander hatte seine Fähigkeiten rasch erkannt und gewürdigt, erst mit der Berufung zum Beisitzer in die gräfliche Regierung, und nun schon seit Jahren als deren Leiter.

Respektvoll erhoben sich die anderen sechs Regierungsmitglieder beim Eintritt ihres Vorgesetzten von ihren Stühlen um den langen Eichentisch. Entsprechend ihrem Rang und Dienstalter hatten sie sich schon rechtzeitig vor dem Herrn Kanzleidirektor im Seitenflügel des Neuwieder Schlosses, dem Dikasterialgebäude[81], einzufinden. Nur Herr von Habicht genoß als Regierungsdirektor und Stellvertreter des Leiters der gräflichen Regierungskanzlei das Privileg, erst fünf Minuten vor zehn Uhr kommen zu dürfen.

Aufgabe der beiden jüngsten Mitglieder des Regierungsgremiums, der Regierungsassessoren Caesar und Drosten, war es, die eingegangenen Berichte aus den Kirchspielen und Ämtern[82] der Grafschaft zu sichten und zu ordnen und damit die Tagesordnung für die Regierungssitzung aufzustellen. Heute war außer einigen Abrechnungen von Wegegeld aus den von sayn-hachenburgischem und kurtrierischem Gebiet umschlossenen neuwiedischen Kirchspielen Rückeroth und Dreifelden auf der Höhe des Westerwaldes nur eine einzige interessante Sache dabei. Die Nachrichten darüber waren allerdings höchst bedenklich.

Nachdem die Herren der Regierung sich umständlich wieder an den Tisch gesetzt hatten und der Kanzleischreiber Kahlscheid seine Gänsefeder, sein Tintenfaß und seine Sandstreubüchse im richtigen Winkel vor sich stehen hatte, trugen die beiden Regierungsassessoren vor, was sie in den Berichten gefunden hatten. Da war einmal ein Schreiben des gräflichen Schultheißen in Anhausen, bei dem die Weigerung der Bauern des Kirchspiels kundgetan worden war, den Christbrand für Dierdorf zu schlagen. Auch von einer Beschwerde des Märkerschöffen Schneider aus Thalhausen über den Herrn Vizeforstmeister von Hayn war die Rede, der ihm eine Kuh totgeschossen und ihm verboten habe, im Märkerwald einen Baum zu fällen.

Das sei aber noch nicht alles, bemerkte etwas wichtigtuerisch der Regierungsassessor Drosten. Hier gebe es auch einen Brief des Herrn Vizeforstmeisters von Hayn, in dem er einer hochgräflich wied-neuwiedischen Regierung ergebenst mitteilte, daß er vertraulich vor einem Besuch im Kirchspiel Anhausen gewarnt worden sei, weil die Bauern dort gegen ihn aufgebracht seien. Demnächst würden die Preußen nach Neuwied kommen, so gehe ein Gerücht, dann würde es Recht und Gerechtigkeit geben.

»Was ist denn der Anlaß zu diesen Beschwerden?« fragte Herr von

81 Dikasterialgebäude: Gebäude für Rechtsprechung und Verwaltung.

82 Ämter: Verwaltungseinheit oberhalb der Dörfer und Kirchspiele, in zahlreichen Gegenden Deutschlands noch bis in die jüngste Zeit hinein gebräuchlich.

Becmann. »Bisher hat es doch keinen Streit über die Waldnutzung gegeben?«
»Halten zu Gnaden, Herr Kanzleidirektor«, mischte sich Regierungsrat Danz ins Gespräch. »Streit war schon da. Bis Anno 1723 hat jahrelang ein Prozeß vor dem Reichskammergericht in Wetzlar zwischen den Waldkirchspielen aus dem Amt Rengsdorf, also Altwied, Rengsdorf, Honnefeld und Anhausen, und dem seligen Herrn Vater Seiner hochgräflichen Gnaden über die Waldnutzung geschwebt. Allerdings ist der Prozeß seit damals ohne Entscheidung liegen geblieben, weil niemand sollizitiert[83] hat. Ich habe kürzlich durch Zufall die Akten in der Hand gehabt.«
»Ja, das mag schon sein«, meinte Herr von Becmann, »aber wie kam es denn jetzt zum neuen Streit? Das muß doch einen Grund gehabt haben!«
Regierungsassessor Drosten blätterte in den Papieren. »Das ist aus den beiden Briefen leider nicht zu entnehmen. Herr von Hayn fügt hier Niederschriften über Aussagen von Waldknechten bei. Darin haben diese berichtet, die Bauern von Anhausen, Thalhausen, Rüscheid und Meinborn hätten gemeint, der Wald gehöre ihnen und der Herr Graf habe ihn nun schon lange genug in Genuß gehabt. Es hieße auch, die Bauern seien empört darüber, daß der Herr von Hayn vor vielen Jahren mit Gewalt die Weistümer und Grundtitel der Anhäuser Märkerschaft von dort weggeholt hat. Ohne diese Papiere könnten die Bauern nicht wissen, was vom Wald ihnen gehöre.«
»Aber das ist doch Empörung wider den Landesherrn und offener Aufruhr«, meldete sich Regierungsdirektor von Habicht zu Wort, ein schmaler, etwas vertrocknet wirkender Jurist, »wenn die Bauern den gräflichen Forstmeister bedrohen und die herrschaftliche Anweisung mißachten, Holz zu schlagen!«
»So scheint es, Herr von Habicht«, sagte Wilhelm von Becmann, bedenklich den Kopf wiegend. »Aber irgendetwas steckt dahinter, was wir noch nicht wissen. Der einzige, den wir im Augenblick danach fragen können, dürfte der Herr von Hayn sein.«
Er klingelte mit einem Glöckchen, darauf erschien der Regierungsdiener Schinck aus dem Vorzimmer.
»Geh Er zum Herrn Vizeforstmeister von Hayn, Schinck«, befahl

83 sollizitieren: Die Wiederaufnahme eines Gerichtsverfahrens erbitten; im damaligen, sehr langwierigen Justizwesen üblich.

Herr von Becmann. »Richte Er ihm, wenn Er ihn antrifft, eine ergebene Empfehlung von mir aus und bitte Er ihn, doch wenn möglich kurz einmal zur Sitzung der gräflichen Regierung zu erscheinen.«
Während die Regierung auf den Forstmeister wartete, ließ Herr von Becmann aus der gräflichen Kellerei im gleichen Hause eine Kanne Wein holen. Das Gremium hatte Anspruch auf wöchentlich sechs Quart[84] Wein aus den gräflichen Weingärten, und es kam ihm nicht in den Sinn, etwa einmal darauf zu verzichten. Im gelockerten Gespräch während der Pause ergingen sich die Regierungsmitglieder in allerlei Vermutungen über den Anlaß der Unruhe in Anhausen.
Endlich erschien Herr von Hayn, den der Regierungsdiener zum Glück in seinem Haus in der Engerser Straße angetroffen hatte. Er war in einen neumodischen, aber eleganten Frack aus dunkelgrauem Tuch gekleidet und trug hohe Stulpenstiefel. Bei seinem Eintritt wehte ein Duft von Eau de mille fleurs[85] durch die staubige Regierungsstube. Herr von Becmann erhob sich höflich und begrüßte den Gast. Vorsichtig machte er Herrn von Hayn mit dem Grund für seine Bitte vertraut.
Herr von Hayn berichtete den Regierungsmitgliedern noch einmal mündlich über die Gerüchte, die ihm aus Anhausen zu Ohren gekommen waren. Über die Gründe wisse er auch nichts. Auf Befragen des Herrn von Becmann gab er zu, im Jahre 1766 auf Celsissimi Befehl in Anhausen und Thalhausen alte Akten und Briefschaften konfisziert und an das gräfliche Archiv überliefert zu haben. Daß dabei Gewalt angewendet worden sei, daran könne er sich nicht erinnern.
Nachdem es dem Kanzleidirektor gelungen war, Herrn von Hayn in aller Höflichkeit für seine erhellenden Aufklärungen zu danken und ihn wieder aus der Regierungsstube hinauszukomplimentieren, wandte er sich mit ernstem Gesicht seinen Regierungskollegen zu.
»Meine Herren, wir wissen immer noch nicht mehr als heute morgen. Wir werden die Sprecher der Anhäuser Bauerschaft zu einer Vernehmung vorladen müssen. Herr von Habicht, bitte veranlassen Sie das. Ich werde auch Celsissimus über die Vorfälle Bericht erstatten müssen. Aber ich habe das Gefühl, daß bei der seinerzeitigen Beschlagnahme von Akten durch Herrn von Hayn nicht alles mit rechten Dingen zugegangen ist. Wenn dabei wirklich Besitztitel und Briefe, die dem

84 Quart: altes Maß für Wein, ca. 1,1 Liter.
85 Eau de mille fleurs: Im 18. Jahrhundert beliebtes Parfüm.

Kirchspiel Anhausen oder der Märkerschaft gehören, mit ins gräfliche Archiv gebracht worden sind, dann halte ich das nicht für gerecht. Wir sind unter der Herrschaft Seiner hochgräflichen Gnaden stolz darauf, daß hier in der Reichsgrafschaft Neuwied Recht und Gerechtigkeit herrschen und wollen uns nicht nachsagen lassen, daß erst die Preußen kommen müssen, um solche Tugenden hier einzuführen. Ich präponiere[86] daher den Beschluß der gräflichen Regierung, im gräflichen Archiv sorgfältig nachsuchen zu lassen. Die Akten, die sich als dem Kirchspiel Anhausen gehörig erweisen, sollen diesem ausgehändigt werden. Sind Sie damit einverstanden, meine Herren?«

Kanzlist Kahlscheid tauchte seine Gänsefeder ins Tintenfaß und schrieb schwungvoll auf einen Foliobogen[87] eine neue Überschrift: *Acta, die von dem Herren Vizeforstmeister von Hayn aus dem Kirchspiel Anhausen abgeholten Papiere betreffend.* Nachher würde er mit Nadel und Faden die Schreiben des Schultheiß Klein und des Herrn von Hayn nebst Anlagen sowie ein kurzes Protokoll der heutigen Verhandlungen im Regierungsgremium in diesen Foliobogen einnähen. Eine weitere von Hunderten von Akten im gräflichen Archiv würde so entstehen. Kanzlist Kahlscheid verdiente zwar sein Geld damit, daß er in feiner, leserlicher Schrift Papier vollschrieb, um daraus Akten zu machen. Aber manchmal träumte er nachts einen furchtbaren Traum, daß all das Papier, das er in seinem Leben beschrieben hatte, wie ein riesiger Berg auf ihn herunterstürzte und ihn begrub. Wie schön mußten doch die Zeiten gewesen sein, als das Regieren noch ohne Papier möglich war...

86 präponieren: vorschlagen.
87 Foliobogen: Papierformat, etwas größer als DIN A 4.

Der Ball auf Schloß Engers

1

Die gräfliche Kutsche rollte schon eine Stunde durch den nebligen Novemberabend. In warme Pelzdecken gehüllt, hingen Graf Alexander und Gräfin Caroline ihren Gedanken nach; Hofmarschall von Dobeneck und Charlotte von Lützow, die an diesem Tag ihre Kusine Dorothea im Dienst bei der regierenden Gräfin vertrat, wahrten ehrfürchtiges Schweigen. Allmählich tauchten draußen die schwarzen Umrisse von Häusern auf, Lichter, die nicht die Laterne des Vorreiters waren. Man mußte in Engers sein, dem winzigen Städtchen am Rhein, eine gute Meile oberhalb von Neuwied, wo die Trierer Kurfürsten auf ihrem rechtsrheinischen Territorium ein Lustschloß gebaut hatten.

Erstaunt blickte Charlotte aus dem Kutschenfenster. Vor der Einfahrt in den gitterumwehrten Schloßhof drängte sich ein Haufen alter und junger Männer und Frauen, viele Kinder darunter, Krüppel und Gesunde. Einige Fackeln beleuchteten die gespenstische Szene.

»Eine kleine Gabe für unsere Not, gnädige Herrschaften!«

Dobeneck öffnete auf einen Wink des Grafen das Kutschenfenster und warf eine Handvoll Pfennige hinaus, um die sofort ein Gebalge anfing.

»Anders wird man die Bettler nicht los«, meinte Gräfin Caroline gelassen. »Es wimmelt hier davon. So soll es überall in katholischen Landen sein. Bei uns in Neuwied wird besser für die Armen gesorgt.«

Kaum war die Kutsche durch das Tor zum Schloßhof gerollt, änderte sich das Bild. Charlotte konnte einen Ruf der Überraschung nicht unterdrücken. Im Fackelschein stand rechts und links der Auffahrt ein Spalier der kurfürstlichen Leibgarde zu Pferde: hundert glänzende Pferdeleiber, blitzendes Sattelzeug, makellose weiße Uniformen mit roten Aufschlägen, die Säbel zum Gruß erhoben. Trompeten begrüßten die Gäste. Wie im Traum stieg Charlotte aus der Kutsche, folgte dem Grafenpaar durch das Schloßportal und ließ sich den Mantel abnehmen. Dann, beim Eintritt in den lichterfüllten Spiegelsaal im ersten Stock, hörte sie einen Kammerherrn laut die Namen

der soeben Angekommenen verkünden: »Ihre Hoch- und Wohlgeboren, Reichsgraf Johann Friedrich Alexander zu Wied-Neuwied und Reichsgräfin Caroline mit Gefolge!«
So, ja so mußte es in einem Schloß zugehen, dachte Charlotte und fühlte sich in ihre Jungmädchenträume zurückversetzt. So hatte sie sich zu Hause in Klein-Zierow ausgemalt, wie es wohl in einer fürstlichen Residenz sein müsse. In Neuwied waren ihre Illusionen rasch verflogen. Aber hier im Kurfürstenschloß: welche Zurschaustellung von Reichtum, Macht und Herrlichkeit! Kavaliere in reichbestickten Staatsröcken und weißgepuderten Perücken standen plaudernd zusammen, ein Glas Champagner in der Hand, dazwischen die Damen mit ihren großen Reifröcken und hochgetürmten Frisuren. Eine Gasse öffnete sich in der Menge, die Kavaliere verbeugten sich zierlich vor dem Souverän der Nachbarherrschaft, während das Grafenpaar auf den Gastgeber zuschritt.
Clemens Wenzeslaus Prinz von Sachsen, Erzbischof von Trier und Bischof von Augsburg, des Heiligen Römischen Reiches Kurfürst, saß auf einem goldverzierten Thronsessel am anderen Ende des Saales. Er ist ja höchstens Mitte Vierzig, dachte Charlotte, als sie ihn erblickte. Wie ein Pfaffe sieht er eigentlich nicht aus! Sein schlichter, wenn auch aus feinster Seide gefertigter schwarzer Rock stach merkwürdig von den geputzten Kavalieren ringsum ab. Nur die Orden auf der Brust gaben ihm Farbe. Der Kurfürst begrüßte das Grafenpaar freundlich.
»Welche Freude, Euer Gnaden, Sie als gute Nachbarn hier zu sehen!« Er sprach Französisch, und erst jetzt wurde Charlotte bewußt, daß offenbar alle Unterhaltungen in diesem Saal nur in dieser Sprache geführt wurden. »Wie geht es der hochverehrten Frau Erbgräfin? Ich sehe, daß sie mir nicht die Ehre ihres Besuches geben konnte. Sie ist doch nicht unpäßlich?«
Graf Alexander verneigte sich gemessen, bemüht, die rechte Mitte zwischen der Ehrerbietung gegenüber dem hohen Gastgeber und seinem eigenen Lebensalter und seiner Würde zu wahren. Gräfin Caroline zelebrierte einen leichten, Charlotte von Lützow hinter ihr einen tiefen Hofknicks, Herr von Dobeneck eine tiefe Verbeugung.
»Vielen Dank, Euer kurfürstliche Durchlaucht, es geht ihr gut«, erwiderte Alexander, ebenfalls in fließendem Französisch, »sie ist vor einer Woche eines gesunden Knaben genesen.«
»Richten Sie ihr bitte meine besten Wünsche und Empfehlungen aus.

Ich werde ihr einen großen Strauß frischer Blumen aus meinem Gewächshaus schicken lassen.«
Clemens Wenzeslaus nickte lächelnd und wandte sich dem nächsten Gast zu. Diener stellten dem Grafenpaar eilfertig Stühle hin, um den alten Herrschaften nicht das lange Stehen bis zum Beginn des eigentlichen Balles zuzumuten.
Dicht neben dem Stuhl der Gräfin stehend, konnte Charlotte in Ruhe einen Überblick über den Saal gewinnen. Hinten rechts entdeckte sie endlich eine Gestalt, die sie kannte, und ihr Herz schlug unwillkürlich schneller. Philipp Breuer winkte verstohlen. Er hatte also kommen können. Und er machte den Eindruck, als warte er nur auf die Gelegenheit, sich seiner Phyllis unauffällig nähern zu können. Doch vorerst schien es Charlotte, als sollte es nicht dazu kommen. Gräfin Caroline sah es als ihre Aufgabe an, den Unterricht für die junge Hofdame ihrer Schwiegertochter fortzusetzen und sie bei dieser Gelegenheit gründlich in die Politik und Klatschgeschichten des großen Nachbarhofes einzuführen.
»Der Kurfürst verehrt Gräfin Louise sehr, auch früher hat er ihr schon immer Blumen geschickt«, vertraute sie leise Charlotte an.
»Ich dachte immer, daß katholische Pfaffen und vor allem Bischöfe mit Frauen nichts zu tun haben dürfen«, flüsterte Charlotte erstaunt.
»Ach Kindchen, da kennen Sie die Katholiken schlecht. Der Vorgänger dieses Kurfürsten hatte eine ganze Schar von Mätressen. Clemens würde es ihm wahrscheinlich gleichtun, wenn nicht seine Schwester zu sehr auf ihn aufpaßte. Sehen Sie die hagere Dame dort drüben im schwarzen Reifrock und der perlenbesetzten Frisur – das ist Prinzessin Kunigunde von Sachsen, Reichsäbtissin von Essen und von Thorn an der Maas und die Schwester des Kurfürsten. Sie ist vor vielen Jahren zu ihm auf Besuch gekommen und nie wieder weggefahren.«
»Die Dame hat ja fast einen Bart«, stellte Charlotte nüchtern fest. »Ist das die Kleidung einer Äbtissin?« fragte sie.
»Natürlich nicht«, klärte sie Gräfin Caroline auf. »Sie hat es ja auch nicht nötig, ihre Nonnen im Kloster und ihre bäuerlichen Untertanen persönlich zu regieren und ihre Aufgabe als Reichsstand wahrzunehmen. Dafür hat sie Stellvertreter. Prinzessin Kunigunde ist eine passionierte Jägerin und Reiterin und regiert ihren Bruder recht energisch.«
Während das kurfürstliche Orchester von der Empore herab ein langes Konzertstück hören ließ, fand Caroline sichtlich Gefallen daran, die

wichtigsten Personen am kurfürstlichen Hof nacheinander zu charakterisieren. Was kam da alles an menschlichen Schwächen, angeblich heimlichen Sünden, offener Korruption und adelsstolzer Überheblichkeit in dieser feinen Gesellschaft zutage!

»Verzeihen Euer Gnaden meine Unwissenheit«, flüsterte Charlotte von Lützow ihrer hohen Informantin zu. »Die Offenheit, mit der Euer Gnaden mich hier aufklären, drängt mich zu einer vielleicht unziemlichen Frage. Ist das, was Euer Gnaden hier schildern, nur hier im Kurstaat Trier so oder trifft man solche Verhältnisse auch anderswo an? Und – Euer Gnaden mögen verzeihen – gibt es solche moralische Verderbtheit auch bei uns in Neuwied?«

Gräfin Caroline sah mit ihren altersklugen Augen die junge Hofdame lange an.

»Ich werde Ihnen etwas sagen, Charlotte, was in meinen Kreisen normalerweise weder geglaubt noch etwa gar ausgesprochen wird. Die Menschen sind mehr oder weniger alle gleich, in ihrem grundsätzlichen Verhalten, meine ich. Es gibt überall gute und schlechte Menschen, von der Sünde angefochtene und weniger sündige, oberflächliche Hohlköpfe und edle Denker. Das gilt sicher auch für unsere Grafschaft. Unser Land ist klein und arm. Die Reichsgrafen zu Wied haben nie den Ehrgeiz gehabt, mehr sein zu wollen als ihre kleine Grafschaft hergibt. Mein Gemahl hat es Zeit seines Lebens abgelehnt, sich und seine Untertanen in Schulden zu stürzen. Allein der Kurfürst Clemens Wenzeslaus hier hat in den fünfzehn Jahren seiner Regierung über 700000 Reichstaler Schulden gemacht, von den noch nicht abgetragenen Schulden seiner Vorgänger ganz zu schweigen. Und das alles nur, um seine Hofhaltung so glänzend wie ein König zu gestalten. Die Bauern müssen es büßen!«

Die alte Gräfin begann sich zu ereifern. Während die Hofkapelle gerade piano spielte, drehten sich einige der umstehenden Kavaliere nach ihr um, wer denn die Kammermusik von Boccherini durch ständiges Flüstern störe. Doch Gräfin Caroline war von Neuwied her keine Konzerte gewöhnt und ließ sich durch die Blicke der Hofleute nicht beirren. »Hier im Trierischen herrschen einige Günstlinge und die katholischen Pfaffen«, erklärte sie weiter. »Kein Evangelischer darf sich hier als Handwerker oder Kaufmann niederlassen. Der Handel und Wandel liegt darnieder. Alle paar Tage ist ein kirchlicher Feiertag, an dem nicht gearbeitet wird. Bei uns in Neuwied kann jeder nach seinem Glauben leben. Er soll Gott verehren, wie er es für richtig hält, und er soll arbeiten. Dann wird ihn Gott schon im Erfolg für seine Arbeit segnen. Leider ist das nicht überall so im Heiligen Römischen Reich. In den meisten katholischen Staaten ist es ähnlich wie hier im Kurfürstentum Trier, und, wie ich leider zugeben muß, auch in vielen evangelischen Herrschaften.«

»Oh, schade, ich hätte Ihnen gerne noch mehr erzählt, Fräulein von Lützow«, meinte die alte Gräfin bedauernd, als das Konzert beendet war und ein Kammerherr mit lauter Stimme »Mesdames et Messieurs« zur Teilnahme am ersten Menuett des Balles aufforderte. »Nun ja, gehen Sie schon zum Tanzen, Kindchen«, entließ sie großzügig ihre Hofdame. »Das ist etwas für's junge Volk. Ich schaue mir das Treiben von hier aus an. Es wird bestimmt eine Reihe von Kavalieren geben, die mir ihre Aufwartung machen wollen, und außerdem ist ja noch Herr von Dobeneck da, der sich im Notfall um mich kümmern kann.«

Wie erlöst stellte sich Charlotte von Lützow in die Reihe der Tänzerinnen und hob zierlich ihre Füße im Takt der Musik, irgendeinen ihr unbekannten Kavalier auf doppeltem Armabstand neben sich. Einmal im Laufe des Tanzes, so hoffte sie, würde für einige Sekunden auch Philipp Breuer ihr Partner sein. Dann mußte sie ihm sagen, daß sie ihn liebte – und auf eine Gelegenheit hoffen, später unter vier Augen mit ihm reden zu können, ohne Aufsehen zu erregen.

2

Während die alte Gräfin sich so angeregt mit ihrer stellvertretenden Hofdame unterhielt, wurde auch Graf Alexander in ein Gespräch ganz anderer Art gezogen. Ihm hatte sich ein jüngerer Kavalier genähert und ihn in fließendem Französisch mit ausgesuchter Höflichkeit um die Ehre ersucht, im Laufe des Abends ein paar Worte unter vier Augen mit ihm wechseln zu dürfen.

Der alte Graf kannte den Herrn, wenn sie beide auch nicht allzu oft zusammengetroffen waren. Es war Franz Georg Karl Reichsgraf von Metternich-Winneburg-Beilstein, erzherzoglich-österreichischer Gesandter am Hof des Kurfürsten-Erzbischofs von Trier in dessen Residenz Koblenz. Vor wenigen Jahren noch war er, aus einer alten Adelsfamilie an der Mosel stammend, Gesandter des trierischen Kurfürsten am Wiener Hof gewesen. Die guten Beziehungen, die er dort mit dem legendären Staatskanzler Fürst Kaunitz-Rietberg geknüpft hatte, waren der Anlaß für Graf Metternich gewesen, bald darauf die Seite zu wechseln und als österreichischer Gesandter in seine Heimatstadt Koblenz zurückzukehren. Zugleich war er als Gesandter bei zahlreichen kleineren Reichsständen im Gebiet des Mittelrheins akkreditiert, so auch beim Reichsgrafen zu Wied-Neuwied.

Aber das war nicht die einzige Beziehung zwischen den beiden Grafen. Die kaiserliche Gunst und das vor einigen Jahren wieder erwachte Interesse der katholischen Reichsgrafen im niedersächsisch-westfälischen Reichsgrafenkollegium an dieser ihrer Standesvertretung hatte der umtriebige Graf Metternich dazu benutzt, bei der Wahl des katholischen Kon-Direktors des Kollegiums die Stimmen der achtzehn katholischen Häuser auf sich selbst zu lenken. So war er nun der Stellvertreter des evangelischen Grafen zu Wied und sein politischer Widerpart im »westfälischen Grafenstreit«. Bisher hatte er dabei geschickt einmal seine Stellung als kaiserlicher Gesandter und Vertrauter des Fürsten Kaunitz, einmal seine Würde als eigener Reichsstand und Sprecher der katholischen Reichsgrafen ausgespielt.

Wenn Graf Metternich den alten Grafen Alexander zu Wied um ein Gespräch unter vier Augen ersuchte, dann handelte es sich gewiß um hohe Politik. Vielleicht hing auch schon die Einladung des Kurfürsten für seinen Nachbarn, die keineswegs zu jedem Ball erging, damit zusammen. Graf Alexander war gespannt, was sein Herr Collega ihm eröffnen würde.

So saßen denn wenig später die beiden Herren in einem gemütlichen Nebenraum des Schlosses Engers vor dem flackernden Kaminfeuer, während im Saal ein Menuett und eine Allemande nach der anderen getanzt wurde. Höflich goß Graf Metternich, der nur etwa halb so viele Jahre zählte wie sein evangelischer Kollege, diesem ein Glas Wein aus einer funkelnden Kristallkaraffe ein. Mit einer herrischen Handbewegung hatte er den kurfürstlichen Lakaien, der sich für die Bedienung der hohen Herrschaften angeboten hatte, hinausgeschickt. Bei dieser Unterredung wollte er keine Zuhörer haben, auch wenn die Unterhaltung aus Vorsicht in französischer Sprache geführt wurde.

Zunächst blieb man vorsichtig im privaten Bereich. Graf Metternich bat Seine hochgräfliche Gnaden, die untertänigsten Glückwünsche zur Geburt eines weiteren gesunden Enkels entgegenzunehmen, und Graf Alexander erkundigte sich, etwas weniger gedrechselt, nach den

Fortschritten des jungen Grafen Clemens[88], des Sohnes seines Kollegen.
»Er ist ja wohl schon zehn Jahre alt, n'est-ce pas?«
Schließlich aber war die Zeit des Vorgeplänkels vorbei, und Graf Metternich kam auf die Politik zu sprechen. Mit allgemeinen Wendungen beklagte er den unglückseligen Stillstand aller Reichstagsgeschäfte infolge des westfälischen Grafenstreits.
»Daß die Führer des Corpus Evangelicorum, also Preußen, Hannover und Sachsen, inzwischen den Kompromißvorschlag einer eigenen Kuriatstimme für die katholischen Grafen aus Westfalen und Franken ablehnen – werden Euer Gnaden ohne Zweifel wissen«, fügte er beiläufig an.
Ein geschickter Kerl, dachte Graf Alexander, mir das so nebenbei zu stecken, daß er auch dies weiß. Denn diese Nachrichten waren bisher keineswegs der katholischen Seite mitgeteilt oder gar veröffentlicht worden. Laut erwiderte der wiedische Graf:
»Ja, das ist mir bekannt, Euer Gnaden. Um so mehr sollte man nun auf den von mir vorgeschlagenen Kompromiß eines Wechsels der Stimmenführung im westfälischen Reichsgrafen-Kollegium nach dem Tode der jetzigen Stimmenführer, also nach meinem Tod und dem des Gesandten von Fischer, zurückkommen...«
»Dem die katholischen Reichsgrafen im Kollegium unmöglich beistimmen können«, fiel Graf Metternich ins Wort. »Denn das würde der alten Abmachung von 1702 widersprechen. Danach mußte die Stimmführung bereits nach dem Tod des Gesandten von Pistorius an die katholische Seite fallen.«
»Damit wären wir also wieder beim Patt, aus dem nur herauszukommen ist, wenn eine Seite verliert«, meinte Graf Alexander resigniert.
»Warum sollte sich nicht eine Lösung in dem leidigen Streit finden lassen, bei der keine Seite der Verlierer ist?« fragte Graf Metternich vorsichtig. »Ich weiß aus sicherer Quelle in der Wiener Hofburg, daß man dort nichts weniger möchte als den Reichsgrafen zu Wied-Neuwied, den so treuen Anhänger der römisch-kaiserlichen Majestät, zu demütigen. Wenn etwa von Euer Gnaden der Vorschlag kommen würde, die Reichstagsstimme der westfälischen Grafen so zu teilen, daß der evangelische und der katholische Gesandte immer von Tages-

88 Clemens Graf (später Fürst) Metternich, 1773–1859, der spätere berühmte österreichische Staatskanzler.

ordnungspunkt zu Tagesordnungspunkt abwechselnd stimmen, dann hätte doch keine der beiden Seiten ihr Gesicht verloren, n'est-ce pas? Und ich bin sicher, daß Seine kaiserliche Majestät sich für einen solchen Vorschlag durch den Grafen zu Wied, wenn er vertraulich schriftlich gemacht würde, sehr dankbar erzeigen würde. Ein Gesuch um Erhebung in den Reichsfürstenstand würde dann gewiß nicht abschlägig beschieden werden.«

Nun ist die Katze aus dem Sack, war der erste Gedanke des alten Grafen. Der Herr von Fischer hat mit seiner Behauptung, die Wiener Regierung würde ihm entgegenkommen, recht behalten. Genau betrachtet, war der Vorschlag, den der Graf Metternich ihm in den Mund legen wollte, gar nicht so übel, nachdem alle anderen, für ihn günstigeren Kompromißvorschläge aus den verschiedensten Gründen undurchführbar waren. Der Metternichsche Vorschlag bedeutete sogar ein halbes Zurückweichen der katholischen Seite von ihren eigenen Maximalforderungen. Ja, das war es: das war das angekündigte österreichische Entgegenkommen ihm gegenüber, sogar noch verdoppelt durch das kaum verhüllte Angebot einer Rangerhöhung! Sollte er diese günstige, wahrscheinlich sogar einmalige Gelegenheit vorübergehen lassen und in undiplomatischem Starrsinn auf seinen ursprünglichen Wünschen bestehen? Hatte nicht Gott ein sichtbares Zeichen gegeben? Bedächtig hob Graf Alexander sein Weinglas und ließ die Flammen im Kamin sich darin widerspiegeln.

»Das Leben ist eben doch nicht immer wie das Schachspiel«, sagte er, scheinbar überhaupt nicht auf das Thema seines Gesprächspartners eingehend. »Im Leben gibt es tatsächlich Situationen, die wie ein Patt im Schach aussehen und doch einen anderen Ausweg bieten. So sehr ich ein Freund des Schachspiels bin – ich wähle das Leben, Euer Gnaden!«

3

»Messieurs-dames, s'il vous plait, prenez place! Nous commençons à danser une Allemande!« Laut ertönte die Stimme des Zeremonienmeisters durch den Saal. Mit strahlendem Gesicht trat Philipp Breuer vor Charlotte von Lützow, legte die rechte Hand aufs Herz und vollführte die formvollendetste Verbeugung, die ein Tanzmeister einem Beflissenen der edlen Tanzkunst beibringen konnte. Dies war die von der guten Sitte gebotene Art, eine Dame zum Tanz aufzufordern. Charlotte neigte hoheitsvoll ihren Kopf und reichte Philipp die Fingerspitzen ihrer linken Hand. Mit gemessenen Schritten reihte sich das Paar in die lange Reihe der Tänzer und Tänzerinnen ein.

Der jungen Hofdame schlug das Herz fast bis zum Hals. Jetzt, jetzt mußte sie es ihm sagen. Wer wollte wissen, wie kurz die Gelegenheit dazu blieb.

»Philipp«, brachte sie mit belegter Stimme hervor. In ihrer Aufregung verwendete sie auch gar nicht den Namen Philander. »Philipp, ich muß Ihnen etwas ganz Wichtiges sagen.« Während die kurfürstliche Kapelle die Eingangstakte zur angekündigten Allemande intonierte, wurde Charlottes Stimme immer schneller. »Philipp, Sie sollen wissen, daß ich Sie sehr, sehr schätze! Wir müssen uns unbedingt unter vier Augen sprechen. Zu Beginn des nächsten Menuetts werde ich zum obersten Stock hinaufgehen und im Gang links auf Sie warten. Werden Sie kommen?«

Da in diesem Augenblick die Musik in größerer Lautstärke einsetzte und die Tänzer ihre linken Füße heben mußten, um den Tanz zu beginnen, war es Philipp nicht möglich, mit Worten zu antworten. Aber sein Fingerdruck und sein Blick, mit dem er die Dame seines Herzens ansah, sagten genug.

Eine Viertelstunde später standen sich Charlotte von Lützow und Philipp Breuer im Fast-Dunkel eines menschenleeren Flures im obersten Stock des Schlosses Engers gegenüber, nachdem sie sich heimlich wie Diebe und betont getrennt aus dem hellbeleuchteten Saal geschlichten hatten. Sie hielten sich an den Händen, aber sie wagten nicht, dem Sturm ihrer Gefühle stärker Ausdruck zu geben. War es nicht von der guten Sitte streng verboten, daß ein Mann und eine Frau, die nicht verheiratet oder wenigstens verlobt waren, sich miteinander allein in einem Raum aufhielten? Was konnte für ein Unheil geschehen, wenn sie jemand dabei ertappte und darüber schwatzte? Aber andererseits zog es sie beide mit allen Fasern ihres Herzens und ihres Körpers zueinander hin. War denn die Liebe von Mann und Frau nicht etwas ganz Natürliches, von Gott Gewolltes? Es dauerte eine Weile, bis Philipp sich als erster faßte.

»Phyllis, mein liebes Fräulein Phyllis, wie bin ich froh, Sie zu sehen – und bei der Hand halten zu dürfen«, flüsterte er heiser.

»Und ich – ich weiß nicht, wie oft ich die Minuten bis zu diesem Augenblick gezählt habe«, erwiderte Charlotte ebenso leise und senkte verschämt den Kopf.

Durfte ein Mädchen einem Mann denn so etwas gestehen – daß es ihn liebte und daß es sich nach ihm sehnte? Aber Charlotte erinnerte sich wieder an die Szene neulich im Schloß, als Erbgräfin Louise sie so nachdrücklich ermuntert hatte, sich über ihre Liebe klarzuwerden. Wenn eine so hohe Dame sich zur Schutzherrin ihrer Liebe erklärte, was sollte sie dann noch fürchten? So faßte sich Charlotte ein Herz und erzählte Philipp von ihrem Erlebnis mit der Erbgräfin, aufgeregt und ein wenig durcheinander.

»Stellen Sie sich vor, sie hat mich richtig gezwungen, zu gestehen, daß ich Sie liebe!« hauchte sie atemlos.

»Oh, wenn Sie das doch nicht nur Ihrer Herrin sagen würden, sondern mir«, warf Philipp flüsternd ein und legte einen Arm um ihre Schultern.

Er fühlte das Erschauern des jungen Mädchenkörpers, das dieser intimen Berührung folgte, aber Charlotte tat nichts, um sich davon zu befreien. Im Gegenteil, sie hob ihr Gesicht und flüsterte ihm ins Ohr:

»Ich liebe Sie, Philipp!«

Statt einer Antwort zog der junge Mann sie dicht an sich und küßte sie voller Andacht auf die halb geöffneten Lippen.

»Sie machen mich zum glücklichsten Menschen der Welt, liebe Phyllis!« murmelte er schließlich.

Charlotte neigte ihren Kopf an seine Schulter. Beiden fiel es überhaupt nicht auf, daß sie nun eng umschlungen dastanden – etwas, was sie ein paar Minuten vorher noch nicht gewagt hätten.

»Liebe Phyllis«, begann Philipp erneut zu flüstern. »Endlich hat mein Leben einen Sinn. Vorher war alles dunkel und neblig, und jetzt sehe ich selbst in der Nacht die Sonne. Darf ich Sie etwas fragen, liebste Phyllis – wollen Sie meine Frau werden? Ich weiß, uns trennen Welten: Sie eine verwöhnte adelige Dame in den feinsten Hofkreisen, ich ein einfacher bürgerlicher Kaufmann – aber ich glaube, daß Gott uns zusammengeführt hat. Wollen Sie sich für ein Leben mir anvertrauen, Phyllis?«

Statt einer direkten Antwort hob sich Charlotte auf die Zehenspitzen und küßte, mutig geworden, ihrerseits Philipp herzhaft auf den Mund.

»Das ist meine Antwort, mein lieber Herr Philander«, hauchte sie. »Ich möchte mein Leben lang von Ihren starken Armen gehalten werden. Ich möchte lieber ledig bleiben, als einen Mann heiraten, den ich nicht achten und lieben kann. Das habe ich vor ein paar Tagen zu

meiner Herrin gesagt. Ich glaube, ich kann nur einen Mann achten und lieben – und das sind Sie!« Und erneut fanden sich ihre Lippen zu einem langen Kuß.
In der mehrere hundert Menschen zählenden Ballgesellschaft war es niemandem aufgefallen, daß während einer guten Stunde zwei Gäste nicht im Saal gewesen waren. Vielleicht hatten auch andere Paare die Gelegenheit des Balles zu einem verschwiegenen Rendezvous genutzt. Aber Charlottes Gesicht glühte vor Verlegenheit, als sie die Treppe hinabschlich und so unauffällig wie möglich den Saal wieder betrat. Sie meinte, jeder müsse ihr ansehen, daß sie soeben einem jungen Mann ihre Liebe gestanden und von diesem geküßt worden war. Voller Schreck dachte sie an die alte Gräfin, zu deren Verfügung sie schließlich jederzeit zu stehen hatte. Aber zu ihrer unendlichen Erleichterung war Gräfin Caroline von einer Gruppe jüngerer Herren aus der Koblenzer Hofgesellschaft umgeben, die eifrig auf sie einsprachen. Celsissimus konnte sie nirgends entdecken. Major von Dobeneck, der als treuer Wächter seiner Herrin in der Nähe der alten Gräfin ausgeharrt hatte, flüsterte Charlotte zu:
»Sie hätten noch nicht zurückzukommen brauchen, Fräulein von Lützow. Celsissimus ist in einer wichtigen politischen Besprechung begriffen, und Ihre Gnaden, die Gräfin, werden, wie Sie sehen, in angenehmer Weise unterhalten. Wollen Sie nicht noch tanzen?«
Mißtrauisch blickte Charlotte den Hofmarschall an. Hatte er etwas gemerkt und wollte er ihr das auf vornehme Weise zu verstehen geben? Aber das gutmütige Gesicht des Herrn von Dobeneck ließ nicht die Spur einer Andeutung erkennen, daß seine Worte irgendeinen Hintersinn enthielten.
Als einige Stunden später die Kutsche des regierenden Reichsgrafen zu Wied hinter einem Vorreiter mit einer Laterne durch die neblig-feuchte Nacht über die holprige, von Schlaglöchern übersäte Straße zurück nach Neuwied rollte, waren wie auf der Hinfahrt nach Engers die vier Insassen in tiefes Schweigen versunken. Zwei der Passagiere – der alte Graf Alexander und Charlotte von Lützow – waren zutiefst aufgewühlt von dem, was sie während dieses kurfürstlichen Balles erlebt und gesprochen hatten. Aber Staatsraison und Klugheit geboten beiden, über ihre so unterschiedlichen Erlebnisse das strengste Stillschweigen zu bewahren.

4

Ein wenig bänglich war ihnen schon zumute, den vier Bauern, die da an einem trüben, regnerischen Morgen Ende November gemeinsam von Anhausen den Berg hinunter nach Neuwied wanderten. Schon vor Tau und Tag hatten sie sich aufmachen müssen, um rechtzeitig im gräflichen Schloß zu sein. Für die gut zwei Meilen[89] brauchten sie schon reichlich drei Stunden strammen Marsches. Zwei Tage zuvor hatte ein gräflicher Husar als Bote den strengen Befehl im Namen Seiner hochgräflichen Gnaden überbracht, am Freitag um zehn Uhr morgens vor der hochgräflich-wiedischen Regierung im gräflichen Schloß zu erscheinen, um über die Widersetzlichkeit der Anhäuser Bauerschaft gegen Befehle des Landesherren und Bedrohung eines hochgräflichen Forstmeisters auszusagen. Ihnen war angedroht worden, im Falle des Nichterscheinens müßten sie zwei Reichstaler Brüchte[90] in die hochgräfliche Landkasse zahlen.

Bauermeister Runkel von Anhausen und die drei Märkerschöffen Schneider von Thalhausen, Velten von Meinborn und Sauer von Rüscheid waren in ihren Dörfern die Honoratioren und Respektspersonen. Hier in der Residenz ihres Landesherren waren sie aber nichts weiter als gewöhnliche Untertanen, die staunend und ein wenig unsicher das Getriebe der Stadt betrachteten, in die sie bisher nur zu seltenen Gelegenheiten ihres Lebens gekommen waren. Mißtrauisch beobachteten sie den prächtig uniformierten Wachsoldaten am Torhäuschen vor dem Schloßhof und fragten sehr vorsichtig, wohin sie denn gehen müßten, um zur hochgräflichen Regierung zu kommen. Geduldig wies der Grenadier auf das linke Quergebäude. Klosenwöllm faßte den Mut, nach seinem Sohn, dem Wilmluisch, zu fragen. Erst nach einigen Mißverständnissen klärte sich auf, daß der Musketier Schneider von Thalhausen in der anderen Kompanie diente und der Wachsoldat über ihn nicht näher Bescheid wußte.

Kurz darauf saßen die vier Bauern aufgeregt und verstummt im Vorzimmer der Regierungsstube und warteten auf ihren Aufruf zur Vernehmung. Regierungsdiener Schinck hielt sich für verantwortlich, daß sie sich ordentlich benahmen und machte daher sein bärbeißigstes

89 Zwei (deutsche) Meilen: ca. 15 Kilometer (1 »Landesmeile« ca. 7,4 km).

90 Brüchte: Strafgeld; Landkasse: besondere Kasse, in die bestimmte Steuern, Geldstrafen usw. flossen, diente zur Besoldung der Mitglieder der gräflichen Regierung und anderer Regierungsausgaben.

Gesicht, weil er glaubte, den dummen Bauern damit imponieren zu müssen. Nacheinander wurden dann die vier Vertreter der Anhäuser Bauern in die Regierungsstube befohlen und zu den Vorfällen im Märkerding und vorher und danach vernommen. Kanzleidirektor von Becmann achtete sorgfältig darauf, daß diese Verhöre in der richtigen Mischung zwischen väterlicher Strenge und unparteiischer, unbestechlicher Gerechtigkeitsliebe durchgeführt wurden, die das am ganzen Mittelrhein gerühmte Kennzeichen dieser Gerichtsinstanz war. Das anfängliche Mißtrauen und die vorsichtige Wortkargheit der Bauern wich daher bald der Bereitschaft, relativ offen die lange schwelende Unzufriedenheit mit der ungeklärten Lage bezüglich der Rechte am Anhäuser Märkerwald zu Protokoll der gräflichen Regierung zu geben. Der Landesherr war Holzgraf und Vorsteher des Märkerdings, das wollten die Bauern nicht bestreiten. Er durfte daher durch seinen Vertreter, den Schultheiß, auch Anweisungen betreffend der Holznutzung geben. Aber bedeutete dieses alte Recht Seiner hochgräflichen Gnaden auch, daß ihm alles Holz im Märkerwald zu eigen gehörte und die Bauern in ihrem Wald Forstfrevel begingen, wenn sie einen Baum für den eigenen Bedarf fällen wollten? Immer wieder kam der Grimm zum Ausdruck, der in den Bauern seit fast zwanzig Jahren über die gewaltsame Wegnahme der alten Papiere der Märkerschaft durch den Forstmeister von Hayn kochte. Allerdings, auf Herrn von Becmanns wiederholte Frage, warum denn diese Beschwerden gerade jetzt und nicht schon damals vorgebracht wurden, wußten die Bauern keine Antwort.

»Weil der Herr von Hayn dem Klosenwöllm die Kuh totgeschossen hat«, war noch die konkreteste Auskunft. Auch Klosenwöllm Schneider selbst, der dazu natürlich ausführlich befragt wurde, sagte nicht mehr als dies aus – obwohl er als einziger hätte Aufklärung geben können. Schließlich war die verbreitete Unzufriedenheit der Märkergenossen von ihm selbst geschürt worden. Aber über die wahre Ursache seines Zornes, das Schicksal seiner Tochter, verlor er kein Wort. Der Tod seines Augapfels Klärsch hatte das Wesen des sonst immer zu einem Scherz aufgelegten Klosenwöllm verändert. Zu Hause sprach er kaum noch mit seiner Frau Dottchen und seinen verbliebenen beiden Kindern. Stattdessen saß er stundenlang brütend am Tisch. Aus Klugheit hatte er darauf verzichtet, weiter in großen Mengen Schnaps zu trinken, ganz abgesehen davon, daß sein Vorrat zu Ende war. Wie konnte er den verhaßten Major von Hayn und dessen Sohn vernichten? Darüber grübelte er nach; aber genauso wichtig war es ihm, das Andenken seiner Tochter rein zu halten. Dazu mußte er, dies war ihm völlig klar, seinen Zorn nach außen verbergen. Er durfte auch nie ein Wort darüber verlieren, daß seine Klärsch durch den schamlosen Übergriff des jungen von Hayn ihre Jungfernschaft verloren hatte. Es war ihm gelungen, den Tod seiner Tochter dem Pfarrer Caesar in Anhausen gegenüber als Unfall hinzustellen, so daß sie nicht als Selbstmörderin an der Friedhofsmauer bestattet werden mußte. Die wenigen Menschen, die die wahren Zusammenhänge wußten oder ahnten, hielten den Mund.

Als die Protokolle der Vernehmungen der vier Bauern sorgfältig niedergeschrieben waren, wurden die Bauern kurz noch einmal ins Vorzimmer geschickt, damit sich die Regierungsmitglieder ungestört miteinander beraten konnten. Danach ließ Kanzleidirektor von Becmann die Bauern wieder hereinrufen und faßte das Ergebnis der Untersuchung zusammen:

»Die Sprecher der Anhäuser Märkerschaft geben an, über die Rechte Celsissimi und der Märkerschaft am Anhäuser Wald könne niemand mehr etwas Genaues wissen, seit die Weistümer und Besitztitel der Märkerschaft Anno 1766 mit Gewalt abgeholt worden seien. Die hochgräfliche Regierung hat beschlossen, die eindeutig der Märkerschaft oder dem Kirchspiel Anhausen gehörenden Akten aus dem Archiv Seiner hochgräflichen Gnaden heraussuchen und den Vertretern der Märkerschaft aushändigen zu lassen.« Mit diesen Worten übergab Herr von Becmann den erstaunten Bauern einen umfangreichen Packen mit Papieren. »Angesichts der ungeklärten Rechtslage kann von Aufruhr und Empörung der Bauern im Kirchspiel Anhausen keine Rede sein, wie behauptet worden ist, zumal Gewalttätigkeiten nicht in Wirklichkeit vorgekommen sind. Das Erschießen einer Kuh des Bauern Schneider von Thalhausen durch den Vizeforstmeister Herrn von Hayn geschah in berechtigter Abwehr eines versuchten Forstfrevels durch besagten Bauern, so daß kein Anspruch auf Schadenersatz besteht. Die Märkergenossen von Thalhausen sind verpflichtet, den Christbrand für das Dierdorfer Schloß zu schlagen. Die Landesherrschaft der oberen Grafschaft Wied, das hochgräfliche Haus Wied-Runkel-Dierdorf, hat auf Grund des Familien- und Erbtraktats de Anno 1595 seine Rechte am Anhäuser Märkerwald beibehalten, auch wenn der Wald nach besagtem Erbtraktat teilweise zum Territorium der niederen Grafschaft Wied gehört.«

Das empörte Murren der vier Bauern war unüberhörbar. Darum beeilte sich Herr von Becmann, zur Beschwichtigung rasch noch den letzten Beschluß der Regierung ins Protokoll zu diktieren:
»Zur Klärung der strittigen Rechtslage um den Märkerwald hat die hochgräflich wied-neuwiedische Regierung beschlossen, eine Kommission einzusetzen, die aus dem Herrn Regierungsdirektor von Habicht, dem Herrn Regierungsrat Danz und dem Herrn Regierungsassessor Drosten bestehen wird. Diese Kommission wird in angemessener Zeit der hochgräflichen Regierung berichten, und der Herr Kanzleidirektor von Becmann wird dann nicht verfehlen, Celsissimus untertänigst das Problem zur Entscheidung vorzulegen. Die Verhandlung ist geschlossen.«
Ehe sie ein Wort dazu äußeren konnten, fanden sich die Bauern im Vorzimmer wieder. Es war ihnen schwer gefallen, dem gelehrten und mit zahlreichen lateinischen und französischen Brocken vermischten Deutsch bei der Regierungssitzung zu folgen. Nur so viel hatten sie verstanden, daß man sie nicht als Aufrührer und Empörer sofort bestrafte, wie sie insgeheim befürchtet hatten. So erleichtert sie darüber waren, so stolz waren sie über ihren Erfolg, als ihnen die alten Papiere wieder ausgehändigt worden waren. Aber all diese Gefühle wurden überwogen von der Empörung, daß man ihnen immer noch nicht ihr Recht als alleinige Nutznießer des Waldes zugesprochen hatte, ja daß man sie zum Schlagen des Christbrandes für Dierdorf verpflichtete.
Bauermeister Runkel sprach seinen drei Begleitern aus dem Herzen, als er die Tür zur Regierungsstube noch einmal öffnete und mit zornrotem Kopf hineinrief:
»Wenn wir hier bei den hohen Herren kein Recht finden, dann werden wir es eben beim Kaiser suchen. Unser Herrgott wird es nicht zulassen, daß ehrliche Bauern so um ihr Recht betrogen werden!«

5

Erschrocken, aber schweigend hatten die fünf Personen, die im Vorzimmer auf den Aufruf des nächsten Verhandlungspunktes der gräflichen Regierung warteten, diesen Zornausbruch eines ihnen unbekannten Bauern mit angehört. Durfte so etwas in den geheiligten Räumen des Landesvaters geschehen?
Verschüchtert saß Jungfer Elisabeth Schettlerin auf der Wartebank. Sie

wagte nicht aufzusehen, weil der Vorsteher der Brüdergemeine, Christoph Gerner, sie stumm und anklagend anblickte. Zu seiner Unterstützung hatte er sich Bruder Pierre Duvany mitgebracht, der mit ihm zur Vorsteherschaft der Neuwieder Gemeine gehörte und dank seiner Rechtskenntnisse so etwas wie der juristische Berater der Brüdergemeine war. Nur die Anwesenheit von Vater und Sohn Breuer gab Elisabeth den Mut, die Seelenprüfung dieser Gerichtsverhandlung durchzustehen. Ob die gestrengen Herren der gräflichen Regierung, die sie vorgeladen hatten, wohl etwas Verständnis für ihre Verzweiflung und ihre Gewissensqualen im Schwesternhaus haben würden? Sie wollte ja den Geboten der Brüdergemeine nicht ungehorsam sein, sie war doch darin aufgewachsen und kannte nichts anderes. Aber durfte sie nicht auch einmal lachen und fröhlich sein und nach der Sonne schauen? War es wirklich Gottes Wille gewesen, daß man sie dafür bestrafte?

»Kläger, Beklagte und Zeugen in der Klagesache Brüdergemeine gegen den Kaufmann Breuer – eintreten!« schnauzte Regierungsdiener Schinck, der der Meinung war, solches Verhalten gehöre zu einer Gerichtsverhandlung. Wieder mußten die Vorgeladenen auf einer schmalen Bank nebeneinander Platz nehmen. Elisabeth erhaschte im Hinsetzen einen flüchtigen Blick auf die Richter, sonst sah sie wieder krampfhaft zu Boden.

Von den nun folgenden Vorgängen verstand Elisabeth nicht viel. Da referierte ein Mitglied des Regierungskollegiums – es war der Stadtschultheiß und gräfliche Regierungsrat Greyß – umständlich über den vorangegangenen Prozeß vor dem Stadtmagistrat von Neuwied, der dann mangels Zuständigkeit an die gräfliche Regierung verwiesen worden sei. Danach verlas der Vorsteher Gerner eine lange Rede aus einem Bündel von Papieren. Elisabeth behielt davon nur die mehrfach vorkommenden Worte »Schwester Schettlerin«, »widerrechtlich festgehalten« und »gegen Gottes Gebot«. Aufmerksamer verfolgte sie schon die Antwort des jungen Herrn Breuer. Darin war vom »natürlichen Recht einer jeden Kreatur«, von »nicht übertragener Vormundschaft« und »mangelnden Rechtsgrundlagen einer Einschließung« die Rede.

Schließlich wurde Elisabeth selbst als Zeugin aufgerufen. Sie wollte erzählen, wie sie aus dem Haus der ledigen Schwestern weggelaufen sei, weil sie die Bestrafung nicht mehr aushielt – eine Strafe, weil sie ihren Mund zum Reden benutzt hatte! Aber stattdessen befragten die

hohen Herren vom Gericht sie nur, wie alt sie sei: einundzwanzig Jahre sei sie im letzten Februar geworden. Und sie wollten wissen, wann ihr Vater gestorben sei: im Juni vergangenen Jahres. Danach fragten sie nur noch, wer nach dem Tod des Vaters ihr Vormund oder Pfleger sei. Elisabeth konnte dazu nur erklären, daß sie von einer Vormundschaft nichts wisse. Sie habe seit ihrem vierzehnten Lebensjahr im Haus der ledigen Schwestern gelebt. Das junge Mädchen, das hier erstmals in seinem Leben mit dem Gericht zu tun hatte, mit Herren, die offenbar freundlich und wohlwollend waren, wollte weiter erzählen, wollte fragen, ob es denn verboten sein könne, während der Arbeit einmal kurz aus dem Fenster zu blicken – aber schon unterbrach sie der Herr im dunkelblauen Rock, der den Vorsitz führte. Er erteilte dem Herrn Duvany als Rechtsvertreter der Brüdergemeine das Wort.
»Untertänigst erlaube ich mir darauf hinzuweisen«, begann dieser seine Ausführungen in einwandfreiem Deutsch, aber mit starkem französischem Akzent, »daß seit dem unvergessenen Grafen Zinzendorf die Brüdergemeine der Schutz und Schirm und geborene Vormund aller minderjährigen Kinder unserer Brüder und Schwestern ist. Einer besonderen Übertragung der Vormundschaft durch die gräfliche Behörde bedarf es hier nicht. Außerdem ist der Herrnhuter Brüdergemeine durch die Generalkonzession Seiner hochgräflichen Gnaden de Anno 1756 die freie und ungestörte Rechtsausübung gewährleistet. Dazu gehört auch, daß niemandem erlaubt sein darf, einen Bruder oder eine Schwester mit Gewalt oder List vom wahren Glauben abspenstig zu machen. Das aber hat hier der papistische Kaufmann Breuer getan, wogegen wir uns ernsthaft verwahren und die Rückgabe unserer Schwester Elisabeth Schettlerin in die Obhut der Brüdergemeine verlangen.«
Erregt sprang Philipp Breuer auf und bat den Herrn Kanzleidirektor ergebenst ums Wort.
»Niemand hat, hochedelgeborene Herren der hochgräflichen Regierung, die Jungfer Schettlerin ihrer Gemeinde abspenstig gemacht. Vielmehr hat sie sich freiwillig davon entfernt und sich danach in die vorübergehende Obhut meines Herrn Vaters begeben. Auch die von Celsissimus und seinen hochseligen Vorgängern den Einwohnern der Stadt Neuwied gewährten Privilegien in puncto religionis gestatten den verschiedenen Religionen nicht, in ihrem Handeln gegen das zivile Recht zu verstoßen. Ich betonte nochmals, daß der Aufenthalt der Jungfer Schettlerin im Haus der ledigen Schwestern weder auf dem

freiwilligen und ernsthaften Wunsch der Jungfer beruhte noch auf dem Urteil eines Gerichtes.«
»Aber auf dem Wunsch ihres Vaters und nach der seit Jahrzehnten anerkannten Verfahrensweise der Brüdergemeine!« rief Bruder Duvany dazwischen.
»Ihr Vater ist gestorben, und einen ordentlich bestellten Vormund gibt es nicht für sie«, widerlegte Philipp Breuer diesen gefährlichen Einwurf sofort. »Wenn ein Kurator für die Jungfer Schettlerin bis zu ihrer Volljährigkeit mit 24 Jahren bestellt werden muß, dann wünscht sie, meinen Herrn Vater dazu zu berufen, der auch dazu bereit ist.«
Auch Herr Duvany war jetzt erregt und ließ sich durch die beschwichtigenden Handbewegungen des Leiters der gräflichen Regierung nicht zur Ruhe bringen.
»Es ist und bleibt Sache des Vaters oder des Ehemannes, den Ort des Aufenthalts eines Kindes oder einer Ehefrau zu bestimmen«, rief er, »und gibt es einen Vater oder einen Ehemann nicht, dann ist es Sache der Familie, dies zu tun. Bei uns ist die ganze Gemeine von Brüdern und Schwestern die wahre Familie aller Christen.«
Herr von Becmann schien es vorläufig aufgegeben zu haben, die Rechtsvertreter der streitenden Parteien zur strengen Einhaltung der Prozeßregeln anzuhalten. So ließ er es auch zu, daß der junge Kaufmann Breuer sofort erwiderte, ohne erst höflich beim Vorsitzenden um die Erteilung des Wortes zu bitten.
»In einer Stadt, in der so viele verschiedene Religionsbekenntnisse zusammenleben wie hier in Neuwied, kann es unmöglich Sache der öffentlichen Gewalt des Landesherren sein, einen Untertanen zu zwingen, sich in jeder Einzelheit an die Gebräuche seiner Kirche zu halten oder ihn zu zwingen, zu dieser Kirche zurückzukehren, wenn er sich davon entfernt hat. Natürlich darf der Untertan dabei nicht gegen die Kriminalgesetze verstoßen. So halte ich es für unzulässig, die Jungfer Schettlerin mit landesherrlicher Gewalt zur Rückkehr in das Haus der ledigen Schwestern zu zwingen. Dort würde sie nach ihrer Religion schwer bestraft werden. Aber sie hat nichts begangen, was von einem weltlichen Gericht bestraft werden könnte!«
»Schwester Schettlerin ist minderjährig und kann nicht selbst entscheiden, wo sie sich aufhält...«, wandte Herr Duvany erneut ein.
Doch jetzt nahm Herr von Becmann die Führung der Verhandlung wieder in die Hand. Er erklärte kategorisch, seiner Meinung nach seien die Rechtsstandpunkte des Klägers und des Beklagten ausreichend

vorgetragen, und das hochgräfliche Regierungskollegium benötigte eine Zeit zur internen Beratung.
Regierungsdiener Schinck gab mit mißmutigem Gesicht und unterdrücktem Murmeln seinem Unwillen deutlich Ausdruck, daß ihn die Regierungsgeschäfte des heutigen Tages völlig überflüssigerweise davon abhielten, zur wohlverdienten Mittagspause nach Hause zu gehen. War es vielleicht derselbe Grund, der die hochgräfliche Regierung bewog, bereits nach kurzer Beratung den Prozeßbeteiligten den Spruch zu verkünden? Die Regierung sähe sich außerstande, in dieser mehr den religiösen als den weltlichen Geboten unterstehenden Streitfrage ein Urteil zu fällen. Eventuell müsse sich das hochgräflich-wiedische Konsistorium als Instanz in religiösen Fragen mit der Sache befassen. Vorher wolle aber die Regierung die Sache Seiner hochgräflichen Gnaden, dem Herrn Grafen höchstselbst, vortragen und dessen Entscheidung erbitten.

6

Im Hinterzimmer des Matternschen Wirtshauses »Zum Kurhut« in der Apostelgasse von Irlich saßen ein paar jüngere Herren zusammen. Nur der Wirt persönlich durfte sie mit neuem Vorrat von Wein und frisch gebrautem Bier versorgen. Wie gebannt blickten sie auf einen stutzerhaft gekleideten jungen Mann, der von einem Talon[91] jeweils zwei Spielkarten abzog und umdrehte.
»Ihr Einsatz auf den König gehört mir, Herr von Dieskau«, meinte der junge Mann bedauernd und strich drei Talerstücke ein. »Doch Sie, Cavaliere de Bassano, erhalten auf Ihren Einsatz auf die Acht von der Bank fünf Taler!«
Daß es den Kurfürsten von Trier vor über hundertfünfzig Jahren gelungen war, die Oberhoheit über das ursprünglich wiedische Dorf Irlich an sich zu bringen und trotz allen Streits zu behaupten – das war für die Reichsgrafen zu Wied-Neuwied eine Quelle steten Ärgers. Es gab aber auch Untertanen des Grafen, denen die Existenz dieses trierischen Dorfes gleich hinter der Mündung des Wiedflusses in den Rhein, nur wenige hundert Ruten[92] jenseits des gräflichen Schlosses,

91 Talon: Kartenspiel.
92 Ruten: Längenmaß; 1 Rute ca. 5 Meter.

die alte Pappelallee entlang, recht willkommen war. Dazu gehörten diese jungen Herren.

Denn hier konnten sie ungestört einer Leidenschaft nachgehen, die in vornehmen Kreisen überall zum guten Ton gehörte: dem Hasardspiel. In der Grafschaft Neuwied waren solche Spiele streng verboten. Erst im vorigen Jahr hatte Graf Alexander eine neue Verordnung »gegen das schädliche Kartenspielen« erlassen und allen Gemeindevorständen und Schöffen die Überwachung dieses Verbotes aufs strengste eingeschärft. Das bedeutete natürlich nicht, daß nicht doch heimlich gespielt wurde. Aber für den kleinen Kreis vornehmer junger Herren war es sicherer, mit solchen Passionen ins Ausland auszuweichen, zumal sie sich nicht mit den harmlosen Kartenspielen der einfachen Bauern zufriedengaben.

Unter den jungen Herren, die sich auf diese Weise die Langeweile im sonst so ereignislosen Residenzstädtchen Neuwied vertrieben, war es meist der junge Johann Albrecht von Hayn, der beim Pharo-Spiel die Bank hielt. Man mußte schon kapitalkräftig sein, um in dieser Position mithalten zu können, allerdings waren auch die Chancen des Gewinnens nicht schlecht. Seine Partner, ein Teil der jüngeren Offiziere des wiedischen Regiments, konnten bei ihren geringen Einkünften da nicht mithalten. Nur der Neuwieder Juwelier Dubois du Rousset, ein schon etwas älterer Herr, besaß genügend Kapital, um auch schon einmal den Bankier zu machen.

Neuerdings gehörte auch ein italienischer Edelmann, ein Cavaliere de Bassano aus Neapel, zu dem auserlesenen kleinen Kreis derer, die sich fast jede Woche einmal heimlich über die Wied setzen ließen, um im Hinterzimmer des »Kurhuts« die Göttin Fortuna mit einem kleinen Hasardspiel auf die Probe zu stellen. Francesco Antonio de Bassano lebte seit einigen Wochen in Neuwied, man wußte nicht recht, zu welchem Zweck. Aber da er in den Häusern der guten Gesellschaft Neuwieds ein- und ausging und über genügend Geld zu verfügen schien, war er in diesem Kreis willkommen gewesen.

Es war schon spät, als die verschwiegene Runde das letzte Glas Wein austrank und die Karten zusammenpackte, um sie der Obhut des Wirtes bis zum nächsten Mal zu übergeben. Während sich Gewinn und Verlust der übrigen einigermaßen die Waage hielten, hatte Hauptmann von Dieskau diesmal besonderes Pech gehabt. Sein Verlust an den Bankhalter, den jungen von Hayn, betrug annähernd 150 Reichstaler. Da er als Hauptmann und Kommandeur der gräflich-wiedischen

Musketier-Kompanie nur 200 Taler im Jahr Gehalt bezog, war dies eine Summe, die er unmöglich aus der Tasche bezahlen konnte. Johann Albrecht von Hayn hatte seinem Freund bereitwillig Kredit gewährt. Er sah auch ein, daß es Wilhelm Adolph von Dieskau nicht leicht fallen würde, diesen Kredit schnell zurückzuzahlen. Daher hatte er ihm eine Frist von einem Jahr eingeräumt. Nur der Form halber, so hatte von Hayn den Hauptmann beruhigt, solle er ein Papier unterzeichnen, daß er »am 1. Dezember 1784 gegen diesen Wechsel an die Order des Herrn Johann Albrecht von Hayn die Summe von 145 Reichstalern und 30 Albus zahlen« werde.

Der Fährmann von Irlich, Johannes Schüber, war es gewohnt, spät in der Nacht von einer kleinen Gruppe vornehmer Herren aus dem Bett geklopft zu werden, um noch einmal mit seinem Kahn die kurze Strecke über die Wied zum neuwiedischen Ufer hinüberzufahren. Ein Gulden oder gar ein Taler war jedesmal die Entschädigung für entgangenen Schlaf und zugleich ein Schloß vor seinen Mund. Denn es brauchte natürlich niemand zu wissen, wer da des Nachts von einem Ausflug ins ausländische Irlich so unauffällig wie möglich in sein Haus schlich. Der Fährmann sprach jedesmal ein Dankgebet für seinen Kurfürsten und Erzbischof, der vor drei Jahren den neumodischen Plänen des Neuwieder Grafen zum Bau einer festen Brücke über die Wied entschiedenen Widerstreit entgegengesetzt und die kurtrierische Fährgerechtsame – die er, Johannes Schüber, gepachtet – erfolgreich verteidigt hatte.

7

Fröstelnd trat Wilhelm Adolph von Dieskau aus dem schmalen Haus in der Mittelstraße. Er hatte zu kurz geschlafen und war entsprechend schlechter Laune. Am Abend war er spät von einem seiner verschwiegenen Ausflüge nach Irlich zurückgekommen. Aber auch der folgende Sonntagmorgen erlaubte es ihm nicht, auszuschlafen. Sein Bursche Klas, einer der auf Beförderung dienenden Soldaten seiner Kompanie, hatte es schwer gehabt, den Herrn Hauptmann mit allem schuldigen Respekt, aber auch mit allem Nachdruck früh um halb acht Uhr aus den Federn zu reißen. Im Haus des Strumpfwirkermeisters Massenrath in Neuwied hatte der unverheiratete Offizier zwei Zimmerchen gemietet. Herr von Dieskau war froh, dafür nicht mehr als

24 Taler im Jahr bezahlen zu müssen. Große Sprünge konnte sich der junge Hauptmann nicht leisten. Sein Vater, verabschiedeter königlich-preußischer Oberst, hatte kein Geld übrig, um es dem Sohn zu schicken. Er selbst war nach der Verringerung der Offiziersstellen im preußischen Heer nach dem letzten Krieg in Böhmen froh gewesen, die Hauptmannsstelle im Regiment des Grafen von Neuwied gefunden zu haben. Im Gegensatz zu zahlreichen anderen herzoglichen, kurfürstlichen oder fürstlichen Regimentern wurde hier der Offizierssold wenigstens regelmäßig ausgezahlt.

Seufzend zog Hauptmann von Dieskau den Mantel fester und blickte zum Himmel. Die ersten Schneeflocken des Winters fielen. Hier in der Rheinniederung war das am ersten Advent selten. Unangenehmes Wetter – aber was half es? Dienst war Dienst. Pünktlich um halb neun Uhr morgens mußte er jeden Sonntag in der Kaserne sein, um beim Kirchgang und der anschließenden Sonntagsparade seine Musketierkompanie zu kommandieren. Gleich ihm strebten von überall her die Offiziere und die verheirateten Unteroffiziere und gemeinen Soldaten in ihren Sonntagsuniformen der Kaserne in der Luisenstraße zu.

Der erste Adventssonntag war für das Neuwiedische Regiment ein besonderes Datum. Denn an diesem Tage im Jahr wurden nach der üblichen Parade auf dem Schloßhof die meisten der Anfang Oktober zum Dienst im wiedischen Militär befohlenen Bauernsöhne als Freiwächter wieder nach Hause entlassen. Sie durften ihre Uniformen mitnehmen und mußten in den nächsten zwei Jahren bereit sein, auf eine Nachricht des für ihr Kirchspiel zuständigen »Kommandier-Gefreiten« ihre Arbeit stehen und liegen zu lassen und unverzüglich nach Neuwied in die Kaserne zu eilen, um das Regiment zu verstärken. Aber ein solcher Fall war in den vergangenen zwanzig Jahren nicht mehr vorgekommen. Darüber hinaus mußten die Freiwächter dreimal im Jahr für ein paar Tage zu kurzen Wiederholungsübungen einrücken. Das taten sie im allgemeinen gerne, waren die jungen Burschen doch stolz, wenn sie sich in ihren schmucken Uniformen zeigen durften.

Als die Soldaten von den Gottesdiensten in den verschiedenen Neuwieder Kirchen in die Kaserne zurückgekehrt waren und sich zur Parade vor dem Landesherrn bereit machten, ließ Hauptmann von Dieskau drei Soldaten seiner Kompanie durch den Sergeanten in den Aufenthaltsraum der Offiziere befehlen. Die Musketiere Schneider von Thalhausen, Corcilius von Grenzhausen und Schnug von Dreifelden hatten die Bereitschaft erkennen lassen, auch nach ihrer achtwöchigen regulären Dienstzeit weiter im Regiment zu bleiben, weil ihnen der Soldatenberuf gefiel. Gerade so viele Plätze waren auch im letzten Jahr in der Musketier-Kompanie durch Abgänge freigeworden. Dem Weiterdienen der Soldaten stand daher nichts im Wege. In den Monaten von Dezember bis August betrug die gewöhnliche Stärke der beiden Kompanien des Regiments ungefähr vierzig Mann, darunter je ein gutes halbes Dutzend Unteroffiziere. Diese achtzig Mann waren der Stammkader des wiedischen Regiments und dienten in der Hoffnung auf Beförderung zum Unteroffizier oder auf anderweitige Beschäftigung in den Diensten Celsissimi.

Der Musketier Wilmluisch Schneider stand vorschriftsmäßig stramm und salutierte seinen Vorgesetzten, als Hauptmann von Dieskau den Raum betrat. In der für den Sonntag vorgeschriebenen großen Montur, dem dunkelblauen Uniformrock mit den roten Aufschlägen, und mit ordentlich gekämmtem und zum Zopf gebundenen Haar sah Wilmluisch adrett und präsentabel aus. Ohne daß man den Unterschied hätte beschreiben können, machte er den Eindruck, daß er anders als die meisten seiner derzeitigen Kameraden am Soldatenberuf ausgesprochen Freude hatte.

Vor ein paar Tagen hatte er in der Kaserne einen kurzen Besuch seines Vaters erhalten, völlig überraschend für ihn. Die Nachricht vom Tode seiner Schwester und die dadurch offenbar ausgelöste Wesensveränderung seines Vaters gingen dem jungen Mann sehr nahe, aber sie ermunterten ihn nicht, gleich wieder nach Hause zurückzukehren, ja sie bestärkten ihn in seiner Absicht, sich zum Längerdienen im wiedischen Regiment zu verpflichten. Nun fragte ihn sein Hauptmann, ob er sich seinen Entschluß auch reiflich überlegt habe.

»Ich bin zufrieden gewesen mit Ihm, Musketier Schneider«, meinte Hauptmann von Dieskau. »Er hat alle Befehle pünktlich befolgt und beim Exerzieren den richtigen Schliff gezeigt. Ich würde Ihn gerne in meiner Kompanie behalten. Aber ist Er sich auch darüber klar, was es heißt, auf zehn oder zwanzig Jahre im zweifarbenen Tuch zu stecken? Eine Beförderung zum Gefreiten oder gar zum Korporal oder Sergeanten kann noch sehr lange auf sich warten lassen!«

Wilmluisch sah seinem Vorgesetzten gerade in die Augen.

»Zu Befehl, Herr Hauptmann, das macht mir nichts aus. Mein Vater hat nur wenig Land, und da oben auf dem Westerwald gibt es nicht viel her. Hier habe ich als gemeiner Soldat mehr Geld in der Tasche als zu

Hause als Bauernsohn. Ich bin gerne Soldat, Herr Hauptmann! Später kann vielleicht einmal mein jüngerer Bruder die Wirtschaft übernehmen, und ich finde eine Stelle im gräflichen Dienst!«

»Nun gut, wenn Er wirklich ernstlich will, dann soll Er sich gleich unterschreiben!« Hauptmann von Dieskau gab dem Kompanie-Sergeanten den Befehl, den Regimentsschreiber Ebelshäuser mit dem gewichtigen Buch zu holen, dem Verzeichnis der Soldaten, die sich zum Längerdienen verpflichtet hatten. Auch Oberstleutnant von Trützschler erschien, um als Zeuge bei dieser folgenschweren Unterschrift dabei zu sein. Sorgfältig malte Wilmluisch seinen Namen mit der Gänsefeder in das dicke Buch, wie es ihm Schulmeister Diez zu Thalhausen einst beigebracht hatte.

Ein Jahr klingt aus

1

In der niedrigen Gaststube der Poststation des Hennes Tross in Anhausen an der Straße nach Dierdorf herrschte drangvolle Enge. Zahlreiche Bauern aus Anhausen, Thalhausen und Meinborn besetzten die fünf rohen Bänke und Tische und ließen die Schnapskruke kreisen. Für die Mittagszeit an einem gewöhnlichen Werktag war das verwunderlich. Aber jetzt, Anfang Dezember, wo schon der erste Schnee gefallen war, hatten die Bauern etwas Ruhe. Zu Hause waren die Frauen und Mädchen damit beschäftigt, den im Herbst geernteten Flachs zu Garn zu spinnen und zu grobem Bauernleinen zu weben. Damit hatten die Männer nichts zu schaffen. Vor allem aber zog es den männlichen Teil der Bevölkerung in die Wirtschaft, um das wichtigste Ereignis im Kirchspiel Anhausen, den Streit um die Waldrechte, ausführlich zu diskutieren.

»Wir müssen unser Recht bekommen«, meinte Bauermeister Runkel von Anhausen störrisch und hieb mit der Faust auf den Tisch. Der Alkohol war ihm schon etwas zu Kopf gestiegen. »Unser gutes altes Recht. Bekommen wir es nicht beim Grafen, dann holen wir es uns vom Kaiser!«

Allgemeines Murmeln zeigte dem Bauermeister an, daß er die Meinung der anderen Bauern auf den Kopf getroffen hatte. Nur einer blieb skeptisch.

»Ja, aber wie sollen wir das machen? Weiß denn jemand, wo der Kaiser wohnt? In Frankfurt oder in Wien, mein' ich. Aber wo mag das sein? Sicher ist es weit weg.«

Bedächtig besprachen die Bauern das Problem, ohne Rat zu wissen. Einige alte Männer erzählten, ihre Väter hätten einst einen ›Perzeß‹ mit dem Grafen um den Wald gehabt, und sie hätten dazu nach Wetzlar laufen müssen. Aber was das sei, ein ›Perzeß‹, das konnten auch die alten Leute nicht erklären, ebensowenig wie jemand wußte, wo dieses Wetzlar sei.

Amüsiert lächelnd hatte ein städtisch gekleideter Herr mittleren Alters mit gepuderter Perücke das Gespräch der Bauern mit angehört. Er war kurz zuvor aus der Postkutsche gestiegen, die auf ihrem Weg zwischen den beiden Residenzstädtchen Neuwied und Dierdorf hier in Anhausen eine halbe Stunde Aufenthalt hatte, um die Pferde zu wechseln. Einmal in der Woche verband neuerdings die Post selbst das stille Anhausen mit der großen Welt. Während des Pferdewechsels erholten sich die wenigen Passagiere gerne bei einer Tasse Warmbier – oder, wenn es sehr vornehme Herren waren, bei einem Glas Wein – vom endlosen Ruckeln und Schütteln der Reise. Die Bauern hatten dem Reisenden bereitwillig Platz gemacht, als er die Poststation betrat und ein Glas Wein bestellte, aber sich sonst nicht um ihn bekümmert.

Der vornehme Herr schien das in Westerwälder Mundart geführte Gespräch der Bauern verstanden zu haben, denn er sagte auf einmal:

»Ihr dummen Bauern, der Kaiser, den ihr sucht, der ist gar nicht so weit. Ihr müßt nur nach Wetzlar gehen, gerade drei Tage zu Fuß von hier über Dierdorf, Westerburg und Weilburg. Dort in Wetzlar ist das Reichskammergericht, das für den Kaiser Recht spricht. Wenn ihr einen guten Advokaten habt, versteht ihr, einen Mann, der etwas davon versteht und der euch dabei hilft, dann werdet ihr schon euer Recht bekommen! Aber habt ihr denn Geld? Denn ohne Geld geht auch beim Reichskammergericht nichts.«

Erstaunt hatten die Bauern zugehört, und Bauermeister Runkel meinte mißtrauisch:

»Was geht Euch unser Geld an, gnädiger Herr? Sagt uns lieber, was das für ein Mann ist, der Reichskammergericht in Wetzlar, und wie man ihn finden kann?«

Der vornehme Herr lachte laut.

»Die Sache fängt an, mich zu interessieren, Bauer. Warte einen Augenblick!« Damit ging er hinaus, um dem Postillion einen Albus in die Hand zu drücken und ihn zu bitten, die Abfahrt der Kutsche ein wenig hinauszuzögern. Als er zurückkam, sagte er zu den Bauern: »Hört zu, Bauern. Das Reichskammergericht ist kein Mann, sondern ein großes Haus. Darin gibt es zwei Dutzend vornehme und gelehrte Herren, das sind die Richter. Und der Prozeß, von dem ihr vorhin erzählt habt, das ist ein Streit vor Gericht. Wenn ich euch richtig verstanden habe, dann hatte euer Kirchspiel einen solchen Prozeß vor diesem Reichskammergericht gegen den Grafen von Neuwied vor langer Zeit. Aber wahrscheinlich ist dieser Prozeß liegengeblieben, und es ist nie ein Urteil gesprochen worden. Habt ihr denn irgendwelche Akten oder Papiere über diesen Prozeß?«

Fräswillm[93] Runkel spürte, daß der fremde Herr sich nicht über die Bauern lustig machen wollte, sondern aus irgendeinem Grunde ein echtes Interesse an ihrem Fall hatte. Daher überwand er sein Mißtrauen und erklärte:
»Das weiß ich nicht, gnädiger Herr, Aber wir haben letzte Woche einen großen Haufen Papiere vom Herrn Grafen zurückbekommen. Es sind Weistümer und Besitztitel über den Anhäuser Märkerwald. Der Herr von Hayn hatte die Papiere uns vor vielen Jahren weggenommen, aber jetzt haben wir sie wiederbekommen. Vielleicht ist da etwas über den Prozeß dabei!«
»Na ja, das ist ja was, damit kann man schon etwas anfangen. Und nun noch einmal meine Frage, ihr Bauern: Habt ihr Geld, um einen Prozeß führen zu können?« Der fremde Herr schien auf irgendetwas loszusteuern.
Der Bauermeister antwortete vorsichtig:
»Geld würden wir schon etwas zusammenbringen, gnädiger Herr. Reichen zehn Taler?«
Wieder lachte der Fremde. »Ich kenn' euch, ihr Bauern. Nach außen tut ihr, als ob ihr keinen Albus hättet. Aber wenn es sein muß, findet ihr schon noch genügend Taler. Jetzt muß es sein, Bauern, wenn euch geholfen werden soll. Ich rate euch gut. Schickt eine Abordnung nach Wetzlar und gebt den Männern alle eure Papiere und hundert Taler mit. Dann fragt nach dem Advokaten und Doktor des weltlichen und kirchlichen Rechts Daniel Philipp Loßkandt in der Gießener Straße in Wetzlar. Und damit ihr euch an ihn erinnert, trinkt noch eine Kruke Schnaps auf seine Kosten!« Damit warf der Fremde ein Kopfstück auf den Tisch und verließ den Raum, um in die wartende Postkutsche zu steigen.

2

Wieder einmal saß Elisabeth Schettlerin zusammen mit ihrem Hausherrn und Beschützer, dem Kaufmann Johann Wilhelm Breuer, auf einer Bank. Am Vorabend hatte der gräfliche Privatschreiber und Läufer Raeder im Haus Breuer in der Rheinstraße für Aufregung gesorgt. Denn er hatte ein Schreiben überbracht, Herr Johann Wilhelm Breuer

93 Fräswillm: Friedrich Wilhelm, Westerwälder Namensform.

und die Jungfer Elisabeth Schettlerin hätten sich am andern Morgen pünktlich um acht Uhr im Schloß zu einer Audienz bei Celsissimus einzufinden. Nun warteten die beiden im Vorzimmer, bis sie in das Arbeitskabinett des Landesherrn gerufen wurden.
Wie oft habe ich nun schon Verhöre und Gerichtsverfahren über mich ergehen lassen müssen, dachte Elisabeth verzweifelt. Hört das denn nie auf? Habe ich wirklich etwas Furchtbares verbrochen, daß ich von Gott so dafür bestraft werde? Elisabeth hatte gebetet, daß der liebe Herrgott sie von dieser ständigen Prüfung erlösen möge. Sie hatte schon davon gesprochen, wieder in das Haus der ledigen Schwestern zurückzugehen, um der Familie Breuer weitere Unannehmlichkeiten zu ersparen. Aber in einmütiger Entrüstung hatten der alte und der junge Herr Breuer diesen Gedanken zurückgewiesen und ihr erklärt, sie würden bis aufs äußerste dafür kämpfen, daß sie frei leben könne wie sie wolle. Elisabeth habe sich nichts vorzuwerfen.
Endlich meldete der alte Kammerdiener Michel: »Seine hochgräfliche Gnaden lassen bitten!«
Verlegen und befangen betrat Elisabeth hinter ihrem Beschützer das Kabinett des Landesherren. Graf Alexander begrüßte den Kaufmann Breuer freundlich und nahm auch leutselig den tiefen Knicks und den Handkuß von Elisabeth Schettlerin entgegen. Am Abend vorher hatte sie diese Höflichkeiten fleißig geübt. Dann mußten sie sich auf zwei Stühle vor den kostbaren Schreibtisch im Louis-Quinze-Stil setzen.
»Man hat mir von einem schwierigen Rechtsfall berichtet, in den Sie verwickelt sind«, eröffnete der Graf vorsichtig das Gespräch. Offensichtlich wußte er selbst noch nicht genau, wie er sich dazu stellen sollte. Aber im Unterschied zum Stadtmagistrat und zur gräflichen Regierung sah er, der Monarch, keine Möglichkeit, die Entscheidung auf eine andere Instanz abzuschieben. Sonst war es seine Aufgabe als Landesherr, ein Urteil seiner Regierung zu bestätigen oder auch einen Missetäter zu begnadigen, ohne sich selbst im einzelnen noch einmal mit der Materie zu beschäftigen. Aber in diesem besonderen Falle waren die Umstände so außergewöhnlich, daß er nicht ohne persönlichen Eindruck entscheiden wollte. Auch sein Kanzleidirektor von Becmann hatte ihm dies geraten.
Johann Wilhelm Breuer hatte sich seine ersten Sätze in diesem Gespräch mit dem Grafen sorgfältig zurechtgelegt. Richtigerweise ging er davon aus, daß Celsissimus die Klage der Brüdergemeine, ihre Ar-

gumente und die in den bisherigen Gerichtsinstanzen vorgebrachten Gegenargumente aus der Akte und aus dem Bericht des Herrn von Becmann bekannt sein würden. So brachte er einen Aspekt vor, der in dem ganzen Instanzenweg bisher noch nicht zur Sprache gekommen war.

»Euer Gnaden, hier bittet ein Mensch in tiefer Seelennot um das gnädigste Verständnis Euer Gnaden. Mit dem Buchstaben des Rechtes allein kann man, glaube ich, diesen Fall nicht lösen.«

Der alte Graf blickte das junge Mädchen an, das da mit niedergeschlagenen Augen und gefalteten Händen vor ihm saß wie eine verurteilte Sünderin. Sie trug noch das schlichte graue Kleid der Herrnhuter Schwestern, nur die Schwesternhaube mit dem roten Band hatte sie mit einer normalen Haube vertauscht, wie sie bei den Mädchen in der Stadt Mode war.

»Sehe Sie mir in die Augen, Jungfer«, sagte er freundlich, »und sage Sie mir aufrichtig, was Sie veranlaßt hat, aus der Obhut und dem Schutz des Schwesternchores zu entfliehen. Ich kenne die Brüdergemeine seit dreißig Jahren und habe noch nie von seinem solchen Fall gehört.«

Elisabeth hob ihren Kopf und blickte den Grafen mit einem Ausdruck an, in dem alle Empfindungen von der Verzweiflung bis zur unendlichen Erleichterung, von der Überraschung bis zur Hoffnung zu lesen waren.

»Ich wollte doch nur einmal nach der Sonne sehen«, sagte sie leise.

»Durfte Sie das nicht?« fragte der Graf erstaunt.

Mit dieser einfachen Frage gewann der alte Herr Elisabeths Herz. Hier war offenbar ein Mensch, der wie die Familie Breuer Verständnis hatte, der sie nicht nur nach irgendwelchen Paragraphen als eine Sache ansah, über die man nach Belieben verfügen könne. Zögernd zuerst, dann immer flüssiger berichtete Elisabeth Schettlerin von ihrem Leben im Schwesternchor. Das Beten, die Arbeit des Stickens, Spinnens und Webens, der bis ins letzte geregelte Tageslauf, das alles erwähnte sie, aber sie beklagte sich nicht darüber. Sie erzählte, wie sie einige Male während ihrer Arbeit aufgestanden sei und durch das Fenster auf die Straße gesehen habe, wie sie gelegentlich das während der Arbeit gebotene Schweigen nicht mehr ausgehalten, sondern mit ihrer Freundin gesprochen habe.

»Ich kann es nicht verstehen, daß ich dafür bestraft worden bin«, sagte

sie mit Tränen in den Augen, »der liebe Herrgott hat uns Menschen doch nicht als stumme Kreaturen geschaffen!«
Auf weitere Fragen des Grafen mußte Elisabeth berichten, welche Strafen ihr die Schwester Vorsteherin auferlegt habe und wie sie schließlich beim Spaziergang die anderen verloren habe und verzweifelt in den Straßen der Stadt umhergeirrt sei, bis der junge Herr Breuer sie gefunden und sie freundlich aufgenommen habe.
Hier mischte sich Kaufmann Breuer in das Gespräch und berichtete, daß es für ihn selbstverständlich gewesen sei, einem Menschen in offenkundiger Not zu helfen, ohne daß er dabei auf das Religionsbekenntnis dieses Menschen geachtet habe.
»Jungfer Elisabeth lebt in meinem Haus als freier Mensch. Sie hilft meiner Frau als Hausmagd, und ich zahle ihr einen Lohn von achtzehn Talern im Jahr, aber sie kann jederzeit mein Haus verlassen, wenn sie will. Obwohl sie in einem katholischen Haus lebt, werde ich ganz gewiß nichts tun, um sie ihrer Religion abspenstig zu machen.«
»Aber Sie wissen, Herr Breuer«, meinte Celsissimus, »daß die Jungfer Schettlerin noch nicht zu ihren Jahren gekommen ist[94]...«
Schnell wandte Johann Wilhelm Breuer ein:
»Aber über eine Vormundschaft ist nichts entschieden, Euer Gnaden! Ich bin bereit, ihr Vormund zu sein und nach Kräften für ihr leibliches und geistiges Wohl zu sorgen, bis sie vierundzwanzig Jahre alt sein wird und selbst entscheiden kann. Ich glaube, daß in unserem aufgeklärten Zeitalter auch ein Frauenzimmer das Recht dazu haben muß!«
Graf Alexander erwiderte nichts darauf und blickte längere Zeit nachdenklich schweigend die beiden vor ihm sitzenden Personen an. Es war wirklich ein schwieriges Problem, auch jenseits aller Rechtsfragen. Schließlich waren ihm die Mitglieder der Herrnhuter Brüdergemeine in Neuwied seit Jahrzehnten als gottesfürchtige, arbeitsame und freundliche Menschen bekannt, auf denen offensichtlich Gottes Segen ruhte. Ihr gemeinsames Leben als Brüder und Schwestern in Jesu Christo hatte noch nie Anlaß zur Klage gegeben. Hier ging es um die innere Gestaltung des Lebens in dieser Gemeinschaft. In diese konnte der Landesherr, zumal in der Grafschaft Neuwied bei der religiösen Verfassung dieses Landes, selbst in seiner Eigenschaft als »summus episcopus«[95] nicht eingreifen.

94 zu ihren Jahren gekommen: volljährig geworden.
95 summus episcopus: oberster Bischof.

Das junge Mädchen, das da in offensichtlich verzweifelter Gewissensnot vor ihm saß, tat dem alten Grafen leid. Es hatte doch wirklich nichts verbrochen, das eine solche harte Disziplin erfordert hätte. War es wirklich nötig, selbst in einer so frommen Gemeinschaft, jedem Menschen das Reden, das Lachen und einen unschuldigen Blick auf die Straße in einer Arbeitspause zu verbieten? Doch hatte ein einzelner Mensch, zumal ein junger, noch nicht volljähriger, hatte überhaupt eine Frau das Recht, die Weisheit solcher durch generationenlangen Gebrauch erprobten und geheiligten frommen Gebräuche einfach in Zweifel zu ziehen? Wo käme man hin, wenn jeder einzelne sich das Recht anmaßte, die Gesetze und Regeln des Staates und der Kirche zu bestreiten?
Gab man diesen Überlegungen Raum, dann war die Entscheidung im Fall der Jungfer Schettlerin klar: sie mußte zurück in das Schwesternhaus. Aber dem Grafen Alexander war dabei äußerst unwohl. Er war kein studierter Theologe, aber er wußte genug von den großen Reformatoren Calvin, Zwingli und Luther, daß ihre Großtaten ja gerade darin bestanden hatten, die Glaubenssätze und Übungen der katholischen Kirche für falsch zu halten. Auch die übrigen Religionsgemeinschaften, die in Neuwied Duldung gefunden hatten, wie Mennoniten, Inspirierte und gerade auch die Herrnhuter selbst, hatten sich ja aufgrund ähnlicher Zweifel von den großen Kirchen abgespalten.
In den Gedanken des alten Grafen schoben sich die Bilder übereinander. Er sah in seiner Phantasie die Jungfer Schettlerin vor der Tür des Eßsaales im Schwesternhaus stehen und als Bestrafte, Ausgestoßene stumm ihre Mahlzeit verzehren, so wie das junge Mädchen soeben ihre Strafe geschildert hatte. Und auf einmal hatte dieses Mädchen, das da als unschuldige Büßerin stand, die Züge seiner geliebten ältesten Enkeltochter, der Komteß Caroline...
Dem Mann und dem Mädchen, die dem Grafen gegenübersaßen, war es während der langen Gesprächspause immer unheimlicher geworden. Aber sie durften nicht wagen, etwas zu sagen, ohne von Celsissimus dazu aufgefordert zu sein. Daher atmeten sie erleichtert auf, als Graf Alexander die vor ihm liegende Akte über die Klage der Brüdergemeine gegen den Kaufmann Breuer aufschlug und die Gänsefeder in das Tintenfaß tunkte. Rasch schrieb er in seiner markanten Handschrift ein paar Zeilen unter die letzte ausführliche Niederschrift und las sie dann laut vor:
»Resolutum 11 ter Decembris 1783. In Ansehung der besonderen

Umstände des Falles und ohne Exempel für künftige Fälle ist die Vormundschaft über die minderjährige Jungfer Schettlerin dem Kaufmann Breuer, hier, zu übertragen. J. F. A.«

3

»Gott schütze das ehrbare Handwerk und die edle Schreinerzunft allzumal! Guten Abend, ihr Herren Meister!« Behäbig betrat Meister Pfeiffer die verräucherte niedrige Gaststube des Wirtshauses »Zum wilden Mann« in der Neuwieder Rheinstraße. Er nahm sich den Wollumhang von den Schultern und schüttelte den Schnee herunter, der draußen heftig fiel. Aber schlechtes Wetter hin, schlechtes Wetter her, dem Meister wäre es nie eingefallen, den Donnerstagabend im »Wilden Mann« zu versäumen. Zur wöchentlichen Versammlung der zünftigen Schreinermeister hatte man zu erscheinen, zumal Meister Pfeiffer der Zunftmeister war.

Er steuerte den hinteren Tisch an, der für die sieben zur Schreinerzunft in Neuwied gehörenden Meister reserviert war. Vorn am anderen Tisch hatten die fünf Schreinergesellen ihren Stammplatz, der auch für etwa vorsprechende fremde Gesellen auf Wanderschaft reichen mußte. Denn der »Wilde Mann« war in Neuwied die Herberge für die Schreiner und die Faßbinder, so wie es der »Weiße Schwan« für die Strumpf-, Leinenweber und Schneider und der »Anker« für die Schlosser und Schmiede war. Am Gesellentisch präsidierte als unumschränkter Herrscher der Altgeselle Philipp Koch, der bei Meister Griebling in der Langendorfer Straße in Arbeit stand.

Meister Johann Christoph Pfeiffer bekam vom Wirt seinen Humpen mit anderthalb Seidel[96] frischgebrautem schäumendem Bier hingestellt und war bald mit seinen sechs Kollegen in das übliche Gespräch dieser Abende vertieft, die Klage über die schlechten Zeiten für das zünftige Handwerk.

»Ich wohne jetzt just dreißig Jahre in Neuwied«, meinte Meister Pfeiffer und wischte sich den Bierschaum vom Mund. »Damals, als ich hier mein Gebot und Willkomm[97] abgab und Schreinermeister wurde, da

96 Seidel: altes Biermaß, ca. 0,4 Liter.

97 Gebot und Willkomm: Eine Art Aufnahmegebühr für neue Meister in eine Handwerkerzunft.

waren wir unser sieben Meister in der Stadt, gerade so wie jetzt. Aber niemand machte uns als Unzünftiger den Gewinn streitig. Heute? Ihr wißt ja selbst, wie es ist!«

»Diese Fremden, die sich an keine Zunftregeln halten, die nehmen einem ehrlichen Schreinermeister noch das letzte Brot weg!« stimmte Meister Griebling in das Klagelied ein. »Diese Herrnhuter in ihrer Schreinerwerkstatt im Brüderhaus liefern billiger und schneller ihre Schränke und Möbel als unsereins es kann, und sie nehmen auch jeden als Kunden, der zu ihnen kommt. Wir zünftigen Meister halten uns nach altem Zunftrecht und -brauch an die eingeteilten Bezirke und nehmen nur den als Kunden, der darin wohnt, damit jeder von uns sein Auskommen hat. Aber die scheren sich den Teufel darum! Und der Herr Graf sagt dazu noch ja und amen! Wo soll das mal hinführen?«

»Und erst der Roentgen mit seiner großmächtigen Fabrik!« meinte Meister Eichacker verbittert. »Zwar macht er uns hier in der Stadt keine Konkurrenz, weil er seine Möbel so kostbar und teuer baut, daß er sie nur an den französischen König und an die Zarin in Sankt Petersburg verkaufen kann. Aber er nimmt uns die Gesellen weg.« Nikolaus Eichacker nahm einen tüchtigen Schluck Bier aus seinem Humpen und rief den Wirt, damit er neu gefüllt werden sollte. »Erinnert ihr euch an den wandernden Gesellen, der vorige Woche hier seinen Willkomm[98] erhielt? Ich konnte gerade einen Gesellen gebrauchen und nahm ihn an. Aber seht ihr ihn hier?« Damit wies Meister Eichacker zu dem Tisch, wo die Gesellen fröhlich zechten, wenn sie auch die Lautstärke ihrer Unterhaltung mit Rücksicht auf die Meister am Nebentisch sorgsam dämpfen mußten. »Er stammte aus Kornwestheim im Württembergischen«, erzählte Meister Eichacker weiter, »und hatte ganz verrückte neumodische Ideen. Er hatte erst zwei Tage bei mir in Arbeit gestanden, als er mir doch allen Ernstes vorschlug, ich solle Schränke und Tische im Vorrat bauen und nicht warten, bis ein Kunde ein Möbelstück bestellt. Er meinte sogar, ich sollte die Möbel alle gleich machen, es ginge sehr viel einfacher und schneller, vier Dutzend Tischbeine für ein Dutzend Tische hintereinander herzustellen als für jeden Tisch einzeln. Na, dem habe ich aber meine Meinung

98 Willkomm: in diesem Zusammenhang das übliche kleine Geldgeschenk an wandernde Handwerksgesellen aus der »Lade« (Kasse) der Zunft, der er angehörte, bei der Durchreise.

gegeigt. So weit kommt es noch, daß Gesellen dem Meister sagen, wie er zu arbeiten hat! Bei mir wird anständig und ehrlich gearbeitet, wie es in der ehrbaren Schreinerzunft Brauch ist, hab' ich ihm gesagt!«

»Na und, Nikolaus«, fragte Meister Pfeiffer, »wie ging es weiter mit dem fremden Gesellen?«

»Ich sag's ja«, polterte Nikolaus Eichacker und schlug mit der Faust auf den Tisch. »Seht ihr ihn hier am Gesellentisch? Tags drauf hat er mir aufgekündigt und ist zum Roentgen gelaufen. Der kann ihm mehr Lohn zahlen, und seine verrückten Ideen kann er bei ihm in der Fabrik auch besser anbringen!«

Tiefsinnig nickend schwiegen die sieben Meister und hoben nur ab und zu ihre Humpen an den Mund, um ihren Ärger und ihre Sorgen mit einem tüchtigen Schluck Bier hinunterzuspülen. Endlich brachte einer ein schmieriges Spiel Karten zum Vorschein.

»Wie wär's mit einer Runde Schafskopf?« meinte er.

»Warte, Hannes«, mahnte ihn Zunftmeister Pfeiffer. »Warte noch, die Stadtwache muß gleich vorbeikommen. Du weißt doch, daß die dir das Kartenspiel wegnehmen und dich in Strafe nehmen müssen, wenn sie dich mit des Teufels Gebetbuch[99] erwischen!«

Tatsächlich flog schon Minuten später die Wirtshaustür auf, und pustend und auf das elende Wetter schimpfend polterten fünf Männer herein, daß die Kerzen flackerten und Schnee in die Stube stob. Stadtkorporal Straßburger war mit seiner Patrouille der Stadtwache unterwegs, um in den Straßen der Residenzstadt Neuwied lichtscheues Gesindel zu vertreiben, in den Gasthäusern die Nachtzettel übernachtender Fremder einzusammeln sowie dort auf die Einhaltung der vom Landesherrn verordneten Sperrstunde um zehn Uhr abends und des Verbots von Kartenspielen und ungebührlichem Benehmen zu achten.

»Gib uns mal einen Kümmel, Adam!« meinte der städtische Korporal und rieb sich die kalten Hände. Im gewöhnlichen Leben war er der Blechschmied und Bürger Johann Heinrich Straßburger und betrieb seine kleine Werkstatt am oberen Ende der Rheinstraße. Alle drei Wochen aber kam der Turnus des Wachdienstes an ihn, und er verwandelte sich in einen pflichtgetreuen und eifrigen Anführer seiner Patrouille,

99 Des Teufels Gebetbuch: scherzhafter Ausdruck für Kartenspiel.

der mit seiner Partisane[100] stolz durch die Straßen marschierte. Gleichen Eifer konnte man von seinen vier Untergebenen nicht behaupten, die mit unterdrücktem Schimpfen hinter ihrem Anführer hertrotteten und ihre schneebedeckten Musketen am Schanktisch abstellten. Als der Wirt Adam Melsbach ihnen allen aber ein Gläschen mit Kümmelschnaps hinstellte, da zeigte sich, daß die Neuwieder Stadtsoldaten doch mitunter großen Eifer zeigen konnten, denn die Gläschen waren im Handumdrehen leer.

Erst jetzt fühlte sich Korporal Straßburger in der Lage, ein »Guten Abend zusammen!« hervorzubringen und sich oberflächlich in der dunklen, nur von wenigen flackernden Kerzen erhellten Gaststube umzusehen.

»Daß mir keine Klagen kommen!« meinte er gemütlich und hielt wie unabsichtlich dem Wirt sein Gläschen hin, das sich sofort zum zweitenmal füllte. Die vier Mitglieder seiner Patrouille nahmen sich ein Beispiel an ihrem Vorgesetzten und wurden ebenfalls noch einmal bedient.

Natürlich war solches Sicheinschenkenlassen für die Neuwieder Bürgerwehr streng verboten. Aber nicht einmal Schreinermeister Andreas Griebling, der als Stadtachter[101] die Pflicht hatte, die Nachtwache zu kontrollieren und solche Verstöße zu unterbinden, nahm daran Anstoß. Denn erstens war er heute nicht an der Reihe mit dem unbeliebten Amt der Wachtkontrolle, und zweitens konnte man bei solchem Hundewetter es niemandem verdenken, wenn er für etwas Wärme von innen sorgte. Wie sonst, ohne diese kleinen flüssigen Ermunterungen, hätte man auch noch Bürger gefunden, die sich nicht vor dem bei den meisten verhaßten Wachtdienst drückten?

Als ein paar Minuten später die Stadtpatrouille das Wirtshaus verlassen hatte, um in der nächsten Schänke die routinemäßige Kontrolle vorzunehmen, da zog Schreinermeister Hannes Schroth sein Kartenspiel wieder hervor und begann mit dem Stadtachter Andreas Griebling und zwei anderen Schreinermeistern eine Partie Schafskopf, ein Spiel, das der Landesvater erst kürzlich mit einer an allen Kirchentüren angeschlagenen gedruckten Verordnung streng verboten hatte...

100 Partisane: kurzer Spieß mit verzierter Eisenspitze, im 18. Jahrhundert Waffe und zugleich Rangabzeichen der Unteroffiziere.

101 Stadtachter: (von der Zahl acht): Gewähltes Mitglied eines Kontrollorgans für den städtischen Magistrat, etwa einem heutigen Stadtratsmitglied vergleichbar.

4

Während draußen feuchter Schnee fiel und am Boden bald wieder schmolz, war es im Dachzimmer Philipp Breuers gemütlich warm. Einer der modernen, hübsch verzierten Rokoko-Kachelöfen aus der Ofenfabrik der Herrnhuter Brüdergemeine in Neuwied schmückte neuerdings das Zimmer. Vater Breuer hatte den Ofen erst vor kurzem gekauft, zur besseren Ausstattung der Stube seines nach jahrelanger Abwesenheit zurückgekehrten Sohnes. Er hatte damit aber auch die stille Absicht verfolgt, der Brüdergemeine zu bedeuten, daß er trotz des Rechtsstreites um Jungfer Schettlerin nichts gegen die Gemeine und ihre im allgemeinen vorzüglichen Erzeugnisse habe.
Philipp saß an einem kleinen Schreibsekretär und schrieb einen Brief an die »Liebste Freundin Phyllis«. Er hatte Charlotte von Lützow nach ihrem Zusammentreffen im Schloß Engers schon einmal bei der letzten Monatsversammlung der Ismenischen Gesellschaft wiedergesehen, und es war ihnen möglich gewesen, zusammen von der Fasanerie durch den nachtdunklen Schloßpark zum Schloß zu gehen, ohne daß dies anderen Gästen auffiel. Auch etliche Briefchen hatte Anna, die verschwiegene Liebesbotin, zwischen dem Schloß und dem Haus Breuer hin- und hergetragen. Der Brief, den Philipp heute schrieb, fiel ihm schwer, denn er hatte etwas nicht Erfreuliches mitzuteilen.

Wie sehr bedauere ich, meine teuerste Phyllis, daß Ihr Herr Onkel für einige Zeit nach Dierdorf reisen mußte. Dadurch, daß er von Celsissimus auf Bitten des Grafen von Wied-Runkel zur Ordnung der Verhältnisse des Militärs der Oberen Grafschaft für mehrere Wochen dorthin entsandt wurde, ist es doch mir nicht möglich, bald bei ihm um Ihre liebe Hand anzuhalten. Wie viele Verzögerungen und Hindernisse wird es noch geben, bis wir als Mann und Frau vor den Traualtar treten können?
Glücklicherweise, dachte Philipp, habe ich auch etwas sehr Schönes zu melden, so daß der Brief hoffentlich seine Phyllis nicht zu traurig stimmen werde.

Ich habe mir vor ein paar Tagen das Herz gefaßt und mit meinem Herrn Vater über Sie, meine teuerste Freundin, und unsere gemeinsame Zukunft gesprochen. Er war erstaunt, ich muß es zugeben, und er war voller Zweifel, ob es uns gelingen werde, unangefochten den Hafen der Ehe zu erreichen. Er hat mir in allem Ernst die vielen Gräben aufgezählt, die uns trennen würden: Ihr Stand und mein Stand, Ihre Religion und die meine. Auch Ihr Vermögen und das meine erwähnte er, das ich einmal erben soll. Aber als ich ihm versicherte, daß alle diese Trennungslinien für Sie, meine liebste Phyllis, und für mich nichts bedeuteten und daß wir bereit seien, zu ihrer Überwindung es mit allen Widrigkeiten der Welt aufzunehmen, da hat mein Herr Vater mir – und Ihnen mit! – den väterlichen Segen für diese Heirat erteilt. Können Sie sich das unnennbare Glück vorstellen, meine Ersehnte, das ich bei diesen Worten empfand? Ich habe noch nie, außer vor dem Altar, gekniet, aber in jenem Augenblick bin ich auf die Knie gefallen und habe meinem gütigen Herrn Vater inbrünstig die Hände geküßt, und Tränen des Glücks strömten mir aus den Augen. Auch meine liebe Frau Mutter gab uns unter Tränen ihren Segen!

Die Worte flossen Philipp nur so aus der Feder, als er die Freude über diese elterliche Zustimmung ausführlich beschrieb, um die frohe Stimmung auch seiner Phyllis mitzuteilen. Unbewußt schob er damit die unangenehme Mitteilung immer weiter hinaus, die noch folgen mußte. Aber schließlich half keine Ausflucht mehr – es mußte heraus.

Ein leider nicht hoffnungsfroh stimmendes Gespräch hatte ich allerdings mit dem Ortspfarrer unserer katholischen Gemeinde in Neuwied. Er ist ein würdiger Prämonstratenserpater vom Kloster Rommersdorf mit einem ansehnlichen Bäuchlein, aber einem harten Herzen. Ich ging zu ihm in sein Pfarrhaus in der Luisenstraße und deutete ihm vorsichtig – unter Vorbehalt der noch ausstehenden Zustimmung Ihres Herrn Onkels und Vormundes – unseren Wunsch an, von ihm zum Ehepaar zusammengegeben zu werden. Doch statt sich darüber zu freuen, hielt er mir einen langen Vortrag, warum das nicht angängig sei.

Philipp nahm einen neuen Bogen Papier und setzte seinen Brief fort, entschlossen, der Dame seines Herzens auch das Unangenehme zu berichten, damit sie es gemeinsam umso besser ertragen könnten.

Erstens, so meinte der würdige Pater Meesen, müßten Sie, meine sehr verehrte Charlotte, zum katholischen Glauben übertreten. Als ich ihm berichtete, daß Sie hierzu bereit seien, fand er neue Hindernisse. Angesichts meiner nahezu apostatischen Haltung der heiligen Römischen Kirche gegenüber – so sagte er wörtlich – sei er auch dann nicht bereit, unsere Trauung nach katholischem Ritus vorzunehmen. Dies komme ihm, wie er behauptete, einer Entweihung des heiligen Sakraments der Ehe gleich. Ich hätte, so verkündete mir Pater

Meesen, bei verschiedenen Gelegenheiten freigeistige und nahezu ketzerische Ansichten über einige Lehren der heiligen Kirche geäußert, seines Wissens im letzten Jahr nicht einmal gebeichtet und sei auch nur selten zur Messe in seiner Kirche zu sehen. ›Nein‹, so entließ er mich, ›ich kann es nicht verantworten, einen Nahezu-Apostaten[102] und eine nur zum Schein zur katholischen Kirche Übergetretene mit dem Segen der heiligen Kirche zu versehen!‹

Der junge Mann atmete heftig, als er diesen schmachvollen und enttäuschenden Augenblick beim Niederschreiben noch einmal erlebte.

Sie können sich denken, meine Teuerste, daß diese Haltung unseres Pfaffen meine Liebe zur katholischen Kirche nicht gerade bestärkt hat. Weder mein Herr Vater noch ich sind – das müssen wir zugeben – bisher sehr eifrige Kirchgänger gewesen, und wir haben uns die Freiheit genommen, über einige kirchliche Dogmen unsere eigene Meinung zu haben. In den Nachbarländern, den Kurfürstentümern Trier und Köln, hätten wir damit wahrscheinlich das Ende unserer bürgerlichen oder wenigstens unserer geschäftlichen Existenz provoziert. Hier im toleranten Neuwied haben wir das nicht zu befürchten. Aber ich bin heute in meinem Zorn und meiner Enttäuschung so weit, daß ich bereit bin, zur lutherischen Kirche überzutreten. Ich würde auch Mahomet[103] anbeten, wenn mir dann die Vereinigung mit meiner geliebten Phyllis erlaubt würde. So muß ich für heute mit wenig angenehmen Neuigkeiten schließen, aber umso unbeirrbarer hofft auf eine baldige glückliche Vereinigung mit Ihnen, mein Sonnenschein, Ihr sich nach Ihnen sehnender Philander.

5

Wieder war die Poststation von Anhausen überfüllt. Wie ein Lauffeuer hatte sich die Nachricht verbreitet, daß die Abordnung der Anhäuser Märkerschaft aus Wetzlar zurückgekommen war. Die Bauern ließen auf ihren Höfen alle Arbeit stehen und liegen, um mit eigenen Ohren zu hören, was die vier Reisenden zu berichten hatten. Jetzt, kurz vor dem Christfest, wo schon eine dichte, wenn auch noch nicht sehr hohe Schneedecke die Westerwaldhöhen überzog, hatten sie ja auch Muße dazu.

102 Apostatisch: abtrünnig.
103 Mahomet: im 18. Jahrhundert gebräuchliche Namensform für Mohammed.

Umständlich klagte Thiel Velten von Meinborn über seine wehen Füße, die ihn auf dem drei Tage langen Marsch durch Schnee und naßkalte Witterung kaum wieder nach Hause getragen hätten. Dabei nahm er einen ausgiebigen Schluck aus der Steinkruke, die ihm einer der Daheimgebliebenen hinhielt.
»Die Füße sind ja noch dran, Thiel«, rief ein Nachbar, der die üblichen Klagelieder des Schöffen kannte und nicht sehr ernst nahm. »Du kannst sie jetzt zu Hause pflegen. Sagt lieber, was ihr in Wetzlar erlebt habt!«
Bauermeister Runkel und Klosenwöllm Schneider übernahmen es, den gebannt lauschenden Bauern von ihren Abenteuern in der weiten Welt zu berichten. Da waren sie vor gut zwei Wochen, mit warmer Kleidung, reichlicher fester und flüssiger Wegzehrung und – sorgsam in ein großes Schnupftuch eingewickelt – den geforderten hundert Talern versehen, nach Wetzlar gewandert. Dort hatten sie sich zu einem prächtigen Haus in der Gießener Straße durchgefragt, wo ein hochmütiger Mann sie erst nicht einlassen wollte. Aber dann sei der gnädige Herr, der damals mit der Postkutsche hier war, gekommen und habe sie freundlich hereingebeten.
»Er hat uns Essen und Trinken bringen lassen und uns sogar erlaubt, im Pferdestall zu schlafen«, meinte Hennes Sauer von Rüscheid anerkennend.
»Ja und – was ist mit dem Perzeß?« fragte ein Bauer, dem es ziemlich gleichgültig war, was ein anderer gegessen und getrunken hatte.
Der Herr Advokat, so berichtete Fräswillm Runkel weiter, habe sich von den Bauern das ganze, gegen die Nässe in Wolltücher gehüllte Bündel mit den kostbaren Papieren geben lassen und den Bauern gesagt, die müsse er erst studieren. Sie könnten sich unterdessen in der großen Stadt umsehen. Nach ein paar Tagen habe der Advokat sie wieder rufen lassen. Sie hätten sich in seinem Studierzimmer auf eine Bank setzen müssen.
»Da gab's viele Bücher, Bauern, so viele kann eine ganze Stadt im Leben nicht lesen!« warf Hennes Sauer bewundernd ein.
Der gnädige Herr habe ihnen dann erzählt, es stehe nicht schlecht um ihre Aussichten vor dem hohen Gericht. Er habe die Akten aus dem alten Prozeß zwischen den Bauern aus dem Kirchspiel Anhausen und dem Grafen von Neuwied, dem Vater des heutigen Grafen, gelesen. Tatsächlich habe das Gericht vor sechzig Jahren nichts entschieden, sondern aus irgendwelchen Gründen habe damals niemand mehr die

von beiden streitenden Parteien abgeforderten Schriftstücke an das Gericht geschickt.

»Der gnädige Herr hat uns gesagt, er soll solli – solli –« Klosenwöllm Schneider hatte das ihm unbekannte Fremdwort nicht behalten. »Er hat uns auch erklärt, was das heißt. Er hat die hohen Herren vom Gericht aufgefordert, jetzt noch ein Urteil in dem alten Prozeß zu sprechen. Wir mußten ein Dokument unterschreiben, in dem er das geschrieben hat. Es gibt viele tausende solcher Prozesse, hat er uns gesagt, die bleiben liegen, weil die hohen Herren Richter so viel zu tun haben.«

»Und dafür braucht man auch das Geld, das wir mitbringen mußten«, erläuterte Bauermeister Runkel sachverständig. »Einen Teil bekommt der Herr Advokat für seine Mühe, und ein Teil geht an die Herren Richter, damit sie die alten Akten wieder vornehmen.«

»Vielleicht wär' 'ne Gans für die Herren ausreichend gewesen«, rief ein Bauer, dem seine zwei Taler und zwanzig Albus Beitrag zu diesem Unternehmen nachträglich immer noch wehtaten.

»Da wären wir aber übel abgefahren«, meinte Klosenwöllm. »Das sind gar vornehme Herren, die Richter, kann ich dir sagen. Noch viel vornehmer als unser Herr Awwokat sind sie. Wir haben einige davon von ferne gesehen. Lauter Herren Grafen und Herren vom Adel.«

»Dann haben sie bestimmt unserem Herren Grafen recht gegeben«, warf einer der Skeptiker ein. »Keiner der gnädigen Herren wird einem anderen hohen Herrn etwas tun!«

»Ja«, sagte Bauermeister Runkel bedachtsam, »das haben wir auch geglaubt. Aber unser Herr Awwokat hat uns erklärt, daß die Herren Richter nur nach dem Recht und nicht nach der Person sehen. Sie haben schon viele Grafen und Fürsten verurteilt, daß sie an Städte oder Bauern Geld zahlen oder sonst nachgeben mußten. Unser Herr Awwokat stammt vom Lande, er ist der Sohn eines Pfarrers aus einem Dorf im Hachenburgischen, gar nicht weit von hier, und er versteht noch, wie wir Bauern sprechen und denken. Er ist ein guter Mann!«

»Aber was haben die Herren vom Gericht denn geurteilt?« stellte ein anderer Bauer die Frage, die allen Daheimgebliebenen die wichtigste war. »Bekommen wir nun die Waldrechte zurück? Oder müssen wir noch Holz für Dierdorf schlagen?«

Es fiel Bauermeister Runkel sichtlich schwer, darauf zu antworten. Er griff zur Schnapskruke und stärkte sich erst mit einem tüchtigen Schluck. Die ganze Bauernabordnung hatte auf dem Rückweg von

Wetzlar am schwersten an dieser Enttäuschung zu tragen gehabt, die sie mitbrachten.
»Ja, Bauern, das ist so eine Sache. Unser Herr Awwokat hat gesagt, es kann noch Jahre dauern, bis das hohe Gericht zu einem Urteil kommt. Dabei ist jetzt der ganze Streit wieder gerichtskundig, so heißt das wohl. Und wir werden immer wieder mal Geld schicken müssen, meinte er, sonst geht alles überhaupt nicht weiter. Aber wir haben gute Aussichten, unser Recht zu bekommen. Nur Geduld müssen wir haben, hat er gesagt, und wir dürfen so lange nichts gegen das jetzige Recht und Gesetz tun!«
»Heißt das, daß der Herr von Hayn auch in Zukunft jedem Bauern die Kuh totschießen kann?« polterte Klosenwöllm. Er hatte in den letzten zwei Stunden mehr Schnaps getrunken, als ihm gut tat. Verbittert war er mit dem Wissen von Wetzlar zurückgekommen, daß vorerst alles beim alten bleiben solle. Gab es denn keine Möglichkeit, sich an den verhaßten Herren von Hayn zu rächen? Für ihn stand das im Vordergrund. Er hatte ja auch seine persönlichen Gründe dafür. »Ich laß mir das nicht gefallen, ich nicht...« beharrte er bockig, wie es nur ein Betrunkener sein kann. »Ich laß es mir nicht gefallen!«

6

In dem kleinen Wohnstübchen im Hause des Sattlermeisters Flamersfeld an der Schloßstraße in Neuwied herrschte an diesem Abend ein eifriges geheimnisvolles Treiben. Die beiden kleinen Kinder, die sonst hier schliefen, waren ausnahmsweise in die kalte Magdkammer im Dachgeschoß ausquartiert worden. Ein eiserner Ofen verbreitete gemütliche Wärme. Draußen fiel Schnee in dichten Flocken, wie es sich für einen richtigen Weihnachtsvorabend gehörte. Die erwachsenen Hausbewohner waren dabei, alles für die Christbescherung am nächsten Morgen vorzubereiten.
Meister Flamersfeld hatte schon vor Tagen aus dem Wald ein paar große Tannenzweige mitgebracht, die er jetzt mit ein paar Nägeln und Lederschnüren in einer Zimmerecke aufhängte. Die Meisterin und die Magd Zuffie schnitten mit großen Lederscheren aus buntem Papier Kringel aus und klebten sie zu Ketten zusammen. Zuffie wagte sich sogar daran, eine Figur aus dem Papier zu schnipseln, von der sie behauptete, sie solle einen Engel darstellen. Der vierte Hausbewohner

drapierte die bunten Papierketten sowie mit Bändchen versehene Äpfel und Nüsse, ja sogar einige kleine Lebkuchen so geschmackvoll an den Zweigen, daß die Meisterin vor Erstaunen die Hände über dem Kopf zusammenschlug und ihren Mieter einen wahren Künstler nannte.

Hauptmann Friedrich Emanuel Schwarz, der Erzieher der Grafensöhne, hatte als Junggeselle bei Sattlermeister Flamersfeld ein Dachstübchen gemietet. Im gräflichen Schloß gab es ja viel zu wenig Wohnräume für die Bediensteten, so daß fast die gesamte gräfliche Dienerschaft in der Stadt Neuwied wohnen mußte. Sonst verbrachte Hauptmann Schwarz, wenn er nicht im Schloß benötigt wurde, seine Abende meist in seinem Kämmerchen mit den vielen Büchern. Aber heute hatte er sich freiwillig angeboten, der Familie seines Hausbesitzers bei den Weihnachtsvorbereitungen zu helfen, und diese wußte die Ehre hoch zu schätzen, von einem so vornehmen und gelehrten Herrn, der bei Hofe ein- und ausging, unterstützt zu werden.

Der Zauber der Weihnachtsvorbereitungen ließ die vier Menschen gesprächig werden. Die Magd tröstete sich über ihr Heimweh hinweg, indem sie von den Weihnachtsbräuchen zu Hause erzählte. Das sechzehnjährige Mädchen stammte aus Rockenfeld, dem ärmsten, kleinsten und abgelegensten Dorf der ganzen Grafschaft Neuwied, das inmitten des riesigen Feldkircher Märkerwaldes viel zu wenig Ackerland hatte, um die Menschen dort alle zu ernähren. So mußten alle überflüssigen Esser schon in jungen Jahren sich in anderen, reicheren Dörfern oder auch in der Stadt als Knechte und Mägde verdingen. Vor längerer Zeit waren sogar einige besonders unternehmungslustige Rockenfelder über das große Wasser bis nach Amerika gefahren.

In ihrem Haus, so erzählte Zuffie, kenne man nicht den neumodischen Brauch mit den Tannenzweigen. Aber ein Stück frisches Grün, einen Buchsbaum oder ein Zweig der Stechpalme, im Notfall etwas Moos, müsse es zu Weihnachten in der Stube geben, und einen großen Holzklotz auf der Feuerstelle. Je länger er glimme und brenne, desto besser sei es für das Haus und die Felder, auf die später die Asche dieses Christholzes verstreut werde. In den Rauhnächten zwischen Weihnachten und dem Tag der Heiligen Drei Könige dürfe sich nichts Rundes im Haus und auf dem Hof bewegen, kein Spinnrad und kein Wagenrad, denn das bringe Unheil. Süßigkeiten und buntes Papier gebe es bei ihnen zu Hause nicht, erzählte Zuffie, und auch von Geschenken für die Kinder, wie sie hier in der Stadt üblich seien, hätte sie früher in ihrem Dorf nichts gehört.

Eben diese Geschenke legte Meisterin Flamersfeldin jetzt auf ein Tischchen unter die geschmückten Weihnachtszweige. Für den kleinen dreijährigen Christian waren es ein paar niedliche Handschuhe, die die Mutter für ihn gestrickt hatte, und der siebenjährige Willm erhielt einen Stock mit einem daran genagelten Holzbrettchen, das in der Form eines Pferdekopfes ausgesägt und bunt bemalt war. Der Vater hatte sich mit diesem Steckenpferd heimlich in seiner Werkstatt viel Mühe gegeben, und die Eltern stellten sich vor, wie ihr Ältester auf diesem Spielzeug stolz durch die Straßen der Stadt »reiten« würde.

Unter den Vorbereitungen war der Abend schnell vergangen. Die Uhr am Kirchturm der reformierten Stadtkirche schlug elfmal. Es wurde für die Familie Flamersfeld und ihren Mieter Zeit, sich für den Weihnachtsgottesdienst zu rüsten, der nach uralter Tradition in allen Neuwieder Kirchen für die verschiedenen Konfessionen um Mitternacht begann. Danach, nach einer kurzen Nachtruhe, würde dann am Weihnachtsmorgen das Christfest in der Familie gefeiert, kaum daß das Tageslicht durch die kleinen Fenster in die Stube gekrochen war. Die Kinder würden dann schon ungeduldig in ihren Bettchen liegen und auf den Augenblick der Christbescherung warten. Doch das würde Hauptmann Schwarz nicht miterleben, denn er war für die gleiche Zeit zur großen Weihnachtsfeier der gräflichen Familie und des ganzen Hofes in das Schloß befohlen. Diese Feier, das wußte der Erzieher der jungen Grafen, würde erheblich anders aussehen als das schlichte Familienfest im Hause des Meisters Flamersfeld.

Und so war es denn auch. Als sich Friedrich Schwarz früh am Morgen im Vorsaal des großen Salons zum Antritt seines Dienstes einfand, war die gräfliche Familie und der kleine Hofstaat schon nahezu vollzählig versammelt. Endlich betrat auch der alte Graf Alexander, die Gräfin Caroline am Arm und gefolgt von Hofmarschall von Dobeneck, das Vorzimmer, und eilfertig rissen zwei Lakaien die Flügeltüren zum großen Salon auf. Den meisten Anwesenden entfuhr ein überraschtes »Ah«, denn der Anblick war wirklich überwältigend.

In einer Ecke des großen Saales war eine riesige Tanne aufgestellt, sie breitete ihre grünen Äste weit in den Raum hinein. Vergoldete Haselnüsse, auf Schnüre gezogen, hingen wie goldene Ketten daran, ebenso wie aus Zuckerwerk geformte Engelchen, Puppen, Tiere, vergoldete Äpfel. Das wunderbarste an diesem »Christbaum« waren Dutzende von den teuren Wachskerzen, die an den Zweigen befestigt waren und den Raum in einen unwirklichen Glanz tauchten. Der Wohlgeruch der

Kerzen verband sich mit dem Duft harziger frischer Tannenzweige zu einer unwiederholbaren angenehmen Mischung. Damit nicht nur die Augen und die Nase, sondern auch die Ohren auf Weihnachten eingestimmt würden, tönte durch eine leicht geöffnete Tür aus dem Nebenzimmer ein altes Lied zum Lobpreis der heiligen Nacht, gesungen von Kindern der reformierten Stadtschule: *Wir Christenleut' hab'n jetzund Freud', weil uns zu Trost Christus ist Mensch geboren.*
»Gesegnete Weihnachten!« wünschte Celsissimus laut, und »Gesegnete Weihnachten, Euer Gnaden!« antworteten die Versammelten im Chor und traten an das Grafenpaar heran, um ihm die Hand zu küssen. Dann wies das Familienoberhaupt auf die Fläche unter dem Tannenbaum, wo in kleinen Päckchen, mit bunten Bändern geschmückt, jeder der Anwesenden ein Präsent zu Weihnachten fand, säuberlich mit einem Zettel versehen, auf dem sein Name stand.
Nachdem der Jubel und das Bedanken der gräflichen Enkel allmählich abgeklungen war, wagte auch Hauptmann Schwarz das für ihn bestimmte Päckchen zu öffnen, das er schon längst erspäht hatte. Zu seinem großen Erstaunen hielt er ein kleines Buch in der Hand: der erste Druck eines Theaterstückes, das bei seiner Uraufführung im Theater im Schloß zu Mannheim vor knapp zwei Jahren großes Aufsehen erregt hatte. Es stammte aus der Feder eines jungen Dichters aus dem Württembergischen. Friedrich Schiller hieß er, und das Stück trug den einen interessanten Inhalt versprechenden Titel »Die Räuber«.
Ratlos suchend musterte der Erzieher die fröhliche Weihnachtsgesellschaft, wer ihm wohl dieses für ihn so wertvolle Präsent gemacht habe. Er begegnete dem Blick der Erbgräfin Louise in der anderen Ecke des Saales, die ihn mit einem unergründlichen Lächeln ansah. Sollte diese kostbare Gabe von ihr stammen? Friedrich Emanuel Schwarz fühlte, wie er wieder einmal rot wurde.

Große Sorgen, kleine Sorgen

1

Der schon erwartete Brief aus Wien war da. Noch ehe Graf Alexander den Umschlag mit dem Siegel des Geheimen Kabinetts Seiner Kaiserlichen Majestät öffnete, hatte er seinen Läufer Raeder zum Kabinettsdirektor von Becmann und zum Direktorialrat Rotberg in deren Wohnungen geschickt. Die beiden Herren möchten, so schnell es ihnen konveniere, zu Celsissimus kommen. So saßen denn kurz darauf die drei Herren mit einem Glas Glühwein und einer holländischen Tonpfeife voll gutem Knaster um den Tisch im Arbeitskabinett des Grafen. Das Feuer im Kamin verbreitete wohlige Wärme, während draußen harter Frost die Bäume im Park knacken ließ und eine dichte Schneedecke die Häuser und Straßen der kleinen Stadt überzogen hatte. Jetzt, Anfang Januar, war das nicht ungewöhnlich.
»Es ist soweit, meine Herren!« sagte der alte Graf zu seinen vertrauten Beratern. Nur Obrist von Lützow fehlte, der sich in Celsissimi Auftrag in Dierdorf aufhielt. »Sie wissen ja«, erläuterte Johann Friedrich Alexander, »daß ich im November auf Anraten des Herrn Grafen von Metternich einen vertraulichen Brief nach Wien geschrieben habe. Darin habe ich von mir aus einen Kompromißvorschlag zur Beilegung des Grafenstreits formuliert. Aber in den Mund gelegt hat ihn mir der Herr Gesandte und Mitdirektor. Nach allem, was uns in diesen Jahren nicht geglückt ist, meine Herren, halte ich das, was mir der Herr von Metternich vorgeschlagen hat, für gar nicht so schlecht. Und nun, meine Herren, ist hier die Antwort aus Wien. Natürlich nicht hochoffiziell vom Fürsten Kaunitz, sondern hübsch halbprivat von Monsieur de Gierdas, dem geheimen Kabinettsekretär Seiner Kaiserlichen Majestät, Josephs des Zweiten.« Damit schwenkte der alte Herr den gerade angekommenen Brief. Natürlich stand seinen beiden Gesprächspartnern die Neugier in jeden Zug ihres Gesichts geschrieben. Aber sie wagten nicht, von sich aus nach dem Inhalt zu fragen. Celsissimus hätte das möglicherweise übel genommen; er würde schon noch die nötige Aufklärung geben. Das tat er auch umgehend.
»Denken Sie sich, meine Herren. Wien stimmt meinem Vorschlag zu, die Stimme der westfälischen Grafen am Reichstag abwechselnd vom

evangelischen und vom katholischen Gesandten abgeben zu lassen. Damit ist es möglich, den nun seit fünf Jahren so erbittert ausgefochtenen Streit um diese Reichstagsstimme zu beenden, ohne daß eine Seite ihr Gesicht verliert. Wien muß politisch das Wasser bis zum Hals stehen, stellen Sie sich das vor, meine Herren!

Den Herren von Becmann und Rotberg fiel ein Stein vom Herzen, und sie beeilten sich, Seine hochgräfliche Gnaden zu Höchstdero Erfolg und diplomatischem Geschick zu gratulieren.

»Ohne Gottes Hilfe und ohne Ihrer beider tatkräftige Unterstützung, meine Herren, hätte ich diesen Erfolg nicht erringen können!« Graf Alexander zu Wied war ehrlich genug, auch seinen langjährigen Beratern und Mitarbeitern ihren Verdienst zuzuerkennen.

Wilhelm Christoph von Becmann und Johann Adolph Rotberg blickten sich bedeutungsvoll und dankbar an. Sie wußten, daß es den meisten gräflichen, fürstlichen oder herzoglichen Standesgenossen Celsissimi, die da glaubten, als absolute Herrscher von Gottes Gnaden ihre Untertanen regieren zu müssen, nicht in den Sinn gekommen wäre, zuzugeben, daß eigentlich nur die Arbeit ihrer prominenteren Bediensteten zu einem politischen Erfolg geführt hatte.

Graf Alexander hielt sich sein Lorgnon vor die Augen und las eine andere Stelle aus dem Brief vor.

»Hören Sie, meine Herren, was Monsieur de Gierdas weiter schreibt: *Seine Majestät werden sich glücklich schätzen, die Verdienste Euer hochgräflicher Gnaden um das kaiserliche Erzhaus nach Gebühr anzuerkennen. Man erwartet in Wien den Eingang eines entsprechenden Gesuchs.* Das kann doch nur die Aufforderung sein, ein Gesuch um Erhebung meines Hauses in den Reichsfürstenstand an den Kaiser zu richten. Daß ich dies noch erleben darf – o mein Herr Gott, ich danke Dir!«

Bewegt schwiegen die drei Herren eine Weile, jeder in seine Gedanken vertieft. Dann nahm der Graf das Gespräch wieder auf.

»Herr von Becmann, bitte fertigen Sie mir doch einen Entwurf für ein solches Gesuch. Sehen Sie einmal in den Akten im Archiv aus den Jahren 1735 bis 1738 nach. Sie waren damals noch ein Kind oder besuchten vielleicht die Hohe Schule in Ihrem heimatlichen Rostock. So können Sie nicht wissen, was sich damals abgespielt hat. Immerhin hatte mir der Großvater des jetzigen Kaisers, Karl VI., bereits den Fürstentitel angeboten.«

Etwas ungläubig staunend sah der Kabinettsdirektor seinen Monarchen an.

»Ich weiß zwar, Euer Gnaden haben damals eine wichtige Rolle in der Vermittlung des Friedens zwischen Frankreich und dem Reich nach dem polnischen Erbfolgekrieg[104] gespielt. Aber daß man Euer Gnaden die Erhebung zum Reichsfürsten angeboten hat, das war mir unbekannt!«

»Weil der Herr Fischer dies in seinem dicken Buch über die Häuser Isenburg, Runkel und Wied nicht erwähnt hat – weil ich es nicht wollte«, bemerkte Graf Alexander trocken. »Ich hatte damals als junger Mann das Glück, im Vertrauen des französischen Ministers, Kardinal Fleury, an den Wiener Hof geschickt zu werden. Dort ist es mir als inoffizieller Vermittler gelungen, den Frieden zwischen Frankreich und dem Kaiser nach dem Krieg um die polnische Thronfolge in die Wege zu leiten. Neben dem Frieden versuchte ich auch, von Frankreich oder dem Reich Entschädigung für die Kriegskontributionen zu erlangen. Ein französisches Heer, das damals an der Mosel stand, hatte sie der Grafschaft Neuwied abverlangt, und mein Haus und die Grafschaft waren enorm verschuldet.«

Versonnen spielte der alte Graf mit seiner Schreibfeder und erinnerte sich still an jene Zeiten, da er als junger Mann von einer großen aktiven Rolle in der europäischen Diplomatie geträumt hatte. Am liebsten wäre er preußischer Gesandter am österreichischen Kaiserhof geworden. O ja, er wäre bestimmt kein schlechter diplomatischer Vertreter des Preußenkönigs gewesen – wenn der alte Friedrich Wilhelm damals mehr Verständnis für jenen ihm persönlich unbekannten, idealistisch gesonnenen jungen Reichsgrafensohn gehabt hätte.

Aber zugleich fielen dem alten Grafen Alexander auch jene bitteren Enttäuschungen wieder ein, die er hatte einstecken müssen. Der französische König und der Kaiser in Wien hatten sich zwar mit Worten für die Friedensvermittlung dankbar gezeigt. Die so dringend benötigte Rückerstattung von hunderttausend Gulden Kriegskontribution an den Grafen zu Neuwied blieb aber trotz aller entwürdigenden Verhandlungen, ja Bettelns des jungen Grafen aus. Auch der als geizig bekannte Kaiser war nicht bereit gewesen, ein paar tausend Gulden für den Freundschaftsdienst an den Grafen zu Wied springen zu lassen. Stattdessen hatte er ihm den Fürstentitel angeboten und sogar großzü-

104 Polnischer Erbfolgekrieg: 1733–1738 Krieg zwischen Frankreich, Spanien, Sardinien auf der einen und dem Reich und Rußland auf der anderen Seite; jede Partei unterstützte einen der beiden Anwärter für den polnischen Königsthron. Französische Truppen besetzten in diesem Krieg zeitweise die Gebiete am Rhein.

gig auf die üblichen Gebühren verzichten wollen, die die Kaiserliche Kanzlei dafür einzustreichen pflegte. Der junge Graf Alexander war Realist genug gewesen, sich höflich für dieses Anerbieten zu bedanken – und es abzulehnen. Denn auch ohne die Kosten für die kaiserlichen Gebühren für das Fürstendiplom hätte die total überschuldete Grafschaft den finanziellen Aufwand nicht ausgehalten, den nun einmal der erhöhte Rang ihres Landesherren zwangsläufig mit sich gebracht hätte.

Erst als Graf Alexander sich schweren Herzens entschlossen hatte, nach dem Tod seines Vaters 1738 in Person seine Grafschaft zu regieren und nicht in den diplomatischen Dienst eines Kaisers oder Königs zu treten, erst als er konsequent daran arbeitete, unter Anwendung aller bekannten modernen Prinzipien der Nationalökonomie den Wohlstand seiner Grafschaft zu mehren – erst da hatte sich die finanzielle Lage der kleinen Grafschaft und ihrer Untertanen zum Besseren gewendet. Die Schulden konnten mit der Zeit abgetragen werden. Doch reich? Reich war der Graf zu Neuwied immer noch nicht. Woher sollte er jetzt die Gebühren für das Fürstendiplom nehmen? Die Gedanken hatten den alten Herren zur Gegenwart zurückgeführt.

»Wissen Sie, Herr von Becmann, wieviel Gebühren ein Fürstendiplom kostet?« fragte er.

Der Kanzleidirektor, der seinen Grafen kannte, hatte vorgesorgt.

»Ich habe nachgeschlagen, Euer Gnaden, und mir die Summen notiert. Der Fürstenbrief kostet an eigentlicher Gebühr 12000 Gulden, dazu kommen noch Sondergebühren für den Reichs-Vizekanzler, den kaiserlichen Sekretär und die Reinschrift der Urkunde auf Pergament, summa Summarum 15000 Gulden, Euer Gnaden. Die Verleihung der den Fürsten zukommenden Anrede ›Durchlauchtigst‹ kostet nochmals zusätzliche 7500 Gulden!«

»Dann, fürchte ich, werde ich vorerst ohne diese Anrede auskommen müssen, Becmann, wenn wir dadurch siebeneinhalbtausend Gulden sparen können«, entschied Graf Alexander. »Ich werde selbst dem Monsieur de Gierdas antworten und mich für seine Zustimmung bedanken. Sie, Herr von Becmann, werden das Gesuch um Erhebung in den Fürstenstand entwerfen – in den üblichen Höflichkeitsfloskeln, versteht sich –, und im übrigen, fürchte ich, wird es Ihre Hauptsorge in den nächsten Monaten sein, das Geld für das Fürstendiplom irgendwoher zu beschaffen. Ich beneide Sie nicht um diese Aufgabe!« Der Graf ließ freiwillig oder unfreiwillig einen Anflug trockenen Humors erkennen. Allerdings fügte er noch eine strenge Weisung hinzu: »Es ist selbstverständlich, meine Herren, daß über diesen Brief und seine Auswirkungen vorläufig kein Laut über Ihre Lippen kommt. Ich möchte nicht, daß es vorzeitig Gerede über den Fürstentitel gibt, und vor allem möchte ich nicht, daß die Erhebung zum Fürsten in irgendeine Verbindung mit der Beilegung des Grafenstreits am Reichstag gebracht wird. Ich weiß, daß ich mich auf Ihre Verschwiegenheit verlassen kann, meine Herren!«

2

Verführerisch duftete es aus den Fachwerkhäusern, die unregelmäßig verstreut das wohlhabende Dorf Mogendorf im Kannenbäckerländchen[105] bildeten. An diesem Januartag fielen aus den niedrigen Wolken leichte Schneeflocken auf die weiße Landschaft. Die hagere Frau, die mit zerlumptem Kleid und beschmutzter Schürze, aber ohne das übliche wärmende Umschlagtuch durch die verschneite Straße stapfte, hätte allein vom Geruch sagen können, daß beim Bauern Troos eine Wurst und beim Eulner[106] Velten sogar ein Stück Schinken zwischen den Krommbieren im Topf kochte. Am Sonntagmittag, nach der Kirche, gaben sich die Hausfrauen Mühe, ihrer Familie ein Festtagsessen auf den Tisch zu setzen. Sonntags nach der Kirche war auch die einzige Zeit in der Woche, zu der die Frau es wagen durfte, an die Türen zu klopfen und um eine milde Gabe zu bitten. Denn für diese Zeit allein hatte der Herr Graf zu Neuwied das Betteln erlaubt.
»Na, Nettchen[107], bist wieder da?« wurde sie von einer Bauersfrau begrüßt, die rund und resolut auf ihr Klopfen die obere Hälfte der doppelteiligen Tür öffnete.
Zum Bauern Troos kam die alte Nettchen gerne, denn die Bäuerin war mitleidig und gab regelmäßig nicht nur ein Stück Brot, sondern meist noch einen Kohlkopf, ein paar Hände Hafergries oder sogar ein Stückchen Speckschwarte.

105 Kannenbäckerländchen: Gebiet um Höhr-Grenzhausen im Unterwesterwald, westlich von Montabaur, mit alter handwerklicher Tonwarenherstellung.
106 Eulner: Töpfer (von lat. olla = Topf).
107 Nettchen: Jeanette, Hannfräs: Johann Friedrich, Filb: Philipp.

»Ich dank auch schön, Bas«, sagte Nettchen Rüdig zwischen zwei Hustenanfällen, während sie ihre Schätze in ein schmutziges Tuch wickelte.
Ein paar Häuser weiter waren ihr Mann und ihr Sohn mit der gleichen Tätigkeit beschäftigt. Hannfräs Rüdigs alter Kittel war von Brandlöchern übersät. Seine Bartstoppeln waren grau wie seine Haupthaare. Einen vollends verwahrlosten Eindruck machte der vielleicht fünfundzwanzig Jahre zählende Filb. In dessen wirrem Haar hing Stroh, eine Mütze trug er nicht, und die Augen in seinem unrasierten schmutzverkrusteten Gesicht blickten irr.
»Erbarmt Euch unserer Not, Vetter!« sagte der alte Mann sein Sprüchlein zu dem reichen Eulner, an dessen Tür er geklopft hatte. Doch der hatte nicht die mitleidige Seele der Troos-Riekche.
»Was hast du denn hier zu betteln, lästiges Gesindel?« fuhr er die zerlumpte Gestalt an.
Demütig antwortete Hannfräs Rüdig:
»Das wißt Ihr doch, Vetter. Mein Haus ist abgebrannt, und nun haben wir nur noch den Stall vom Liehersch Chrest[108] als Dach über dem Kopf.«
»Bist selber schuld, daß es bei dir gebrannt hat, Hannfräs«, schnauzte der Handwerker. »Du hast doch mit betrunkenem Kopf die Pfeife im Stall ausgeklopft, daß die Funken nur so flogen. Du weißt genau, wie gefährlich das ist und verboten obendrein. Kannst froh sein, daß du nicht noch hast Strafe zahlen müssen!«
Die Vorhaltungen weckten den Widerspruchsgeist des alten Mannes:
»Wovon sollte ich wohl Strafe zahlen, Vetter? Wir haben doch nur noch das aus dem Brand retten können, was wir auf dem Leibe trugen!«
Doch der Eulner antwortete ungerührt:
»Dann geht doch arbeiten statt zu betteln! Ich hab' dir ja gesagt, daß ihr für mich Tonerde graben könnt. Acht Stüber[109] zahle ich für den Tag. Das macht für euch drei vierundzwanzig Stüber. Das ist doch wohl viel Geld!«
»Aber doch nicht jetzt im Winter, Vetter«, wagte Hannfräs einen schüchternen Widerspruch. »Vetter, Ihr wißt doch, daß wir alle krank sind. Mein alter Rücken hält das Graben nicht mehr aus, die Nett-

108 Chrest: Christian.
109 Stüber: kleines Geldstück zu 4 Pfennig, 8 Stüber waren also 32 Pfennig.

chen hustet sich die Seele aus dem Leib, und der Filb hat die Kränk[110].«
Doch der Eulner ließ das nicht gelten:
»Ach was, ihr seid bloß zu faul, und der Filb ist zu dumm, einen Schaufelstiel zu halten. Macht euch fort von meinem Haus, elendes Bettelpack! Ich will euch hier nicht mehr sehen!« Damit schlug der Hausherr energisch den Oberflügel der Haustür zu, um die kostbare Wärme der Küche nicht noch länger ins Freie ziehen zu lassen.
Mutlos schlurften die beiden elenden Gestalten zum nächsten Haus, in der Hoffnung, dort mehr Mitleid vorzufinden.
Einige Stunden später hockte die Familie Rüdig verfroren und erschöpft in der Ecke des dumpfigen Kuhstalls, die ihnen ein Nachbar des abgebrannten Hauses widerwillig als vorübergehende Wohnstätte eingeräumt hatte. Heißhungrig bissen die drei in die Brotstücke, die sie von ihrem Bettelgang mitgebracht hatten. Die Kühe verbreiteten wenigstens etwas Wärme. Der Schmutz und der Gestank des Stalles störte die Bettler schon längst nicht mehr.
»Man sollte nicht meinen, daß das Christenmenschen sind hier im Mogendorf«, murmelte der alte Hannfräs verbittert. »Die Krugbäkker hier schicken jeden Monat eine ganze Wagenladung mit Tonkrügen zum Selterser Brunnen[111] und wissen nachher nicht, wohin mit dem Geld, das sie dabei verdienen. Aber uns lassen sie ruhig verhungern, nur weil uns das Haus abgebrannt ist!«
Seine Frau konnte zuerst nicht antworten. Heftige Hustenanfälle erschütterten ihren ausgemergelten Körper. Erst als sie sich wieder etwas erholt hatte, meinte sie bittend:
»Laßt uns von hier weggehen, hier verkommen wir noch ganz und gar. Sobald das Frühjahr da ist, laßt uns woanders hingehen. Vielleicht gibt es da Menschen, die mehr Mitleid haben!«
»Ja, das wollen wir«, sagte ihr Mann und nagte hungrig an der Speckschwarte, die seine Frau von der Troos Rieckche erhalten hatte, während sein Sohn unter unverständlichem Murmeln einige rohe Kohlblätter verschlang. »Laß uns zum Herrn Grafen nach Neuwied gehen. Das soll ein sehr mildtätiger Herr sein.«

110 Kränk: Epilepsie (»Krankheit«).
111 Selterser Brunnen: alter Mineralbrunnen in Niederselters bei Limburg (nicht der kleine, zur alten Grafschaft Neuwied gehörende Ort Selters bei Dierdorf).

3

Cavaliere Francesco Antonio de Bassano aus Neapel, Gnadenritter des souveränen Ordens des heiligen Johannes von Jerusalem zu Malta, ersucht Euer hochgräfliche Gnaden Exzellenz untertänigst um die Gnade, zu einer persönlichen Audienz empfangen zu werden, zwecks Übergabe einer Denkschrift mit Vorschlägen zur Verbesserung der Situation in der hiesigen Haupt- und Residenzstadt.

Das französisch geschriebene Briefchen hatte ein Lohndiener im gräflichen Schloß abgegeben, und Privatschreiber Raeder hatte es Celsissimus pflichtschuldigst vorgelegt. Der Cavaliere aus Italien hielt sich schon seit ein paar Wochen in Neuwied auf. Einmal war er schon bei einer größeren Soirée mit einem großen Teil der besseren Gesellschaft Neuwieds im Schloß eingeladen gewesen und bei dieser Gelegenheit dem Grafen vorgestellt worden. Sonst aber hatte er sich bisher bescheiden zurückgehalten. Es hieß, er sei sehr vermögend, lebe aber zurückgezogen in einem Zimmer des »Braunschweiger Hofes«.

Graf Alexander entschied, den vornehmen Fremden mit seinem interessant klingenden Anliegen nicht zu den gewöhnlichen Audienzstunden frühmorgens einzuladen, sondern ihm die Ehre zu erweisen, am Nachmittag zusammen mit der gräflichen Familie den Kaffee einzunehmen.

Der italienische Edelmann erschien in einem flaschengrünen, spitzenverzierten Staatsrock mit weißgepuderter Perücke im Blauen Salon des Neuwieder Schlosses. Gewandt machte er den gräflichen Damen und ihren Hofdamen in flüssigem, wenn auch mit italienischen Brokken vermischtem Französisch Komplimente. Nebenbei ließ er in der lebhaften Unterhaltung einfließen, daß er sich jahrelang in Paris, Wien, Madrid und anderen großen Residenzen aufgehalten habe.

Es war schließlich Celsissimus selbst, der sich höflich erkundigen mußte, worin denn der Vorschlag zur Verbesserung der Situation der Stadt Neuwied bestehe.

»Ich hätte, Euer Exzellenz«, erwiderte der Cavaliere, »kaum gewagt, meinen bescheidenen Vorschlag vorzubringen, wenn mir nicht während meines Aufenthaltes hier in Neuwied immer wieder beteuert worden wäre, wie sehr sich Euer Gnaden Exzellenz als Landesvater selbst um die geringsten Kleinigkeiten zur Verbesserung des Loses der Untertanen bemühen. Ich habe bemerkt, daß es in der sonst so außerordentlich regsamen und allem Fortschrittlichen aufgeschlossenen Stadt an etwas mangelt, was bereits in verschiedenen großen europäischen Residenzen mit bestem Erfolg der Bequemlichkeit und Sicherheit der Regenten und ihrer Untertanen dient. Ich meine eine allgemeine Beleuchtung der Straßen während der Dunkelheit.«

»Ein solcher Plan, Cavaliere«, meinte Graf Alexander nicht übermäßig erstaunt, »ist hier schon seit vielen Jahren immer wieder erörtert worden, aber nie zur Ausführung gekommen, weil es stets an den nötigen Mitteln mangelte.«

Lebhaft gestikulierend erklärte der Cavaliere de Bassano, er halte ein solches Unternehmen für so wichtig, um den Ruhm Seiner hochgräflichen Gnaden Exzellenz in ganz Europa zu erhöhen, daß er selbst geneigt sei, die notwendigen Installationen in Gang zu setzen, »wenn Euer hochgräfliche Gnaden Exzellenz daran interessiert sind und die Gewogenheit hätten, das Unternehmen gnädigst an mich zu verpachten.« Dabei zog er eine umfangreiche Denkschrift aus der Tasche, schlug sie auf und begann daraus zu zitieren, wie viele Laternen in jeder Straße und wo an den Häusern sie anzubringen wären, welche Form sie aufweisen sollten, wieviel und wann das Öl nachgefüllt und wie die Lampen morgens gelöscht und abends angezündet werden müßten.

»Ja, aber das Wichtigste, Cavaliere«, versuchte der alte Graf den Redefluß seines Gesprächspartners zu bremsen, »das Wichtigste dabei ist doch nun einmal die Finanzierung. Wie haben Sie sich die gedacht?«

Mit einer lässigen Handbewegung deutete der italienische Edelmann an, daß er darin kein Problem sehe. Allerdings verkündete er geheimnisvoll, daß er die näheren Einzelheiten dazu Seiner hochgräflichen Gnaden Exzellenz nur privatissime und unter vier Augen anvertrauen könne; zumal die allergnädigsten Frauen Gräfinnen solche Details gewiß nicht interessieren würden.

Graf Alexander, dem das Gehabe des Cavaliere allmählich lästig wurde, erhob sich.

»Nun gut, Cavaliere, gehen wir für ein Weilchen nach nebenan!«

Dort, im Chinesischen Zimmer, erläuterte der Italiener, seiner Überzeugung nach seien die Kosten einer kompletten Straßenbeleuchtung für die Stadt leicht hereinzubringen, wenn man die delicti carnis mit einer Gebühr für diesen Zweck belege.

»Die delicti carnis – was meinen Sie damit, Cavaliere?« fragte Celsissimus erstaunt.

»Nun, Euer hochgräfliche Gnaden Exzellenz wollen gnädigst verzeihen, wenn hier recht degoutable Ausdrücke in ein ernstes Gespräch einfließen müssen. Das war auch der Grund, warum ich bat, die Einzelheiten nicht in Anwesenheit der allergnädigsten Frauen Gräfinnen ausbreiten zu dürfen. Ich meine Ehebruch und Hurerei, Vorwegnahme des nur rechtlich angetrauten Ehegatten gestatteten Umgangs und dergleichen. In verschiedenen anderen Residenzstädten, die ich auf meinen ausgedehnten Reisen durch Europa kennengelernt habe, ist dieses Rezept zur vollsten Zufriedenheit der Regenten und der Untertanen erprobt worden.« Auf die zweifelnde Miene des Landesherrn hin schlug der Cavaliere erneut seine Denkschrift auf. »Ich habe mich genau erkundigt, Euer Exzellenz. Derartige Vergehen werden in den wiedischen Landen heutzutage nicht mehr mit einer Strafe von Staatswegen geahndet, sondern nur mit einer Kirchenbuße belegt. Wenn etwa für einen doppelten Ehebruch von Standespersonen eine Gebühr von 20 Reichstalern in die Laternen-Kassa zu zahlen wäre, von mittelmäßigen Personen eine Gebühr von zehn Talern, von geringeren Leuten von fünf Talern...«

»Genug, genug, Cavaliere«, unterbrach Celsissimus freundlich, aber bestimmt den italienischen Edelmann, der bereit schien, den ganzen, offenbar umfangreichen Katalog aus seiner Denkschrift vorzulesen. »Ich verstehe schon, wie Sie es meinen. Bitte lassen Sie mir Ihre Denkschrift hier. Sie werden verstehen, daß ein solches Vorhaben erst sorgfältig geprüft werden muß. Ich werde nicht verfehlen, Ihnen in Kürze Mitteilung darüber zukommen zu lassen, zu welcher Entschließung ich nach pflichtgemäßer Beratung in der gräflichen Regierung gekommen bin.«

4

Der Schauspieler, angetan mit einer römischen Toga und einem Küraß aus bemalter Pappe, zitterte vor Kälte. Jetzt am Vormittag wurde das herrschaftliche Spielhaus am Neuwieder Marktplatz nicht geheizt, obwohl es draußen Stein und Bein fror und die hochgräflich-neuwiedische Hofschauspielertruppe dringend ein neues Stück proben mußte. Mit klappernden Zähnen, dabei heftig gestikulierend und sich ständig verhaspelnd, stotterte er seine kurze Rolle als Bote in dem Trauerspiel »Philotas« des Herrn Gotthold Ephraim Lessing herunter.

»Herrgott noch einmal«, schrie voller Wut der würdige Herr Theaterdirektor Heinrich Melchior Graubener, der ebenfalls eine römische Toga trug und die Hauptrolle in diesem Stück spielte. Seine mottenzerfressene alte Perücke bildete einen seltsamen Kontrast zu der römischen Gewandung. »Geb' Er sich doch Mühe, Er Esel! Mit welchen Hornochsen als Schauspieler hat mich der Herrgott bloß gestraft!«
Beleidigt rief der so Beschimpfte zurück:
»Wer hat mich denn gezwungen, hier zu schauspielern, he? Ich stehe bei Ihnen als Theatermaler in Lohn, Herr Direktor, und Sie werden bei Gott keine schöneren Dekorationen finden als die von mir. Sehen sie nicht schön bunt aus? Aber von Schauspielerei steht nichts in meinem Kontrakt!«
»Weil wir in unserer Truppe sonst niemanden haben, der den Boten spielen kann«, lenkte Direktor Graubener ein. »Versuch Er es noch einmal!«
Aber nun war der Theatermaler und derzeitige Schauspieler Anselm Knauth erzürnt.
»Erst will ich meine Gage ausbezahlt bekommen. Ich habe schon zwei Wochen keinen Albus mehr erhalten, und mein Hauswirt hat mir erst heute morgen mein zweites Hemd weggenommen. Er will sich daran für die nicht bezahlte Miete schadlos halten. Gleich auf der Stelle will ich meine Gage, sonst geht's nicht weiter!« Und zur Bekräftigung dessen setzte sich Anselm Knauth auf die Bretter, die die Welt bedeuten.
Der Direktor rang die Hände.
»Steh Er augenblicklich auf und mach Er weiter in der Probe!« rief er. »Mach Er sich und uns nicht unglücklich! Er weiß doch genau, daß die nächste Geldanweisung von Seiner hochgräflichen Gnaden in Kürze anlangen muß und von der Aufführung dieses Stückes abhängig ist, auf das Celsissimus und der Herr von Buri so großen Wert legen.«
»Und was ist mit der Abendkasse von gestern und vorgestern?« fragte der Kulissenmaler in aufsässigem Ton. »Das Theater war doch fast voll, und das Publikum brüllte vor Spaß bei ›Soliman und die drei Sultaninnen‹. Da müssen die Taler doch nur so in der Kasse geklingelt haben!«
»Alles schon wieder ausgegeben, Knauth«, verteidigte sich Direktor Graubener. »Ich mußte Holz kaufen zum Heizen für die Abende, Öl für die Lampen, neue Theaterzettel drucken lassen – oh, schönen guten Morgen, Herr Hauptmann von Buri!« Damit wandte sich der

Theaterdirektor mit einer tiefen Verbeugung einem Herrn zu, der in diesem Moment hinter den Pappkulissen hervor auf die Bühne trat. »Sie sehen, Herr von Buri, wir sind wunschgemäß gerade bei der Probe für den ›Philotas‹, und ich muß sagen, es geht schon ganz gut.« Damit winkte er verstohlen, aber nachdrücklich dem auf dem Bretterboden hockenden Maler Knauth, aufzustehen. Dieser schien jedoch mit Blindheit geschlagen zu sein und blieb sitzen.

»Werden Sie mit Ihren Proben denn bis nächste Woche fertig werden?« fragte der Offizier. Hier im Theater trug er allerdings keine Uniform, sondern einen Redingote[112] nach neuester englischer Mode. »Sie wissen ja, wie wichtig Celsissimus und mir als künstlerischer Oberdirektion dieses ernste Stück ist, damit unser Hoftheater nicht nur für Harlekinpossen berühmt wird, sondern sich als ernsthaftes deutsches Nationaltheater einen Namen machen kann.«

»Ja, das ist so eine Sache, sehr verehrter Herr Hauptmann von Buri«, versuchte Herr Graubener seine Schwierigkeiten zu erklären. Ihm war bei diesem Thema gar nicht wohl. »Der ›Philotas‹ ist ein so ernstes Stück, da kommen die Leute nicht gerne hin. Da muß wenigstens das stumme Gefolge des Königs prächtig ausgestattet sein, damit das Auge seine Freude hat. Ich lasse gerade noch einige römische Prunkgewänder nähen, aber das Geld dafür, das Geld, Herr von Buri! Wie sieht es denn mit dem schon lange versprochenen Zuschuß Seiner hochgräflichen Gnaden aus? Die Tageseinnahmen reichen nicht fürs Notwendigste, die Akteurs und Aktricen warten schon über zwei Wochen auf ihre Gage!«

Der gräfliche Hauptmann machte eine wegwerfende Gebärde.

»Man muß sich eben nach der Decke strecken, lieber Graubener. Kein wahrer Künstler hat es zu etwas gebracht, der nicht den Hunger kennengelernt hat. Sie haben zu viele Akteure, das habe ich Ihnen ja schon oft gesagt. Die Herren und Damen können ruhig zweimal in einem Stück auftreten, Kostüme haben Sie ja genug. Im übrigen, lieber Graubener, kann ich Ihnen verraten, daß ich an einer Operette arbeite, die den Titel ›Der Kohlenbrenner‹ tragen soll. Das wird ein Erfolg, Graubener, das können Sie mir glauben, dann wird das Neuwiedische Hoftheater am ganzen Rhein berühmt!«

Direktor Heinrich Melchior Graubener aus Riesa im Kurfürstentum

112 Redingote: eigentlich Riding coat (engl.: Reitrock), im 18. Jahrhundert Bezeichnung für einen bequemen Übermantel.

Sachsen machte ein skeptisches Gesicht, aber er wagte es nicht, seinen künstlerischen Oberdirektor, den der Landesherr per Dekret ihm vor die Nase gesetzt hatte und von dessen Wohlwollen er abhängig war, zu verärgern. Deshalb ging er auf das Lieblingsprojekt des Herrn von Buri vorsichtshalber nicht ein. Sondern er schnitt ein anderes Problem an, das ihm in Neuwied besonders unangenehm war.

»Könnten der Herr Hauptmann nicht dafür sorgen, daß das Publikum sich etwas ruhiger verhält vor und während unserer künstlerischen Darbietungen? Das ist ein Drängeln und Schreien an der Theaterkasse jeden Abend, jeder behauptet, er habe ein Recht, umsonst und ohne Billet eingelassen zu werden, und die jungen Leute glauben, es gehöre zum guten Ton als Zuschauer, sich möglichst laut zu unterhalten und schmatzend ihre mitgebrachten Pasteten zu verzehren!«

»Seien Sie ehrlich, Graubener«, hielt ihm Hauptmann von Buri entgegen, »ist es denn in den Hoftheatern in Düsseldorf oder Bonn, in Koblenz oder Mannheim so sehr viel anders? Sie haben doch Erfahrung, man muß die Zuschauer eben nehmen, wie sie sind.«

»Ja, schon«, gab der Theaterdirektor zu, »auch anderswo ist man im Parkett nicht immer mucksmäuschenstill. Aber hier in Neuwied sind besonders üble Sitten eingerissen. Die müßten sich doch abstellen lassen.«

»Nun gut«, entschied der Hauptmann. »Für bessere Ordnung werden wir schon sorgen. Ich werde Celsissimus empfehlen, abends an die Kasse eine militärische Schildwache unter Gewehr zu stellen. Und ferner werde ich auf dem Theaterzettel für die nächste Aufführung eine Notiz für die Besucher verfassen, sich nach Stand und Würden geziemend zu benehmen. Dann haben sie aber keine Ausrede mehr, Graubener, sich vor der Aufführung des ›Philotas‹ zu drücken, verstehen Sie!«

5

Christiane Trillerin stand am hölzernen Waschzuber und mühte sich, zahreiche Windeln von den Spuren zu säubern, die die Benutzung durch ein Kleinkind nun einmal hinterläßt. Die Küche in dem kleinen Haus in der Pfarrstraße war erfüllt von einer Geruchsmischung, erzeugt aus Wasserdampf, menschlichen Exkrementen und Holzfeuer. Der erhitzten Frau waren einige Strähnen dunkelblonder Haare unter der Haube hervor ins Gesicht gerutscht. Sie mochte etwa Mitte der

Dreißig sein und war früher sicher eine hübsche Person gewesen. Jetzt, nach drei Geburten und über einem Jahrzehnt harter Arbeit als Hausfrau und Mutter hatte sie ihre einst so ansprechende Figur verloren, und ihr Gesicht zeigte Spuren vorzeitigen Alterns.
»Das ist ja ein abscheulicher Gestank, Trillerin«, polterte ein Mann um die Fünfzig, indem er seinen Kopf zur Küchentür hereinsteckte. »Es stinkt im ganzen Haus!«
Der Mann war in einen abgetragenen Schlafrock gekleidet und trug eine Nachtmütze statt der tagsüber verwendeten militärischen Perükke. Wenn der Herr Oberstleutnant Carl Wilhelm von Trützschler in seinen heimischen vier Wänden weilte, bot er alles andere als einen militärisch straffen Anblick.
»Ihr Kind macht nun mal kein Rosenwasser in die Windeln, Herr Hauptmann«, entgegnete die Frau nicht ohne Schärfe. Dabei ließ sie sich in ihrer Arbeit nicht stören. Seit sie sich vor über fünfzehn Jahren hatte überreden lassen, zum Herrn von Trützschler zu ziehen, um ihm als Haushälterin, Bettgefährtin und Mutter seiner Kinder zu dienen, redete sie ihren Lebensgefährten nie anders als mit dem Rang an, den er einst bei ihrem Kennenlernen gehabt hatte.
Resolut faltete die Frau die ausgewrungenen Windeln auseinander und hängte sie über Schnüre, die sich in etwas über Kopfhöhe quer durch die Küche zogen. Damit entzog sie sich dem Blick des Oberstleutnants, der an der Tür stehengeblieben war und nicht recht wußte, was er sagen sollte.
Carl Wilhelm von Trützschler wußte nie genau, wie er sich dieser Frau gegenüber verhalten sollte. Vor vielen Jahren war Christiane ein liebreizendes Mädchen gewesen, und sie hatte sich von dem schmucken jungen Offizier betören lassen, das Leben mit ihm zu teilen, ohne seine rechtmäßig angetraute Gattin zu werden. Auch er hatte sie einst aufrichtig geliebt, obwohl er dem bürgerlichen Mädchen hatte klarmachen müssen, daß eine Heirat ausgeschlossen war. Denn mit der Heirat einer nichtadligen Frau hätte er die Anwartschaft auf das elterliche Gut in Sachsen aufgeben müssen, so vage die Hoffnung auf diese Erbschaft auch schien, da er noch zwei ältere, allerdings kinderlose Brüder hatte. Die vertrauensvolle Liebe zu ihm hatte der Christiane Trillerin aus Puderbach in der Grafschaft Wied-Runkel die Kraft gegeben, dem ständigen Getuschel der guten Gesellschaft der Stadt Neuwied Trotz zu bieten. Inzwischen war die Leidenschaft der ersten Jahre erkaltet. Seit zwei Jahren schliefen Mann und Frau in verschiedenen Zimmern.

Oberstleutnant von Trützschler spürte die Fesseln dieses Verhältnisses stärker als die einer Ehe, und manchmal begehrte er innerlich dagegen auf.

Ehen, in denen die beiden Gatten ohne Liebe und besondere Zuneigung kühl und geschäftsmäßig nebeneinander her lebten, waren in adligen und auch in bürgerlichen Kreisen alltäglich, ja, wenn man genauer hinsah, fast die Regel. Sie waren ein Schicksal, das nur allzu häufig nach dem Willen der beiderseitigen Eltern über einen jungen Mann und ein junges Mädchen verhängt wurde und in das man sich zu fügen hatte. Ein Ende dieses Schicksals gab es nur durch den Tod eines der beiden Gatten. Und weil jeder dies wußte, fügte er sich drein, ob Mann oder Frau, und bemühte sich, aus einer solchen Ehe das Beste zu machen.

Aber eine Verbindung zwischen Mann und Frau, die in Liebe und Leidenschaft begonnen, drei wohlgeratene Kinder hervorgebracht hatte und die trotzdem keine unauflösliche Ehe war – dies stürzte den Oberstleutnant von Trützschler immer von neuem in schwere Gewissensbisse. Die Widrigkeiten des Familienlebens – wie eben der Gestank der Säuglingswindeln und das Kindergeplärr – reizten ihn oft dazu, sich davon durch ein Machtwort zu befreien und seiner Haushälterin den Laufpaß zu geben. Wahrscheinlich hätte dies auch das ständige Gerede über seinen unmoralischen Lebenswandel beendet, das gewisse Lästermäuler der Stadt nicht lassen konnten. Der neue Pfarrer der lutherischen Gemeinde in Neuwied, Kirchenrat Engel aus Straßburg, hatte ihm erst kürzlich Vorhaltungen deswegen gemacht und ihn aufgefordert, sich von seiner Beischläferin zu trennen. Doch andererseits – konnte er das als anständiger Mensch verantworten? Konnte er die Frau, die ihm ihre Ehre und die Arbeit eines halben Lebens aufgeopfert hatte, konnte er die Mutter seiner Kinder – und die Kinder mit ihr – so einfach verstoßen und tun, als ob es sie nicht gegeben hätte? Und, wenn Carl Wilhelm von Trützschler ehrlich mit sich war, wollte er auch nicht die häusliche Bequemlichkeit und das tägliche warme Essen auf dem Tisch entbehren, die ihm die Anwesenheit der Frau im Haus gewährte.

Etwas Unverständliches knurrend, zog sich der Herr Oberstleutnant wieder aus der Küche zurück. Im gräflich-wiedischen Regiment war er der Befehlshaber, und niemand wagte seinen Wünschen zu widersprechen. Hier im Hause traute er sich dagegen nicht, einen Streit auszufechten, wenn die Trillerin schlechter Laune war. In ihrer Küche

hatte sie zu viele strategische Vorteile. Es ließ sich schlecht schimpfen, wenn man das Gegenüber nicht sehen konnte.
Die Küche hing inzwischen voll mit gewaschenen Windeln. Die Hausfrau öffnete die Küchen- und die Haustür, packte mit ihren kräftigen Armen den Waschzuber und schüttete mit geübtem Schwung das schmutzige Wasser in den Straßengraben unmittelbar neben der Haustür. In der strengen Kälte des Februarmorgens gefror es schnell zu Eis.

6

Der Sonnabendvormittag war im Zeitplan des alten Grafen normalerweise einem ausführlichen Gespräch mit seinem Regierungschef vorbehalten. Dann konnte Kanzleidirektor von Becmann Celsissimus über die Sitzungen der hochgräflichen Regierung am Montag und Freitag und des evangelisch-reformierten Konsistoriums am Mittwoch Vortrag halten – soweit nicht Dringlichkeitsentscheidungen des Landesherrn kurzfristig nötig gewesen waren.
In früheren Jahren hatte Celsissimus sehr oft die Regierungssitzungen persönlich geleitet, und auch sein Sohn, Erbgraf Friedrich Carl, war als häufiger Gast dabei in die Staatsverwaltung praktisch eingeführt worden. Doch mit zunehmendem Alter war dem alten Herrn diese Pflicht etwas zu beschwerlich geworden, und er ließ sich lieber von seinem alten Vertrauten Wilhelm Christoph von Becmann mündlich vortragen, was sich ereignet hatte und was zu entscheiden war. Vieles hatte er allerdings schon aus den Stapeln von Akten und schriftlichen Berichten entnommen, durch die Graf Alexander sich täglich hindurchzuarbeiten pflegte.
Die rheumatischen Beine wärmesuchend vor das knisternde Kaminfeuer gestreckt, hielt Celsissimus einen in Leder gebundenen schmalen Band im Folio-Format in der Hand, den Herr von Becmann ihm überreicht hatte. In sorgfältiger Kanzlei-Handschrift standen darin lange Kolonnen von Zahlen.
»Euer Gnaden gestatten gnädigst, den Finanzstatus pro anno 1783 entgegennehmen zu wollen«, bemerkte der Kanzleidirektor höflich dazu. »Euer Gnaden finden darin wie befohlen und wie jedes Jahr alle Revenuen[113] und Ausgaben der Civil-Kassa für den hochgräflichen Hof

113 Revenuen: Einkünfte.

und Haushalt mit genauer Aufstellung über die Besoldung der gesamten hochgräflichen Dienerschaft. Die Civil-Kassa schließt in Einnahmen und Ausgaben mit einer Summe von 45 858 Reichstalern, 32 Albus und 7 Pfennigen ab. Angeschlossen ist ein Überblick mit dem Jahresabschluß aller sonstigen Kassen, als da sind die Kellerei-Kassa, Forst- und Feldjäger-Kassa, Fischkassa, Landkassa, die Regiments- und die Husaren-Kassa.«

»Ich danke Ihnen, Herr von Becmann«, meinte der alte Graf und nahm einen Schluck aus seiner Kaffeetasse. »Sie wissen, nichts fördert mehr die Sparsamkeit und Wohlfahrt eines Staatswesens wie ein genauer Überblick über die Finanzen. Manche meiner Standesgenossen lächeln über mein Steckenpferd eines jährlichen Status. Sie haben sicher mit angehört, wie sich letztes Jahr der Herzog von Sachsen-Hildburghausen bei seiner Rheinreise lächelnd herablassend dazu äußerte, als er davon hörte. Aber *seine* Finanzen sind auch so derangiert, daß ihm eine kaiserliche Debit-Kommission[114] auf den Hals geschickt werden mußte. Was haben Sie sonst zu berichten?«

»Letzten Donnerstag, Euer Gnaden, hat wieder die monatliche Konferenz der Landschultheißen aus den zwölf Kirchspielen der Grafschaft ihre Zusammenkunft gehabt«, trug Herr von Becmann vor und schlug eine umfangreiche Akte auf. »Allerdings konnten die Schultheißen aus den Kirchspielen Selters, Nordhofen und Rückeroth oben auf dem Westerwald wegen des hohen Schnees nicht teilnehmen.«

»Und was war das Thema diesmal?« fragte Graf Alexander. »Nehmen die Schultheißen ihre Aufgabe ernst, den Ertrag der Landwirtschaft in ihren Gebieten zu verbessern?«

»Darüber kann ich nicht klagen, Euer Gnaden«, erwiderte der Kanzleidirektor. »Ich hatte den Schultheißen die Aufgabe für diese Konferenz gestellt, nach den Ursachen des Viehsterbens im Westerwald zu forschen. Die Schultheißen bestätigen allgemein, daß die Zahl des Viehs zurückgehe. Auch am immer geringeren Ertrag des Blutzehnten an Kälbern ist das bedauerlicherweise abzulesen. Es ist nicht eigentlich eine Krankheit, eine Seuche, unter dem Vieh. Aber die Kühe werfen weniger Kälber als früher, sie sind schwächer und nicht mehr so leistungsfähig.«

114 Debit-Kommission: von einem Reichsgericht eingesetzte Kommission, die bei einem überschuldeten Reichsfürsten zwangsweise das Finanzwesen neu ordnen sollte.

Interessiert fragte der alte Graf:
»Das muß doch Ursachen haben, Becmann. Wußten die Schultheißen nichts darüber?«
»Nun, Euer Gnaden«, meinte Herr von Becmann bedächtig, »da waren die Meinungen geteilt. Einige behaupteten allen Ernstes, die Kühe seien verzaubert oder verhext worden. Aber das sind in unserem aufgeklärten Jahrhundert ja doch nur Ammenmärchen für die dummen Bauern. Andere beklagten sich über die Triftrechte[115] der Güter Euer hochgräflichen Gnaden in den Wäldern, die dem bäuerlichen Vieh die Nahrung nähmen. Landkommissarius Stock wußte von einem alten Schäfer in Oberraden zu berichten, der steif und fest dabei bleibe, dadurch, daß die Waldungen in den wiedischen Landen immer mehr abnehmen, gehe auch die Nährkraft der Viehweiden zurück.«
»Manchmal haben solche alten Schäfer recht«, überlegte Celsissimus. »Dabei fällt mir ein, wie steht es denn mit dem Streit um die Waldrechte mit den Bauern in Anhausen? Diese halsstarrigen Bauern bestehen doch bloß auf ihren angeblichen alten Rechten, um unbekümmert den doch schon viel zu stark gelichteten Wald niederhauen zu können.«
»Euer Gnaden wissen ja, daß ein Advokat Loßkandt aus Wetzlar im Auftrag der Märkerschaft von Anhausen den alten, seit siebzig Jahren ruhenden Prozeß um die Waldrechte vor dem Reichskammergericht sollizitiert hat. Die hochgräfliche Regierung hat natürlich sofort eine Gegenstellungnahme nach Wetzlar geschickt. Wie es weitergeht, steht nun in der hohen Herren Richter und in Gottes Hand.«
»Ich bin überzeugt«, sagte der alte Graf, »daß Sie und Ihre Kollegen im Regierungskollegium sich alle Mühe geben, meine Rechte als Landesherr zu verteidigen. Bei diesen Prozessen muß man eben Geduld haben. Was gibt es sonst Neues?«
Wilhelm Christoph von Becmann legte den Aktenband mit der Aufschrift *Konferenzen der Landschultheißen* aus der Hand und griff nach einem anderen Faszikel[116], das neben ihm auf dem Tisch lag.
»Die Straßenbeleuchtung in der Stadt Neuwied, Euer Gnaden. Gemäß dem Befehl Euer Gnaden hat die hochgräfliche Regierung Auftrag gegeben, festzustellen, wie viele Fälle von delicti carnis im letzten Jahr in der Stadt bekannt geworden sind. Euer Gnaden werden sich

115 Triftrechte: Recht zum Viehtrieb (»Trift«) zu Weidezwecken.

116 Faszikel: Aktenband.

erinnern, daß der italienische Cavaliere de Bassano eine Besteuerung dieser Vergehen fleischlicher Lust zur Finanzierung der Straßenbeleuchtung vorgeschlagen hat.«
»Nun, wie viele Fälle waren es? Werden sie ausreichen, der Landesherrschaft eine neue sprudelnde Finanzquelle zu erschließen?« Die Skepsis und ein wenig Ironie in der Stimme des alten Grafen waren nicht zu überhören.
»Es waren ganze sieben Fälle vergangenes Jahr, Euer Gnaden. Das wird niemals als Geldquelle ausreichen.« Herr von Becmann blätterte in seinem Aktenstück. »Wollen Euer Gnaden die Namen wissen?«
Abwehrend hob Graf Alexander die Hand.
»Danke, danke, das ist nicht nötig. Haben Sie auftragsgemäß Erkundigungen eingezogen, wie in anderen Städten des Reiches die Straßenbeleuchtung finanziert wird?«
»Selbstverständlich, Euer Gnaden. Hofrat Wendelstädt, Euer Gnaden ehemaliger Leibarzt, der ja jetzt in Frankfurt lebt, wußte aus Hanau und Kassel zu berichten, daß in den landgräflich-hessischen Hauptstädten ein Zuschlag von einem Reichstaler auf jedes verkaufte Pfund Fleisch erhoben wird. Das hat zur Folge, daß Fleisch dort unerhört teuer ist. Auch das schien dem Regierungskollegium als Finanzierungsgrundlage für die Straßenbeleuchtung unakzeptabel. Ich habe mir die Freiheit genommen, schon vor einigen Tagen den Cavaliere de Bassano von dieser Sachlage zu unterrichten. Er hatte sich ja so viel von diesem Plan versprochen, vor allem wahrscheinlich eine kräftige Ableitung des Geldstroms in seinen Beutel. Wie ich heute morgen hörte, ist er heimlich abgereist. Er hat im ›Braunschweiger Hof‹ über hundert Taler an Schulden hinterlassen.«
Celsissimus nickte langsam und nachdrücklich mit dem Kopf.
»Dann war er wohl auch nur einer dieser vielen Glücksritter mit selbst zugelegtem Adelstitel, der auf leichte Weise anderen Menschen das schwer verdiente Geld aus den Geldbeuteln ziehen wollte. Hier hat er glücklicherweise noch keinen größeren Schaden angerichtet. Der Wirt Nillion wird die hundert Taler verschmerzen. Aber wird denn diese Spezies von Mensch niemals alle?«

Die große Flut

1

Nie würde Jakob Knobel diesen Tag, den 27. Februar 1784, vergessen. Da war er, der fünfzehnjährige Lehrjunge, wie üblich früh morgens mit den beiden schweren Holzeimern am Schultergestell aus dem Haus seines Meisters, des würdigen Bierbrauers und Gastwirts Metz, getreten, um zum Wasserholen die hundert Schritte die Straße abwärts zum öffentlichen Ziehbrunnen zu gehen. Doch kaum hatte er die Hälfte der kurzen Strecke zurückgelegt, als seine Holzpantinen bereits in schwarzes, gurgelndes Wasser tappten. Und vor ihm sausten kleine Schatten über die Straße, Ratten, die aus der Schlinck[117] vor dem steigenden Wasser flüchteten.

Wenn sich der Lehrjunge Jakob vor etwas fürchtete, dann waren es Ratten. Schreiend vor Angst rannte er zum Haus zurück und berichtete atemlos, man könne nicht mehr zum Brunnen, denn der Rhein sei schon so hoch gestiegen und die Ratten kämen schon aus ihren Löchern. Damit löste Jakob im Haus eine Panik aus, die nicht schlimmer hätte sein können, als wenn der rote Hahn[118] auf dem Dach gestanden hätte.

Schon seit Tagen hatte Meister Metz abends mit den Nachbarn vor der Haustür gestanden, und er hatte mit bedenklicher Miene nach dem Tauwetter geblickt, das die Schneehaufen in den Neuwieder Straßen zusammenschmelzen ließ. Die Nachbarn hatten sich vom tiefsten Schnee seit Menschengedenken in Schwaben, der Schweiz und im Elsaß erzählt und Erinnerungen an die großen Rheinüberschwemmungen Anno 1740 und 1741 ausgetauscht. Nun war es offenbar wieder soweit, daß der Rhein hoch über die Ufer treten und die Straßen des Städtchens Neuwied in reißende Ströme verwandeln sollte, so wie er es nach Gottes Willen alle paar Dutzend Jahre tat.

Die Frau Meisterin raffte den Topf, in dem Kartoffeln und Rüben kochten, vom Herdfeuer und drückte ihn an ihren Busen, ohne darauf zu achten, daß ihre Hände und ihr Umschlagtuch schwarz von Ruß

117 Schlinck: offener Straßengraben (Neuwieder Mundartausdruck).

118 Roter Hahn: Feuer.

wurden. Dabei schrie sie, als ob das Wasser schon zur Tür hereingelaufen käme. Die alte Ammamm[119] in ihrem Lehnstuhl betete laut und vernehmlich, daß nun Gott der Herr das boshafte und sündige Menschengeschlecht für seine Sünden bestrafe wie weiland zu Noahs Zeiten. Aber sie forderte mit ihrer schrillen Stimme, zuerst von allen ins Obergeschoß in Sicherheit gebracht zu werden. Meister Metz ergriff in seiner Verwirrung eines seiner Werkzeuge, um es gleich wieder gegen ein anderes zu vertauschen, das wichtiger zu retten sei.
Von der Straße war die Schelle des Stadtdieners Henns zu hören. Das löste die Panik etwas, denn alle Bewohner des Hauses Metz stürzten zur Tür, um die neuesten Ankündigungen des städtischen Magistrats zu hören. Mit lauter Stimme verlas Stadtschreiber Schott eine Bekanntmachung von Stadtschultheiß und Magistrat, angesichts des drohenden Hochwassers möge jedermann die Sicherheit seines Viehs in Bedacht nehmen. Die Meister der Bäcker-Zunft sollten Brot im Vorrat backen, solange noch die Möglichkeit dazu bestünde. Die Schiffer mit ihren Nachen seien generaliter von Celsissimus angewiesen worden, zu helfen, wo sie könnten.
Allmählich gewann bei Meister Metz die nüchterne Vernunft wieder Oberhand. Jakob mußte ihm helfen, die drei Kühe und die beiden Schweine aus dem Stall hinter dem Haus zu ziehen und mit festen Stricken aneinanderzubinden. Gewöhnlich fraß das Vieh die Schlempe, die beim Bierbrauen abfiel, und wurde rasch fett davon. Jetzt aber waren die Tiere eine Last, die man als erstes in Sicherheit bringen mußte. Meister Metz drückte Jakob ein paar Kopfstücke in die Hand mit dem Auftrag, die Tiere so schnell wie möglich zum Bauern Schorschphilp in Niederbieber zu treiben. Dorther bezog Meister Metz in der Regel die Kälber und Ferkel, die er mit seiner Schlempe mästete. Der Bauer müsse, so meinte der Meister, in diesem Notfall für ein paar Tage das Vieh in seinem Stall unterstellen. Zur Bezahlung des Futters sollte eines – und wenn der Bauer ganz besonders hartnäckig sei, auch mehrere – der mitgegebenen Kopfstücke dienen.
Am Nachmittag kam Jakob von seinem Weg aufs Land zurück, erfolgreich, da er das Vieh wohlbehalten hatte unterstellen können, aber mit blaugefrorenen Füßen und Händen. Wenn er sich doch morgens ein paar wollene Strümpfe über die Füße gezogen hätte, ehe er mit seinen Holzpantinen in die Kälte und den Regen hinausmußte! Aber da

119 Ammamm: Großmutter.

war nun nichts zu ändern. Nur die gestrickte blaue Wollmütze mit dem langen Zipfel daran hatte er sich tief über die Ohren ziehen können.
Unterwegs und auf dem Rückweg hatte er Dutzende von Neuwieder Bürgern getroffen, die wie er ihr kostbares Vieh – Pferde, Kühe, Schweine oder Ziegen – bei den Bauern in Nieder- und Oberbieber in Sicherheit bringen wollten. Erstaunlich, wieviel Vieh in den Häusern der Stadt gehalten wurde, dachte Jakob, dabei gab es doch gar keine Bauern in Neuwied! Einige reichere Leute hatten Wagen mit Hausrat und Wertsachen beladen und fuhren damit ebenfalls auf die Höhe, wohin der Rhein bestimmt nicht steigen konnte. Für die Bauern war das Hochwasser ein wahrer Segen, wenn sie diesen Gedanken auch nicht laut werden ließen. Denn sie ließen sich das Unterstellen von Vieh und Möbeln in ihren Ställen und Scheunen von den reichen Städtern nicht schlecht bezahlen.
Als Jakob Knobel auf dem Rückweg die Weinberge oberhalb von Heddesdorf durchquert hatte, schrie er vor Schreck und Erstaunen laut auf. Vor ihm, bis zu den Häusern und Türmen der Stadt, dehnte sich ein riesiger See. Gurgelnd und mit Eisschollen vermischt schoß das Wasser dahin, wo sonst fruchtbare Felder und Gärten gelegen hatten. Am Rand dieses so plötzlich entstandenen Sees standen oder saßen Menschen, die mit Hilfe der Nachen der Schiffer aus ihren Häusern in der Stadt geflüchtet waren.
Dem jungen Lehrling war zum Heulen zumute. Er fror erbärmlich, und er hatte Hunger. Am Morgen hatte er bei seinem plötzlichen Aufbruch nach Niederbieber der Frau Meisterin aus der Küche ein Stückchen Schwarzbrot stibitzt, aber das konnte natürlich nicht lange vorhalten. Und wo sollte er hin? Er war doch kein Fisch, der schwimmen konnte!
Jakob faßte sich ein Herz und fragte den ersten besten Schiffer, der gerade mit seinem Nachen anlegte und eine junge Frau mit zwei kleinen Kindern aufs Trockene entließ. Schiffer Sohns war bereit, auf seiner Rückfahrt in die Stadt den Jungen mitzunehmen, wenn er beim Staken helfen würde. Und sogar ein Stück Brot hatte der Schiffer, denn er lud mehrere Säcke mit frisch gebackenen Schwarz- und Weißbroten in sein Boot. Ein Fuhrwerk aus Oberbieber hatte es gebracht. Dort mußten auf Weisung des Herrn Grafen alle Bäcker in Tag- und Nachtschichten Brot für die Bewohner der überschwemmten Stadt backen.

Es dämmerte schon, als Jakob Knobel im Boot des Schiffers Sohns das Haus von Meister Metz erreichte. In den Straßen der Stadt reichte das Wasser vielen Häusern schon bis zur Mitte der Erdgeschoß-Fenster. Jakob mußte eine gewagte Kletterpartie beginnen, um trocken ins Haus zu gelangen. Was würden die nächsten Tage noch für Schrecken bringen?

2

Der hochgewachsene alte Herr stand am Fenster im Oberstock des Schlosses und schaute hinüber zum Rhein. Dessen Wasser spülte schon jetzt bedenklich um die Grundmauern des Schlosses. Wie würde es erst in ein oder zwei Tagen aussehen? Im Augenblick konnte man nichts mehr tun als zu Gott beten. Und das tat der alte Graf stumm und innig, so wie er stets zu seinem Gott und Herrn sprach.

Die Nachricht vom bevorstehenden Hochwasser hatte auch im Neuwieder Schloß große Aufregung hervorgerufen, genau wie in allen Häusern der leider so sehr vom Hochwasser gefährdeten Stadt. Zwar stand das Schloß ein wenig erhöht, aber ein richtiges Hochwasser würde auch sein Erdgeschoß unter Wasser setzen. Natürlich war die Flut nicht unerwartet gekommen, hatte man doch allenthalben noch lebendige Erinnerungen an die letzten größeren Überschwemmungen, insbesondere die von 1741.

Die erste Anordnung, die Celsissimus schon am Vortag getroffen hatte, war, Gräfin Caroline, Erbgräfin Louise und sämtliche Enkel nach Schloß Monrepos zu schicken. Binnen einer Stunde mußten die Kutschen beladen und abfahrbereit sein. Mit ihnen fuhren auch die beiden Hofdamen von Lützow sowie einiges weibliche Gesinde.

Schon diese Fahrt war nicht ohne Risiko gewesen, mußten die Kutschen doch dreimal an Furten den ebenfalls Hochwasser führenden Wied-Fluß überqueren. Die mitgeschickte Husaren-Eskorte hatte alle Kräfte aufbieten müssen, daß die Kutschen im reißenden Wasser nicht abtrieben. Aber gottlob war die ganze gräfliche Familie wohlbehalten in Monrepos angelangt. Rittmeister von Bekesy, der Befehlshaber des gräflichen Husarenkorps, hatte dies nach seiner Rückkehr melden können. Allerdings war es dem Rittmeister unmöglich gewesen, hoch zu Roß zum Schloß zu kommen, sondern er hatte sich bereits eines Kahnes bedienen müssen. So rasch war das Wasser gestiegen.

Den ganzen Tag war das männliche Schloßpersonal damit beschäftigt gewesen, alle Möbel und sonstigen Einrichtungsgegenstände aus dem Keller und dem Erdgeschoß des Schlosses und seiner Nebengebäude in die höheren Stockwerke zu tragen. Niemand, selbst der Herr Hofkoch und der Herr Haushofmeister nicht, waren von dieser Arbeit dispensiert gewesen. Celsissimus erwartete mit Bestimmtheit, daß alle männlichen Bediensteten ohne Ausnahme auf ihren Posten und für Befehle erreichbar waren, die eventuell in dieser Notzeit notwendig werden könnten.

Was war nun noch zu tun? Dem Stadtschultheißen Greyß hatte Celsissimus durch den gräflichen Schiffer Mendel einen Zettel geschickt. Er hatte gefragt, ob insbesondere die Armen in der Stadt mit genügend Brot, Holz und Frischwasservorrat versehen seien, um eine eventuell mehrere Tage dauernde Einschließung durch das Hochwasser aushalten zu können. Schultheiß Greyß war ein absolut zuverlässiger und pflichteifriger Beamter. Er würde schon dafür sorgen, daß die zwei Dutzend Nachen, die es leider nur in der Stadt gab, zweckentsprechend eingesetzt wurden, um die Hilfslieferungen aus den Kirchspielen im oberen Teil der Grafschaft gerecht zu verteilen.

Der Paradeplatz vor dem Schloß stand bereits einen Fuß hoch unter Wasser. Von seinem Beobachtungsplatz am Fenster konnte Graf Alexander durch diese Wasserwüste den alten Schloßgärtner Spies eiligst auf das Schloß zuwaten sehen. Was mochte er bringen? Celsissimus konnte ein Lächeln nicht unterdrücken, als er durch die geöffnete Zimmertür den laut geschrienen Dialog zwischen dem Schloßgärtner und dem alten Kammerdiener Michel unten im Vestibül mit anhörte.

»Da sitzt noch e Kärl im Dibbo«, schrie der Gärtner und Verwalter des Schloßkarzers durch die Schloßtür, ohne mit seinen nassen Stiefeln das kostbare Parkett im Inneren des Schlosses zu betreten. »Solle mer en freilosse oder versaufe losse?«

»Wer ist es denn?« fragte Kammerdiener Michel ebenso laut zurück.

»D'r Scholtese Pitter, de hätt en Hohn im Schloßgarten mitgohn losse!«

»Et wär nit schad dröm«, meinte Michel sachverständig, entschied dann aber doch: »Awer laß en mol lofen! Ich werde gleich Seine hochgräfliche Gnaden nach höchstdero Befehl fragen. Wart e Moment!«

Und würdevoll kam der alte Kammerdiener mit seinen rheumatischen Beinen die Treppe heraufgestelzt und machte untertänigst seine Mel-

dung vor dem Landesherren. Er schien nur wenig verblüfft, als dieser ihm im gleichen Tonfall beschied, wie er ihn eben selbst verwendet hatte: »Laß en mol lofen! Er hat das ja bereits entschieden. In dieser Notzeit ist es gut, wenn in jedem Haus ein Mann ist. Schiffer Mendel soll ihn nach Hause bringen. Und der Gärtner mit Familie und die ganze Schloßwache sollen sofort ins Schloß kommen. Hier ist es sicherer. Wer weiß, wie hoch das Wasser noch in die Torhäuschen läuft.«
Was mochte geschehen, wenn nicht nur das Wasser in den Straßen noch höher stieg, sondern die großen Eisschollen sich losrissen und zwischen die Häuser trieben? Dem Vernehmen nach hatten sich an verschiedenen Stellen des Mittelrheins große Eisfelder gebildet, die jetzt beim Tauwetter und Hochwasser unweigerlich in Bewegung geraten mußten. Dies schien dem Grafen die eigentliche Gefahr für die Stadt zu sein. Hier brauchte man in jedem Haus kräftige Männerarme, damit die mächtigen Eisschollen so abgewehrt werden konnten, daß sie nicht die Häuser zerstörten.
Rasch setzte der Graf sich hin und schrieb auf einen Zettel den Befehl für Oberstleutnant von Trützschler, alle unverheirateten Soldaten des Regiments mit Hilfe des gräflichen Jachtschiffers Mendel auf die besonders gefährdeten Häuser an der Rheinfront zu verteilen, mit der strikten Weisung, nach besten Kräften bei der Abwehr des zu erwartenden Eisganges mitzuhelfen.
Und nun konnte man wirklich nur noch warten und beten...

3

»Euer Gnaden, ich habe mir erlaubt, einen Wagen mit Kutscher zu mieten und einige Tagelöhner anzustellen!« Die Stimme des gräflichen Kammerdieners Paster klang devot wie immer, und dennoch schwang in ihr ein unüberhörbares Drängen mit. »Das Wasser steigt schnell, Euer Gnaden. In einer Stunde kann es zu spät sein, wenn Höchstdero kostbares Holzlager noch gerettet werden soll!«
Der Kammerdiener und Vertraute des Erbgrafen Friedrich Carl stand mit seinem Herrn vor einem unbebauten Grundstück am oberen Ende der Kirchstraße. Erst vor wenigen Tagen war der Erbgraf für einen kurzen Aufenthalt von Gut Bonefeld zurück in die Residenz gekommen. Nun besichtigte er die Holzladung, die er kürzlich gekauft und hier vorübergehend hatte einlagern lassen. Dieser Posten Holz sollte

ihm reichen Gewinn bringen, denn gutgewachsene Eichen erzielten in den waldarmen Generalstaaten immer einen guten Preis. Im Frühjahr, wenn die Schiffahrt wieder offen war, sollte das Holz in Form eines großen Floßes nach Holland gebracht werden. Es war nur vernünftig, daß sein Vertrauter Paster jetzt vor dem kommenden Hochwasser dafür sorgen wollte, dieses Holz in Sicherheit zu bringen.
Wirklich schien es die höchste Zeit zu sein. Schon spülten die ersten Wellen des Rheins den Pferden vor dem Wagen um die Hufe. Vielleicht konnte es in der nächsten halben Stunde noch gelingen, möglichst viel von dem wertvollen Holz aufzuladen und zu einem überschwemmungsfreien Grundstück oberhalb Neuwieds zu bringen.
»Ja, laß Er aufladen, Paster!« gebot Erbgraf Friedrich Carl.
Während die Tagelöhner zugriffen und die ersten Stämme auf den Wagen wuchteten, quoll aus dem benachbarten Haus eine seltsame Prozession. Eine abgehärmte Frau mittleren Alters, sichtbar hochschwanger, mit einem in Tücher gewickelten Kleinkind auf dem Arm, hinter ihr eine ganze Schar dürftig bekleideter Kinder, zwängte sich aus der Haustür, in die bereits das Hochwasser hineinströmte.
»Retten Sie uns, gnädiger Herr«, schluchzte die Frau. Wirres Haar war aus ihrer Haube gerutscht. Offenbar erkannte sie den Erbgrafen nicht, aber sie sah, daß da ein vornehmer Herr war, dem ein Pferdewagen gehörte. »Ich bin allein mit meinen Kindern, und wenn das Hochwasser kommt, kann mir niemand helfen, wenn meine Stunde kommt. Bitte lassen Sie uns auf den Wagen aufsitzen, damit wir noch aufs trockene Land kommen!«
Die Frau machte Anstalten, sich trotz des schon handhoch flutenden eiskalten Wassers auf die Knie zu werfen. Friedrich Carl hielt sie am Arm fest.
»Laß Sie das, Frau!« rief er ihr zu. »Wo ist denn Ihr Mann?«
Die Frau zögerte einen Moment.
»Mein Mann ist Hausierer, er handelt mit Kramwaren und ist über Land nach Dierdorf und Altenkirchen. Ich hab' ihn schon wochenlang nicht gesehen, den Schuft, und das Geld, das er mir dagelassen hat, ist auch alle.« Tränen strömten über das Gesicht der Frau. Sie schien nicht mehr ein noch aus zu wissen und wirkte völlig verzweifelt. »Helfen Sie mir, gnädiger Herr, daß meine Kinder nicht zu unglücklichen Waisen werden!«
Erbgraf Friedrich Carl zögerte keinen Moment.
»Laß Er sofort aufhören, die Stämme aufzuladen, Paster!« rief er.

»Keine Widerrede, Paster!« befahl er, als er die protestierende Miene seines Kammerdieners sah. »Die Frau und ihre Kinder kommen auf den Wagen, und er soll nach Gut Bonefeld fahren. Dort kann die Frau bleiben, bis das Hochwasser vorüber ist. Menschenleben sind wichtiger als Holz. Beeil Er sich, Paster, sieht Er nicht, daß die Flut immer höher steigt?«

4

Völlig erschöpft lehnte sich Elisabeth Schettlerin an einen Tisch, der hochkant in ihrem Stübchen unter dem Dach stand. Auch die anderen acht Mitglieder des Haushaltes von Kaufmann Breuer hockten hier oben auf dem Speicher eng gedrängt auf irgendwelchen Kisten oder Möbelstücken, und sie waren genauso am Ende ihrer Kräfte. Müde kaute jeder auf einem Stück Schwarzbrot herum und trank dazu einen Becher Wein, den ihnen die Altmagd Trine eingegossen hatte.

Das war die einzige Verpflegung, die zur Verfügung stand. Denn unten in der Küche wie im ganzen Erdgeschoß stand schwarz und unheimlich das eiskalte Wasser des Rheins. Es reichte schon fast bis zur Decke der Erdgeschoß-Stuben, und es stieg weiter. So hatten die Bewohner des Hauses in den letzten Stunden aus dem ersten Stock sicherheitshalber alle Möbel und Einrichtungsgegenstände noch einen Stock höher auf den Speicher geschleppt, auch alles, was sie vorher bereits vom Erdgeschoß in den ersten Stock getragen hatten. Wie weit würde das Wasser noch steigen? Sie alle waren Gefangene im eigenen Haus, und niemand wußte, wann der Schrecken ein Ende nehmen würde.

Die alte Trine und auch die beiden jungen Hausmägde Riekelchen und Zuffie ließen einen Rosenkranz durch ihre Finger gleiten und bewegten die Lippen in stummem Gebet. Auch Elisabeth schickte ein Stoßgebet zum lieben Herrn Jesus, daß er ihnen allen in ihrer Not beistehen möge.

Elisabeth Schettlerin lebte seit ihrer Geburt in Neuwied, und sie wußte aus Erzählungen, daß es hier schon öfter Rheinüberschwemmungen gegeben hatte. Aber zu ihren Lebzeiten war es noch nie so hoch gestiegen, daß man selbst im ersten Stock der Häuser nicht mehr trockenen Fußes stehen konnte. In Gedanken erlebte das junge Mädchen noch einmal die Aufregungen und Anstrengungen der letzten Zeit. Welcher Tag war es eigentlich, der jetzt in früher Dunkelheit zu Ende ging?

Donnerstag, der 28. Februar, rechnete sie aus. War es wirklich erst zwei Tage her, seit das Unheil begonnen hatte?
Es war wohl gestern morgen gewesen, als der Schreckensruf durchs Haus ging: »Das Wasser kommt!« Seitdem war niemand der Bewohner mehr zur Ruhe gekommen. Alle Hände wurden gebraucht, um Möbel, Küchengeräte und Lebensmittel vor dem Wasser in die höheren Stockwerke zu retten.
Währenddessen waren der alte und der junge Herr fieberhaft beschäftigt gewesen, den Lagerschuppen im Hof auszuräumen und die kostbaren Waren darin auf Pferdekarren zu laden. Als weitblickender Unternehmer hatte Kaufmann Breuer schon vor Jahren bei einem Bauern in Oberbieber den leerstehenden Teil einer Scheune gemietet, um jederzeit sein Warenlager vor dem Hochwasser in Sicherheit bringen zu können. Schließlich stand der dicht am Rhein gebaute Lagerschuppen alle paar Jahre einmal für einige Tage unter Wasser.
Beim Aufladen und Abfahren des Warenlagers hatten die fünf Schürger[120] treu geholfen, die auch sonst immer dem Kaufmann Breuer im Tagelohn die Schiffe be- oder entluden. Elisabeth hatte später ein Gespräch der beiden Herren Breuer über diese Schürger mit angehört, das sie sehr verwundert hatte. Es gebe seltsamerweise nur katholische Schürger in Neuwied, hatte der Kaufmann seinem Sohn erzählt. Leider, so meinte er, denn die Katholiken seien unzuverlässig und faul. Sie beachteten mit größter Sorgfalt alle rund fünfzig katholischen Feiertage – außer den Sonntagen natürlich – die doch im protestantischen Neuwied gar nicht gelten würden. Und wenn sie einmal in der Woche zwei Kopfstücke verdient hatten, dann erschienen sie in der nächsten Woche nicht, weil sie meinten, das Geld reiche ja noch.
»Ich muß das eingestehen, Philipp«, hatte Johann Wilhelm Breuer zu seinem Sohn gemeint, »obwohl wir selbst zu dieser Religion gehören. Die Protestanten hier haben eine andere Einstellung zur Arbeit.«
Nun war endlich Ruhe nach der fast ununterbrochenen Plackerei eingekehrt, dachte Elisabeth. Und mit der Ruhe die Angst. Denn vorher hatte man zur Angst keine Zeit gehabt.
Gestern abend war es gewesen, erinnerte sich Elisabeth, daß aus einem Boot des gräflichen Schiffers Mendel ein der Familie Breuer unbekannter junger Soldat durch das Fenster geklettert war. Er hatte erklärt, der Herr Hauptmann schicke ihn auf Befehl. Der Herr Graf habe

120 Schürger: Ladearbeiter.

Angst, daß die eigentliche Gefahr für die Häuser der Stadt erst noch komme, wenn es Eisgang gebe. Daher seien die unverheirateten Soldaten des Regiments in die am meisten gefährdeten Häuser dicht am Rhein entsandt worden. Er heiße Wilmluisch Schneider und sei aus Thalhausen, sagte der junge Soldat. Er hatte auch einige kräftige Bohnenstangen mitgebracht, was der alte Herr Breuer als ausgezeichnet umsichtig lobte. Elisabeth konnte sich unter einem Eisgang nichts vorstellen, erst recht nicht, wozu man dabei Bohnenstangen brauchen konnte.

Ihr Körper sehnte sich nach Schlaf, doch wie sollte sie schlafen können, auf dem harten Fußboden hockend, mit dem Rücken an eine Tischplatte gelehnt, in bitterer Kälte? Denn es gab natürlich keinerlei Möglichkeiten, hier oben einen Ofen zu heizen, ganz abgesehen davon, daß das Feuerholz im Hof sicher längst davongeschwommen war. Auch die anderen Hausbewohner hier oben hatten zum Sitzen oder Liegen nicht mehr Platz als sie.

»Es ist nur gut, daß wir uns rechtzeitig mit einem Vorrat an Brot und frischem Brunnenwasser eingedeckt haben«, hörte Elisabeth den alten Herrn Breuer sagen. »Wehe den armen Leuten, die nicht das Geld dazu hatten, genügend Brot zu kaufen.«

»Was ich nicht verstehe, Herr Vater«, ließ sich im Halbdunkeln der junge Herr vernehmen, »daß man hier so gottergeben das Hochwasser alle paar Jahre über sich ergehen läßt. Denken Sie nur an die Generalstaaten, Herr Vater. Dort hätte man schon längst einen großen festen Deich gebaut. Ich habe bei meinem Besuch in Amsterdam im vorigen Jahr viele solcher Deiche gesehen.«

»Das ist richtig, mein Sohn«, gab ihm der Vater recht. »Das ist eben der Unterschied zwischen den Holländern und uns hier im Reich. Ich habe mich kürzlich mit dem gräflichen Geometer Schneider unterhalten, der hat das Problem genau untersucht. Man müßte hier einen Deich bauen, der weit über eine Meile lang sein und bereits kurz nach Engers beginnen müßte. Denn der Rhein füllt bei Hochwasser einen alten Flußarm, der sonst trocken liegt und auf dessen Grund zum größten Teil die Stadt Neuwied gebaut worden ist. Zu einem solchen riesigen Werk ist aber kein Geld da. Vor allem wäre der Kurfürst von Trier bestimmt nicht dazu bereit, für ein solches Bauwerk Geld auszugeben, das nicht seiner persönlichen Bequemlichkeit und seiner Gloire dient, sondern eigentlich nur dem Ausland nützt, nämlich der Stadt Neuwied. Dem Grafen von Neuwied gehört ja nur ein ganz kurzes

Stück des Rheinufers. Nein, Philipp, hier ist nicht auf einen Deich zu hoffen.« Mit einem verbittert klingenden Lachen schloß der Kaufmann seine Erklärung.

Kurze Zeit herrschte Schweigen in dem kalten Speicherraum, der nur von einigen flackernden Kerzen notdürftig erleuchtet wurde. Dann gab der Hausherr nüchtern und überlegt seine Anordnungen für die Nacht:

»Wir wollen alle versuchen zu schlafen, so gut es geht. Verteilt die Federbetten und Decken, damit jeder etwas zum Zudecken hat. Einer muß aber ständig wachen und an der Treppe aufpassen, wie hoch das Wasser steigt. Ich werde damit den Anfang machen. Löscht die Kerzen bis auf eine, wir wissen nicht, wie lange wir hier oben gefangen sein werden.«

5

»Stoßt, stoßt fest!« keuchte der junge Musketier Schneider und drückte mit einer langen Bohnenstange aus Leibeskräften auf eine mächtige Eisscholle, die von der Strömung gerade auf die Hausecke zugetrieben wurde. Würde sie mit voller Wucht auftreffen, so könnte das schwere scharfkantige Eis möglicherweise den hölzernen Eckpfosten des alten Fachwerkhauses einknicken und dadurch das ganze Haus in seiner Standfestigkeit erschüttern.

Mit vereinten Kräften gelang es den Bewohnern des Hauses Breuer, diese eine Gefahr vom Haus abzuwenden. Doch dahinten schwamm in unheimlicher Lautlosigkeit schon die nächste große Eisplatte vom Rhein heran, gewiß eine Quadratrute[121] an der Oberfläche messend. Alle Männer im Haushalt Breuer hatten an Stangen und Werkzeugen ergriffen, was sich finden ließ, und standen an den geöffneten Fenstern im ersten Stock des Hauses. Der Soldat, der junge Herr Philipp und Elisabeth Schettlerin hielten sich mühsam auf einem kleinen Holzfloß im Gleichgewicht, das unter den Fenstern angebunden war. Der Schweiß, der ihnen über die Stirnen lief, stammte wohl in gleichem Maße von der anstrengenden Arbeit wie von der nackten Angst um die eigene Sicherheit und der der Menschen im Haus.

War es erst gestern, am Freitag, gewesen, als das Rheinwasser seinen

121 Quadratrute: etwas über 25 Quadratmeter.

höchsten Stand erreicht hatte? Es hatte sogar die Stuben im ersten Stock des Hauses bis in über vier Schuh[122] Höhe überflutet, der höchste Wasserstand[123], dessen sich irgend jemand in Neuwied erinnern konnte. Danach war es gottlob gefallen, so weit, daß man wieder im ersten Stock stehen konnte, ohne nasse Schuhe zu bekommen, wenn auch Fußböden und Balken vor Feuchtigkeit noch vollständig verquollen waren.

Gestern mittag war es gewesen, als ein dumpfer Knall die Menschen erschreckt hatte. Einige wußten, was das zu bedeuten hatte, und man schrie es sich über die wassergefüllten Straßen von Haus zu Haus zu: »Das war eine Kanone von der Festung Ehrenbreitstein. Nach Koblenz zu gibt es Eis auf dem Rhein. Seht euch vor, bald ist es hier bei uns!« Über drei Stunden hatten gestern die Männer gegen die Eisschollen gekämpft, die rheinabwärts trieben. Dann war das Wasser wieder freigeworden, und die Flut fiel allmählich. Man hatte sogar die Nacht über schlafen können, soweit das in der unbequemen Lage und Kälte möglich war.

Elisabeth wußte jetzt, was ein Eisgang bedeutete. Heute morgen, kaum daß es hell geworden war, schreckte ein weiterer Schuß vom Ehrenbreitstein die Neuwieder aus ihren Hoffnungen auf ein glimpfliches Ablaufen der Flut. Eine zweite riesige Eisfläche schwamm auf dem Rhein heran, tückisch zerteilt in große, schwere Schollen, die sich langsam um sich selbst drehten. Wieder hatten die Männer mit ihren Stangen unter Aufbietung aller Kräfte die Eisberge abgewehrt. Danach war der alte Buchhalter Adam Fuchs vor Erschöpfung ohnmächtig umgefallen. Bisher hatte er wie alle Männer des Hauses unermüdlich gearbeitet oder gewacht, aber jetzt war die Überanstrengung für seinen sechzigjährigen Körper zu viel gewesen.

Die anderen waren selbst viel zu erschöpft, um etwas zu sagen, als sich Elisabeth und die kräftigste der beiden anderen jungen Mägde, Zuffie, wie selbstverständlich an das Fenster stellten, das bisher der alte Mann zur Verteidigung des Hauses besetzt hatte. Denn schon war das dritte Eisfeld angekommen und bedrohte die Häuser.

122 Schuh: Rheinischer Fuß = 31,4 cm; vier Schuh: ca. 1,25 Meter.

123 Wasserstand: Der Rhein stand am Freitag, dem 29. Februar 1784 nachmittags, etwa 9 Meter über dem durchschnittlichen Rheinpegel in Neuwied. Es war das höchste in historischer Zeit bekannte Hochwasser am Mittelrhein. Die Flutwelle hat von Mannheim bis Köln alle Rheinorte in Mitleidenschaft gezogen.

Es wurde zunehmend schwieriger, von den Fenstern des ersten Stocks aus die Eisschollen wegzudrücken. Der Wasserspiegel fiel, so daß die Entfernung von den Fenstern ständig wuchs. Da, was war das? Trieb da nicht mitten zwischen den mächtigen Eisstücken ein kleines Holzfloß heran? Es mochte sich irgendwo vor Koblenz von einem Steg oder einer Schiffslände losgerissen haben. Wenn es gelänge, es einzufangen und am Haus festzubinden, könnte man aus den Fenstern darauf steigen und von dort aus die Eisschollen abwehren. In höchster Eile suchten die Frauen auf dem überfüllten Speicher in Kästen und Schränken nach Seilen.

Gott meinte es offenbar gut mit dem Haus Breuer. Den vereinten Bemühungen des Kaufmanns und seines Sohnes, des Knechtes Chrest und des Soldaten Wilmluisch glückte es tatsächlich, das Floß mit einer Schlinge festzuhalten und außen am Haus anzuleinen. Es war keine Minute zu früh. Denn wieder trieben einige Stücke festen Eises gefährlich nahe auf das Haus zu.

Der Soldat Wilmluisch schwang sich aus dem Fenster auf das Floß, dessen Hölzer ständig von eiskaltem Wasser überspült wurden. Ohne lange zu fragen, stieg auch Elisabeth aus dem Fenster. Wilmluisch drehte sich nur einen Augenblick um und hob sie, die mit den Armen an der Fensterbank hing, die letzten Zoll auf das Floß herunter. Dann mußte er seine Aufmerksamkeit der nächsten Eisscholle widmen. Schließlich kletterte auch der junge Herr Philipp vorsichtig auf das Floß. Von hier draußen war die Verteidigung des Hauses tatsächlich viel leichter als von den Fenstern aus, aber auch gefährlicher, denn das Floß schwankte stark auf den Wellen.

Der alte Herr Breuer hatte daher umsichtig angeordnet, die drei auf dem Floß sollten sich jeder mit einem Strick sichern. Gerade hatte Wilmluisch sich als erster das Ende einer Leine um den Leib geknotet, da geschah das Unglück. Bei einem plötzlichen Aufbäumen des Floßes verlor Elisabeth das Gleichgewicht. Mit einem Schreckensschrei stürzte sie in das eiskalte Wasser.

Wie der Musketier Schneider in das Wasser gekommen war und die krampfhaft um sich Schlagende am Kleid ergriff, das wußte später niemand zu sagen. Philipp Breuer gelang es, den Strick zu erhaschen, an dem Wilmluisch hing. Mit geradezu übermenschlichen Kräften brachte er es fertig, die beiden Menschen aus den Fluten aufs Floß zu ziehen. Sie hatten zwar etwas Wasser geschluckt, aber sie lebten.

Wenn Elisabeth und Wilmluisch auch keine volle Minute im Wasser

gewesen waren, so waren sie doch völlig durchnäßt. Die Kälte und der Schock drohten ihnen das Herz stillstehen zu lassen. Doch nun waren hilfreiche Hände da, die sie zum Fenster hineinschoben und zogen, die ihnen die nasse Kleidung vom Körper rissen und sie, nackt, wie sie Gott geschaffen hatte, mit Tüchern trocken und warm rieben.
Wie im Traum ließen die beiden jungen Menschen alles mit sich geschehen. Noch saßen der Schock und die Kälte zu tief in ihren Gliedern, als daß sie zu eigener Willensanstrengung fähig gewesen wären. Minuten später fanden sie sich auf dem Speicher wieder, in alle Federbetten des Hauses Breuer gehüllt, um nach der Anstrengung auszuruhen und wieder Wärme in ihre Körper zu bekommen.
Unter den übrigen Bewohnern des Hauses Breuer wurde nicht viel über den Unfall geredet. Es gab im Augenblick genug andere Sorgen. Ab und zu ging jemand auf den Speicher, um nach den beiden jungen Leuten zu sehen. Allmählich hörten diese auf, mit den Zähnen zu klappern, und sie fielen in einen Schlaf der Erschöpfung. Aber wenn sie die Blicke der anderen Hausbewohner gesehen hätten, dann hätten sie grenzenlose Hochachtung darin bemerken können.

6

Das Wasser fiel stetig. Der Wachtposten, der im Hause Breuer an der Treppe saß und alle Stunden abgelöst wurde, konnte mit Erleichterung immer wieder melden, daß es einige weitere Zoll gesunken war. Aber noch bedeckte das nasse Element die Erdgeschoß-Stuben mindestens vier Schuh hoch, und niemand konnte wissen, ob Gott noch mehr Eisgänge zur Heimsuchung der leidgeprüften Einwohner der Stadt Neuwied schicken würde.
Obwohl mit dem Soldaten Wilmluisch und der Jungfer Schettlerin vorübergehend zwei kräftige Helfer ausgefallen waren, hatten es die Bewohner des Hauses fertiggebracht, noch zwei weitere Eisgänge vom Haus abzuwehren. Einer – der vierte – hatte sich am Abend des 1. März ereignet, wenige Stunden nach dem Unfall der Elisabeth und ihrer wunderbaren Rettung durch den mutigen Soldaten. Ein fünftes großes Eisfeld hatte mitten in der folgenden Nacht die riesige Wasserfläche passiert, die der Rhein bei Neuwied zur Zeit bildete. Ein neuer Kanonenschuß von der Feste Ehrenbreitstein hatte auch diesmal die Bewohner gewarnt. Mit Hilfe des immer noch vor dem Haus ange-

bundenen kleinen Floßes und der inzwischen gesammelten Erfahrungen hatten die Familie Breuer und ihre Knechte und Mägde auch diesmal die gefährlichen Eisschollen und im Wasser treibende entwurzelte Bäume jeweils rechtzeitig wegdrücken können. Der Mond hatte die gespenstische Szene gottlob ausreichend erleuchtet.
Nun verging der Sonntag in relativer Ruhe. Jungfer Elisabeth und der Musketier Schneider waren aus ihrem Schlaf der Erschöpfung erwacht und spürten außer einem kräftigen Hunger nichts mehr von dem Sturz ins eiskalte Wasser. Wie leicht hätte er verhängnisvoll ausgehen können! Hunger hatten wohl alle Hausbewohner, denn wenn auch noch ein genügender Vorrat an Weiß- und Schwarzbrot im Haus war – dank der vorausschauenden Sorge des Hausherren –, so verlangten die Mägen doch energisch nach einer warmen Mahlzeit. Aber daran war nicht zu denken, solange das Wasser immer noch hüfthoch im Haus stand.

Anstelle der Glocken der reformierten Pfarrkirche, die sonst am Sonntagmorgen die frommen Bürger in die verschiedenen Kirchen riefen, hörte man heute nur den Wind, der Regenschauer prasselnd gegen die Fenster trieb und die Wasserfluten in den Straßen zu Wellen aufschäumte.
Draußen in der Rheinstraße oder richtiger auf dem Fluß, der zur Zeit diese Straße bedeckte, fuhren ab und zu Boote vorüber. Die Mitglieder der Neuwieder Rheinschiffer-Zunft mit ihren Gesellen und Familienangehörigen waren unermüdlich im Einsatz. Sie brachten vom festen Land Brot und frisches Wasser in diejenigen Häuser, wo diese Vorräte knapp geworden waren, holten Menschen aus besonders gefährdeten Häusern ab und vermittelten Nachrichten über das Ergehen der Familien. Sie konnten berichten, daß bisher zwar einige Gebäude stark beschädigt seien, aber Menschenleben waren offenbar nicht zu beklagen.
Diesen Tag mußte die Hausgemeinschaft in erzwungener Untätigkeit verbringen. Nach der vorangegangenen hektischen Arbeit und Aufregung war dies für die müden Körper zwar eine Erholung, für die Nerven aber eine zusätzliche Anspannung. Man versuchte, sich durch Gespräche, zu zweit oder im größeren Kreis, die quälend langsam dahinschleichende Zeit zu vertreiben.
So ging der Sonntag vorüber. Die Eingeschlossenen verbrachten eine weitere unbequeme Nacht auf ihren Notlagern, doch gottlob fiel der

Wasserstand regelmäßig weiter, und kein neuer Eisgang bedrohte die so schwer heimgesuchte Stadt. Aber auch am Montag – man schrieb nun schon den 3. März, und die Einschließung durch das Wasser währte bereits den sechsten Tag – war an ein Betreten der Straßen nicht zu denken. Immerhin war zu hoffen, daß in weiteren vierundzwanzig Stunden das Schlimmste vorüber war, wenn das Fallen des Wassers so anhielt.

Die kleine Gruppe Menschen im Haus Breuer war sich in den vergangenen Tagen stillschweigend nähergekommen. Natürlich war der Abstand des Herrn zum Gesinde nicht aufgehoben. Aber die gemeinsam durchlittene Angst, die von allen Hausgenossen ohne Ansehen ihres Standes und ihres Geschlechtes übernommene Arbeit und Verantwortung, das gemeinsame notdürftige Kampieren auf dem harten Speicherboden und der gemeinsam verspürte Hunger – das hatte die Hausgemeinschaft doch stärker zusammengeschweißt als Jahre gemeinsamen Lebens unter einem Dach.

Auch Wilmluisch Schneider taute auf. In dem ihm so fremden, vornehmen Haus des reichen Kaufmanns hatte er zunächst kaum den Mund aufgemacht. Aber je länger die erzwungene Schicksalsgemeinschaft dauerte, und erst recht nach seiner mutigen Tat, desto mehr beschäftigte man sich auch mit ihm und fragte ihn nach seiner Heimat und seiner Familie. Besonders zu Philipp Breuer faßte Wilmluisch Vertrauen. Der junge Herr war nur wenig älter als er selbst, und obwohl er ein vornehmer studierter Mann war, verhielt er sich gegenüber dem fremden Soldaten vom Dorf so freundlich und herzlich, als sei er ein Gleichgestellter.

So kam es, daß Wilmluisch Philipp Breuer von zu Hause erzählte, von der Arbeit der Bauern in Thalhausen und von ihren Sorgen, von der Last der verschiedenen Abgaben und Fronleistungen, vom Streit um die Waldrechte mit dem Grafen, von der Empörung seines Vaters über den Forstmeister von Hayn, der die Fahrkuh totgeschossen habe, und vom Tod seiner jüngeren Schwester im Mühlteich. Für Philipp war das ein Einblick in eine andere Welt, von der er auch während seines juristischen Studiums nie etwas wahrgenommen hatte.

Wer wollte es der Jungfer Elisabeth Schettlerin verdenken, daß sie sich in diesen beiden Tagen des Wartens lebhaft für ihren Lebensretter interessierte? Außer Wache zu halten und auf etwaige neue Gefahren aufzupassen, gab es im Augenblick nichts zu tun. So waren die beiden jungen Leute bald in ein angeregtes Gespräch vertieft. Sie waren von anderen Hausgenossen mit trockener Kleidung versehen worden. Der Musketier Schneider sah in einem eleganten Rock und einer Kniehose des jungen Herrn Breuer seltsam verwandelt aus, und Elisabeth mußte wie die anderen Mägde immer wieder lachen, wenn sie an dem für sie viel zu weiten Festtagskleid der alten Magd Trine heruntersah.

Reden dürfen, ohne daß es jemand verbot – war es nicht das gewesen, wonach sich die junge Herrnhuter Schwester so lange gesehnt hatte? Gewiß, sie hatte das in den vergangenen Monaten im Haus Breuer längst gedurft und genossen. Aber irgendwie war dieses Gespräch mit dem jungen mutigen Musketier für Elisabeth etwas ganz anderes. Seltsam, sie spürte einen Stich in ihrem Gewissen, als ob sie damit etwas Verbotenes täte, aber gleichzeitig hatte sie das Gefühl, sich diesem jungen Mann ganz anvertrauen zu können, ihm auch ihre geheimsten Gedanken mitteilen zu dürfen. Manchmal, wie durch einen Nebelschleier, tauchte in ihren Gedanken ein Bild von zwei nackten Gestalten auf, die dicht beieinander standen und von hilfreichen Menschen mit Tüchern trockengerieben wurden. Waren das sie selbst und der junge Soldat? Schamröte stieg ihr bei dieser Erinnerung ins Gesicht, doch zugleich empfand sie dabei ein Verlangen, das sie nicht näher beschreiben konnte.

Von den anderen Hausbewohnern wurde es stillschweigend akzeptiert, daß der Musketier Schneider und die Jungfer Elisabeth die meiste Zeit in einer Ecke des immer noch leergeräumten ersten Stocks beieinander hockten und miteinander redeten. Nur wenn einer von ihnen an der Reihe war, Wache an der Treppe und am Fenster zu halten, oder bei den gemeinsamen kärglichen Mahlzeiten unterbrachen die beiden ihre Unterhaltung.

Was sich die beiden erzählten, waren im Grund Belanglosigkeiten. Was hatten sie auch schon Besonderes in ihren kurzen Leben erfahren, im ewigen Gleichmaß der Regeln, an die bisher jeder von ihnen gebunden gewesen war? Und dennoch, für Elisabeth waren die schlichten, oft unbeholfenen Beschreibungen, die Wilmluisch von der Arbeit und den Bräuchen im bäuerlichen Leben gab, wie eine Offenbarung. Denn für sie war ja alles, was sich jenseits der Mauern ihres einstigen Gefängnisses, des Schwesternhauses, abspielte, neu und aufregend.

Und auch Elisabeth selbst begann zu erzählen vom Leben im Schwesternhaus. Denn obwohl sie nun schon Monate als freier Mensch im Haus Breuer lebte, nahmen in ihren Gedanken und erst recht in ihren Träumen die strengen Gesetze für die Herrnhuter Schwestern, ihre

Rebellion dagegen und die Strafen den größten Platz ein. Wilmluisch hörte aufmerksam zu. Er konnte zwar nicht behaupten, dieses ihm so völlig fremde Dasein zu verstehen. Aber das Mädchen erzählte so gut, sie konnte so lebendig das Gehabe der Schwester Aufseherin oder der Schwester Vorsteherin nachahmen, daß man darüber lachen mußte. Je mehr Elisabeth dem jungen Mann von ihrem Schicksal im Schwesternchor, von ihrer Flucht und den anschließenden quälenden Gerichtsverhandlungen berichtete, desto leichter wurde ihr. Es war, als ob diese Last auf ihrer Seele allmählich schwand, allein dadurch, daß sie sie jemand anderem mitteilen durfte.

Was war es, das zwischen den beiden jungen Menschen hier wuchs? Sie hätten es mit Worten niemals ausdrücken können. Elisabeth war so fern aller weltlichen Versuchungen aufgewachsen, daß ihr vielleicht nicht die Empfindungen, wohl aber die Worte dafür fehlten. Und in der bäuerlichen Heimat des Wilmluisch war es auch nicht üblich, das, was einen jungen Mann und ein junges Mädchen zueinander zog, irgendwie abstrakt zu benennen.

Am Dienstagmorgen, als es hell wurde, erscholl ein Jubelruf durch das Haus:

»Das Wasser auf der Straße ist weg!«

Gott hatte Erbarmen gehabt, das normale Leben konnte wieder beginnen. Während nun eine lebhafte Tätigkeit im Haus einsetzte, ging es zugleich ans Abschiednehmen. Wilmluisch erklärte, er müsse unbedingt wieder in die Kaserne in der Luisenstraße zurück. Der Kaufmann Breuer gab ihm einen Brief mit, in dem er die mutige Lebensrettung mit bewegten Worten schilderte und den Musketier Schneider seinen Vorgesetzten empfahl.

Stumm standen sich der junge Soldat und Jungfer Schettlerin für einige Minuten vor der Haustür gegenüber. Es fiel ihnen schwer, sich zu trennen, da sie sich doch gerade erst gefunden hatten.

»Darf ich – darf ich Euch einmal wiedersehen, Jungfer Elisabeth?« brachte Wilmluisch schließlich stockend heraus.

Elisabeth nickte nur. Zwei Tränen rollten aus ihren blauen Augen. Aber dann bekannte sie offen:

»Ich bin so traurig, daß Ihr gehen müßt, Herr – Wilmluisch. Ich habe doch niemanden, an den ich denken kann – außer Euch!«

Leise erwiderte Wilmluisch:

»Ich werde sehr viel an Euch denken, wenn ich wieder in der Kaserne bin.« Wieder gab es eine Pause, in der keiner der beiden wußte, was er sagen sollte. Schließlich gab sich der junge Soldat einen Ruck. So schwer es ihm fiel, das auszudrücken, was er empfand, es mußte heraus, solange er dem Mädchen gegenüberstand. »Ich bin nur ein einfacher Soldat und Bauer, Jungfer Elisabeth. Jetzt habe ich nichts, womit ich eine Frau ernähren kann. Aber wenn ich es einmal weitergebracht habe, Jungfer, werdet Ihr dann – wollt Ihr dann – meine Frau werden?«

Blutrot wurden beide Gesichter, aber Elisabeth wich dem Blick des jungen Mannes nicht aus. Sie faßte ihn bei der Hand und drückte diese fest.

»Ja, Wilmluisch, das will ich«, sagte sie schlicht. »Ich werde auf Euch warten!«

Stumm nestelte Wilmluisch in einer Tasche seines Uniformrocks. Dieser war gerade rechtzeitig trocken geworden, so daß er ihn auf seinem Weg zur Kaserne wieder anziehen konnte. Schließlich brachte er einen einfachen Ring aus Blei zum Vorschein. Eine Zigeunerin hatte ihm diesen Ring vor einigen Jahren in Thalhausen aufgeschwatzt und nur ein Kopfstück dafür haben wollen. Der junge Herr solle ihn einst dem Mädchen geben, das er zur Frau nehmen wolle. Der Ring werde dafür sorgen, daß sie ihm ewig treu bliebe. Sorgfältig hatte Wilmluisch diese Kostbarkeit immer mit sich herumgetragen. Jetzt war es soweit. Ohne ein Wort zu sagen, streifte er dem Mädchen den Ring über den Finger, und ohne ein Wort sah Elisabeth ihn an. Was brauchten sie beide noch viel zu reden, wenn sie doch fühlten, wie es um sie stand? Noch ein langer Blick, dann wandte sich Wilmluisch stumm und mannhaft um und schritt die Rheinstraße entlang der Kaserne zu.

7

Nach der Wasserflut die Dreckflut, mußte Christian Carl Greyß immer wieder denken, als er vorsichtig durch die Straßen der Stadt tappte. Er wollte sich persönlich von den Verheerungen überzeugen, die das Rheinhochwasser angerichtet hatte. Gleich würde er ins Schloß eilen müssen, den Celsissimus hatte zu einer Konferenz befohlen und wünschte einen genauen Bericht. Da hieß es, die Augen offen zu halten, um nichts Wichtiges zu übersehen.

Wie durch ein Wunder Gottes war kein Mensch in den Fluten umge-

kommen, ja die Einwohnerschaft der Stadt hatte sich sogar durch zwei mitten in den Wasserfluten neugeborene Knäblein vermehrt. Einer war als Sohn des Herrnhuter-Ehepaares Mettetal im Brüderhaus zur Welt gekommen, wohin sich die Eltern geflüchtet hatten. Der zweite Knabe war der jüngste Sohn des Judenherbergers Jonas David im Judenviertel in der unteren Engerser Straße.
Ein paar nicht rechtzeitig gerettete Schweine und Ziegen waren in ihren Ställen ertrunken. Fünf Häuser – aber gottlob nicht mehr – hatte der Anprall der großen Eisschollen stark beschädigt. Doch das ließ sich im Laufe der Zeit reparieren.
Viel schlimmer war der unbeschreibliche Schlamm und angeschwemmte Dreck, der die Straßen und auch das Innere aller Häuser, Höfe und Gärten stellenweise fußhoch bedeckte. In diesen Ablagerungen hatten sich vom Hochwasser von weither getragene Mengen von Schlamm, Holzstücken und Steinen gründlich vermischt mit dem Bestand der vom Wasser überallhin verteilten vielen Misthaufen, die die viehhaltenden Einwohner der Stadt Neuwied auf den Straßen vor ihren Häusern aufgehäuft hatten. Als besonderes »Eau de Cologne«, so dachte Stadtschultheiß Greyß unwillig schnuppernd, war in diese Ansammlung von Dreck noch der Inhalt zahlloser »Pots de chambre« aus allen Häusern der Stadt ausgeleert worden. Wie hätten sonst die Einwohner der Stadt auch die Erzeugnisse ihrer Verdauung während der einwöchigen Einschließung loswerden sollen? Die hölzernen Abtritte, die allenthalben in den Gärten und Höfen der Häuser standen, waren ja schließlich auch überschwemmt gewesen. In den ersten wärmenden Strahlen der Frühlingssonne entfaltete diese abscheuliche Mischung einen infernalischen Gestank und beleidigte nicht nur die Geruchsnerven der Einwohner, sondern barg auch zahllose Krankheitskeime in sich.
Mitten zwischen diesem stinkenden Schlamm lagen noch vereinzelte hängengebliebene riesige Eisschollen wie gestrandete Fische und tauten nur langsam vor sich hin. Oder auch von der Gewalt des Wassers ausgerissene und weggeschwemmte große Bäume mit Geäst und Wurzelwerk versperrten die Straßen. Es war ein Bild des Chaos und des Verderbens – und dennoch hatte Gott Schlimmeres verhütet.
Das spürte offenbar auch die Bevölkerung. Wo auch immer Schultheiß Greyß an einem Haus vorbeikam, da wurde er freundlich gegrüßt, man erkundigte sich nach Bekannten und Verwandten, man zeigte fast mit Stolz, wie hoch das Wasser im Haus gestanden hatte.

Aber es gab kein Schimpfen und Klagen, sondern überall nur das Gefühl, Gott dankbar sein zu müssen, daß er gnädig die Hand über den Menschen gehalten hatte.
Als Christian Greyß in den Hof zum gräflichen Schloß einbiegen wollte, erblickte er eine Szene, die ihn zutiefst rührte. Vor dem kleinen Mennonitenkirchlein, das diese Gemeinde vor knapp zwanzig Jahren unter großen Opfern und mit gräflicher Beihilfe dort gegenüber dem Eingang zum Schloß errichtet hatte, war die gesamte Neuwieder Mennonitengemeinde versammelt, fast hundert Köpfe bis zu den jüngsten Kindern. Ihr Bethaus war wie alle Häuser vom Schlamm angefüllt; man konnte es zum Gottesdienst noch nicht betreten. Vor dem Eingang stand die Gemeinde mit gefalteten Händen. Die Männer mit ihren langen Bärten wirkten wie biblische Patriarchen, und auch die Frauen mit ihren altmodischen Hauben schienen aus einer anderen Zeit zu stammen. Ihr Ältester Lorenz Friedenreich sprach ein schlichtes Dankgebet für die gütige Errettung aus höchster Not. Und dann packten sie alle an, um als erstes von allen ihren Häusern die Kirche von den Spuren des Hochwassers zu säubern.

Im Schloß scheuchte Haushofmeister Volck sämtliche gräflichen Diener und Mägde hin und her, damit der Schlamm von den Treppenstufen und dem kostbaren Parkett möglichst schnell entfernt und die Möbel wieder an ihren angestammten Platz gestellt werden konnten. Sie hatten kaum Zeit, den Stadtschultheiß und Regierungsrat Greyß zu grüßen, als er die Treppe hinauf zum Arbeitskabinett Celsissimi schritt. Dort oben war noch alles unverändert, denn bei den hohen Räumen im Schloß hatte das Hochwasser hier nicht den ersten Stock erreicht. Wo sonst meist ehrfürchtige Stille herrschte, klang heute lebhaftes Stimmengewirr. Der Landesherr hatte, kaum daß die Straßen passierbar waren, alle seine wichtigen Berater zu einer außerordentlichen Konferenz bestellt, die Regierungsmitglieder, die Offiziere und den städtischen Magistrat. Selbst Erbgraf Friedrich Carl war anwesend, den die Flut entgegen seinen Plänen im Schloß festgehalten hatte. Sie alle standen im Halbkreis um den Schreibtisch des Grafen herum.
Gerade als Schultheiß Greyß mit tiefer Verbeugung den Raum betrat, entlud sich der Unmut Celsissimi über den armen Kabinettsdirektor von Becmann.
»Ich hatte ausdrücklich befohlen, daß alle Regierungsmitglieder hier in der Stadt auf ihrem Posten zu bleiben haben, um den Untertanen ein

gutes Beispiel zu geben und für meine Befehle erreichbar zu bleiben.«
Der alte Graf war sichtlich erzürnt. »Ist das Regierungskollegium hier etwa vollzählig? Sie sehe ich hier, Herr von Becmann, den Herrn von Habicht, den Herrn Greyß. Wo aber sind der Herr Regierungsrat Hachenburg und der Herr Assessor Caesar? Sie haben sich vor der Wasserflut geflüchtet und es versäumt, ihre Pflicht und Schuldigkeit gegenüber der Landesherrschaft zu erfüllen. Ich wünsche, Herr Kabinettsdirektor, daß Sie diesen beiden Herren mein allerhöchstes Mißfallen persönlich bekanntgeben! Nun Ihr Bericht, Herr Regierungsrat Greyß!«
In aller Kürze, die Celsissimus immer wünschte, gab Stadtschultheiß Greyß einen Überblick über das Ausmaß der Überschwemmung und die Schäden.
»Zwei Probleme sind vordringlich, Euer hochgräfliche Gnaden, wenn ich mir untertänigst diese Bemerkung erlauben darf: die schnelle Beseitigung des Schlammes und anderer Ablagerungen, und die Versorgung der Einwohner mit frischen Lebensmitteln, sauberem Wasser, trockenem Brennholz und anderen Lebensnotwendigkeiten. Denn diese Vorräte werden jetzt selbst in den Häusern knapp, die sich in weiser Voraussicht reichlich damit eingedeckt hatten.«
»Was Ihre letzte Sorge angeht«, fiel Herr von Becmann ein, »so ist vor wenigen Minuten eine unerwartete Hilfe eingetroffen. Sie können das noch nicht wissen, weil Sie auf Ihrem Rundgang durch die Stadt waren. Von Koblenz her ist soeben im Auftrag Seiner durchlauchtigsten Hoheit, des Kurfürsten von Trier, ein großes Marktschiff angekommen, vollbeladen mit frischem Brot, Gemüse und anderen hier lang entbehrten Genüssen. Herr Amtmann Flieg von Koblenz war gerade hier und hat dies mit nachbarlichen Grüßen seines hohen Landesherrn mitgeteilt. Er hat bereits damit begonnen, diese milden Gaben an die Bedürftigsten zu verteilen.«
»Vergessen Sie nicht, Becmann, ein herzliches Dankschreiben an Seine kurfürstliche Hoheit zu entwerfen«, schaltete sich Graf Alexander ein. »Es muß sofort nach Koblenz befördert werden. Der Herr Erbgraf kann es unterzeichnen, wenn ich nach Fertigstellung der Reinschrift nicht sofort erreichbar sein sollte.«
Oberstleutnant von Trützschler räusperte sich und meldete sich damit diskret zu Wort.
»Darf ich untertänigst auf die ebenso freundliche Hilfe der trierischen Nachbardörfer Gladbach, Heimbach, Weis und des Klosters Rom-

mersdorf hinweisen. Vor allem die Einwohner von Irlich haben sich in den letzten Tagen den vom Wasser Vertriebenen gegenüber außerordentlich gastfreundlich gezeigt, trotz des Streits, in dem Euer hochgräfliche Gnaden wegen Irlich mit dem Kurfürsten leben.«

Auch Herr von Becmann wollte in dieser Aufzählung der Hilfsbereitschaft nicht zurückstehen. Er wies darauf hin, daß aus mehreren Kirchspielen der Grafschaft weiter oben im Westerwald erhebliche Spenden an Brot und anderen Lebensmitteln in den letzten Tagen angekommen und verteilt worden seien.

»Zum Teil waren das von den Bäckern in Nieder- und Oberbieber bestellte Lieferungen, die aus der Hofkasse zu bezahlen sind!« Der alte Graf Alexander dachte sehr nüchtern an das Loch, das das Hochwasser in diese Kasse reißen würde, die doch an sich dem Unterhalt der gräflichen Familie und der Hofhaltung dienen sollte.

Schultheiß Greyß kam noch einmal auf die Beseitigung des angeschwemmten Schlamms und anderer Ablagerungen zurück. Auch Bäume und trotz des Tauwetters noch immer große Eisschollen seien rasch zu beseitigen.

»Darf ich mir untertänigst die Frage erlauben, Euer hochgräfliche Gnaden, wie dies möglichst schnell zu bewerkstelligen sei?«

Hier wußte Hauptmann von Dupuis Rat, der als Kommandeur der gräflichen Artillerie-Batterie gewohnt war, mit schweren Lasten umzugehen.

»Man bräuchte viele Pferde oder Ochsen und eiserne Ketten, um die Hindernisse aus dem Weg zu schleppen. Aber woher die vielen Ketten nehmen?«

»Haben nicht alle Bauern Ketten an ihren Pflügen oder Eggen?« fragte Herr von Becmann.

»Ja, natürlich«, entschied Celsissimus. »Meine Herren vom Regiment, nehmen Sie Papier, Tinte und Feder und schreiben Sie den landesherrschaftlichen Befehl an die Bauern in allen Kirchspielen, daß unverzüglich jeder eine eiserne Kette an die Landschultheißen abzuliefern habe. Schreiben Sie den Befehl gleich mehrmals, für jedes Kirchspiel ein Exemplar, damit es schneller geht. Herr Rittmeister von Bekesy, das Husarenkorps bringt in der Zeit von zwei Stunden den Befehl zunächst in die näher gelegenen Kirchspiele und sammelt die Ketten ein. Herr Regierungsrat Greyß, lassen Sie in der Stadt den Befehl verkünden, mit den eingetroffenen Ketten die Säuberung der Straßen sofort zu beginnen! Allons, meine Herren, wir haben keine Zeit zu versäumen!«

Aufruhr und Empörung

1

Philipp Breuer kam sich wie auf dem Armesünder-Bänkchen vor, als er im kalten zugigen Hausflur des lutherischen Pfarrhauses in der Pfarrstraße saß und darauf wartete, von der Hausmagd in das Studierzimmer des Herrn Kirchenrats Philipp Jacob Engel geführt zu werden. Noch waren gerade erst die ärgsten Spuren des Hochwassers an dem Haus beseitigt. Aber aus den Wänden roch es muffig und feucht. Es würden Monate, wenn nicht Jahre vergehen, bis die Folgen der Flut endgültig überwunden waren. In seinem eigenen Haus in der Rheinstraße sah es nicht anders aus.

Angenehm war dem jungen Kaufmannssohn dieser Besuch nicht. Aber er mußte sein. Er war entschlossen, alles zu tun, was in seiner Macht stand, um möglichst bald mit seiner geliebten Phyllis die Ehe schließen zu können. Immer wieder hatten die beiden Briefchen gewechselt, die die treue Anna gewissenhaft und unauffällig hin und her trug. Auch wenn die beiden Liebenden sich nur selten sehen konnten, lernten sie sich durch diese Briefe immer besser kennen.

Es brannte Philipp auf den Nägeln, offiziell bei Charlottes Onkel und Vormund, dem Obristen von Lützow, um ihre Hand anzuhalten. Denn es war ganz und gar unüblich, schon mit dem Pfarrer wegen der Trauung zu verhandeln, ehe der Vater oder der Vormund der Braut seine Einwilligung zu der Hochzeit erteilt hatte. Aber das Gespräch mit dem alten Offizier war bisher immer noch nicht möglich gewesen, da dieser sich für mehrere Monate in Dierdorf aufhielt. Ihm dorthin nachzureisen, hielten sowohl Philipp wie Charlotte für unzweckmäßig, auch wenn sie diese Möglichkeit in ihrem Briefwechsel ausführlich erwogen hatten. Daher hatte Philipp nun doch schon den lutherischen Pfarrer aufgesucht, um wenigstens von dieser Seite, wennmöglich, etwaige Hindernisse aus dem Weg zu räumen.

»Der Herr Kirchenrat läßt bitten«, schreckte ihn die Stimme der alten Hausmagd aus seinem Sinnen auf. In seinem mit Möbeln und alten Büchern vollgestopften Studierzimmer empfing Pfarrer Engel den Besucher. Der Geistliche war ein relativ junger Mann. Erst im Herbst des Vorjahres war er aus Straßburg auf den Posten in der Residenzstadt

Neuwied berufen worden, als Nachfolger des nach nur kurzer Dienstzeit ausgeschiedenen Pfarrers Roentgen. Seine scharfen Züge ließen auf Willenskraft und unbeugsamen Glaubenseifer schließen. Kühl, ja abweisend begrüßte er Philipp Breuer. Er schien sich nicht vorstellen zu können, was ein Papist bei ihm im lutherischen Pfarrhaus wollte. Ruhig und bescheiden, ohne unterwürfig zu sein, trug Philipp Breuer seine Bitte vor, der Herr Pfarrer möge ihn und seine Braut Charlotte von Lützow nach lutherischem Ritus trauen – vorbehaltlich der noch ausstehenden Zustimmung des Vormundes, Obrist von Lützow.

»Das ist eine sehr ungewöhnliche Bitte, die Sie da vortragen, werter Herr«, befand der Pfarrer zurückhaltend. »Ich muß sagen, daß es dem Gebrauch der evangelisch-lutherischen Kirche widerspricht, Mischehen mit einem Papisten zuzulassen. Sind Sie sich denn über die Konsequenzen eines solchen Schrittes klar? Sie müßten mit einer sofortigen Exkommunizierung aus Ihrer Kirche rechnen, denn nach papistischer Auffassung sind Mischehen noch viel weniger zulässig als nach der unseren.« Pfarrer Engel schien das Wort »katholisch« nicht über seine Lippen bringen zu können, sondern er benutzte offenbar bewußt den beleidigenden Ausdruck »papistisch«.

»Mir ist diese Konsequenz klar, Herr Pfarrer«, gab Philipp zu. »Meine Zuneigung zu der Kirche, in die ich hineingeboren bin, ist, wie ich offen gestehe, nicht so groß, daß ich bereit bin, ihren Auffassungen mein Lebensglück zu opfern. Darum würde ich auch zur evangelisch-lutherischen Kirche konvertieren, wenn Ihnen dies Ihren Entschluß erleichtern könnte, unsere Trauung vorzunehmen.«

»Nun, mein junger Freund«, meinte Pfarrer Engel kühl, »so einfach ist auch dieser Schritt nicht. Ich kann als ordinierter Pfarrer der evangelisch-lutherischen Kirche nur diejenigen in den Kreis der wahren Christen aufnehmen, die ernsthaft und glaubhaft danach streben, den Katechismus Doktor Martini Lutheri in allen Stücken anzunehmen und für wahr zu halten. Sie, Herr Breuer, sind in der ganzen Stadt als ein Freigeist und Deïst bekannt. Da Ihr Wunsch zu konvertieren, einzig und allein dem Motiv zu entspringen scheint, mit einer Angehörigen der evangelischen Kirche nach lutherischer Agenda[124] getraut zu werden, muß ich pflichtgemäß die Ernsthaftigkeit Ihres Begehrens zum Übertritt bezweifeln. Oder können Sie mir überzeugende Beweise liefern, daß Sie auch unabhängig von dem Wunsch nach der Trau-

124 Agenda: hier kirchliches Vorschriftenbuch für die Ordnung der Gottesdienste.

ung aus echter Glaubensüberzeugung nach dem wahren Glauben streben?« Betroffen schwieg Philipp. Er wußte nicht, was er darauf entgegnen sollte, ohne zu lügen. »Sehen Sie, junger Freund«, fuhr der Pfarrer fast triumphierend fort, »Sie können darauf nichts erwidern. Das ist für mich ein Fingerzeig Gottes. Denn so spricht der Herr: Niemand kann zween Herren dienen. Ihr könnt nicht Gott dienen und dem Mammon. Bei Ihnen, Herr Breuer, ist es vielleicht nicht der Mammon, dem Sie anhängen, aber offenbar die Brunst der fleischlichen Liebe. Und deswegen kann ich keinem Ihrer Wünsche entsprechen, weder der Trauung noch Ihrem Übertritt zur evangelisch-lutherischen Kirche. Ich glaube, damit ist unsere Unterredung beendet. Guten Tag, mein Herr!«

Philipp Breuer wußte später nicht, wie er aus dem Haus gekommen war. Schwer atmend und mit vor Zorn bis zum Hals klopfendem Herzen lehnte er im Dunkeln des Abends an der Mauer eines Hauses und mühte sich vergeblich, sein seelisches Gleichgewicht wiederzufinden.

2

»A – l – s – als – J – e – s – u – s – Jesus – n – a – ch – nach – J – e – Je – r – i – ri – Jeri – ch – o – Jericho – k – a – m – kam...«
Angestrengt buchstabierte der kleine Junge aus dem dicken Buch, das er vor sich auf den Knien hielt. Neben, vor und hinter ihm saßen auf niedrigen Bänken etwa vierzig Kinder im Alter zwischen sechs und fünfzehn Jahren, rechts die Jungen, links die Mädchen. Die Enge in dem kleinen Raum war bedrückend, und der Dunst von vierzig ungewaschenen Kindern in der seit Monaten ungelüfteten niedrigen Schulstube von Anhausen mochte eine empfindliche Nase beleidigen.
Schulmeister Matthias Schneider empfand schon längst weder die Enge noch die schlechte Luft. Er war seit zwanzig Jahren als Lehrer der Anhäuser Schule angestellt, mit 31 Talern Jahresgehalt, einigen Nebeneinkünften als Küster, Organist, Protokollführer der Märkerschaft, Laufbursche des Schultheißen und des Bauermeisters und als Musikant bei Hochzeiten, Kindstaufen und Erntefesten sowie einem bescheidenen Anteil an den Zehnt-Einkünften des Anhäuser Pfarrers. Er hatte sich längst abgewöhnt, sich über sein Schicksal zu beklagen.
»Veltens Hennes«, forderte er einen anderen Jungen auf, der offen-

sichtlich geträumt hatte, »lies du weiter!« Als Hennes erschrocken in seine Bibel schaute und schwieg, winkte der Schulmeister in seiner bekannten Art den kleinen Träumer nach vorn und verabreichte ihm die üblichen fünf Hiebe mit dem Rohrstock auf die straff gespannte Hose.

Draußen vor der Schultür ließen sich schwere Schritte hören. Der Schulmeister und alle Kinder horchten auf. War denn schon Donnerstag, der Tag, an dem gewöhnlich der Herr Pastor Caesar die wöchentliche Schulinspektion vornahm? Doch nicht der Herr Pastor trat herein, sondern Bauermeister Fräswilm Runkel von Anhausen.

»He, Schulmeister«, unterbrach er grob den Unterricht, ohne zu grüßen oder sich für die Störung zu entschuldigen. »Les Er mir mal diesen Brief vor und erklär Er ihn mir! Ich kann das Geschreibsel nicht entziffern.«

Gehorsam nahm der Schulmeister den Brief entgegen, den sein Vorgesetzter in der Hand schwenkte. Der Dorfschullehrer stand in der Achtung der selbstbewußten Bauern nun einmal nicht höher als ein Ackerknecht, und so wurde er auch behandelt. Matthias Schneider faltete den mehrfach gesiegelten Papierbogen auseinander und begann ihn zunächst stumm zu überlesen, während die Schüler, froh über die Unterbrechung des Unterrichts, in atemloser Gespanntheit zuschauten. Schließlich bat der Schulmeister seinen Vorgesetzten höflich, doch einmal mit vor die Tür zu kommen. Draußen erklärte der Lehrer, der Brief sei von einem Advokaten Loßkandt, der am Kammergericht des Heiligen Römischen Reiches in Wetzlar approbiert sei.

»Ja«, fuhr Bauermeister Runkel ihn an, »das weiß ich auch. Der Brief wurde vorhin von der Postkutsche aus Dierdorf bei mir abgegeben. Aber lesen kann ich ihn nicht. Das soll Er ja tun!«

Beschämt mußte Lehrer Schneider eingestehen, daß er zwar die Worte lesen könne, aber sich außerstande sähe, den Inhalt zu verstehen. Das meiste sei in Latein oder Französisch geschrieben, und das habe er nun mal als einfacher Dorfschullehrer nicht studiert. Wütend entriß ihm Bauermeister Runkel den Brief, drehte sich wortlos um und murmelte im Davongehen etwas von »nichtsnutzigen Schulmeistern, denen man teures Geld bezahlt und die dann einen einfachen Brief nicht lesen können.«

Vielleicht findet sich in der Poststation ein Fahrgast, der mir helfen kann, dachte er und lenkte seine Schritte dorthin. Dabei bedachte er in seinem Ärger überhaupt nicht, daß die Postkutsche nach Neuwied ja heute schon längst wieder abgefahren und die nach Dierdorf erst in drei Tagen fällig war.

Kurz vor der Wirtschaft des Hennes Tross begegnete der Anhäuser Bauermeister einem Soldaten, der auf der Landstraße wanderte und gerade in den Weg nach Thalhausen einbiegen wollte.

»Was tut Er denn hier so allein?« rief er dem Wanderer zu. Schließlich war er als Bauermeister nächst dem Schultheißen die Obrigkeit im Dorf und war dafür verantwortlich, daß sich keine Bettler und Tagediebe in seinem Dorf herumtrieben.

»Kennt Ihr mich nicht, Herr Vetter?« fragte der Soldat erstaunt und zog den dreieckigen Hut. »Ich bin der Wilmluisch Schneider von Thalhausen. Mein Hauptmann hat mir drei Tage Urlaub gegeben, weil ich neulich bei der großen Flut in Neuwied im Einsatz war.« Wilmluisch war zu bescheiden, davon zu erzählen, daß ihm der Urlaub wegen seiner mutigen Lebensrettung gewährt worden war.

»Ach ja, jetzt erkenne ich dich«, meinte Fräswilm Runkel. »Das trifft sich gut, Wilmluisch. Dann kannst du deinem Vater erzählen, daß vom Advokaten Loßkandt aus Wetzlar ein Brief angekommen ist. Dein Vater war ja auch mit in Wetzlar. Der Brief muß wichtig sein, aber niemand kann ihn verstehen, nicht einmal unser Schulmeister.« Wilmluisch blickte interessiert den Sprecher an.

»Verzeiht, Herr Vetter, darf ich den Brief einmal sehen? Ich kann ihn zwar sicher auch nicht verstehen. Aber vielleicht wüßte ich jemanden, der Euch helfen könnte.«

Voller Hoffnung streckte Bauermeister Runkel dem Soldaten den Brief hin, der ihn sorgfältig von allen Seiten betrachtete und sich bemühte, etwas von den in sauberer gleichmäßiger Handschrift geschriebenen Zeilen zu lesen. Offensichtlich hatte ein Berufsschreiber diesen Brief zu Papier gebracht. Aber auch Wilmluisch mußte kapitulieren. Schulmeister Diez von Thalhausen hatte ihm zwar vor einigen Jahren auch das Buchstabieren und das Lesen in der Bibel, das Schreiben auf einem geglätteten Stückchen Schiefer und das Zusammenrechnen und Abziehen nicht zu hoher Zahlen beigebracht. Aber ein so komplizierter Brief überstieg das Schulwissen von ehemaligen Schülern einer Dorfschule bei weitem. Immerhin erkannte Wilmluisch, daß es in diesem Schreiben wohl um Rechtsfragen gehen müßte.

»Ich habe in Neuwied einen jungen gelehrten Herrn kennengelernt, Herr Vetter«, erklärte Wilmluisch, »der hat an einer hohen Universität Jurisprudenz studiert. Aber er ist kein Stolzer. Ich bin sicher, daß er bereit sein wird, uns Bauern zu helfen und Euch, Herr Vetter, diesen Brief haarklein zu erklären, damit Ihr alles verstehen könnt. In drei Tagen bin ich wieder in der Stadt, Herr Vetter. Wenn Ihr einverstanden seid, will ich den Herrn bitten, hierher zu kommen und Euch mit diesem Brief behilflich zu sein. Er wird bestimmt kommen, wenn ich ihn darum bitte.«

3

Mit der Postkutsche aus Neuwied war ein vornehmer junger Herr in Anhausen angekommen. Zum großen Erstaunen des Posthalters schien er hier bleiben zu wollen. Jedenfalls war die Kutsche ohne ihn nach Dierdorf weitergefahren. Der Fremde hatte dem Knecht des Posthalters zwei Albus in die Hand gedrückt und ihn beauftragt, den Bauermeister Runkel »mit seinem Brief« in die Wirtschaft zu bitten. Außerdem sollten die übrigen Sprecher des Kirchspiels, die vor dem Winter nach Wetzlar gegangen waren, benachrichtigt werden, daß ein Herr aus Neuwied eingetroffen sei. Es habe etwas mit einem gewissen »Perzeß« zu tun, so berichtete Kloos, der Knecht, dem Bauermeister atemlos, als er ihn beim Pflügen seines Haferfeldes unterhalb des Dorfes aufgefunden hatte.

So kam es, daß die Fahrkühe und -ochsen des ganzen Kirchspiels Anhausen mitten im arbeitsreichen Frühjahr für einen Nachmittag feiern durften. Denn kein Bauer wollte es verpassen, wenn der vornehme Fremde den Schöffen des Kirchspiels die Nachrichten aus dem geheimnisvollen Brief aus Wetzlar erläuterte.

Philipp Breuer hatte die Wartezeit damit ausgefüllt, daß er sich vom Wirt Hennes Tross zum Mittagessen einladen ließ. Zu Ehren des vornehmen Gastes tat die Wirtin extra eine Wurst in den Haferbrei und holte eine ordentliche Portion Sauerkraut aus dem großen Tontopf. Philipp machte es Freude, einmal den Alltag auf dem Dorf kennenzulernen, einem Lebensbereich, mit dem er bisher noch nie in Berührung gekommen war. Er hatte auch gern die Bitte seines neuen jungen Freundes, des Musketiers Schneider, erfüllt, den Bauern von Anhausen das offenbar so wichtige juristische Schriftstück aus Wetzlar zu erläutern. Denn war das nicht eine Möglichkeit, wie er sie sich als Student erträumt hatte: Menschen zu ihrem natürlichen Recht zu verhelfen, gleichgültig, zu welchem Stand sie gehörten? Außerdem lenkte ihn dieser Ausflug vom ständigen Denken an sein Gespräch mit Pfarrer Engel und von der Verzweiflung ab, die ihn erfüllte, wenn er an seine geliebte Charlotte dachte.

Scheu, in stummer Neugier, betraten die Bauern aus dem Kirchspiel Anhausen die niedrige Wirtsstube und wagten sich nur flüsternd zu unterhalten, bis Bauermeister Runkel und die anderen Mitglieder des Kirchspielgerichts eingetroffen waren. Fräswilm Runkel hatte den Fremden höflich, aber mit spürbarer Zurückhaltung begrüßt. Er wußte nicht recht, wie er sich diesem jungen Herrn gegenüber verhalten sollte, einem reichen Bürgersohn und studierten Mann, der so weit über den einfachen Bauern stand und dennoch bereit schien, ihnen zu helfen.

Philipp Breuer benötigte eine Weile, bis er den in umständlichem Kanzleistil verfaßten Brief gelesen und sich zurechtgelegt hatte, wie er die vielen lateinischen Fachausdrücke des Juristenstandes ungebildeten Menschen verständlich machen könne.

»Es ist wohl am besten«, begann er, »wenn ich den Brief nicht wörtlich vorlese, weil zu viel Latein darin vorkommt. Sondern ich will versuchen, Ihnen mit eigenen Worten in schlichtem Deutsch den Inhalt dieses Schriftstücks zu erklären. Sie haben als freie Menschen mit gleichen Rechten auch das Recht zu verstehen, was man Ihnen mitteilen will, auch wenn Sie keine Lateinschule und keine Universität besucht haben!«

Erstaunt horchten die Bauern auf. Solche Töne hatten sie von einem Fremden, einem vornehmen Städter, nicht erwartet. Mit Worten wie »freie Menschen« und »gleiche Rechte« konnten sie nicht viel anfangen, das ging über ihre Köpfe. Aber am meisten überraschte es sie, daß dieser junge Herr sie mit dem vornehmen »Sie« ansprach, was doch in ihrer Vorstellung nur als Anrede zwischen sehr hochgestellten Herrschaften in Frage kam.

»Diesen Brief hier schreibt der Herr Advokat Loßkandt aus Wetzlar. Er hat in Ihrem Auftrag und in Ihrem Namen den alten Prozeß wieder in Gang gebracht – also das Verfahren vor dem höchsten Gericht in unserem Heiligen Römischen Reiche, das im Namen des Kaisers Recht spricht, dem Reichskammergericht in Wetzlar. Vor über sechzig Jahren gab es schon einen Rechtsstreit zwischen den Bauern des Kirchspiels Anhausen und dem gnädigen Herrn Grafen um die Rechte am Wald. Aber damals ist es zu keinem Urteilsspruch gekommen. Ähnliche Klagen hatten seinerzeit übrigens auch, wie ich hier sehe, andere Kirchspiele aus der Grafschaft Wied-Neuwied erhoben.«

»Ja, das sind die Waldkirchspiele Feldkirchen, Rengsdorf, Honnefeld und Altwied«, warf Klosenwöllm Schneider ein, der sich als Schöffe mit seinem umfassenden Wissen vor den anderen Bauern hervortun wollte.
»Richtig«, bemerkte Philipp Breuer und blickte in den vor ihm liegenden Brief. »Diese Kirchspiele haben nach Ihrem Beispiel aus Anhausen jetzt auch ihre Klagen von einst wieder aufgenommen. Die Herren Richter in Wetzlar befassen sich damit, und sie wollen, wie der Herr Advokat schreibt, möglichst bald zu einem Urteil kommen.«
»Wann wird das denn sein?« stellte Bauermeister Runkel die Frage, die dem ganzen Kirchspiel die wichtigste war.
»Das weiß ich nicht«, gab Philipp Breuer ehrlich Auskunft, »und in diesem Brief steht auch nichts davon. Aber es wird schon noch einige Monate oder sogar ein oder zwei Jahre dauern, denn solche Verfahren vor dem Reichskammergericht ziehen sich nun einmal lange hin.«
»Das verstehe ich nicht, gnädiger Herr«, warf Klosenwöllm Schneider ein. »Ich bin ja schließlich auch Gerichtsschöffe. Wenn wir im Kirchspielgericht eine Klage haben, dann beraten wir Schöffen uns eine Weile, und wir fragen die Zeugen, und dann wird das Urteil gesprochen. Da muß man nicht jahrelang warten, das geht in der Zeit von einem Glockenschlag zum anderen.«
»Ja, sehen Sie, lieber Bauer«, versuchte Philipp zu erklären, »Sie haben auch den Kläger und den Beklagten und die Zeugen alle zusammen an einem Ort. Da kann das Urteil schnell gesprochen werden. Aber nach Wetzlar muß man erst Briefe und Akten schicken, und dann sind Fragen, die gehen wieder mit einem Brief zurück, und die Antwort nochmal zurück nach Wetzlar. Das dauert halt seine Zeit. Der Herr Advokat Loßkandt schreibt hier, das Gericht hat die hochgräflich neuwiedische Regierung schriftlich aufgefordert, zu den alten Klagen von vor sechzig Jahren Stellung zu nehmen und Beweise vorzulegen, daß die Waldungen aus der Verfügungsgewalt der Märkerschaften in das gräfliche Gut übergegangen sind.«
»Das sind sie doch nicht!« rief Klosenwöllm Schneider bleich vor Zorn dazwischen. »Der Wald ist unser! Kein gräflicher Forstmeister hat uns darin zu befehlen und keiner darf uns die Kuh totschießen!«
»Ja, liebe Bauern«, beeilte sich der junge Jurist die aufkommende Erregung zu dämpfen, »in diesem Brief steht auch, daß die Aussichten für den Grafen schlecht stehen, sein volles Verfügungsrecht zu beweisen. Denn die alten Weistümer und Unterlagen, die dem Kirchspiel

Anhausen im letzten Jahr zurückgegeben worden sind und die der Herr Advokat durchgesehen hat, sprechen eher zu Gunsten der Märkerschaft. Haben Sie also Geduld, liebe Bauern. Das Reichskammergericht ist kein Gericht, das nur den Landesherren Recht gibt, ich kann Ihnen das versichern. Allerdings müssen Sie für dieses Jahr nochmals hundert Gulden Honorarvorschuß nach Wetzlar schicken, also Geld für den Herrn Advokaten und für das Gericht, denn diese Herren müssen ja auch leben.«

Unwilliges Murmeln unter den Bauern machte Philipp Breuer klar, daß dies ein kritischer Punkt in der Angelegenheit war. Aber geduldig erklärend und mahnend gelang es ihm, die Bauern zu einer neuen Sammlung von Kopfstücken, Talern und zahlreichen Albusstücken zu veranlassen, die schließlich die geforderte Summe zusammenbrachte. Philipp erbot sich, dieses Geld zu verpacken und sicher mit der Postkutsche nach Wetzlar schicken zu lassen.

So waren nun vorläufig die Anhäuser Bauern zufriedengestellt, doch gingen sie nach diesem aufregenden Tag noch längst nicht auseinander. Der Wirt Hennes Tross mußte eine volle Schnapskruke bringen, die zur Feier des Tages die Runde machte.

Wie konnte man die hohen Herren dazu bringen, sich mehr zu beeilen und nicht erst in einem oder zwei Jahren ihr Urteil zu sprechen? Das war die wichtigste Frage, die die Bauern in der nun immer lebhafter werdenden Unterhaltung bewegte.

»Wenn ich mein Säiherd flotter lofe losse will«, rief der Schweinehirt von Anhausen vorlaut in den Raum, »dann muß ich se pieksen, dat se Stemmen machen.[125] Wat ment ihr, wat die lofen!«

Lautes Gelächter bewies, daß die Bauern begriffen hatten, worauf der Schweinehirt mit seiner lockeren Zunge hinauswollte. Auch Philipp Breuer hatte das verstanden. Aber auf seine besorgte Frage, worin denn in diesem Fall das »Pieksen« bestehen sollte, erhielt er nur die vorsichtige Antwort:

»Da wird uns schon noch was Richtiges einfallen, gnädiger Herr! Wartet Ihr es nur ab.«

125 Stemmen (Stimmen) machen: schreien (Westerwälder Dialekt).

4

»Ich habe Sie zu mir gebeten, um einmal sehr nachdrücklich mit Ihnen über Ihr Verhalten zu reden.« Die Stimme des alten Grafen Alexander klang scharf und zornig. Vor Erregung hielt es ihn nicht auf seinem Sessel hinter dem Schreibtisch, sondern er wanderte mit großen Schritten im Arbeitszimmer umher. Damit zwang er seinen Gesprächspartner, ebenfalls stehenzubleiben, wie ein Angeklagter vor dem hohen Gericht.

So ähnlich fühlte sich Erbgraf Friedrich Carl auch. Er war für einige Wochen in Neuwied geblieben, weil es ihm auf Gut Bonefeld in diesem schneereichen Winter und Frühjahr allzu einsam geworden war. Aber das bereute er jetzt schon wieder. Der Aufenthalt im Schloß seines Vaters, mit den unvermeidlichen engen Kontakten zu seinen Eltern und zu seiner Frau, führte stets zu neuen Spannungen und Mißhelligkeiten, die sich dann in irgendeinem Streit entluden. So war es auch jetzt gewesen. Vor ein paar Tagen hatte es eine erregte Szene zwischen ihm und der Erbgräfin gegeben, und diese hatte natürlich nichts Eiligeres zu tun gehabt, als ihrem Schwiegervater ihr Leid zu klagen. Nun stand er, der rechtmäßige Erbe eines Reichsgrafen, der erwachsene Mann und Familienvater, hier wie ein Schuljunge und mußte sich die Strafpredigt seines Vaters anhören.

Celsissimus hatte sich in Zorn geredet. Nicht nur das unhöfliche Benehmen der Erbgräfin Louise gegenüber kam dabei zur Sprache. Auch seinen sonstigen Lebenswandel hielt das Familienoberhaupt dem Sohn vor.

»Sie treiben Handel wie ein Viehjude, wird mir gesagt. Sie kaufen Pferde und treiben sie höchstpersönlich nach Frankreich, um damit einen finanziellen Verlust zu erleben. Sie kaufen Holz, um es nach Rotterdam verflößen zu lassen, und lassen es bei der Rheinflut vor kurzem wegschwimmen. Anstatt als Erbe einer reichsunmittelbaren Herrschaft Ihren künftigen Untertanen ein Vorbild zu sein und auch ein vorbildliches Familienleben zu führen, behandeln Sie Ihre Gemahlin roh und wegwerfend. Sie lassen sich willige Frauenspersonen zur Unterhaltung zuführen. Kommen Sie mir nicht damit, daß Mätressen bei nahezu jedem Fürsten in Europa zum guten Ton gehören. Unter den Vorfahren der Grafen zu Wied werden Sie jedenfalls keine Vorbilder in dieser Richtung finden.«

»Das ist doch Lakaiengeschwätz, Herr Vater«, warf der Erbgraf mit unterdrücktem Zorn ein, »dieses Märchen von den Mätressen, die ich mir angeblich halte. Und was im übrigen mein Verhalten und meine Bemühungen angeht, durch eigene geschäftliche Unternehmungen meine Zivilliste[126] aufzubessern und die hochgräfliche Zivilkasse zu entlasten, so glaube ich, als erwachsener Mann und Angehöriger des hohen Adels niemandem Rechenschaft schuldig zu sein!«

Graf Alexander war bei dieser Verteidigungsrede seines Sohnes stehengeblieben und blickte ihn durchdringend an. Über seine Stirn zogen sich Zornesfalten, und mit mühsam gedämpfter Stimme, darum um so eindrucksvoller, brach es aus ihm heraus:

»Niemandem Rechenschaft schuldig? O nein, mein Herr Sohn, da irren Sie sich gewaltig. Zuallererst sind Sie mir als Ihrem Souverän, Landesherren und Vater Rechenschaft schuldig, dann aber dem da oben, Gott dem Herrn, der am Jüngsten Tag jeden nach seinem Verdienst richten wird. Gerade als Angehöriger des hohen Adels haben Sie die Tugend zu beweisen, die die Mitglieder dieses hervorgehobenen Standes vor den einfachen Schichten auszeichnen soll. Auch wenn sich leider Gottes nicht alle Mitglieder unseres Standes so verhalten, wie es dem Adel zukäme.«

Celsissimus nahm wieder seine ruhelose Wanderung durch den Raum auf, ohne etwas zu sagen. Auch Erbgraf Friedrich Carl schwieg, ob aus Zorn oder weil er keine Verteidigung vorzubringen wußte, war nicht zu entscheiden. Endlich setzte sich der alte Graf hinter seinen Schreibtisch und bedeutete seinem Sohn mit einer Handbewegung, ebenfalls auf dem Besucherstuhl Platz zu nehmen. Es schien, als wolle er damit die Bedeutung der folgenden Eröffnung betonen.

»Hören Sie gut zu, mein Herr Sohn«, erklärte er. »Ihr Verhalten in den letzten Jahren hat mich nicht ermutigt, Sie mit den politischen Entwicklungen vertraut zu machen, mit denen ich als Reichsstand und als Direktor des niedersächsisch-westfälischen Reichsgrafenkollegiums zu tun hatte. Ich will auch heute nur so viel andeuten, daß zu erwarten steht, auf unser altehrwürdiges Haus der Reichsgrafen zu Wied-Neuwied werden höhere Pflichten als bisher zukommen. Ich erwarte von Ihnen, mein Sohn, daß Sie sich von jetzt ab aufs äußerste eines Lebenswandels befleißigen, der nicht mehr zu Klagen Anlaß gibt. Glauben Sie nicht, ich sei alt und werde Ihnen bald als Regent

126 Zivilliste: die den Angehörigen regierender Familien für den Lebensunterhalt bewilligten Gelder.

dieser Grafschaft Platz machen, dann seien Sie souveräner Herr und könnten tun und lassen, was Sie wollen. Ich versichere Ihnen, daß ich durch mein Testament anordnen werde, Sie unter Vormundschaft einiger verwandter Reichsstände zu stellen, wenn Sie den Thron einnehmen und bis dahin keine Veränderung Ihres bisherigen Verhaltens zeigen sollten. Ich werde nicht zulassen, daß das, was mein Herr Vater und Großvater und was ich durch Jahrzehnte mühevoller Regententätigkeit in meinem Lande geschaffen habe, durch Sie binnen kurzem ruiniert wird. Da sei Gott vor!«

5

Man schrieb Gründonnerstag, den 10. April im Jahre des Herrn 1784. Wieder einmal ließ Schultheiß Klein den Tisch vor die Zehntscheune stellen, um zum Ostertermin die Zehnt- und Steuerzahlung in Empfang zu nehmen. Vorsichtshalber hatte er nach Neuwied an die hochgräfliche Regierung geschrieben, sie möge ihm zu seiner und des Steuererhebers Kutscher Unterstützung einen Feldjäger[127] schicken. Denn die unbotmäßige Stimmung unter seinen Anhäuser und Thalhäuser Bauern war dem Schultheißen nicht entgangen. Wenn er auch zu den in neuerer Zeit häufigen verdächtigen Zusammenrottungen in der Poststation des Hennes Tross absichtlich nicht zugezogen wurde – oder sich vorsichtig fernhielt –, so hatte er doch genügend Zuträger im Kirchspiel, die ihm berichteten, wie die Bauern dachten.
So hatte sich am Vormittag dieses Gründonnerstags ein martialisch dreinblickender Feldjäger in grünem Rock und grüner Weste, weißer Hose und hohen schwarzen Gamaschen und mit einem gefährlich aussehenden Säbel hinter dem Tisch des Schultheißen von Anhausen aufgestellt. Wie gewohnt versammelten sich die Bauern des Kirchspiels zur vierteljährlichen Zehnt- und Steuerablieferung. Entsprechend der Jahreszeit konnten sie diesmal nur ein Fäßchen Butter, einen Laib Käse oder ein Schwein als Frucht- und Blutzehnten mitbringen. Das war so wie alle Jahre.
Doch dann ereignete sich etwas, was Schultheiß Klein in seiner langen Amtszeit noch nicht erlebt hatte. Denn die Bauermeister der vier Dörfer des Kirchspiels und hinter ihnen die acht Schöffen des Kirchspiel-

127 Feldjäger: Polizeikorps in der Grafschaft Neuwied, 17 Köpfe stark.

gerichts traten in feierlichem Zug auf den Tisch zu. Bauermeister Runkel von Anhausen verkündete in ruhiger Entschlossenheit, offenbar als Sprecher für alle:
»Die Steuer zahlen wir dieses Jahr nicht, Schultheiß. Sagt das nur dem gnädigen Herrn Grafen!«
Dem Schultheiß blieben vor Überraschung und Schreck die Worte im Mund stecken. Doch dann fuhr er wie der Blitz von seinem Stuhl empor und herrschte die Bauern an:
»Seid ihr von allen Teufeln besessen? Wollt ihr unserem allergnädigsten Landesherrn und Grafen den schuldigen Gehorsam als Untertanen verweigern? Das ist ja Aufruhr und Empörung! Warum, in drei Teufels Namen, fällt es euch denn plötzlich ein, die Steuerzahlung zu verweigern?« In seiner Aufregung benutzte Schultheiß Klein Ausdrücke, die Pfarrer Caesar, wäre er anwesend gewesen, sicher nicht ungerügt gelassen hätte.
Ruhig antwortete Bauermeister Runkel:
»Weil uns der Herr Graf die Rechte an unserem Wald streitig macht, da zahlen wir ihm seine Steuern nicht. Wir brauchen das Geld für unseren Prozeß. Und außerdem, Herr Schultheiß, wissen wir bis heute nicht, warum vor vielen Jahren das Monatsgeld verdoppelt wurde. Wißt Ihr es?« Zur Bekräftigung nickten die Bauermeister und Schöffen, die dicht geschart um den Sprecher standen, nachdrücklich mit den Köpfen.
»Weil – weil – das geht euch überhaupt nichts an!« rief der Schultheiß erregt. »Wo kämen wir hin, wenn die Untertanen jederzeit wissen wollten, wofür der gnädigste Herr Graf seine Steuern braucht? Wollt ihr nun zahlen oder nicht? Seht ihr hier den Feldjäger? Er steckt euch in Neuwied ins Loch, wenn ihr nicht sofort gehorcht!«
Aus dem dichten Haufen der Bauern, die sich zu dem Tisch drängten, um die spannende Auseinandersetzung mitzuerleben, ertönte hämisches Lachen. Auch einige drohende Rufe wurden laut.
»Der und uns ins Loch bringen?« schrie einer. »Der macht sich ja vor Angst in die Hose!«
Wirklich zog der Feldjäger ein Gesicht, als sei er drauf und dran, sich vor der drohenden Übermacht durch einen schnellen Sprung in Sicherheit zu bringen.
»Wir pieksen die Säi!« rief ein anderer aus der Menge, und brüllendes Gelächter antwortete ihm.
Die Vertreter der hohen Obrigkeit hinter dem Tisch blickten sich ver-

ständnislos an; sie hatten keine Ahnung, was dieser Satz bedeuten sollte und warum er solches Lachen hervorrief. Die Bauern aber wußten es, und sie schlugen sich vor Vergnügen auf die Schenkel, als sie die dummen Gesichter des Schultheißen, des Steuererhebers und des Feldjägers sahen.
Schultheiß Klein tat in dieser Situation das Klügste, was er tun konnte. Er raffte die auf dem Tisch liegenden Steuerlisten zusammen, winkte den beiden anderen Mitgliedern der gräflichen Dienerschaft und trat, gedeckt durch den Feldjäger, einen strategischen Rückzug in sein Haus an.

6

Celsissimus war gar nicht erfreut darüber, am Gründonnerstag noch mit dringenden Staatsgeschäften behelligt zu werden. Denn den Vortag des Karfreitag, dieses hohen und stillen Feiertages für alle evangelischen Christen, hielt sich der fromme Graf gerne für eine private Andacht frei. Mit Lesen in seinem alten zerfledderten Heidelberger Katechismus und dem ebenfalls Spuren eifriger Benutzung zeigenden Gesangbuch suchte er sich innerlich auf das Leiden und Sterben Christi vorzubereiten.
Doch die Akte, die ihm aus der gestrigen Sitzung des evangelisch-reformierten Konsistoriums herübergeschickt worden war, verlangte sofortige Entscheidung. Der Fall, der hier zur Beratung angestanden hatte, berühte die Prärogativen[128] des Landesherrn in zweierlei Hinsicht: als oberster Richter für die gräfliche Dienerschaft und als »summus episcopus in ecclesiasticis«[129].
Nach kurzem Blättern in den verschiedenen mit Nähgarn zusammengehefteten Schreiben klingelte Graf Alexander seinem Kammerdiener Michel und beauftragte ihn, sofort seinen Läufer und Privatschreiber Raeder zum Herrn Hofprediger von Roques zu schicken und ihn zu einem kurzen Gespräch ins Schloß zu befehlen.
Als Pastor von Roques eine halbe Stunde später im Arbeitskabinett des Landesherrn eintraf, war er noch etwas atemlos. Denn der Befehl Celsissimi hatte ihn gerade aus einem erholsamen Mittagsschläfchen auf-

128 Prärogative: Vorrechte.
129 summus episcopus in ecclesiasticis: oberster Bischof in Kirchenangelegenheiten

gestört. Als evangelisch-reformierter Hofprediger hatte der sechzigjährige Herr keine allzu schwere Arbeitslast auf sich zu nehmen. Seine kleine Gemeinde umfaßte nur die der Konfession des Landesherrn anhängenden Teile der gräflichen Dienerschaft, einschließlich der im Dienst befindlichen Soldaten des Regiments und aller Familienangehörigen, insgesamt rund zweihundert Seelen. Bei der Aufgabe des Predigens konnte er sich mit dem reformierten Stadtpfarrer Touby und dessen Vertreter abwechseln. Daneben allerdings war er der geistliche Leiter des gräflich-wiedischen Konsistoriums und daher von Amts wegen mit allen kirchlichen Rechtsfragen befaßt, auch wenn sie in den religiösen Gemeinschaften auftauchten, die sich nicht zur herrschenden evangelisch-reformierten Landeskirche hielten.

»Herr Hofprediger«, brachte Graf Alexander gleich nach der Begrüßung das Gespräch auf die Frage, die ihn nach der Lektüre der Konsistorialakte bewegte, »diese Ankündigung des Herrn Kirchenrats Engel, dem Herrn Oberstleutnant von Trützschler im öffentlichen Gottesdienst der lutherischen Gemeinde am morgigen Karfreitag das Abendmahl zu verweigern – wissen Sie, daß dies eine unerhörte Bloßstellung einer meiner angesehensten Offiziere ist? Wenn ich als Landesherr bisher keinen Anlaß hatte, am Lebenswandel des Herrn von Trützschler Anstoß zu nehmen, warum muß es dann der Herr Kirchenrat Engel tun? Wieso ist es überhaupt einem lutherischen Pfarrer möglich, einem Gemeindemitglied das Abendmahl zu verweigern, wenn dieser Christ zuvor in der allgemeinen Beichte Gott gegenüber seine Sünde bekannt und bereut hat?«

»Es hat, Euer Gnaden«, beeilte sich der Hofprediger zu erklären, »im hochgräflichen Konsistorium eine heftige Disputation gegeben, ob das Vorgehen des lutherischen Pfarrers Engel von Konsistoriums wegen gutzuheißen sei oder nicht. Die Juristen betonten, dies sei ein Affront gegen Euer Gnaden höchstselbst als Dienstherren des Herrn von Trützschler, und das Urteil über seinen Lebenswandel stehe nur der allergnädigsten Landesherrschaft zu. Bei den Theologen gab es verschiedene Meinungen, ob ein evangelisch-reformiertes Konsistorium der von den Lutherischen gepflegten quasi-papistischen Form der Ohrenbeichte Vorschub leisten solle. Denn die von den Lutherischen geforderte persönliche Anmeldung jedes Gemeindegliedes zum üblichen Abendmahlsempfang vor den vier Hochfesten des Jahres, verbunden mit einem genauen Verhör über seine Glaubensüberzeugungen und seinen Lebenswandel erinnert doch allzusehr an den papistischen

Brauch der Ohrenbeichte vor einem Pfaffen. Unser Heidelberger Katechismus für die evangelisch-reformierte Kirche lehnt diese Form der Beichte ab. Da aber Euer Gnaden hochselige Vorfahren und Euer Gnaden höchstselbst die unbehinderte Aufnahme der Lutherischen in der Stadt Neuwied und unverkürzte Ausübung ihrer religiösen Gebräuche zugelassen haben, sah das Konsistorium sich nicht in der Lage, gegen diese Form der Religionsausübung Einwände zu erheben.«
Graf Alexander runzelte die Stirn.
»Ihre theologischen Dispute interessieren mich nicht, Herr Hofprediger! Hier geht es darum, daß der Herr Pfarrer Engel beabsichtigt, den Herrn Oberstleutnant von Trützschler wegen des Zusammenlebens mit einer Weibsperson, mit der er nicht verheiratet ist, im morgigen Festgottesdienst öffentlich als unbußfertigen Sünder zu bezeichnen und ihm den Empfang des Brotes und Weines zum Abendmahl zu verweigern. Hat denn der Pfarrer Engel in seinem Beichtgespräch überhaupt die näheren Umstände dieses Falles untersucht und nach Gesichtspunkten geforscht, die zugunsten dieses verdienten Offiziers sprechen? Ich kann aus seinem Schreiben hier in den Akten nichts dergleichen entnehmen!«
»Euer Gnaden«, wandte Pfarrer von Roques ein, »ungeachtet der theologischen Differenzen zwischen unserer evangelisch-reformierten Kirche und den Lutherischen ist es gemeinsame Überzeugung beider Religionsparteien, daß es Aufgabe der Kirche ist, über den moralischen Lebenswandel ihrer Glieder zu wachen und die Mittel der Kirchenzucht anzuwenden, wenn dies notwendig ist!«
»Aber eben dies ist doch hier die Frage und meines Erachtens überhaupt nicht bewiesen, daß der Herr von Trützschler einen unmoralischen Lebenswandel führt. Ich sehe, Herr Hofprediger, daß ich hier einmal meine Aufgabe als summus episcopus auch für die lutherische Gemeinde dieser Stadt persönlich wahrnehmen muß. Sie, Herr Hofprediger, und das Konsistorium haben mich in diesem Fall nicht viel klüger gemacht. Ich danke Ihnen, Herr Hofprediger, für Ihre Bemühungen. Im Augenblick bedarf ich Ihrer Dienste nicht mehr!«
Sichtlich verärgert erhob sich Graf Alexander und verabschiedete den Besucher, der sich mit untertänigem Handkuß und tiefer Verbeugung zur Tür zurückzog.

7

Kaum war der Hofprediger verschwunden, so klingelte Graf Alexander erneut und beschied den Kammerdiener Michel:
»Einen Boten zum Herrn Oberstleutnant von Trützschler, sofort. Er soll in Zeit von einer Viertelstunde vor mir erscheinen!«
Gedankenverloren schritt der alte Graf in seinem Arbeitszimmer hin und her, während er auf den stellvertretenden Chef seines Regiments wartete.
Genau sechzehn Minuten nach dem Befehl Celsissimi erschien Oberstleutnant von Trützschler im Schloß. Er hatte sich, kaum daß der Läufer bei ihm in der Kaserne eingetroffen war, sofort auf ein Pferd geschwungen, um trotz des kurzen Weges von der Kaserne zum Schloß ein paar Minuten zu sparen. Der Landesherr konnte sehr ungnädig sein, wenn man es an der gewünschten Pünktlichkeit fehlen ließ. Aber Herr von Trützschler hatte keine Ahnung, warum ihn der Graf so plötzlich zu sich zitierte. Die verschiedensten Vermutungen gingen ihm durch den Kopf, während er in das Arbeitskabinett des Grafen stürmte und sich in militärischer Hab-acht-Stellung zur Stelle meldete. Doch das, was ihm der Landesherr eröffnete – das hatte er nicht geahnt.
Der alte Graf hatte sich während der Wartezeit zurechtgelegt, wie er dem von ihm geschätzten hohen Offizier die unangenehme Nachricht übermitteln und das Gespräch einleiten konnte.
»Herr Oberstleutnant, ich habe Sie nicht wegen einer militärischen Angelegenheit rufen lassen, sondern wegen einer Frage der Kirchenzucht. Sie wissen, daß ich als Landesherr Bischof aller in der Grafschaft ansässigen Religionsparteien, insbesondere der evangelischen, bin. Man hat mir gesagt, daß in der lutherischen Kirche die Privatbeichte vor dem Empfang des Abendmahls für alle Gemeindeglieder Vorschrift ist. So mache ich heute einmal von meinem Vorrecht als summus episcopus Gebrauch und will für Sie Beichtvater sein. Herr Pfarrer Engel hat mitgeteilt, daß er Ihnen wegen Ihres unverheirateten Zusammenlebens mit einer Frau morgen öffentlich das Abendmahl verweigern will. Was haben Sie dazu zu sagen? Sie können und sollen hier ganz offen sprechen!«
Der Offizier wurde bleich, während er in strammer militärischer Haltung vor seinem Dienstherren stand. Ihm war, als habe man ihm mit einem Knüppel über den Kopf geschlagen. Er erinnerte sich an das

höchst unerfreuliche Gespräch vor wenigen Tagen mit dem Pfarrer der lutherischen Gemeinde. Aber er hätte niemals geglaubt, daß dieses Gespräch solche Folgen haben könnte. War dies das Ende seiner Karriere als Offizier und Edelmann, die unbarmherzige Ausstoßung aus der Gemeinschaft der Christen? Carl Wilhelm von Trützschler fühlte sich an die Belagerung der kursächsischen Armee bei Pirna im Jahr 1756 erinnert, die er als junger Leutnant miterlebt hatte. Im Bombardement durch die preußischen Granaten hatte er damals mit seinem Leben abgeschlossen. Vor fast dreißig Jahren war es um den körperlichen Tod gegangen, den er jede Minute erwarten mußte und dem er damals gelernt hatte, mit gleichmütigem Fatalismus entgegenzublikken. Heute schien sein bürgerlicher Tod bevorzustehen. Was war schlimmer?

Oberstleutnant von Trützschler riß sich zusammen und blickte seinem Landes- und obersten Dienstherrn offen ins Auge. War dieser, den er seit Jahren als gütigen und verständnisvollen Landesvater verehrte, nicht ein besserer Beichtvater als der unduldsame neue lutherische Pfarrer? Und in voller Ehrlichkeit, ohne seine Zweifel und Anfechtungen zu verschweigen, berichtete er dem alten Grafen von seinem langjährigen Zusammenleben mit der Christiane Trillerin. Durch eine kurze Zwischenbemerkung deutete Celsissimus an, daß er davon gewußt habe. Der Oberstleutnant erzählte weiter von seinen Skrupeln als Mensch und Edelmann, die Mutter seiner Kinder einfach wegzuschicken, auch wenn er seit zwei Jahren nicht mehr das Bett mit ihr teilte.

Längst hatte Celsissimus dem Offizier gewinkt, auf dem Besucherstuhl Platz zu nehmen und ermunterte ihn durch geduldiges Zuhören, seinem bedrängten Herzen Luft zu machen. Endlich schwieg Carl Wilhelm von Trützschler und erwartete nun gefaßt den allerhöchsten Urteilsspruch, der wie einst die preußischen Granaten über sein Leben entscheiden konnte.

Versonnen spielte der alte Graf an seiner Schreibfeder und blickte auf den Schreibtisch nieder. Er ahnte wohl, daß er sein ungewöhnliches Beichtkind damit auf die Folter spannte. Endlich griff er zur Klingel und befahl dem sofort eintretenden Kammerdiener, sein Privatschreiber Raeder solle kommen. Schon nach wenigen Minuten hatte dieser wie gewohnt an dem kleinen, in der Nähe des Fensters aufgestellten Schreibsekretär Platz genommen und wartete auf das Diktat des Grafen.

»Dem Pfarrer der evangelisch-lutherischen Gemeinde zu Neuwied, unserem Kirchenrat Herrn Philipp Jacob Engel«, begann Celsissimus den Brief anzusagen. »Auf Ihre Mitteilung von 8. currentis[130] an das hochgräflich-neuwiedische Konsistorium betreffend die Verweigerung des Abendmahls für den Herrn Oberstleutnant von Trützschler habe ich heute besagten Offizier einvernommen. Er hat mir bei seiner Kavaliersehre versichert, daß er die Weibsperson in seinem Hause seit über zwei Jahren nicht mehr berührt und sie nur noch als Haushälterin beschäftigt. Er hält es mit seinem Gewissen als Edelmann für unvereinbar, sie unversorgt aus dem Hause zu schicken, ist aber andererseits aus Gründen, die er mir dargelegt hat, nicht in der Lage, sie zu ehelichen. Er bittet um Zulassung zum Abendmahl am Karfreitag. Ich als Landesherr und Episcopus finde mich mit vorstehender Erklärung beruhigt. Mithin haben Sie den Herrn Oberstleutnant von Trützschler zum Abendmahl zuzulassen. Eine Klärung der Situation durch eine erneute Aussprache zwischen Ihnen und besagtem Offizier sei anheimgestellt. Gegeben zu Neuwied am Gründonnerstage im Jahre des Herrn 1784.«

130 Currentis: des laufenden (Monats).

Der Baron aus Schweden

1

Wie das Pochen einer Schicksalsuhr klangen die drei Hammerschläge des Meisters vom Stuhl. Und als Echo wiederholte der deputierte Meister vom gegenüberliegenden Ende des Saales diese Schläge. Die vollzählig versammelten Freimaurer der Neuwieder Loge »Caroline zu den drei Pfauen« erhoben sich von ihren Plätzen und knieten nach Freimaurerart nieder, das linke Knie am Boden, das rechte Bein genau im rechten Winkel aufgestützt. Die Logenbrüder waren in ihre besten Röcke gekleidet, mit federgeschmückten Hüten auch im geschlossenen Raum, zum Zeichen, daß sie freie Männer seien. An ihren kurzen, kostbar bestickten Maurerschürzen konnte der Kundige unterscheiden, in welchen der drei Freimaurergrade eines Lehrlings, Gesellen oder Meisters der jeweilige Träger eingeweiht war.
Arne Gustav Baron Björnquist fühlte sich innerlich erregt. Nicht die Tatsache war daran schuld, daß er als auswärtiger Freimaurerbruder und Gast an dieser Arbeitsloge der Neuwieder Brüder teilnehmen durfte. Wohl versehen mit Empfehlungsbriefen seiner heimatlichen Loge »Gustaf zu den drei Kronen« in Karlskrona im Königreich Schweden, hatte der junge schwedische Edelmann auf seiner Kavalierstour durch das nördliche Deutschland schon verschiedene deutsche Logen besucht und war brüderlich von ihnen aufgenommen worden. Nein, ihn beschäftigte vielmehr stark der besondere Anlaß dieser Versammlung gerade hier in Neuwied, an der teilzunehmen er die Ehre hatte.
Der Baron aus Schweden war ein stattlicher, noch junger Mann. Hochgewachsen und schlank, mit offenen braunen Augen, die aschblonden Haare in einen schlichten militärischen Zopf geflochten, zeigte er ein Benehmen, das sich wohltuend von dem affektierten Gehabe vieler adliger Stutzer abhob. Seine Kleidung war schlicht, ohne überflüssige Verzierungen, aber vom teuersten Stoff. Jeder, der ihn traf, hätte geschworen, daß er einer altadligen Familie entstammte. Dabei hatte sein Vater erst vor ein paar Jahren den Titel als Baron verliehen bekommen, seines im Holzhandel erworbenen Reichtums wegen und wegen seiner guten Beziehungen zu König Gustav III., dem er bei

der Entmachtung der vorher in Schweden maßgeblichen Adelsclique geholfen hatte.

Mehr mechanisch war Baron Björnquist dem vor Außenstehenden sorgsam geheimgehaltenen Ritual zur Eröffnung der Logenarbeit gefolgt: der Entrollung des Logenteppichs, der Verlesung einiger Sprüche aus den Psalmen Davids, dem Entzünden der Kerzen auf den vier hohen Leuchtern mitten im Raum, der Erläuterung der »großen Lichter der Freimaurerei« – Bibel, Winkelmaß und Zirkel –, der Ermahnung der Brüder zur Tugend, Wahrhaftigkeit, Einigkeit und Menschenliebe. Der Meister vom Stuhl machte seine Sache gut, fand der junge Schwede. Von der Vorstellung vor Beginn der eigentlichen Logenarbeit war ihm der Name des Leiters der Neuwieder Freimaurer im Gedächtnis geblieben: Graf von Stolberg-Roßla, ein Schwager des regierenden Reichsgrafen von Neuwied.

Für den schwedischen Gast war der Ritus der Neuwieder Freimaurer mehr oder weniger vertraut, auch wenn sich die Eröffnungsliturgie in den Freimaurerlogen von Land zu Land, ja von Loge zu Loge meist etwas unterschied. Für ihn, der schon vor Jahren von seinem Vater in den ehrbaren Orden eingeführt worden war, bedeutete die Freimaurerei nicht wie für das einfache unwissende Volk einen geheimnisvollen, an Zauberei erinnernden, gefährlichen Kult. Es gab zwar auch unter den Freimaurern immer wieder Dumme, die sich von Abenteurern wie dem berüchtigten Grafen Cagliostro zu Geisterbeschwörungen, zum Goldmachen, zur Verwendung angeblich unfehlbarer Medizinen und anderem Mummenschanz verführen ließen. Aber das war nach Björnquists Meinung nicht die richtige Freimaurerei. Sie bestand, davon war er zutiefst überzeugt, in einer brüderlichen Vereinigung der besten Köpfe aller Länder Europas, gleich ob aus dem Adel oder dem Bürgertum, zur geistigen Vervollkommnung des eigenen Charakters. Alle Freimaurer sollten auf dem Weg über gegenseitige Freundschaft und Versöhnlichkeit sich bemühen, den Bauplan für den großen Menschheitstempel zu erkennen, den der »große Baumeister der Welt« als Heim für die menschliche Gesellschaft ohne Schranken für Stände, Sprachen, Völker oder Religionen errichtet wissen wollte.

Mit Gewalt zwang sich der junge Schwede, den Erörterungen der Neuwieder Freimaurerbrüder zu folgen. Er beherrschte die deutsche Sprache ausreichend, aber doch nicht vollkommen, so daß er sich sehr konzentrieren mußte, um nichts von diesem so wichtigen Gespräch zu verpassen. Denn jetzt, nach der Eröffnungszeremonie, wurde die

Stimmung gespannt. In höflicher, beherrschter Rede und Gegenrede, in denen dennoch viel Leidenschaft mitschwang, stritten die Neuwieder Freimaurerbrüder um eine wichtige weittragende Entscheidung. So viel verstand der junge Schwede als Gast: sollte die Neuwieder Loge bei dem von vielen ihrer Mitglieder jahrelang befolgten Ritus der »strikten Observanz« verbleiben oder sich einer neuen, zeitgemäßeren freimaurerischen Richtung anschließen, dem Eklektischen Bunde? Der Meister vom Stuhl schlug das letztere vor, und mehrere andere Redner setzten sich ebenfalls dafür ein. Aber es gab auch Widerspruch.

»Der jetzige Sprecher ist der Herr Hauptmann von Buri«, flüsterte dem jungen Schweden dessen Banknachbar zu. Dieser hatte sich zuvor als der Kaufmann Johann Wilhelm Breuer vorgestellt und es freundlich übernommen, dem ausländischen Gast die ihm unverständlichen Vorgänge zu erklären. »Der Herr ist ein Hans Dampf in allen Gassen: Hauptmann der Grenadier-Kompanie im gräflich-wiedischen Regiment, Theaterdirektor und Freimaurer, wohl der eifrigste Adept[131] der Mysterien der Freimaurerei nach dem Ritus der ›strikten Observanz‹, des unverbrüchlichen Gehorsams.«

Herr von Buri hatte sich in Rage geredet. Er hatte die Anwesenden beschworen, doch jetzt nicht die Treue zum uralten Tempelritterorden zu brechen, der einst im Mittelalter von Königen und Päpsten verfolgt und verboten, dennoch bis heute in Gestalt so vieler Freimaurerbrüder in ganz Europa im geheimen weiterlebe. So wie er, Ludwig von Buri, selbst, so hätten doch auch manche andere ehrwürdige Brüder der Neuwieder Loge dem Orden und seinen im geheimen lebenden Oberen strikten Gehorsam geschworen, in der Erwartung, nun endlich in die Mysterien des Rittergrades des »Inneren Orients« eingeweiht zu werden. »Wir können doch jetzt nicht ablassen von unserem Gehorsam und von unserem Ziel der Erbauung eines elysischen Tempels, endlich erleuchtet vom Großen Baumeister der Welt!« So schloß Herr von Buri seine begeisterte Rede.

Seine für den auswärtigen Gast ziemlich verwirrend klingenden Worte schienen aber auch bei den Neuwieder Freimaurern keinen großen Anklang zu finden. Denn ein älterer Herr sprang auf und entgegnete dem Hauptmann in scharfem Ton:

»Hat es sich noch nicht bis zu Ihnen herumgesprochen, ehrwürdiger

131 Adept: Lehrling einer Geheimwissenschaft.

Bruder, daß das ganze Gerede von dem angeblich bis in die Gegenwart bestehenden Tempelritterorden nichts als Hochstapelei war? In die Welt gesetzt von einigen schamlosen Betrügern und nachgeplappert von leichtgläubigen Dummköpfen! Mit den alten echten Maurerideallen hatte das alles nichts zu tun, mit dem Ziel, in Brüderlichkeit geistige Vertiefung und sittliche Veredelung zu erstreben, um endlich einen allgemeinen Menschheitsbund herbeizuführen!« Der Sprecher machte eine kurze Pause, um die Bedeutung der folgenden Worte zu betonen und blickte die Logenbrüder rings um sich herum an. Dann rief er mit erhobener Stimme: »Laßt uns endlich diese kindische Spielerei eines ›Ordens der strikten Observanz‹ in die Mottenkiste zurücktun, aus der sie ein paar eigennützige Schwindler und Hohlköpfe herausgeholt haben, wir, die wir die bürgerliche Gesellschaft aufklären und nicht verdummen wollen! Kehren wir zurück zu den einfachen Idealen des echten Freimaurertums und schließen uns dem Eklektischen Bunde an! Ich bin dafür, ehrwürdige Brüder!«

»Das ist unser deputierter Meister, der General von Hachenburg, Vertreter des Meisters vom Stuhl«, flüsterte Johann Wilhelm Breuer seinem Nachbarn zu, »ein kluger Kopf, der sich von den geheimnisvollen Redereien der Verfechter der ›strikten Observanz‹ nie hat anstekken lassen.«

Die Abstimmung, die der Meister vom Stuhl nach der erregten Aussprache folgen ließ, eingeleitet durch erneute drei Hammerschläge, zeigte, daß die meisten Neuwieder Freimaurer offenbar ebenso dachten wie der Vorstand: der Anschluß an den neuen Eklektischen Freimaurerbund fand die Billigung der großen Mehrheit.

Beim Verlassen des Logentempels im Hintergebäude des gräflichen Ballhauses in der Kirchstraße bewies das ungewöhnlich hohe Ergebnis der üblichen Kollekte, daß die Brüder von der Bedeutung der Stunde tief durchdrungen waren. Immer noch flüsternd unterrichtete Johann Wilhelm Breuer den schwedischen Gast, daß diesmal einer armen Witwe mit vier unmündigen Kindern für Jahre hinaus ein ausreichender Unterhalt gezahlt werden könne, und zugleich das Lehrgeld für einen Tuchmacherlehrling, dessen finanzielle Patenschaft die Neuwieder Loge übernommen habe.

2

Der junge Baron Björnquist hatte einen ausgiebigen Spaziergang durch die Straßen der kleinen Stadt unternommen. Am Rheinufer war er längere Zeit stehengeblieben. Dort lag ein Frachtschiff vertäut, und einige Arbeiter schafften zahlreiche Holztonnen und in Sackleinwand gehüllte umfangreiche Ballen mit Hilfe einfacher Schubkarren in den Lagerraum eines nahegelegenen Hauses. Interessiert schaute der junge Schwede zu. Die Praxis des weltweiten Handels faszinierte ihn immer wieder.

Dies mußte das Haus des Kaufmanns Breuer sein. Ob er für eine Unterredung Zeit haben würde? Der Handelsherr hatte den schwedischen Gast gestern bei der Verabschiedung nach der Freimaurerloge so freundlich zu sich eingeladen, daß Arne Björnquist nicht zögerte, von diesem Anerbieten Gebrauch zu machen. Hinzu kam, daß er just diesem Neuwieder Kaufmann einen Kreditbrief des Kölner Kaufmanns Schwick vorzulegen hatte, um sich wieder mit einem ausreichenden Vorrat an Reisegeld zu versehen. An Schwick und Compagnie hatte sein Vater schon vor Monaten einen eigenen Wechsel mit einer beträchtlichen Summe zur Finanzierung der Reise des jungen Barons gegeben, so daß dieser als Kavalier nicht zu knausern brauchte.

Entschlossen wandte sich der Baron dem Haus zu. Wenige Minuten später fand er sich im Kontor im ersten Stock wieder, vom Hausherrn freundlich zu einem Glas Wein genötigt, in angeregter Unterhaltung mit den Kaufleuten Breuer senior und junior. Der Sohn des Handelsherrn war dem Schweden sogleich sympathisch, er war nur wenig jünger als er selbst. Die Fenster standen offen, um die sonnige Mailuft einzulassen und möglichst rasch den muffigen Geruch zu vertreiben, der noch in allen Häusern der Stadt an die große Flut erinnerte.

»Was ich nicht verstehen kann«, meinte Baron Björnquist, »das ist, wie der Handel in einem Land wie dem Ihrigen florieren kann, wo doch alle paar Meilen eine Landesgrenze und Mautstation jeden Warentransport aufhält.«

Johann Wilhelm Breuer drehte gedankenverloren sein Weinglas auf dem Tisch und schaute eine Weile still vor sich hin. Dann anwortete er bedächtig:

»Der Handel ist wie das Wasser eines Flusses in der Wüste. Es bahnt sich seinen Weg. Steine und andere Hindernisse umfließt das Wasser, aber es dringt auch durch kleine Spalten hindurch, oder es findet seinen Weg unter dem Hindernis. Wo der Felsen zu groß ist, fließt das Wasser vorbei, und das Land dahinter kommt nicht in den Genuß der Wohltat des lebensspendenden Wassers.«

»Eine wohlgelungene Allegorie, Herr Breuer«, setzte der junge Schwede das Gespräch fort. »Bitte nehmen Sie mir mein beharrliches Fragen nicht übel. Ich habe nicht die Absicht, Ihnen Ihre Geschäftsgeheimnisse zu entreißen. Aber auch wenn ich einen Baronstitel trage, so habe ich doch Kaufmannsblut in mir. Der Holzhandel meines Vaters in Karlskrona, den ich einmal übernehmen werde, wird sicherlich nie ein Konkurrenzunternehmen für Sie sein, Herr Breuer. Mich interessiert einfach als Mensch und als angehender Kaufmann, wie es unter so schwierigen Umständen hier in Deutschland gelingen kann, mit dem Fernhandel erfolgreich und wohlhabend zu werden.«

Kaufmann Breuer blickte dem Gast scharf in die Augen.

»Nun, Herr Baron, ich verstehe Ihre Wißbegierde, und ich weiß sie richtig zu werten. Ich will offen mit Ihnen sein. Habe ich Ihr Wort als Edelmann und als Bruder der ehrwürdigen Freimaurerei, daß Sie über das, was Sie von mir hören werden, nichts an unrechter Stelle verlauten lassen? Sie werden bald merken, warum ich Ihnen dieses Versprechen abnehmen muß!«

»Selbstverständlich«, erwiderte der Schwede knapp, aber mit Nachdruck, »Sie haben mein Wort.«

»Nun, Philipp, es kann dir nichts schaden, wenn du eine kurzgefaßte Lektion über die Schwierigkeiten für den Fernhandel am Rhein erhältst und über die Art und Weise, wie ich mich bemühe, sie zu überwinden. Gebt eure Gläser her!« Johann Wilhelm Breuer schenkte aus der gläsernen Weinkaraffe nach und fragte dann: »Sie haben doch, Herr Baron, auf Ihrer Reise auch in Köln Aufenthalt genommen. Ist Ihnen dort der Gürzenich gezeigt worden?« Der junge Schwede schüttelte verneinend den Kopf, woraufhin der Kaufmann fortfuhr: »Das ist das Kaufhaus der freien Reichsstadt Köln. Oben gibt es einen heute längst nicht mehr benutzten Festsaal, und unten sind die Gewölbe, in denen auf Grund des Stapelrechts alle Waren für drei Tage zum Verkauf gestellt werden müssen, die zu Schiff oder Wagen durch Köln gebracht werden.«

Verständnislos blickte der Baron den alten Kaufmann an.

»Das ist offenbar eines der Geheimnisse des deutschen Handelswesens, Herr Breuer. Entschuldigen Sie meine Begriffsstutzigkeit. Was ist Stapelrecht, und was hat es zu bedeuten?«

»Eines der Geheimnisse – Sie haben recht, Herr Baron, und zugleich eines der verhängnisvollsten Privilegien, die aus alter Zeit bis heute bewahrt worden sind. Irgendein Kaiser – ich weiß nicht, welcher – hat vor vielen hundert Jahren den Bürgern der Stadt Köln das Recht verliehen, daß alle Handelsgüter, die auf dem Rhein an Köln vorbeitransportiert werden, nur durch Kölner Kaufleute gekauft oder verkauft werden dürfen. Das ist das sogenannte Stapelrecht. Alle Schiffe müssen also anlegen, die Waren werden entladen und in die Lagerhalle im Gürzenich geschafft, wo die Kölner Kaufleute sie besichtigen und kaufen können. Ist das geschehen, werden die Waren wieder mit viel Mühe in die Schiffe gebracht und können weiter rheinaufwärts oder rheinabwärts fahren, nun auf Rechnung des Kölner Handelshauses. Genauso geht es übrigens weiter oben am Rhein in der Stadt Mainz.«
»Aha«, meinte Arne Björnquist, »ja – aber, wenn Sie, Herr Breuer, eine Schiffsladung voll Kolonialwaren aus England bestellt haben, dann ist diese Ladung Ihnen ja gewissermaßen in Köln vor der Nase weggekauft worden!«
Leise lächelnd hob Kaufmann Breuer sein Weinglas und trank einen Schluck.
»Sie haben den Zweck dieses Stapelrechts genau erfaßt. So war es gemeint. Heute habe ich mit meinem Geschäftsfreund Schwick und einigen anderen Kaufleuten in Köln feste Abmachungen, daß sie lediglich pro forma die für mich bestimmten Ladungen kaufen und sofort an mich weiterverkaufen, gegen eine mäßige Provision für die Kölner Kaufleute. Diese dienen also nur als zwischengeschaltete Agenten der großen holländischen Handelshäuser, mit denen ich in Verbindung stehe. Das geht ziemlich reibungslos, nur den Aufenthalt durch das Aus- und Wiedereinladen der Waren muß ich in Kauf nehmen. Aber das ist nicht das einzige Hindernis für den Handel am Rhein. Ich vermute, Herr Baron, daß Ihnen der Begriff Beurtfahrten unbekannt ist?« Wieder mußte der Schwede zugeben, davon nichts zu wissen. Johann Wilhelm Breuer wandte sich an Philipp. »Wie wäre es, mein Sohn, wenn du dem Herrn Baron das erklärst? So kann ich gleich prüfen, was du in den letzten Monaten an Wissen erworben hast, das du als ehrbarer Fernkaufmann brauchst!«
Philipp Breuer überlegte genau, um nichts Falsches zu sagen.
»Es gibt in Köln zwei Schiffergilden, Herr Baron, verstehen Sie, eine für den Niederrhein von Köln bis Holland, und eine für den Mittelrhein von Köln bis Mainz. Die Mitgliedschaft darin wird seit Jahrhun-

derten vom Vater auf den Sohn oder Schwiegersohn vererbt und steht Fremden nicht offen. Nur wer diesen beiden Gilden angehört, darf mit seinem Schiff auf größere Entfernungen Waren transportieren. Außerhalb dieser Gilden gibt es noch eine Reihe von Schiffern für den örtlichen Lokalhandel in den kleineren Städten am Rhein, aber die zählen hier nicht. Die Mitglieder dieser Schiffergilden wollen nun verhindern, daß sie sich gegenseitig Konkurrenz machen, etwa durch Unterbieten beim Frachtpreis. Darum haben sie eine bestimmte Reihenfolge unter sich ausgemacht, in der sie den Rhein befahren dürfen. Jeder Schiffer kommt etwa zweimal im Jahr an die Reihe. Dies nennt man Beurtfahrten.«

»Lassen Sie mich überlegen, Herr Breuer«, unterbrach Baron Björnquist eifrig, »ob ich richtig begriffen habe: Wenn Sie also eine Schiffsladung voll aus den Generalstaaten beziehen, dann können Sie die nicht wie mein Vater etwa mit einem eigenen Schiff und mit Schiffsleuten, die von Ihnen angestellt sind, transportieren lassen, sondern sind auf die Kölner Schiffer angewiesen.« Unwillkürlich blickte der Schwede durch das geöffnete Fenster hinaus auf den Rhein, diese natürliche Lebensader des Handels, dem doch offenbar so viele Hindernisse entgegenstanden.

»Ganz recht«, mischte sich nun wieder Vater Breuer in das Gespräch. »Und es kann lange dauern, bis es den eifersüchtig auf ihr Transportmonopol pochenden Schiffseignern gefällt, meine Waren zu verladen und nach Köln oder von Köln aus weiter zu fahren. Aber ich habe inzwischen mit mehreren dieser Kölner Schiffer Verträge geschlossen. Diese verpflichten sie, meine Waren – oder genauer gesagt, die Waren, die in meinem Auftrag und auf meine Rechnung transportiert werden, aber formell einem Kölner Kaufmann als Agenten gehören – so schnell wie möglich zu verschiffen. Irgendeiner von meinen Vertragspartnern ist immer bald an der Reihe mit seiner Beurtfahrt, und die anderen wissen, daß ich Ihnen schon wieder eine volle Schiffsladung besorgt haben werde, wenn sie ihrerseits fahren dürfen. So müssen sie nicht das Risiko tragen, vielleicht nur halbe Ladung zu fahren. Alles ganz legal, und beide Seiten fahren gut dabei.«

»Aber die Zollstätten, Herr Breuer«, warf der junge Baron skeptisch ein. »Auf meiner Reise durch das nördliche Deutschland bin ich an mindestens hundert Zollhäusern vorbeigekommen, wo doch auch für Waren und nicht nur für Passagiere Zoll bezahlt werden muß. Gibt es die am Rhein nicht?«

»Und ob«, erwiderte Kaufmann Breuer trocken, »und ob, Herr Baron. Zwischen Straßburg und der Grenze zu den Generalstaaten verlangen die an den Rhein grenzenden Kurfürsten, Herzöge und Herren – die Städte nicht zu vergessen! – an nicht weniger als zweiunddreißig Stellen Zoll von den Schiffen. Sie schießen mit Kanonen auf die Kähne, die sich weigern, zum Verzollen anzulegen, mal rechts, mal links am Ufer.«
»Aber wo bleibt da Ihr Verdienst, mein Herr?« fragte Baron Björnquist. »Ich sehe schon alle die guten Taler und Gulden, die Ihnen als Kaufherrn eigentlich zustehen müßten, in kleiner Münze in den Geldsäcken der Zollstätten am Rhein verschwinden! Und wie lange mag das dauern? Wenn mein Vater eine Schiffsladung Bauholz mit einem schnellen Segler nach England schickt, dann ist sie in spätestens zwei Wochen dort. Aber ich kann mir nicht vorstellen, daß unter diesen Umständen ein Rheinschiff die Strecke von Straßburg bis Holland in dieser Zeit schafft, und dabei kann dies doch nur höchstens ein Drittel der Entfernung von Schweden bis England sein.«
Kaufmann Breuer schmunzelte.
»Sie haben wieder einmal das Problem exakt erfaßt, Herr Baron. Sie haben kaufmännische Begabung. Wollen wir nicht Kompagnons werden? Aber Scherz beiseite: tatsächlich dauert eine Schiffsfahrt allein von Köln zu einem Hafen wie Rotterdam oder Amsterdam normalerweise sechs Wochen, bei Fahrten mit meinen Waren allerdings nur drei bis vier Wochen.«
»Wie das, Herr Breuer?« rief der Schwede erstaunt aus.
»Nun, es gibt gewisse Arrangements mit einzelnen Zollhäusern am Rhein, über die man nicht laut spricht. Einige an richtiger Stelle eingesetzte Taler lassen die Zöllner immer wieder einmal die Schiffe übersehen, die mit meinen Waren vorüberfahren. Das spart Zeit und Geld. Auch die Zöllner persönlich stehen sich nicht schlecht dabei, wenn Sie verstehen, was ich meine, Herr Baron!«
Versonnen blickte der Kaufherr durch das Fenster. Nachdenklich mit dem Kopf nickend fügte er schließlich hinzu:
»Leicht wird es dem Handel wirklich nicht gemacht hierzulande, Herr Baron. Aber ich sagte ja: er weiß sich wie das Wasser seinen Weg zu bahnen. Und vielleicht erlebt mein Sohn noch eine Zeit, da alle Landesherren am Rhein einsehen, daß freier unbehinderter Handel für ihre Kassen ersprießlicher ist als die kleinlichen Hindernisse, die ihn heute nur erschweren. Lassen Sie uns darauf anstoßen, Herr Baron, und mein lieber Sohn Philipp!«

3

Die erste Nachricht von der Rückkehr des Obristen von Lützow aus Dierdorf nach Neuwied kam von der alten Magd Trine. Philipp Breuer hatte sie gebeten, beim Einkaufen auf dem Wochenmarkt sich unauffällig danach zu erkundigen. Und wirklich, der Austausch von Neuigkeiten zwischen den Mägden und Hausdienern beim Feilschen um einen Kohlkopf oder ein Schock[132] Eier brachte ihm schneller die ersehnte Kunde als der vereinbarte Brief von Charlotte von Lützow, den ihm seine geliebte Phyllis wie üblich heimlich aus dem Schloß schickte.
Endlich, endlich, dachte Philipp, konnte er den Onkel und Vormund um die Zustimmung zur Heirat mit Charlotte bitten. Leicht fiel dem jungen Mann der Weg allerdings nicht, als er in seinem besten Staatsrock und Tressenhut das Haus des Obristen an der Schloßstraße betrat und sich durch den Kammerdiener anmelden ließ. Philipps Herz klopfte so, daß er meinte, man müsse es noch im Nebenzimmer hören. Zu demütigend und enttäuschend brannte die Erinnerung in ihm an die Abweisung bei den beiden Pfarrern, dem katholischen und dem lutherischen, auf seine Bitte um die Trauung. Ob das ein schlechtes Vorzeichen für sein Gespräch mit dem Obrist war? Und wo konnten sich dann die heimlich Verlobten trauen lassen? Aber das sollte erst einmal eine spätere Sorge sein.
Bernhard von Lützow empfing den jungen Herrn Breuer leutselig und ein wenig verwundert. Welches Anliegen konnte der junge Herr schon haben? Aber immerhin war sein Vater einer der reichsten und angesehensten Bürger der Stadt, da fand es der Obrist schon geraten, seinem Sohn freundlich entgegenzukommen.
So konnte Philipp seine sorgfältig einstudierte kleine Ansprache in Ruhe vorbringen. Er beobachtete dabei allerdings mit Sorge, wie sich in erstaunlicher Weise die Miene des Offiziers verwandelte. Strahlte das wohlgenährte Gesicht des alten Herren zuerst freundliches Wohlwollen aus, so zog bald ein Ausdruck des Erstaunens über sein Gesicht, gefolgt von unheilverkündendem Stirnrunzeln. Dennoch blieb der alte Obrist höflich.
»Ihr Antrag Herr Breuer, hat mich, wie Sie sich denken können, überrascht. Ich hatte ja keine Ahnung, daß Sie zu meiner Nichte in irgendeine Beziehung getreten sind. Immerhin gehört sie dem engsten Kreis der

132 Schock: sechzig Stück (bei Eiern).

Hofgesellschaft an. Wie ist Ihnen denn das möglich geworden, Herr Breuer? Soviel ich weiß, sind Sie doch in Ihrem jugendlichen Alter noch nicht bei Hofe eingeladen gewesen?«
Beherrscht verbeugte sich Philipp leicht:
»Ich hatte die Ehre, Herr Obrist, von der hochwohllöblichen Ismenischen Gesellschaft Ihrer hochgräflichen Gnaden, der Gräfin Caroline, als Mitglied aufgenommen zu werden, welcher gleichen Gesellschaft auch das Fräulein von Lützow angehört.«
»Nun, junger Mann«, meinte von Lützow kühl, »in hochgestellten Kreisen ist es nicht üblich, daß sich junge Leute wie Bauernburschen ohne Vorwissen der beiderseitigen Eltern oder Vormünder einander nähern. Diese müssen schließlich am besten wissen, wie es um die Zukunftsaussichten einer etwaigen Verbindung bestellt ist. Aber wie dem auch sei, Herr Breuer: Erkennen Sie nicht selbst, daß meine Nichte und Sie durch Abgründe getrennt sind? Was sage ich: Abgründe – Welten sind es, die Sie trennen!«
»Erlauben mir der Herr Obrist, hierin eine andere Meinung zu haben«, warf Philipp immer noch mit erzwungener Höflichkeit ein. »Ich könnte dutzende Beispiele sehr bekannter Zeitgenossen nennen, die sich ihre Ehefrauen ohne Wissen, ja gegen den Willen der beiderseitigen Eltern ausgesucht haben und glücklich miteinander leben. Und was die von Ihnen angedeuteten Unterschiede angeht, so sind Ihr Fräulein Nichte und ich überzeugt, daß sie Nichtigkeiten sind im Vergleich zu der tiefen, innigen Liebe, die uns beide erfüllt.« Nach einer kurzen Pause fügte Philipp mit Entschiedenheit in der Stimme hinzu: »Wir beide wissen, daß das Schicksal uns füreinander bestimmt hat, was auch immer auf Erden sich gegen uns stellen mag!«
»Sie sind katholisch, und meine Nichte ist lutherisch – wie paßt das zusammen?« brachte Herr von Lützow als Antwort barsch hervor.
»Es gibt Beispiele für Mischehen, Herr Obrist, wenn ich auch zugeben muß, daß sie nicht allzu häufig sind. Aber ich bin auch bereit, zum lutherischen Glauben zu konvertieren.«
»Sie sind Kaufmann, Ihr Vater ist Kaufmann bürgerlichen Standes – haben Sie jemals gehört, daß eine junge Dame aus altadliger Familie einen bürgerlichen Kaufmannssohn geheiratet hat?« Obrist von Lützow, der sich in die Enge gedrängt fühlte, wurde zunehmend unhöflicher.
Wieder nahm sich Philipp Breuer sehr zusammen, um seiner Erwiderung wenigstens im Ton nicht die Schärfe zu geben, die sie enthielt.

»Aber dieser Kaufmannssohn wird Erbe eines Vermögens sein, das ehrlich erworben ist und Ihrer Nichte ein Auskommen sichert, das Sie, Herr Obrist, ihr nicht werden bieten können. Die achtzig Reichstaler, die dem Fräulein von Lützow heute als zweiter gräflicher Hofdame im Jahr zustehen, wird sie als meine Frau lediglich als Nadelgeld[133] im Vierteljahr ausgeben können!«
Erstaunt zog Obrist von Lützow die Brauen hoch. An diesen Aspekt der Verbindung hatte er wohl überhaupt noch nicht gedacht. Philipp Breuer beobachtete ihn scharf. Würde die Aussicht auf eine reiche Heirat den alten Offizier zu einer Änderung seiner starren Haltung veranlassen? Bernhard von Lützow war keine Spielernatur; das, was er dachte, ließ sich deutlich an seinem Gesicht ablesen.
»Nun ja«, meinte der alte Herr, unbehaglich auf seinem Stuhl hin und her rückend. »Ich weiß das schon zu schätzen, Herr Breuer, und meine Vorbehalte sind ja auch nicht persönlich. Nur ist es für die Tochter eines Offiziers und Nichte eines Offiziers ganz unmöglich, einen Bürgerlichen, gar einen Kaufmann, zu heiraten. Das Geschlecht derer von Lützow, in dem es gräfliche und freiherrliche Zweige gibt, ist stolz darauf, daß bisher noch jeder Angehörige mindestens zweiunddreißig adlige Ahnen[134] vorweisen kann. Ich werde nicht der erste sein, eine solche Mesalliance in unserem Geschlecht einzuführen!«
»Ich kann mir nicht vorstellen, Herr Obrist«, fiel Philipp Breuer mit zunehmender Erbitterung in der Stimme ein, »daß eine eheliche Verbindung mit mir, einem freien, unbescholtenen Mann, einem Bürger mit erheblichem Vermögen, einem Baccalaureus der Rechte, für Ihr Fräulein Nichte eine Mesalliance sein soll. Das Recht der Natur, Herr Obrist, sieht alle Menschen gleich und kennt den Adel nicht. In unserem aufgeklärten Zeitalter sollten vernünftige Leute den Aberglauben überwunden haben, daß in den Adern von Menschen mit einem ›von‹ vor dem Namen anderes Blut fließt als in den Adern der übrigen, Herr Obrist!«
Herr von Lützow fühlte sich dieser Art von Beweisführung nicht gewachsen und mußte seinen letzten Triumph ausspielen.

133 Nadelgeld: frei verfügbares Taschengeld der Ehefrau.
134 zweiunddreißig adlige Ahnen: die sog. »Ahnenprobe« wurde für bestimmte Ehrenstellungen, auch zum Eintritt in ein adliges Damenstift verlangt: der Bewerber mußte fünf (manchmal auch nur drei) Generationen ausschließlich adlige Ahnen nachweisen.

»Es liegt mir nichts daran, mein Herr, mit Ihnen über philosophische Phantastereien zu diskutieren. Ich muß Sie darauf aufmerksam machen, daß ich jetzt in Dierdorf eine recht vorteilhafte Verbindung zwichen einem gräflich-wied-runkelschen Offizier und meiner Nichte so gut wie vereinbart habe. Wenn meine Nichte ihrem Namen von Lützow Ehre machen will, wird sie mich nicht wortbrüchig machen. Ich muß unter diesen Umständen unsere Unterredung als beendet betrachten, mein Herr! Darf ich Sie bitten, mein Haus zu verlassen!«

4

Die Turmuhr der reformierten Stadtkirche schlug die achte Morgenstunde. Im Sonnenglanz des strahlenden Frühlingsmorgens zankten sich Spatzen um die reichliche Mahlzeit, die ihnen Karrenpferde auf der Rheinstraße hinterlassen hatten. Es schien ein wunderschöner Tag zu werden.

Der ältere Herr, der da in Pantoffeln, einer altmodischen Perücke und einem teuren Hut auf dem Kopf, aber in einen alten Schlafrock gekleidet, eilig über die Straße lief, sah nichts von dem schönen Wetter. Leise vor sich hin murmelnd fiel er fast die paar Stufen hinauf, die zur Tür des Neuwieder Rathauses führten. Mit zitternder Hand zog er den schweren Türflügel auf. Atemlos keuchte er:

»Au secours, Messieurs – zu 'ilfe, man 'at mich bestohlen, schamlos beraubt 'at man mich – les brigands, vous comprenez!«

Jäh verstummte die Unterhaltung der fünf Männer, die im Vorraum des Ratszimmers um einen Tisch saßen. Ein großer zinnerner Bierbecher fiel um, als einer der fünf sich schwerfällig erhob und, mühsam seine Zunge beherrschend, fragte:

»W – as isch los, Herr Dü – Dubois? W – was haben Sie – hick – für Klagen?«

»Man 'at mich beraubt – volé impudemment – schamlos beraubt, um viele tausend Taler, Juwelen und Gold, und Sie fainéants, Sie Schlafmützen von der Stadtwache, sitzen 'ier und saufen, daß platzen die Bäuche!«

»Wieso, wir sind nicht mehr im Dienst!« verteidigte sich der hochehrbare Korporal der Stadtwache Johann Heinrich Straßburger, im Privatberuf Blechschmied, mit alkoholschwerer Zunge. »Seit einer Stunde sind wir nicht mehr im Dienst, versche – verstehen Sie, Herr

Dubois! Wir haben ein Recht, uns nach der anstrengenden Nachtwache hier noch etwas zu erholen! Ein Recht haben wir!« Und wie zur Bekräftigung nickten die vier Mitglieder der Neuwieder Stadtwache, die am Tisch sitzengeblieben waren, mit schweren Köpfen und hoben wie auf Kommando ihre Zinnkrüge mit Bier.
Der Juwelier Dubois du Rousset bekam fast einen Tobsuchtsanfall. Mit einer kaum verständlichen Flut deutscher und französischer Brokken beschimpfte er die Stadtwache, die zu nichts anderem nütze sei als Bier zu saufen, anstatt die Spitzbuben zu fangen, die nachts in die Häuser ehrbarer Bürger einbrächen.
»Juwelen 'aben sie mir gestohlen, Gold und Juwelen, ich sein eine ruinierte Mann!«
»Nun beruhigen Sie sich doch«, bat ihn Korporal Straßburger, der sich krampfhaft bemühte, die Folgen einer durchwachten Nacht und reichlichen Genusses von Schnaps und Bier abzuschütteln und sich wieder auf seine Pflichten zu besinnen. »Chrest«, schnauzte er einen der am Tisch Sitzenden an, »los, rappel dich hoch und lauf zum Herrn Stadtschultheißen Greyß. Melde ihm, daß ein Einbruch passiert ist. Und dann kannst du gleich noch zum Herrn Hauptmann von Roques gehen und ihm auch Bescheid sagen. Das ist sicher ein großer Fall, der überschei – übersteigt die städtischen Kompetenzen!«
Schweigend, mit beleidigtem Gesicht und aufreizend langsam rückte der Angesprochene hinter dem Tisch hervor, murmelte etwas von »elender Stadtwache« und »Schinderei« und schlurfte hinaus.
Während Herr Dubois nervös hin und her lief und weiter vernehmlich auf die ganze nichtsnutzige Stadtwache schimpfte, bemühte sich der Korporal, die Wachstube so herzurichten, daß sie vor den kritischen Augen hoher Vorgesetzter bestehen konnte. Die Bierkrüge verschwanden in einer Kiste in der Ecke, das Fenster wurde aufgerissen, damit der Bierdunst abziehen konnte. Die Mitglieder der Stadtwache, deren Dienst ja beendet war, verschwanden nach Hause, um sich nach der Anstrengung dieser Nacht auszuschlafen. Nur der Korporal blieb aus Pflichtgefühl bei dem ungeduldig wartenden Juwelier.
Inzwischen war Stadtschreiber Schott zu seinem täglichen Dienst im Rathaus eingetroffen. Er schnitzte bereits an seinem Federkiel und breitete seine Papiere aus, um gleich, wenn der Stadtschultheiß gekommen sein würde, mit der Aufnahme des Protokolls dieses ungewöhnlichen Kriminalfalls beginnen zu können.
Wirklich erschien der Erwartete auch kurze Zeit später. Als pflichtge-

treuer Beamter kam Christian Greyß jeweils vor den Sitzungen der hochgräflichen Regierung, des Stadtmagistrats und des reformierten Konsistoriums, an denen allen er teilzunehmen hatte, morgens kurz in das Rathaus, um sich über besondere Vorkommnisse seit dem letzten Nachmittag informieren zu lassen.

Der bestohlene Juwelier überfiel den Stadtschultheißen sofort mit einem Schwall deutscher und französicher Vorwürfe und Forderungen. Doch dem ernsten Beamten, der nie seine Ruhe verlor, gelang es, Herrn Dubois wenigstens soweit zu zähmen, daß er ein erstes Protokoll aufnehmen konnte. Danach hatte der seit vielen Jahren in Neuwied ansässige Juwelier heute morgen beim Aufstehen bemerkt, daß das Fenster seiner Werkstatt im ersten Stock zerbrochen war. Eine schnelle Untersuchung der in feste Koffer eingeschlossenen Gold- und Juwelenvorräte ergab, daß die meisten Koffer mit Gewalt aufgehebelt worden waren und ihr überaus wertvoller Inhalt fehlte. Noch war Herr Dubois du Rousset infolge des Schocks außerstande, den genauen Wert des gestohlenen Gutes zu beziffern.

»Viele tausend Livres, vielleicht 'underttausend oder mehr waren es, Herr Schultheiß«, versicherte der Juwelier aufgeregt. »Ich sein eine ruinierte Mann!«

Sporenklirrend betrat ein Offizier in Uniform die Wachstube, gefolgt von einem älteren Korporal.

»Guten Morgen, Greyß«, grüßte er herablassend mit einer Geste, die anzudeuten schien, daß nun er hier das Kommando zu übernehmen gedenke.

»Guten Morgen, Herr Hauptmann von Roques«, erwiderte der Stadtschultheiß zurückhaltend und würdevoll. »Der Herr Juwelier Dubois du Rousset hat gerade bei mir« – er betonte das Wort »mir« nur ganz leicht – »Anzeige erstattet wegen eines Einbruchs und Diebstahls von Gold und Juwelen. Das Protokoll wird sogleich fertig sein.«

Das Verhältnis zwischen dem Leiter der städtischen Verwaltung und dem vom Landesherrn mit der Voruntersuchung von größeren Kriminalfällen beauftragten Hauptmann von Roques war etwas gespannt. Dem Offizier und Sohn des reformierten Hofpredigers war es in seiner großspurigen Art nicht gegeben, die Differenzen taktvoll zu mildern, die sich aus den sich überschneidenden und nie ganz geklärten Kompetenzen ergaben.

»Natürlich muß zuerst eine Ortsbesichtigung stattfinden«, verkündete der noch recht junge Hauptmann und wandte sich dann auf Franzö-

sisch an den Juwelier. »Kommen Sie, Monsieur Dubois, vielleicht gelingt es mir, Spuren der frechen Diebe zu entdecken!« Untereinander sprachen die französischen Hugenotten immer noch konsequent ihre Muttersprache, auch wenn ihre Familien schon jahrzehntelang in Deutschland lebten.
Im Hause des Juweliers in der Engerser Straße stapfte der Offizier durch alle Zimmer, schaute in alle Ecken und blickte aus dem zerbrochenen Fenster der Werkstatt in den Hinterhof. Wie ein Schatten folgte ihm sein Korporal Alsbach.
»Die Diebe müssen mit einer Leiter eingestiegen sein«, stellte Hauptmann von Roques schließlich fest, mit Stolz auf seinen kriminalistischen Spürsinn in der Stimme.
»Darauf wäre ich nicht gekommen«, meinte Christian Greyß sarkastisch. Er hatte sich der Untersuchungskommission angeschlossen, um ja nichts von den städtischen Kompetenzen zu vergeben.
Hauptmann von Roques merkte nichts von der Anzüglichkeit des Stadtschultheißen und fuhr fort, seine kriminalistischen Schlußfolgerungen der Öffentlichkeit bekanntzugeben. Diese Öffentlichkeit bestand allerdings nur aus seinem Korporal, dem Schultheißen und dem Juwelier.
»Wer kann mit so viel Goldwaren und Edelsteinen etwas anfangen? Cui bono – wem nützt es, muß man als Kriminalist immer fragen!« Der von seinem Amt als Kriminalpolizei begeisterte junge Hauptmann gab sich ganz als erfahrener Routinier, der die anderen zu belehren hatte. »Mit Gold und anderen Wertgegenständen handeln die Juden. Es ist also wahrscheinlich, daß sie die Hand im Spiel haben. Ich werde ein Mandat der hochgräflichen Regierung veranlassen, daß in den Judenhäusern in Neuwied Hausdurchsuchungen veranstaltet werden können!«

5

In den Tagen zuvor und noch in der Nacht hatte es geregnet, aber am Morgen war die Sonne wieder durch die Wolken gestoßen. Die »Eisheiligen« hatten sich pünktlich verabschiedet. Auf dem Marktplatz neben der reformierten Stadtkirche zeigten große Pfützen und knöcheltiefer Unrat das schlechte Wetter der letzten Tage an. Doch die Menschenmenge, die zum Neuwieder Bonifatius-Markt strömte, ließ sich dadurch nicht abschrecken.

Wie zu jedem Wochenmarkt kamen die Bauersfrauen oder Mägde aus Heddesdorf, Niederbieber und Segendorf, um Eier, Butter, Käse, ein paar lebende Hühner oder frisches Gemüse zu verkaufen. Auch aus dem benachbarten Ausland waren einige Bauern nach Neuwied marschiert, aus dem trierischen Rommersdorf und aus Irlich, das ja nur einen kurzen Fußweg von Neuwied jenseits der Wied lag. Ein oder zwei geschäftstüchtige große Bauern hatten sich vom linksrheinischen Weißenthurm mit der Fliegenden Brücke[135] in die Stadt übersetzen lassen. Fischer boten in Fässern frischgefangenen Rheinsalm und Krebse aus der Wied an.
Das war so wie jeden Mittwoch. Doch heute fiel der wöchentliche Lebensmittelmarkt mit einem der vier großen Jahrmärkte zusammen. Dazu waren auch allerlei Kramhändler in der Residenzstadt zusammengeströmt und boten auf primitiven Brettertischen ihre Waren feil. Vom bunten Mützenband bis zum Fensterrahmen mit fertig eingesetztem Glas, von der Nähnadel bis zur Bibel fanden die Bauern aus den Westerwalddörfern hier alles, was sie im Laufe des Jahres aus der Stadt benötigten.
Auch für leibliche und geistige Erquickung war gesorgt. Die Neuwieder Bierbrauer hatten sich mit großen Fässern voll Gerstensaft eingefunden, und einige Bäcker verkauften frische Wecken zu einem Stüber das Stück. Ein Seiltänzer hatte ein Drahtseil zwischen zwei Bäumen befestigt und stolzierte unter dem atemlosen Staunen der Neuwieder Jugend darauf hin und her. Auch ein oder zwei Tische waren aufgebaut, um mit Würfelspielen den frohgestimmten Jahrmarktsbesuchern ein paar Albusstücke aus dem Sparstrumpf zu locken. Natürlich wiesen die Besitzer dieser Tische lautstark darauf hin, daß hier alles mit rechten Dingen zugehe und ein hochwohllöblicher städtischer Magistrat das Würfelspiel als harmlosen Zeitvertreib für diesen Jahrmarkt specialiter zugelassen habe. Eine Patrouille der städtischen Bürgerwehr marschierte stolz mit geschulterten Musketen durch die Menschenmenge und achtete auf die Einhaltung der guten Sitten.
An einer Ecke des Marktplatzes, in der Nähe der Kirche, stand ein kleines Grüppchen von Menschen, die einen kläglichen Anblick boten. Barfuß und mit schmutziger, zerrissener Kleidung bildeten die

135 Fliegende Brücke: im 18. Jahrhundert übliche Bezeichnung für eine regelmäßige oder auf Anforderung verkehrende Flußfähre.

beiden Männer und die Frau einen starken Kontrast zu den einfach, aber sauber gekleideten städtischen Bürgern und ihren Mägden sowie zu den Bauern, die zum Stadtbesuch meist ihren Sonntagsstaat angelegt hatten. Voll Staunen über die vielen Menschen hielten die Fremden zaghaft ihre Hände ausgestreckt.

»Bitte, ihr Herren, gebt einem armen abgebrannten Bauern eine kleine Hilfe in seiner Not!« Hannfräs Rüdig aus Mogendorf murmelte die Worte kaum verständlich, aber das Äußere seiner Familie und die flehenden Hände sprachen für sich.

Doch nur wenige Pfennigstücke sammelten sich in den Händen der Rüdigs. Die meisten der Neuwieder Bürger gingen mit abweisenden Blicken an ihnen vorüber. Einige blieben sogar stehen und erklärten in strafendem Ton, daß in einer so wohlgeordneten Stadt wie Neuwied das Betteln eine verwerfliche Beschäftigung sei.

»Was treibt ihr hier, verfluchtes Bettelpack?« herrschte sie ein kleines Männchen an. Es war der städtische Ratsdiener Henns, der als Zeichen seiner Würde als Ausrufer eine große Schelle und zum Ausweis seines zusätzlichen Amtes als städtischer Bettelvogt und Gefängnisschließer eine Hellebarde trug.

Erschrocken drehten sich die Rüdigs dem Vertreter der Obrigkeit zu, nur Filb, der Sohn, hielt ihm mit leerem Grinsen die offene Hand hin.

»Hier in Neuwied wird nicht gebettelt! Befehl Seiner hochgräflichen Gnaden, des Herrn Grafen!« schnauzte der Stadtdiener die zerlumpten Gestalten an. »Marsch ab ins Dibbo!«

Damit legte der Stadtdiener seine Schelle und Hellebarde auf den Boden, um die Hände frei zu haben, zog eine kräftige Leine aus der Hosentasche und band die beiden Männer und die Frau mit je einer Hand daran. Dann nahm er die Insignien seiner Würde wieder auf und zog die drei Gefangenen am Strick wie eine Kuh hinter sich her, von einer johlenden Meute frecher Jungen verfolgt.

Der kleine Karzer im städtischen Rathaus wies als Einrichtungsgegenstände nur eine einfache Holzbank, eine Schütte Stroh und ein übelriechendes Holzfaß auf. Die drei Rüdigs fühlten sich roh hineingestoßen. Spöttisch lachend empfing sie die Stimme eines jungen Mannes:

»Na, haben sich noch ein paar Fechtbrüder im Vogelnetz gefangen? Wie soll man das auch vorher wissen, daß in diesem kleinen Nest Jagd auf die Brüder der Landstraße gemacht wird?«

Doch die drei Rüdigs waren viel zu verstört, um auf die Reden des

studentisch gekleideten Häftlings einzugehen, der sich aus seiner Gefangenschaft nicht viel zu machen schien.
Eine Weile später – den drei armseligen Sündern wider Willen erschien es wie eine Ewigkeit – öffnete sich die Karzertür erneut, und Ratsdiener Henns winkte die Insassen des Karzers heraus in die Ratsstube. Dort saß ein würdiger Herr am Tisch, einen Schreiber mit gespitzter Gänsefeder neben sich. Er fragte die Gefangenen nach ihren Namen, ihrem Woher und Wohin und diktierte dann kurz und bündig ein Protokoll.
»Heute, beim Bonifatius-Jahrmarkt wegen Bettelei sistiert[136]: Johann Friedrich, Jeanette und Philipp Rüdig von Mogendorf. Die Frau kommt als arbeitsunfähig in das städtische Armenkrankenhaus, die Männer in das Armenhaus der Blechfabrik der Firma Remy & Barensfeld. Ferner der angebliche Studiosus der Philosophie Augustinus Nepomuk Eisenmann, von Mainz. Er wird vom Stadtdiener an die trierische Grenze nach Engers zu geführt und aus den wied-neuwiedischen Landen ausgewiesen, mit der Weisung, sich nie wieder hier blicken zu lassen.«
Schwungvoll setzte der Herr in modischer Perücke seine Unterschrift unter das Protokoll: *Neuwied, am 14 ten Mai A. D. 1784. Chr. C. Greyß, gräflicher Regierungsrat und Stadtschultheiß.*

6

In Feierabendstimmung betrat Veitel Raphael sein elterliches Haus in der Judengasse, dicht beim Schloß. Der fünfzehnjährige Junge legte sein Bündel Schulbücher sorgfältig auf dem Tischchen ab, das dafür bestimmt war. Für diese Woche war das Lernen in der Schule vorüber. Eigentlich gab es auch am morgigen Sonnabend Unterricht, doch als Jude war Veitel wegen der Sabbatruhe davon befreit.
Der Sohn des Goldschmieds und gräflich-wiedischen Schutzjuden Meyer Raphael war ein hochintelligenter Bursche. Bis zu seinem Bar-Mizwa-Fest[137] am Ende des dreizehnten Lebensjahres hatte er in der Thoraschule des Neuwieder Rabbi Liebschütz Hebräisch und Deutsch

136 Sistieren: vorläufig festnehmen.
137 Bar-Mizwa-Fest: hebräisch, wörtlich »Sohn der Pflicht«; das Fest entspricht etwa der christlichen Firmung oder Konfirmation.

Lesen und Schreiben gelernt und darüber hinaus eine gründliche Kenntnis in der Thora, Mischna und Talmud[138] erworben.
Seit fast zwei Jahren aber war der junge Veitel Zögling der Lateinschule des Präzeptors Bender in der Engerser Straße. Seine Familie und die ganze Judenschaft von Neuwied rechnete es sich zur hohen Ehre an, daß er dort gleichzeitig mit zwei Enkeln des regierenden Grafen unterrichtet wurde. In zwei Jahren, so hofften seine stolzen Eltern, würde der vielversprechende Sohn auf der Universität Duisburg im preußischen Herzogtum Kleve Medizin studieren und damit den einzigen akademischen Beruf ergreifen können, der einem Juden im Heiligen Römischen Reich offenstand, den des Arztes. Ein Onkel, Aaron Elias, war das große Vorbild, hatte der sich doch als Arzt in Bonn, der Residenz des Kölner Kurfürsten, niedergelassen.
Meyer Raphael begrüßte seinen Sohn herzlich. Der alte Goldschmied bot mit seinem langen, in zwei Spitzen auslaufenden Judenbart einen würdigen Anblick. Er hatte an diesem Freitagnachmittag die Arbeit in seiner Werkstatt längst eingestellt. Die Vorbereitungen auf den Sabbat waren nach alter Tradition zu treffen, denn mit dem Sonnenuntergang des Freitags würde die von Jahwe gebotene Feiertagsruhe einsetzen. Die Familienmitglieder mit Ausnahme des Sohnes hatten bereits die gründliche Reinigung im Bad hinter sich und sich in ihre Festtagsgewänder gekleidet.
Gückel, die siebzehnjährige Tochter, half der Mutter beim Decken des Tisches zum Nachtessen am Sabbatbeginn. Eine blendendweiße Leinendecke kam auf den Tisch. Mit besonderer Sorgfalt stellte Gückel, ein Mädchen von fremdartiger Schönheit, die beiden silbernen Kerzenleuchter darauf, die zum Sabbattisch gehörten, sowie die kleinen Silberbecher mit Sabbatwein. Dann trug sie die frischgebackenen Weißbrote auf, jene in kunstvollen, traditionsgeheiligten Mustern geflochtenen Schaubrote, die jeder Jude am Sabbat auf dem Tisch hatte, der es sich leisten konnte. Mamme Rahel stellte unterdessen in der Küche die fleischgefüllten Krapfen auf dem Herd warm.
Plötzlich pochte es laut und unheilverkündend an der Haustür.
»Im Namen Seiner hochgräflichen Gnaden, öffne Er, Jude!« rief eine kräftige Stimme.
Würdevoll trat Meyer Raphael zur Tür, um zu öffnen.

138 Thora: Altes Testament; Mischna, Talmud: ältere und jüngere Erklärungen jüdischer Gelehrter zu den religiösen Regeln.

»Chass wescholem[139] – Herr Hauptmann von Roques, untertänigst Guten Obend!« grüßte der Goldschmied leicht erschrocken in jenem eigentümlichen Judendeutsch, das die Juden im Reich untereinander sprachen.

Hinter dem Hauptmann drängte sich sein Schatten, der Korporal Alsbach, durch die Tür. Barsch herrschte der Offizier den Juden an:

»Er hat gestohlene Ware im Haus, Gold und Juwelen, gestohlen bei Monsieur Dubois du Rousset – geb Er es nur gleich zu!«

Meyer Raphael erbleichte und faßte schnell mit der rechten Hand an die Mesuse, die kleine Silberkapsel mit einem Bibelspruch, die wie bei jedem Judenhaus am rechten Türpfosten angenagelt war.

»Gott ist main Ejdess[140] – hab' ich nischt Gestohlenes im Haus, möge der Herr Hauptmann selbst sehen!«

Hauptmann von Roques winkte seinem Korporal, der sich gleich an die Arbeit machte, das Haus von oben bis unten zu durchsuchen. Doch auch das Abklopfen der Wände und der Fußböden nach hohlen Stellen förderte das Gesuchte nicht zutage.

Besondere Sorgfalt legten die beiden Vertreter der Obrigkeit bei der Durchsuchung der Werkstatt des Goldschmieds an den Tag. Wie ein Jagdfalke auf seine Beute schoß Hauptmann von Roques auf einige Goldbarren los, als Meyer Raphael einen verschlossenen Schrank öffnete.

»Bin ich ein Goldschmied, hochmächtiger Herr Hauptmann«, erklärte Meyer Raphael, sich zur Ruhe zwingend. »Muß ich Gold im Hause haben für mein Gewerbe, ehrlich gekauftes Gold. Kann ich es doch beweisen, hochmächtiger Herr!« Und damit schleppte er einen dicken Folianten herbei. »Das mein Buch, wo sind verzeichnet alle Einkäufe von Gold und anderen Waren und alle Verkäufe.«

Der Goldschmied schlug das Buch auf, von hinten, wie es dem Hauptmann schien.

»Das kann ich ja nicht lesen, Raphael!« protestierte Herr von Roques. »Das ist ja Hebräisch. Kann Er denn nicht in Deutsch schreiben, wie es sich gehört?«

Ängstlich, aber doch um Erhaltung seiner Würde bemüht, verteidigte sich der Goldschmied:

»Habe ich gelernt in der Schul' zu lesen und zu schreiben nur in jüdischer Schrift, hochmächtiger Herr! Soll ich vorlesen?«

139 Chass wescholem: Gott behüte (hebräisch).

140 Ejdess: Zeuge (hebräisch).

»Da kann Er mir wer weiß was erzählen, Jud'!«
Ärgerlich wischte der Hauptmann diesen Vorschlag beiseite. Im stillen erwog er, wie er aus dieser mißlichen Lage herauskommen könne, ohne sein Gesicht zu verlieren. Er glaubte nun schon selbst nicht mehr, hier noch eine Spur der gestohlenen Schätze zu finden. Er wollte die Durchsuchungsprozedur beenden, ohne sich etwas in seiner Würde zu vergeben. Wenn er das Buch konfiszierte und mitnahm, war er sicher, daß kein Christ in Neuwied die hebräische Kursivschrift würde entziffern können. Hebräische Druckbuchstaben – die könnte sein Vater, der Hofprediger, sicher lesen, aber dieses Gekritzel? Hauptmann von Roques kam auf einen Gedanken, der ihm schlau schien.
»Hier, Sein Sohn soll mir das übersetzen, Raphael«, befahl der Offizier. »Er geht doch in die Lateinschule, da ist er ja schon ein halber Christ.«
Veitel Raphael hatte sich während der rohen Durchsuchung still im Hintergrund gehalten. Jetzt trat er hinzu und übersetzte gehorsam die letzten Seiten, die in Jüdischdeutsch, aber eben in hebräischer Schreibschrift niedergeschrieben waren. Peinlich genau ging daraus hervor, welche Mengen Gold der Handwerker in der letzten Zeit eingekauft hatte, auch von wem und für welchen Preis, ferner wieviel er davon für welche Schmuckstücke verarbeitet und verkauft hatte, und welcher Goldvorrat sich noch in seinem Besitz befand. Die Aufzeichnungen stimmten genau mit den aufgefundenen Vorräten überein.
Verärgert und ergebnislos verließ Hauptmann von Roques mit seinem Korporal das Judenhaus, nicht ohne zu drohen, daß bei den anderen Juden der Stadt bestimmt noch gestohlene Ware gefunden würde.
»Wer sollte sie sonst haben?«
Über der Aufregung und dem Verhör war längst die Sonne untergegangen. Für die Juden hatte der Sabbat begonnen.
»Kommt, Rahelleben, Veitel und Gückel, wollen wir beten zu Gott dem Gerechten, daß er uns errettet hat aus großer Gefahr«, forderte der Vater seine Familie auf. Und wie jeden Abend versammelte sich die Familie zum Gebet: »Höre, Israel, der Ewige ist unser Gott, der Ewige ist einzig...« Diesmal fügte der Vater einen Spruch aus den Psalmen Davids hinzu: »Ach, Herr, wie sind meiner Feinde so viel und erheben sich so viele wider mich! Viele sagen von mir: Er hat keine Hilfe bei Gott. Aber du, Herr, bist der Schild für mich, du bist meine Ehre und hebst mein Haupt empor. Bei dem Herren findet man Hilfe. Dein Segen komme über dein Volk!«

7

Die Straße nahe dem munter rauschenden Flüßchen, der Wied, wies tiefe Rinnen und Schlaglöcher auf. Tausende von Pferdekarren waren hier im Laufe der Jahre hin und her gefahren. Sie mußten die unersättlichen Schmiedehämmer auf dem Rasselstein mit Nachschub an Holzkohle, Eisenerz oder bereits verhüttetem Roheisen versorgen und die Produkte des Gewerbefleißes wieder abtransportieren. Die beiden Reiter, die an einem schönen Maitag ihre Pferde auf dieser Straße vorwärtstrieben, konnten keinen schnellen Schritt anschlagen, weil sich sonst die Tiere ihre Beine gebrochen hätten.
Der junge Baron Björnquist aus Schweden war heute mit einem seiner neuen Bekannten aus Neuwied unterwegs. Der reiche Unternehmer Carl Wilhelm Remy hatte dem ausländischen Gast versprochen, ihm persönlich seinen weit und breit berühmten Blechhammer zu zeigen. Dort, wo die Rheinhöhen kurz hinter Heddesdorf dicht an die Wied herantraten, lagen am Ufer hintereinander aufgereiht mehrere eigentümliche Gebäude. Kohlenstaub und Ruß aus den ständig rauchenden Kaminen hatten die ganze Umgebung in einen schmutzigen Überzug gehüllt, und schon aus der Ferne kündigte der Lärm von unentwegt pochenden schweren Hämmern den Reitern an, daß sie sich einem Ort fleißiger Arbeit näherten.
»Das Blechwalzwerk, das Sie dort sehen werden, Herr Baron, ist das erste im ganzen Westen des Heiligen Römischen Reiches«, meinte Carl Wilhelm Remy mit Stolz in der Stimme. Er war ein kräftig gebauter Mann im besten Alter, noch nicht einmal vierzig Jahre. Seine Augen schienen Nähe und Ferne zugleich zu überblicken.
»Gehört Ihnen das Werk schon lange?« erkundigte sich der junge Schwede interessiert. Er hatte den Unternehmer bei seinem Besuch in der Neuwieder Freimaurerloge erstmals kennengelernt und war inzwischen schon zweimal bei einer Soirée in das Stadthaus Remys eingeladen gewesen.
Carl Wilhelm Remy gab bereitwillig Auskunft:
»Die ganze Anlage hier auf dem Rasselstein ist nicht mein Eigentum, Herr Baron. Mein seliger Herr Vetter und Schwiegervater hat sie Anno 1760 vom gnädigen Herrn Grafen gepachtet. Aber inzwischen stecken so viel Geld, Gedanken und Energie meiner Familie darin, daß ich sie als unser eigenes Werk ansehe. Vielleicht ist der Tag nicht mehr fern, da ich es auch von Rechts wegen als mein Eigentum ansehen darf.«

»Werden Sie das Werk kaufen, Herr Remy?« fragte Baron Björnquist.
»Darüber möchte ich jetzt nicht sprechen«, antwortete der Unternehmer zurückhaltend. »Man soll nichts vor dem Tag beschreien. Aber hier sind wir angekommen, steigen wir ab, Herr Baron.«
Die beiden Reiter banden ihre Pferde an einen Pfosten vor der Tür des größten Gebäudes, aus dem ein ohrenbetäubender Lärm scholl und die Tiere nervös machte. Aus einer hohen rechteckigen Esse, die die hölzerne Dachkonstruktion um viele Ellen überragte, quoll dichter, mit Funken vermischter Rauch in die klare Frühlingsluft.
Ist das ein Vorhof zur Hölle, fragte sich der junge Schwede, als er, von seinem Gastgeber höflich geleitet, das aus Bruchsteinen roh gemauerte Gebäude betrat. Der dunkle, rußerfüllte Raum wurde hauptsächlich durch die rote Glut erleuchtet, die aus dem Feuerloch eines riesigen Schmiedeofens schien. Zwei mächtige Balken ragten aus Mauerlöchern, hoben sich abwechselnd wie von einer Zauberhand bewegt und fielen krachend wieder herab. Große eiserne Hämmer beschwerten das Ende dieser Balken.
Das müssen die Gehilfen Satans sein, dachte Arne Björnquist, während er den kräftigen halbnackten Gestalten mit Lederschürzen zusah, wie sie ein glühendes Eisenstück mit Zangen gepackt hielten und es ständig auf dem Amboß drehten. Nach kurzer Zeit konnte man aber erkennen, daß die Hämmer und das Geschick der Arbeiter diesem Eisen eine Gestalt gegeben hatten, den Umriß einer Pflugschar.
»Die Grobhämmer werden durch Wasserräder getrieben«, schrie Carl Wilhelm Remy seinem Gast ins Ohr, da dieser sonst kein Wort verstanden hätte. »Die Wied fließt hinter dem Haus und treibt sie. Auch die Blasebälge für das Feuer!« Und schon zog der Fabrikherr den Besucher nachdrücklich weiter, ins nächste Gebäude, das ähnlich aussah.
»Dies ist der Blechhammer«, erläuterte er und wies auf den überbreiten Hammer, der mit dem Gewicht vieler Zentner alle paar Sekunden auf den Amboß schlug und die glühende Eisenplatte in kurzer Zeit in ein dickes Blech verwandelte. Zwei Arbeiter mit langstieligen Zangen sorgten dafür, daß es überall gleichmäßige Dicke erhielt. Andere Arbeiter zwangen ein immer noch glühendes Blech in den schmalen Spalt zwischen zwei sich drehenden mächtigen Eisenwalzen hindurch; diese wurden offenbar ebenfalls von großen Wasserrädern getrieben. Eine komplizierte Vorrichtung mehrerer ineinander greifender hölzerner Zahnräder sorgte dafür, daß die Walzen sich gegeneinander und im richtigen Tempo drehten.

»Es hat lange gedauert, bis wir die richtige Breite der Walzen, die beste Drehgeschwindigkeit und die geeignete Eisenqualität gefunden haben«, erklärte der Fabrikant schreiend. »Sie sind mein Betriebsgeheimnis. Davon hängt die Qualität des Bleches ab!«
Erschrocken wich der junge Baron zurück, als in der Tür ein muskelbepackter Mann im schmutzigen Kittel mit einem primitiven Schubkarren auftauchte, einige fertige, immer noch glühendheiße Blechstücke mit Hilfe einer Zange auf die Karre lud und die Bleche zum Abkühlen und Lagern nach draußen fuhr. Voll Besitzerstolz zog der Fabrikherr seinen Besucher schon wieder ins Freie.
»Jetzt zeige ich Ihnen noch den Hochofen!« Dabei wies er auf eine hohe Konstruktion aus gemauerten Feldsteinen, aus dessen Öffnung oben eine riesige Flamme und eine noch gewaltigere Rauchwolke den Himmel zu verdunkeln schien. »Wir verarbeiten hier auf dem Rasselstein zum Teil bereits erschmolzenes Roheisen, das vom Hüttenwerk in Honnefeld stammt, gut zwei Meilen von hier oben auf dem Westerwald. Ich habe es ebenfalls vom Grafen gepachtet. Zum Teil verhütten wir den Brauneisenstein aus dem Gebirge aber auch direkt hier und verarbeiten die Luppen[141] gleich weiter, oder wir transportieren das Roheisen über den Rhein zum Schmiedehammer an der Nette, den meine Firma vom Kloster St. Thomas bei Andernach gepachtet hat.«
»Womit wird der Hochofen geheizt?« wollte der junge Baron wissen.
»Mit guter heimischer Holzkohle«, meinte der Fabrikant. »Dutzende von Köhlern oben im Gebirge leben davon, für uns in ihren Meilern Holz zu Kohle zu brennen. Aber es wird zunehmend schwerer und teurer, die nötigen Holzmengen zu beziehen – alles in allem mehrere tausend Klafter[142] im Jahr. Der Westerwald ist bald abgeholzt!« Der Unternehmer blickte seinen Gast an und meinte in leicht scherzendem Ton: »Wie ist es denn, Herr Baron, Ihr Herr Vater betreibt doch einen großen Holzhandel in Schweden – können wir nicht von Ihnen schwedisches Holz beziehen?«
»Gern, mein Herr«, ging der Schwede auf den Ton seines neuen Bekannten ein, »wir schicken ja auch Holz nach England. Wenn Sie also bereit sind, für den Transport über mehrere hundert Meilen und den Zoll an Dutzenden von Zollhäusern zu bezahlen!«
Carl Wilhelm Remy lächelte:

141 Luppen: Klumpen im Hochofen erschmolzenen Roheisens.
142 Klafter: altes Holzmaß, ca. 4 Kubikmeter.

»Dann fürchte ich, könnte ich mein Eisen nur noch zum Preis von Gold verkaufen – schade, es wäre eine gute Zusammenarbeit geworden! Aber im Ernst: das Brennmaterial ist unser größtes Problem. Wir überlegen bereits, die Feuerung mit sogenannten Steinkohlen zu probieren, die an der Saar aus der Erde gegraben werden und die ausgezeichnet brennen sollen. In England soll man damit schon gute Erfolge erzielt haben. Aber der Transport hierher ist sehr teuer und langwierig. Doch kommen Sie, Herr Baron, der Staub macht durstig. Lassen Sie uns im Kontor noch einen Krug Wein aus meinem Weinberg in Niederbieber trinken!«

In einem kleinen Fachwerkanbau an eines der Werkgebäude war für den Fabrikherrn, einen Buchhalter und zwei Gehilfen ein winziges Kontor eingerichtet. Die rußigen kleinen Fensterscheiben ließen kaum genug Tageslicht ein, daß die Schreiber an den Stehpulten ihre langen Zahlenkolonnen addieren konnten.

»Wie viele Arbeiter stehen bei Ihnen in Lohn?« fragte Baron Björnquist. Ihn faszinierte dieser Blick in einen für ihn ganz neuen Gewerbezweig.

Carl Ludwig Remy erklärte:

»Hier etwa sechzig, drüben auf dem Nettehammer noch einmal fast ebenso viel, und an die dreißig auf der Honnefelder Hütte. Dazu kommen noch fast dreißig Leute im Armenhaus in Neuwied, in meiner Pfauenblechfabrikation. Die müssen Sie sich unbedingt auch ansehen, Herr Baron. Mein Kompagnon Barensfeld zeigt sie Ihnen gerne!«

Der Unternehmer trank dem Gast zu. »Wissen Sie, bei mir finden viele Baurnburschen Arbeit und Brot, die sonst auf ihren immer mehr geteilten Ackerstückchen verhungern oder sich nur für die Kost als Knecht bei einem anderen Bauern verdingen müßten. Dazu kommen noch die vielen Köhler und Bauern, die durch Holz-, Kohle- und Erzfuhren für meine Firma sich ein gutes Stück Geld verdienen. Sie werden es kaum glauben, Herr Baron, in den Diensten der Firmen Remy & Konsorten und Remy & Barensfeld stehen fast ebenso viele Menschen wie im Dienst des gnädigen Herrn Grafen einschließlich seines Militärs.«

Nachdenklich blickte der junge Schwede auf die Schreiber, die sich auch durch den Besuch im Kontor nicht in ihrer Arbeit stören ließen. Von draußen tönte gedämpft das Stampfen der Hämmer in den Raum. Er mußte seinem Gastgeber sagen, was ihn bewegte:

»Ich glaube, Herr Remy, ich habe hier auf dem Rasselstein mehr gesehen als nur eine rußige, lärmerfüllte Werkstatt. Ich muß Ihnen gestehen, zuerst habe ich geglaubt, ich sei hier in einen Vorhof der Hölle geraten. Aber jetzt dämmert es mir, daß mit Unternehmen wie dem Ihren eine ganz neue Zeit beginnt. Ich bin, hoffe ich, noch jung genug, um zu erleben, wie diese neue Zeit sich überall in Europa durchsetzt. Auf Ihre Unternehmungen, Herr Remy!« Baron Björnquist hob sein Weinglas. »Skal – sagen wir in Schweden!«

Klosenwöllms Rache

1

Ein wunderschöner Maientag ging zu Ende. In der guten Stube des gräflichen Gutshofes und Forsthauses Gommerscheid, steil auf der Höhe über dem Tal der Wied im dichten Wald gelegen, hatten es sich zwei vornehme Besucher bequem gemacht. Die Frau des Gutspächters Hebgen war am gräflichen Hof zu Neuwied berühmt für ihre Kochkunst, mit der sie Hammelragout und Wildfleischpasteten zuzubereiten verstand. Daher suchten oft Hofkavaliere bei Celsissimus um die Erlaubnis nach, im Gommerscheider Forst jagen zu dürfen, hauptsächlich um der guten Küche der Madame Hebgen willen.
Der Herr Vizeforstmeister und Major Carl Heinrich von Hayn hatte es als oberster Hüter des gräflichen Jagd- und Forstwesens nicht nötig, sich eine besondere Jagderlaubnis von Celsissimus geben zu lassen. Angesichts ihres Alters jagten weder Graf Alexander noch der Obrist von Lützow selbst. Der letztere trug zwar den Ehrentitel eines gräflichen Oberforstmeisters, aber er überließ schon lange die Pflichten und die Freuden des gesamten Jagdwesens seinem Stellvertreter von Hayn. So war Herr von Hayn heute hierher nach Gommerscheid gekommen, um das Nützliche – das Aufspüren und Stellen einer Rotte Wildschweine, die die Felder der benachbarten Dörfer verwüsteten – mit dem Angenehmen – der berühmten Küche des Forsthauses Gommerscheid – zu verbinden. Sein Sohn Johann Albrecht hatte ihn bei der Jagd begleitet und leistete ihm nun auch bei dem ausgiebigen Abendessen Gesellschaft.
Eben meldete der Gutsknecht mit gezogener Mütze, daß der Herr Amtmann von Brunner auf den Hof reite. Erfreut traten die beiden Hayns unter die Tür und luden den Neuankömmling zum Mitessen ein. Madame Hebgen mußte gleich eine Neuauflage ihrer Lammkoteletts in den Ofen schieben.
»Ich komme gerade aus Neuwied, Herr Major«, berichtete Amtmann von Brunner, während er genüßlich ein gebratenes Täubchen als Vorspeise verzehrte. Johann Michael von Brunner war ein vielbeschäftigter Mann. Er gehörte titelmäßig als Oberleutnant zum Offizierkorps des gräflich-wiedischen Regiments, aber er hatte auch die Pflichten

eines Forstassessors und damit Stellvertreters des Herrn von Hayn zu erfüllen. Vor allem jedoch war er vor zwei Jahren vom Landesherrn zum Justizamtmann des Amtes Rengsdorf ernannt worden und war damit für alles Geschehen in diesem größten Verwaltungsbezirk der Grafschaft verantwortlich. »Als ich hörte, daß Sie hier sind, habe ich mich beeilt, Sie aufzusuchen, um Ihnen das Neueste zu berichten. Es ist leider nichts Erfreuliches.«

Neugierig sah Carl Heinrich von Hayn den Sprecher an.

»Erzählen Sie schon, Herr von Brunner, spannen Sie uns nicht auf die Folter.«

Der Amtmann kam der Aufforderung nach.

»Celsissimus hat, wie Sie wissen werden, den kürzlichen Aufruhr der Anhäuser Bauern und die Weigerung, ihre Steuerzahlung zu leisten, sehr ernst genommen. Es war erwogen worden, die Steuern unter Einsatz des Regiments mit Gewalt einzutreiben. Aber Seine hochgräfliche Gnaden haben davon Abstand genommen, da alle Offiziere ihm versicherten, daß die Mannschaften beim Einsatz gegen ihre eigenen Familien nicht zuverlässig sein würden.«

»Ja«, warf Major von Hayn bitter ein, »das ist mir bekannt. Im Vertrauen gesagt, Herr Kamerad, ich halte dies für eine Schande für unser Regiment, dem wir beide ja schließlich auch angehören. Das ist die bedauerliche Folge der allzu laschen Disziplin, die in den letzten Jahren dort eingerissen ist. Aber fahren Sie fort, Herr von Brunner!«

»Daraufhin hatte Celsissimus beim Westfälischen Kreis ein Mandatum executorium beantragt, damit fremde Truppen, etwa des Herzogs von Berg, die Aufgabe der Steuereintreibung übernehmen könnten.«

Hier mischte sich der junge Herr von Hayn in das Gespräch.

»Herr von Brunner, Ihnen als Bürokraten sind natürlich solche Ausdrücke wie Westfälischer Kreis und Mandatum executorium geläufig. Aber würden Sie vielleicht die Gewogenheit haben, mir diese Dinge ein wenig zu explizieren, damit ich als Edelmann, der es bisher nicht nötig hatte, sich mit solchen gewöhnlichen Vorgängen zu beschäftigen, Ihrem Gespräch folgen kann.«

Amtmann von Brunner blickte Johann Albrecht von Hayn erstaunt an. Schon wollte er auf die in überheblichem Ton vorgebrachten, eigentlich eine Beleidigung enthaltenden Worte des jungen Mannes scharf entgegnen. Doch er besann sich rasch und gab dem Sohn seines Vorgesetzten in sachlich distanziertem Ton Auskunft.

»Unsere Grafschaft Neuwied, Herr von Hayn, gehört wie viele kleinere Reichsstände vom Westerwald bis zur Weser zum Westfälischen Kreis, einem der zehn Reichskreise des Heiligen Römischen Reiches. Seit der Reichsreform unter Kaiser Maximilian Anno 1508 haben diese Reichskreise unter anderem die Aufgabe, die Kontingente der Reichsstände für die Reichsarmee zu rekrutieren und für Ruhe und Ordnung und Gehorsam der Untertanen gegenüber ihren Landesherren im Kreisgebiet zu sorgen, wenn die Landesherren selbst dazu aus irgendwelchen Gründen nicht imstande sind. Ein Mandatum executorium ist eine Anweisung des Kreisregiments, notfalls Truppen des Kreises für einen solchen Zweck einzusetzen. Um Ihrer weiteren Frage zuvorzukommen, Herr von Hayn: das Kreisregiment bilden die beiden kreisausschreibenden Fürsten, die zu Kreistagen, also zu Versammlungen der Bevollmächtigten aller zum Kreis gehörenden Reichsstände, einladen können.«
Herr von Brunner unterbrach sich kurz, um Madame Hebgen, die gerade mit den fertigen Lammkoteletts eingetreten war, mit einem Wink zu veranlassen, ihm einen Teller von dieser verführerisch duftenden Köstlichkeit zu reichen. »Kreisausschreibende Fürsten sind im Westfälischen Kreis der Herzog von Berg, der zugleich bayerischer und pfälzischer Kurfürst ist, und der Bischof von Münster. Dieses Bistum ist schon seit langer Zeit in Personalunion mit dem Stuhl des Erzbischofs und Kurfürsten von Köln verbunden. Das heißt, der Westfälische Kreis wird ausschließlich von katholischen Fürsten geleitet, die uns Evangelischen nicht besonders wohlgesonnen sind.«
»Was ist denn nun die Neuigkeit, Herr von Brunner, die Sie uns mitteilen wollten?« fragte etwas ungeduldig der Major von Hayn.
»Darauf wollte ich gerade kommen, Herr Major«, sagte der Amtmann kauend.
»Celsissimus hat heute ein Schreiben der herzoglich-bergischen Kanzlei aus Düsseldorf erhalten, das in Wirklichkeit aber wohl am kurfürstlich-bayerischen Hof in München konzipiert worden ist. Darin wird der Erlaß eines Mandatum executorium des Westfälischen Kreises gegen die aufrührerischen Bauern im Kirchspiel Anhausen abgelehnt. Der Kreis könne dafür einen Einsatz fremder Truppen nicht rechtfertigen, der Landesherr der Grafschaft Neuwied müsse selbst mit diesen internen Schwierigkeiten fertig werden.«
»Oh, das sind tatsächlich schlechte Neuigkeiten, Herr von Brun-

ner«, meinte der Forstmeister nachdenklich. »Hat Celsissimus denn schon beschlossen, wie nun weiter zu verfahren sei?«
»Davon ist mir nichts bekannt, Herr Major«, entgegnete Herr von Brunner, »im Augenblick hat, so viel ich sehe, die Landesherrschaft keine ausreichenden Machtmittel gegen dieses aufrührerische Bauernpack in Händen. Dieser verfluchte Prozeß um die Waldrechte ist daran schuld. Besonderen Zorn haben die Anhäuser Bauern offenbar auf Sie persönlich, Herr Major, wie mir aus Anhausen berichtet wird. Warum, das ist mir nicht bekannt. Aber ich muß Ihnen gehorsamst empfehlen, vorerst nicht ins Kirchspiel Anhausen zu kommen, Herr Major!«
»Das gilt doch nicht etwa auch für mich!« warf der junge Herr von Hayn dazwischen. »Ich hatte vor, morgen nach Anhausen zu reiten, um einen kapitalen Vierzehnender zu jagen, der dort gesichtet worden ist.«
Der Amtmann blickte den jungen Mann ernst an.
»Meine Warnung, Herr von Hayn, gilt auch für Sie. Ich an Ihrer Stelle würde mich in den nächsten Wochen dort nicht blicken lassen. Sie wissen, daß unsere bewaffnete Macht nicht in der Lage ist, Sie zu schützen, falls Sie mit den wütenden Bauern zusammengeraten sollten.«
»Das ist doch lächerlich!« fuhr Johann Albrecht von Hayn wütend auf. »Ein paar verrückt gewordene Bauern werden doch einem Edelmann nicht vorschreiben können, wo er sich aufhalten darf!«
Doch zu seinem Erstaunen stellte sich auch sein Vater auf die Seite von Brunner.
»Falls du tatsächlich vorgehabt haben solltest, in der Anhäuser Gemarkung zu jagen, so verbiete ich dir das, mein Sohn. Ich selbst habe morgen hier noch zu tun, ich erwarte den Fabrikanten Hackenbracht zu einer Verhandlung. Du aber, mein Sohn, wirst dich morgen früh sofort von hier aus in unser Haus in Neuwied begeben. Ich will nicht, daß die aufrührerischen Bauern noch mehr Unheil anrichten können!«
Johann Albrecht von Hayn schwieg zu dieser eindeutigen Weisung seines Vaters. Aber es war ihm anzusehen, daß er alles andere als damit einverstanden war.

2

Schon am frühen Morgen war Wilhelm Christoph Hackenbracht von Neuwied aus aufgebrochen, um nicht zu spät im Forsthaus Gommerscheid zu erscheinen. Er ließ seinen kräftigen Braunen ausgreifen, nachdem dieser über Heddesdorf und Niederbieber auf der Straße am Ufer des Wiedflusses entlanggetrabt war und dann auf dem steilen Weg über Melsbach und Rengsdorf die Höhe der bewaldeten Berge über dem Rhein gewonnen hatte.
Wilhelm Hackenbracht war ein stattlicher Mann, der genauso gut in die Uniform eines hohen Offiziers wie in den schlichten Tuchrock eines bürgerlichen Fabrikanten gepaßt hätte. Als Schwager und Teilhaber von Carl Wilhelm Remy, dem reichsten Unternehmer in der Grafschaft Neuwied, war er gewöhnt, weitblickend und kühn zupackend zu handeln, wenn es galt, den Vorteil seiner Firma oder seiner Person zu wahren.
Heute, bei seiner geplanten Verhandlung mit dem gräflichen Vizeforstmeister von Hayn, ging es um wichtige Dinge. Der Betrieb des Blechwalzwerks und Hüttenwerks Rasselstein ebenso wie der der Eisenhütte zu Honnefeld stand und fiel mit der ausreichenden Lieferung guter Holzkohle. Diese wiederum konnten die Köhler in den Wäldern des wiedischen Oberlandes mittels ihrer Kohlenmeiler nur erzeugen, wenn sie regelmäßig mit gutem Kohlholz – Buchen- und Eichenscheiten – versorgt wurden. Es war eine der Hauptaufgaben Wilhelm Hackenbrachts, ständig für diesen Holznachschub zu sorgen.
Als der Fabrikant den Gutshof Gommerscheid erreichte, stand die Sonne schon so hoch, daß sie die Gebäude in dem engen Waldtal über die hohen Baumwipfel hinweg in ihr freundliches Licht tauchte. Vizeforstmeister von Hayn war nach einem morgendlichen Inspektionsgang mit dem gräflichen Revierjäger zu einem ausgiebigen zweiten Frühstück von der bewährten Hand der Madame Hebgen zurückgekehrt. Sein Sohn hatte, begleitet von einem Waldknecht, Gommerscheid schon am Morgen auf dem Pferderücken verlassen, um, wie er sagte, direkt nach Neuwied zu reiten.
Herr von Hayn ließ angesichts des schönen Wetters einen Tisch und zwei bequeme Stühle vor das Gutshaus in die Sonne stellen, um dort in aller Ruhe mit seinem Gast bei einem guten Glas Wein die geschäftlichen Verhandlungen zu führen. Er wußte aus langjähriger Er-

fahrung, daß er es mit einem gewitzten und hartnäckigen Geschäftspartner zu tun hatte.
»Unsere Wälder hier im Westerwald und speziell in der Grafschaft Neuwied machen mir Sorge«, begann der Vizeforstmeister das Gespräch, bestrebt, ihm gleich eine dem späteren Abschluß vorteilhafte Wendung zu geben. »Es ist kaum zu glauben, wie die großen Wälder hierherum immer mehr gelichtet werden. Ist Ihnen das nicht auch aufgefallen, Herr Hackenbracht?« Dieser bestätigte höflich nickend die Ansicht seines Gesprächspartners, ohne bereits jetzt einen Kommentar dazu abzugeben. Herr von Hayn fuhr daher fort: »Der Holzbedarf in den letzten Jahren ist immer mehr gestiegen. Der gräfliche Hof hat seine regelmäßige Lieferung zu bekommen. Die Flößer suchen immer gutgewachsene Stämme, die sie rheinabwärts in die Generalstaaten verkaufen können, und die Bauern brauchen Brenn- und Bauholz. Dabei läßt Celsissimus es sich angelegen sein, den Raubbau am Wald durch die unvernünftigen Bauern so weit wie möglich einzuschränken. Sie haben sicher davon gehört, Herr Fabrikant, daß die Bauern in den Waldkirchspielen sich erdreistet haben, Seine hochgräfliche Gnaden vor dem Reichskammergericht in Wetzlar in einen Prozeß darüber zu ziehen, wem die Rechte an den Wäldern hier oben zustehen: den Bauern oder Celsissimus. Dabei haben Seine hochgräfliche Gnaden doch nur des Landes und der Untertanen Wohlfahrt im Sinn, wenn er durch strikte Ausübung seiner althergebrachten Rechte als Holzgraf die Bauern daran hindert, den Reichtum der Grafschaft, den Wald, in Kürze ganz auszurotten.« Herr von Hayn machte eine bedeutsame Pause und blickte sein immer noch schweigendes Gegenüber an.
»Und nun kommen Sie, Herr Fabrikant Hackenbracht, und wollen wieder tausend Klafter Holz für dieses Jahr aus den gräflichen Wäldern erwerben.«
»Drcitausend, Hcrr Forstmcistcr, wenn's recht ist!« antwortete der Angesprochene trocken.
»Um so schlimmer«, meinte Herr von Hayn. »Sie werden verstehen, daß unter den obwaltenden Umständen der Preis nicht mehr der gleiche sein kann wie im Vorjahr!«
Wilhelm Hackenbracht verzog keine Miene, als der Forstmeister schon so früh die Katze aus dem Sack ließ.
»Dann wird die Firma Remy & Konsorten wohl gezwungen sein, in diesem Jahr ihr notwendiges Kohlholz aus dem Trierischen zu beziehen«, erklärte Wilhelm Hackenbracht gleichmütig. »Ich habe auch

schon gehört, daß an der Saar einige Eisenhütten Versuche mit der dort aufgefundenen Steinkohle gemacht haben. Wir werden uns auch dafür interessieren müssen. Ich weiß aber nicht, Herr Vizeforstmeister, ob die hochgräfliche Rentkammer über einen völligen Ausfall der Einkünfte aus Holzverkäufen an unsere Firma glücklich wäre. Ich biete Ihnen einen Preis von zwei Reichstalern und sechs Albus pro Klafter, die Hälfte zahlbar sofort nach Abschluß unseres neuen Vertrages, die Hälfte nach dem Ausmessen des Holzes.«

Mit allen Anzeichen des Erstaunens hob Herr von Hayn die Hände.

»Wo denken Sie hin, Herr Hackenbracht«, meinte er, »der mindeste Preis, den ich fordern muß, sind zwei Taler und dreißig Albus pro Klafter! Ich nannte Ihnen ja bereits die Gründe für die Preiserhöhung.«

Erstmals ging Wilhelm Hackenbracht aus seiner Reserve heraus:

»Herr von Hayn, wir beide sollten uns nichts vormachen. Wir kennen uns ja schon seit langem und verhandeln jährlich um den Preis der Holzlieferung. Ich weiß auch, daß der Herr Forstmeister von Hayn ein großes Haus in Neuwied führt und Madame von Hayn eine anspruchsvolle Dame ist. Ich bin gerne bereit, dies zu berücksichtigen. Ich biete Ihnen einen offiziellen Preis von zwei Reichstalern und acht Albus und darüber hinaus ein persönliches Douceur von der Hälfte der Differenz bis zu dem von Ihnen geforderten Preis, also von elf Albus pro Klafter, als Zeichen meiner Ehrerbietung für Madame von Hayn. Das sind immerhin 550 Reichstaler für die gnädige Frau, fast doppelt so viel wie Ihr Gehalt als Major beträgt, ohne die Zulagen, versteht sich, wenn ich recht unterrichtet bin. Sind Sie einverstanden, Herr von Hayn? Dann würde ich vorschlagen, daß wir gleich zusammen mit ein paar Waldknechten die Waldstücke kennzeichnen, die zum Schlagen freigegeben werden. Deshalb bin ich ja hierher nach Gommerscheid gekommen.«

Zögernd nickte der Vizeforstmeister. Er hatte gewußt, daß die Verhandlungen auch in diesem Jahr so ausgehen würden ...

3

Jetzt, Ende Mai, gab es für die Bauern eine kurze Atempause zwischen der anstrengenden Arbeit der Frühjahrsbestellung und der Erntezeit im Sommer. Klosenwöllm Schneider wollte diese Zeit dafür nutzen,

sich endlich den handlichen Eichenstamm aus dem Märkerwald zu holen, woran ihn im Herbst der Vizeforstmeister von Hayn mit brutaler Gewalt gehindert hatte.
Dem Bauern war nach dem Verlust der besseren seiner beiden Fahrkühe nichts anderes übrig geblieben, als im Frühjahr die gut zwei Meilen nach Steimel in der Grafschaft Wied-Runkel zu wandern. Auf dem Viehmarkt, der bei diesem Dorf seit undenklichen Zeiten alle zwei Wochen für das ganze Gebiet des Westerwaldes abgehalten wurde, hatte er es fertiggebracht, für nur 55 Taler einen kräftigen Fahrochsen einzuhandeln. Allerdings – es war Klosenwöllm unmöglich gewesen, dieses Geld dem jüdischen Viehhändler bar zu bezahlen. Er hatte ihm ein Blatt Papier unterschreiben und beim Marktrichter beglaubigen lassen müssen, wonach er bis zu diesem Betrag – zuzüglich zehn Prozent Interessen – dem Handelsmann Moses Levi aus Dierdorf seine Ernte auf dem Halm verpfändete.
Als Klosenwöllm mit seinem Ochsen, mit Axt, Säge, Stricken und Ketten auf dem Weg von Thalhausen über die Furt im Siersbach kam und sich im Anhäuser Märkerwald der Stelle näherte, wo er einige Monate zuvor den passenden Baum begonnen hatte zu fällen, hörte er von ferne ein Pferd wiehern. Ein Pferd im Wald? Wo ein Pferd war, mußte ein Reiter sein. Aus schlechter Erfahrung vorsichtig geworden, band der Bauer seinen Ochsen im dichten Unterholz so fest, daß er Gras fressen, aber von außen nicht gesehen werden konnte. Dann ergriff er seine langstielige Axt und schritt so leise wie möglich der Stelle zu, von wo er das Pferdewiehern gehört hatte.
Auf einer kleinen Lichtung im Wald standen zwei Reitpferde, am langen Zügel an Sträucher angebunden, und weideten das saftige Waldgras. In der Nähe saßen zwei Männer und aßen. Genaugenommen aß nur der eine, während der andere ihm aus einem Weidenkörbchen eine Köstlichkeit nach der anderen reichen mußte. Klosenwöllm war unbemerkt ganz in die Nähe der beiden gekommen und beobachtete sie, gedeckt durch einen dichten Haselstrauch. Zu seinem größten Erstaunen erkannte er in dem Esser den jungen Herrn von Hayn. Der andere schien ein Reitknecht oder eine andere Art von Diener zu sein, der zusehen durfte, wie es dem vornehmen jungen Herrn schmeckte.
Klosenwöllm schoß das Blut in den Kopf. In stummer Wut öffnete und schloß er die Hände, als wolle er den jungen Mann da vor sich erwürgen. Einige Minuten stand er so und blickte unverwandt durch den Haselstrauch auf den Schänder und Verderber seiner Tochter.

Hatte Gott ihm hier diesen Menschen in die Nähe geführt, damit er Rache nehmen könne? Aber dem Bauern ging auch der Bibelspruch durch den Kopf, den er aus den Predigten Pfarrer Caesars behalten hatte: »Die Rache ist mein, spricht der Herr.«
Allmählich stellten sich bei Klosenwöllm wieder ruhigere Überlegungen ein. Wenn er dem jungen Mann da vorn an Leib oder Leben ginge, dann würden es nicht nur er selbst, sondern seine ganze Familie bitter büßen müssen. Doch sollte der Hurenbock da ungestraft davonkommen? Der Bauer blickte sich um. Einige Schritte von den beiden Männern entfernt lehnte ein Jagdgewehr an einem Busch. Seinen Kavaliersdegen hatte der junge Herr von Hayn, des bequemeren Sitzens wegen, abgeschnallt und ins Gras gelegt.
Mit drohend erhobener Axt stürzte Klosenwöllm auf die beiden nichtsahnenden Männer zu, packte mit zwei raschen Griffen Gewehr und Degen und schrie dem Diener zu:
»Setz dich aufs Pferd und reite so schnell du kannst davon, sonst bist du des Todes! Das andere Pferd nimmst du mit!«
Bleich vor Schreck erhob sich der Angesprochene, ohne einen Blick von der furchterregenden Gestalt mit der riesigen Axt zu lassen und wankte zu den Pferden, die er mit zitternden Händen losband. Dann, als er glaubte, außer Reichweite des Angreifers zu sein, schwang er sich auf das eine Pferd, nahm die Zügel des anderen in die Hand und war wie der Blitz im lockeren Wald verschwunden, als sei der Leibhaftige hinter ihm her.
Johann Albrecht von Hayn sah sich nun ohne Hilfe seines Dieners allein einem schrecklichen Individuum gegenüber, der ihn mit seinen eigenen Waffen bedrohte und von dem das Schlimmste zu befürchten war.
»Was fällt dir ein, du Lump ...« waren die ersten Worte, die er hervorbrachte. Doch unter dem stummen Blick des anderen wurde der junge Edelmann unsicher und stotterte nur noch: »Hier, nimm meine Geldbörse, das ist alles, was ich bei mir habe!«
Klosenwöllm stutzte:
»Eure Geldbörse – nein, die will ich nicht. Ihr habt mir etwas genommen, was mir mehr wert war als alles Geld und Gut. Das sollt Ihr mir bezahlen, aber nicht mit Geld. Erinnert Ihr Euch noch? Es muß vor einem Jahr gewesen sein, da habt Ihr hier im Wald ein Mädchen mit Drohungen und Gewalt gezwungen, Eure viehischen Lüste zu dulden. Vielleicht war es genau an dieser Stelle! Das Mädchen war meine

Klärsch, und jetzt ist sie tot – durch Eure Schuld. Ihr habt sie geschändet, entehrt und um ihre irdische und himmlische Seligkeit gebracht. Sie hat mich schwören lassen, nie im Leben zu verraten, wer ihr das angetan hat, und diesen Schwur halte ich – nicht um Euretwillen, sondern um meiner Tochter willen!«

Der Bauer schwieg. Den Kavaliersdegen seines Gegners hatte er aus der Scheide gezogen und hielt die Spitze auf die Kehle des Junkers gerichtet. Dem traten die Schweißperlen auf die Stirn, und nur mit Mühe konnte er ein Zittern unterdrücken. Johann Albrecht von Hayn wagte nicht, ein Wort zu entgegnen oder gar sich zu wehren. Seine sonst zur Schau getragene Überheblichkeit war zerschmolzen wie Schnee an der Sonne.

»Macht Eure Hose auf!« befahl Klosenwöllm rauh dem jungen Mann und drückte ihm die Degenspitze noch etwas nachdrücklicher an die Kehle. »Ihr werdet noch wünschen, meiner Klärsch nie begegnet zu sein!«

Mit zitternden Fingern nestelte Johann Albrecht von Hayn an seinem Hosenbund und ließ den Blick nicht von dem Degen und dem Mann, der ihn hielt. Die elegante Hose aus grünem Seidenstoff rutschte herab und baumelte unterhalb der Knie, wo sie von den Strumpfbändern festgehalten wurde.

»Die Unterhose auch!« forderte sein Gegenüber weiter mit drohender Stimme.

Der junge Mann hielt den Atem an und schloß die Augen. Er hörte den Degen – seine eigene Waffe! – durch die Luft sausen ... Mit einigen raschen Hieben zerfetzte Klosenwöllm die Hose und die Unterhose des jungen Mannes, so daß es unmöglich war, mit ihnen noch die Blöße des Unterkörpers zu bedecken.

»Und nun lauf ins Dorf, du Schuft, und zeig den Bauern, wie ein Edelmann mit nacktem Hintern aussieht. Du Lumpenhund hast mit deinem Ding da meine Tochter geschändet – jetzt zeig es mal aller Welt, wie stolz du darauf sein kannst! Ich muß mich mit dieser Strafe begnügen. Aber ich hoffe, Gott hat noch andere Strafen für dich Vieh bereit!«

Als Johann Albrecht von Hayn mit vor Wut und Scham purpurrotem Kopf zwischen den Bäumen davonstolperte, mit blankem Hintern, die Knie durch die herabhängenden Hosenreste wie gefesselt, da hörte er hinter sich ein Gelächter, das immer mehr anschwoll, ein Gelächter, das nicht mehr enden wollte ...

4

Wenn nur der Lärm nicht wäre, dachte Hannfräs Rüdig, während er aus Leibeskräften mit einem schweren Holzschlegel auf eine runde Schwarzblechplatte hämmerte. Man hatte ihm gezeigt, wie er die Platte vorsichtig in eine aus Hartholz geschnitzte Hohlform hineintreiben mußte, um ihr die Gestalt eines Tellers zu geben. Hämmern, hämmern – den ganzen Tag dröhnte ihm das unentwegte Klopfen in den Ohren, das Geräusch seiner eigenen Arbeit und der seiner Nachbarn, die neben ihm an der langen Werkbank standen und mit ähnlichen Arbeiten beschäftigt waren. Hannfräs Rüdig, der Kleinbauer und spätere Bettler aus Mogendorf, sah nach vierzehn Tagen im Armenhaus der Stadt Neuwied schon wieder etwas passabler aus. Zwar war er immer noch barfuß und trug den alten, mit Brandlöchern übersäten Kittel, den er seit Monaten so gut wie nicht vom Leib bekommen hatte. Aber ein Barbier hatte ihn rasiert, und Kittel und Hose waren wenigstens frisch gewaschen, das Werk einer der im Frauenflügel des Armenhauses verwahrten Frauen.

War es erst zwei Wochen her, seit der Bettelvogt Hannfräs und seine Familie am Strick in den städtischen Karzer geführt hatte? Dem alten Mann verschwammen die Tage, seit er hier im Armenhaus ein regelmäßiges Essen und ein Dach über dem Kopf hatte. Vorerst war er zufrieden mit seinem Schicksal. Das Essen war reichlich, wenn es auch hauptsächlich aus Haferbrei mit Gemüse und trockenem Brot und klarem Wasser zum Trinken bestand. Aber das war zu Hause in Mogendorf selten besser gewesen, als seine windschiefe Bauernkate noch stand und er seine paar Äcker umgrub. Die Zeit nach dem Brand – das Hungerdasein, das Herumirren und Betteln, das Frieren und sich Schämen, das erschien ihm nur noch manchmal nachts als Alptraum, wenn er von seiner Strohschütte im Armenhaus auffuhr.

Seine Frau, die Nettchen, war zwar seit der Verhaftung der Familie von ihm getrennt worden. Aber man hatte ihm gesagt, daß sie im städtischen Armenspital im Haus nebenan gut versorgt sei und nicht zu arbeiten brauche, solange ihr Husten so schlimm sei. Filb, der blöde Sohn, wurde auch hier im Armenhaus beschäftigt. Nachts war er in einer anderen Stube eingeschlossen, aber bei den Mahlzeiten im Speiseraum konnten Vater und Sohn sich sehen und sprechen, und im übrigen schlurfte Filb mehrmals täglich durch alle Werk- und Schlafstuben und holte die fertigen Blechgerätschaften, die Teller und Löffel,

Becher, Siebe und Töpfe ab, um sie zum Verzinnen zu bringen. Das war die leichteste Arbeit, die der Werkmeister für ihn hatte finden können, für mehr war er eben nicht zu gebrauchen.
Aufatmend legte Hannfräs den großen Schlegel beiseite und griff zum kleinen Hammer, um auch noch die letzten Unebenheiten dem Blechteller auszutreiben. Sorgsam prüfte er immer wieder mit horniger Hand, ob die Rundung überall gleichmäßig sei, wie man es ihm beigebracht hatte. Mit einer Feile glättete er den oberen Rand, damit kein Grat am Teller stehenblieb. Endlich war er zufrieden und konnte den Teller zu den fertigen Werkstücken legen.
Dann holte er eine große, rechteckige Blechplatte herbei, auf der schon mit einer spitzen Nadel mehrere Kreise eingezeichnet waren. An der Werkbank seiner Stube war eine große, fast mannshohe Blechschere so befestigt, daß die eine Schneide unverrückbar senkrecht nach oben zeigte, während die andere Schneide vom Fuß des Arbeiters je nach Bedarf bewegt werden konnte. Durch die Hebelwirkung ließ sich das Eisenblech fast wie Papier schneiden. Hannfräs drehte mit beiden Händen sorgfältig das Blechstück, konzentriert darauf bedacht, auch nicht um Haaresbreite beim Schneiden von dem vorgezeichneten Kreis abzuweichen.
Hannfräs war Zeit seines Lebens ein stiller, in sich gekehrter Mann gewesen. Es störte ihn nicht, daß er wegen des Lärms so gut wie nie mit seinen fünf Stubengenossen sprechen konnte. Arbeiten, nie die Hände in den Schoß legen, immer etwas Nützliches tun, das war Gott wohlgefällig und wurde vom Höchsten mit Erfolg hier auf Erden und mit der ewigen Seligkeit einst im Himmel belohnt – so hatte Pfarrer Remy in seiner heimatlichen Kirche in Nordhofen immer wieder gepredigt. Hannfräs war gewöhnt zu arbeiten und den Mund zu halten, auch wenn die Arbeit hier in der lärmerfüllten Stube ihm noch fremd war und er manchmal sehnsüchtig an das Graben und Mähen in der frischen Luft zu Hause in Mogendorf dachte.
Auf dem Gang vor den Stuben ließen sich Stimmen hören, als das Hämmern einmal für einen Moment nachließ. Die Tür ging auf, und drei Männer traten ein, in ein angeregtes Gespräch vertieft. Den einen davon kannte Hannfräs. Es war der Hausvater des Armenhauses, Philipp Koch. Er war gleichzeitig Werkmeister der Pfauenblechfabrik der Firma Remy & Barensfeld, die in diesem Hause betrieben wurde. Meister Koch hatte vor kurzem dem alten Bauern mühsam genug die Handgriffe beigebracht, die zur Herstellung eines Tellers

nötig waren. Die beiden anderen waren vornehme Herren in kostbaren Anzügen.
»Sehen Sie, Herr Baron«, erklärte der eine der beiden Herren dem anderen, »es ist das Prinzip bei unserer Manufaktur von Sanitätsgeschirr, daß jeder Arbeiter hier nur ein paar einfache Handgriffe machen muß. Die beherrscht er dann bald perfekt und kann einwandfreie Ware herstellen. Hier der Mann« – und dabei deutete er auf Hannfräs – »stellt zum Beispiel nur Teller her, und der da nur Löffel. Hier wird übrigens jedes Stückchen Blech verwendet. Was beim Ausschneiden der Teller-Rohlinge abfällt, kann für das Formen von Löffeln verwendet werden.«
Der andere vornehme Herr erkundigte sich:
»Was mich interessieren würde, Herr Barensfeld: wie werden die Arbeiter hier entlohnt?«
»Nun, Herr Baron«, meinte Herr Barensfeld, »das hängt von der Fähigkeit des einzelnen ab: zwischen zwei und drei Albus am Tag, das sind bei über dreihundert Arbeitstagen im Jahr immerhin zehn oder fünfzehn Reichstaler, so viel, wie auch ein Hausknecht oder eine Hausmagd hier in der Stadt verdient. Allerdings hat die Pfauenblechfabrik der Firma Remy & Barensfeld zugleich die Aufgabe, als städtisches Armenhaus zu fungieren. Die Hälfte des Verdienstes wird für Unterkunft und Verpflegung, für Heizung und Beleuchtung einbehalten, und von dem Rest wird den Armen nach und nach bessere Kleidung gekauft. Was sie darüber hinaus verdienen, wird ihnen zurückgelegt. Wenn die Armen nach einigen Monaten oder Jahren entlassen werden, weil sie sich nun als ehrliche und fleißige Leute ihren Unterhalt selbst verdienen können, dann haben sie meist ein hübsches Sümmchen als Zehrpfennig erspart. Die Unkosten des Hauses können allerdings nicht ganz aus der einbehaltenen Hälfte des Verdienstes gedeckt werden, da muß die hochgräfliche Mildenkasse noch einen monatlichen Zuschuß von zwölf Talern zahlen. Übrigens ändert daran nichts, daß unsere Firma kürzlich das Haus hier vom gnädigsten Herrn Grafen gekauft hat. Sie hatte es schon länger gepachtet. Früher hat hier einmal ein Bruder des Herrn Grafen gewohnt, der war preußischer General. Aber der ist schon lange tot.«
Die drei Besucher blickten ein Weilchen den Männern in der Werkstube zu, wie unter ihren Händen ein weiterer Teller, ein Löffel und ein Küchensieb ihre endgültige Form bekamen. Doch dann wurde der Fabrikherr ungeduldig.

»Kommen Sie, Baron Björnquist«, meinte er, »hier ist es auf die Dauer zu laut. Ich zeige Ihnen noch, wie das Schwarzblech verzinnt wird. Unser Sanitätsgeschirr aus der Pfauenblechfabrik ist weithin berühmt. Jeder Bauer will heutzutage nur noch vom Pfauenblech essen statt von einem Holzteller mit Holzlöffel.«

5

Stadtschultheiß Greyß hatte den Ratsdiener Henns herumgeschickt, um einige Herren zu einer wichtigen Konferenz ins Rathaus zu bitten. Hauptmann von Roques war mit seinem Schatten, dem Korporal Alsbach, eingetroffen. Er machte ein etwas säuerliches Gesicht, weil er den Eindruck hatte, daß der Herr Greyß dabei war, in seiner Eigenschaft als Mitglied des hochgräflichen Regierungskollegiums ihm die Initiative in dem immer noch ungeklärten Kriminalfall des Juweliers Dubois wegzunehmen. Aus eben diesem Grund hatte offenbar auch der Stadtschultheiß den Bürgermeister Ackermann hinzugebeten, dessen Amt eigentlich nur war, die wöchentlichen Magistratssitzungen zu leiten.
Als die Herren um den großen Tisch in der Magistratsstube Platz genommen und Ratsdiener Henns ihnen einen tüchtigen Humpen Wein aus dem städtischen Wingert eingegossen hatte, schlug der Stadtschultheiß die Akte »betreffend den Diebstahl beim Juwelier Dubois du Rousset, dahier« auf. Unter diesem Deckblatt hatte sich schon ein beträchtliches Bündel von Papieren angesammelt. Mit leidenschaftsloser Stimme trug Christian Carl Greyß daraus vor, um die Herren über den Stand der Ermittlungen ins Bild zu setzen.
Das ursprüngliche Protokoll mit der Anzeige des Diebstahls überschlug er; er hatte es selbst vor drei Wochen aufgesetzt. Auch die Blätter mit dem Bericht des Hauptmanns von Roques über die erfolglose Durchsuchung der Häuser des Juden Meyer Raphael und anderer jüdischer Bewohner der Stadt streifte der Schultheiß nur mit einem Satz. Ein wenig mehr zitierte er aus einem Schriftwechsel mit dem Rat der Stadt Andernach am anderen Rheinufer; ein Gerücht hatte besagt, daß ein Jude dort, ein gewisser Surmann Levi, etwas von dem Diebstahl wissen könne. Doch die Befragung dieses Mannes durch die Behörden der kurkölnischen Stadt Andernach habe ebenfalls keinerlei Hinweise ergeben.
»Im Auftrag der hochgräflichen Regierung sind Anzeigen in die *Cöll-*

nische Reichs-Post-Amts-Zeitung und im *Frankfurter Staats-Ristretto* eingerückt worden, wer etwas über den Diebstahl wisse, möge sich melden«, erwähnte Christian Carl Greyß. »Die Kosten für diese Anzeigen hat aus besonderer Gnade die Landkasse übernommen. Aber natürlich können darauf noch keine Antworten eingegangen sein, die Anzeigen sind erst vor acht Tagen abgeschickt worden.«

»Ist denn eine Belohnung ausgesetzt worden?« erkundigte sich Bürgermeister Ackermann, der nicht nur als stummer Zuhörer dieser Konferenz beiwohnen wollte.

»Aber gewiß, Herr Bürgermeister«, antwortete der Stadtschultheiß höflich, »Herr Dubois du Rousset hat eine Belohnung von 200 Livres demjenigen versprochen, der sichere Nachricht über den Verbleib der gestohlenen Wertsachen bringt.«

Herr von Roques mischte sich ungeduldig ein.

»Gibt es denn einen Bescheid von Celsissimus auf meinen Vorschlag, der Judenschaft von Neuwied einen Eid more judaico abzuverlangen? Das scheint mir doch noch immer der sicherste Weg zur Aufklärung dieses Schurkenstreichs zu sein. Denn wer sonst als ein hiesiger Jude kann die Hand im Spiele haben?«

»Darauf wollte ich gerade kommen, Herr Hauptmann von Roques«, bemerkte Stadtschultheiß Greyß kühl. »Ich darf für den Herrn Bürgermeister bemerken, daß hier der Herr von Roques in einem Schreiben an Celsissimus gehorsamst vorgeschlagen hat«, – und damit blätterte der Schultheiß in dem Papierbündel, um die richtige Stelle vorzulesen, – »die Judenschaft von Neuwied auf hochgräflichen Befehl vom Rabbiner beim nächsten Sabbat-Gottesdienst in der Synagoge ermahnen und bei ihrem Gott Jehova schwören zu lassen, alles zu melden, was man von dem Diebstahl wisse, bei offener Thora, angezündeten Kerzen und blasendem Widderhorn.« Der Beamte schlug den eingehefteten Brief um und verlas die Bemerkung, die der stellvertretende Leiter der gräflichen Regierung, der Regierungsdirektor von Habicht, unter diesen Vorschlag geschrieben hatte: »Von dem in Vorschlag gebrachten modo einer Befragung der Juden habe ich noch nie etwas gehört, erscheint mir auch eine Beleidigung der religiösen Überzeugung der Juden. Wollen Celsissimus den Befehl an den Rabbiner erteilen, das lasse ich gerne unbeurteilt. Die Regierung aber wird sich diesem nicht unterziehen dürfen. v. Habicht.« Christian Carl Greyß hielt inne und blickte dem Hauptmann ins Gesicht. Seine Miene verriet nicht, was er dachte.

»Der Bescheid Celsissimi, Greyß, wie lautet er?« drängte Hauptmann von Roques gespannt.
Der Schultheiß blickte wieder in die Akten. »Tamen fiat, hat Celsissimus befohlen: es geschehe dennoch.«
»Na, sehen Sie, Greyß«, rief der Hauptmann triumphierend, »ich sage ja immer, hart durchgreifen muß man bei diesem Judenpack. Jetzt erfahren wir bestimmt etwas über diesen frechen Raub! Korporal Alsbach!« wandte er sich an seinen Gehilfen, der bisher stumm und bescheiden im Hintergrund gehockt hatte, kerzengerade auf seinem Stuhl, als ob er einen Ladestock verschluckt hätte. Dem Hauptmann war deutlich anzusehen, wie er sich darüber freute, endlich wieder in diesem Fall selbst tätig werden zu können.
Der Korporal sprang auf, nahm sporenklirrend militärische Haltung an und salutierte.
»Der Herr Hauptmann befehlen?« fragte er militärisch kurz.
»Geh Er sofort zum Judenvorgänger[143] Landau und richte Er ihm aus, Celsissimus habe befohlen, der Judenschaft von Neuwied den feierlichen Eid in der Synagoge abzunehmen. Übermorgen ist Sonnabend, dann haben die Juden ihren Sabbat. An dem Tage hat der Eid stattzufinden. Hör Er, Korporal, mach Er dem Landau ruhig etwas Angst, das wirkt besser. Er weiß schon: wenn die Juden nichts gestehen, und es stellt sich hinterher doch heraus, daß einer von ihnen mit der Untat zu tun hatte, dann wird es die ganze Judenschaft von Neuwied büßen müssen.«

6

Der alte Herr fühlte sich in dem Kutschwagen hin- und hergeschüttelt. Krampfhaft hielt er sich am lederüberzogenen Sitz fest, wenn die trabenden Pferde wieder einmal ein Rad durch ein tiefes Schlagloch zogen. Der Fahrweg von Neuwied am Wiedufer entlang zur Burg Altwied war wirklich in einem beklagenswerten Zustand. Obrist Bernhard von Lützow verfluchte im stillen seine Bequemlichkeit, die ihn dazu verführt hatte, sich für den kurzen Weg der Kutsche anzuvertrauen und nicht ein Reitpferd zu benutzen. Aber was half es, dachte er seufzend. Jetzt war er unterwegs, und dringend genug war sein Weg.

143 Judenvorgänger: Sprecher der jüdischen Gemeinde einer Stadt.

Heute morgen in aller Frühe hatte Celsissimus ihn durch einen Läufer ins Schloß bestellt und ihn beauftragt, doch so schnell wie möglich mit dem Fabrikanten Remy Kontakt aufzunehmen. Und da der alte Obrist den Unternehmer nicht in dessen Wohnhaus in Neuwied angetroffen, sondern gehört hatte, daß der Herr, wie so oft, hinaus zum Rasselstein geritten sei, war ihm nichts anderes übrig geblieben, als ebenfalls dorthin zu fahren.
Wie bringe ich es ihm bei, überlegte Bernhard von Lützow. Eigentlich war es ja kein ganz anständiges Verhalten gewesen, dem Fabrikanten Remy erst zu bedeuten, daß Celsissimus geneigt sei, das verpachtete Werk Rasselstein endgültig an die Firma Remy & Konsorten zu verkaufen, da die Landesherrschaft dringend eine größere Summe Geld benötigte. Dann, kurz darauf, hatte man Remy mitteilen lassen, wahrscheinlich werde es der gräflichen Regierung gelingen, die erforderliche Summe anderswo aufzutreiben, ein Verkauf des Werkes stehe daher nicht mehr zur Debatte. Aber nun hatte Kanzleidirektor von Becmann die enttäuschende Mitteilung des Agenten der Neuwieder Regierung in Frankfurt erhalten, daß dort, in der Handelsmetropole des Reiches, keiner der jüdischen Bankiers geneigt gewesen sei, dem Reichsgrafen zu Wied-Neuwied die mindestens erforderlichen 20000 Gulden zu leihen – gegen welche Sicherheitsleistung auch immer. Jetzt, dachte Bernhard von Lützow bitter, muß der älteste Vertraute des Grafen heran, die Ungeschicklichkeiten anderer ungeschehen zu machen, den Fabrikanten Remy nun doch um den Kauf des Werkes Rasselstein zu bitten – zu bitten, und nicht etwa großzügig anzubieten! – und dann auch noch einen guten Preis auszuhandeln.
Indessen war die Kutsche auf den Hof des Blechwalzwerks gerollt. Von einem Kontorgehilfen alarmiert, trat Carl Wilhelm Remy aus dem Schuppen der Grobschmiede, wo er mit dem Werkmeister die Möglichkeiten einiger technischer Verbesserungen an Ort und Stelle begutachtet hatte. Erstaunt hieß der Fabrikant den hohen Besucher willkommen.
»Es muß schon ein ganz besonderer Anlaß sein, Herr Obrist, der Sie zu mir heraus in die Einsamkeit treibt.«
»Nun, so einsam kommt es mir hier nicht vor, bei dem Menschengewimmel und dem Lärm«, versuchte Herr von Lützow scherzend der unausgesprochenen Frage des Fabrikanten auszuweichen. »Aber ich habe wirklich dringend und unter vier Augen mit Ihnen zu reden.«
Carl Wilhelm Remy überlegte einen Augenblick.

»Dann ist es sicher nicht angebracht, Sie zu einem Glas Wein in mein hiesiges Kontor einzuladen, weil dort allzu viele Ohren zuhören könnten und der Lärm uns außerdem stört. Darf ich Ihnen, Herr Obrist, angesichts des schönen Wetters einen Spaziergang hinüber nach Nodhausen vorschlagen?«
Während die beiden Herren auf der Uferstraße entlangpromenierten, bemerkte der Offizier, daß das schöne Wetter die Bewohner Neuwieds für die Schrecken der furchtbaren Überschwemmung entschädige. Ohne darauf zu antworten, blickte der junge Unternehmer den alten Herren nur von der Seite an, denn er konnte sich denken, daß der Obrist nicht eigens zum Rasselstein herausgekommen war, um mit ihm über das Wetter zu plaudern.
»Verdammt«, platzte endlich Bernhard von Lützow heraus, »Remy, machen Sie es einem alten Mann nicht schwerer, als es ihm ohnehin schon fällt! Ich sage es als Soldat gerade heraus: Celsissimus hat mich geschickt, mit Ihnen nun doch über den Verkauf des Rasselstein-Werkes zu verhandeln.«
»Man hat mir mitgeteilt, Seine hochgräfliche Gnaden würden in der Lage sein, die von ihm benötigte Summe von anderer Seite zu erhalten«, erwähnte Carl Wilhelm Remy förmlich, ohne etwas von seinen Gefühlen zu verraten.
»Das hat man, Remy«, erwiderte der Obrist mit Geringschätzung in der Stimme, »aber diese Erwartung hat getrogen.« Mit einem Ruck blieb der alte Herr stehen und wandte sich seinem Gesprächspartner zu. »Herr Remy, Sie müssen das Werk kaufen und einen guten Preis dafür zahlen! Celsissimus braucht das Geld ganz verzweifelt, und er braucht es ohne Aufschub! Seien Sie ein Patriot, Herr Remy!«
Über das Gesicht des Unternehmers huschte ein flüchtiges Lächeln. Der alte Soldat würde nie ein guter Kaufmann werden, wenn er eine wichtige Verhandlung so ungeschickt einleitete. Aber das machte den Obristen ja so liebenswert.
»Wozu braucht unser gnädigster Landesherr plötzlich so dringend so viel Geld, Herr Obrist? Wenn es sich um einen anderen Herrscher handelte, würde ich annehmen, daß er seiner Mätresse einen kostbaren Schmuck oder ein Rittergut mit Schlößchen schenken will. Doch bei unserem Herrn Grafen kann ich mir das nicht vorstellen. Und ich sage Ihnen ehrlich, Herr Obrist, so gerne ich Eigentümer des Rasselstein-Werkes würde, für einen solchen Zweck wäre mir mein Geld zu schade.«

Der Offizier hatte sich wieder in Bewegung gesetzt und seinen Begleiter dadurch gezwungen, ebenfalls weiterzugehen. Er war ganz automatisch in den Weg eingebogen, der von der Straße zu der schmalen Fußgängerbrücke über die Wied führte. Hier, eine Viertelstunde oberhalb des Rasselstein-Werkes, gehörten endlich beide Ufer der Wied zur Grafschaft, und Celsissimus hatte schon vor langer Zeit den Steg errichten lassen, damit die Untertanen trockenen Fußes den Lustpark von Nodhausen erreichen konnten, der auf der anderen Seite lag. Verzweifelt erwog Bernhard von Lützow, wie er sich aus dem Dilemma herauswinden könne, in das die Frage Remys ihn gebracht hatte. Auf der einen Seite stand der strikte Befehl des Landesherren, vor dem Eintreffen des Fürstendiploms aus Wien nichts über die Standeserhöhung verlauten zu lassen. Aber auf der anderen Seite konnte diese hohe Ehrung nur noch in einem peinlichen Skandal scheitern, wenn es nicht gelang, die nun einmal dafür erforderlichen 15000 Gulden für die kaiserliche Kanzlei aufzutreiben. Und dem Fabrikanten Remy war es zuzutrauen, den Kauf zu verweigern, wenn er hinter dem Drängen eine unlautere Absicht vermutete. Wieder blieb der Obrist ruckartig stehen, als er einen Entschluß gefaßt hatte.

»Herr Remy, Sie sind nicht von Adel, aber ich bitte Sie um Ihr Ehrenwort wie ein Kavalier, daß Sie niemandem verraten werden, wofür das Geld bestimmt ist. Gewiß nicht für eine Mätresse. Sie wissen ja, daß so etwas am hiesigen Hofe undenkbar ist. Nein, Celsissimus benötigt eine große Summe, die er nach Wien zahlen muß. Der Kaiser beabsichtigt, Celsissimus in den Reichsfürstenstand zu erheben, aber er tut das nicht umsonst. Doch ehe nicht das kaiserliche Diplom hier angelangt ist, darf kein Sterbenswörtchen über diesen Plan über Ihre Lippen kommen, Herr Remy, und auch später nichts darüber, daß der Kaufpreis für den Rasselstein zum großen Teil für diesen Zweck bestimmt ist.«

Carl Wilhelm Remy blickte dem alten Herrn fest in die Augen.

»Sie haben mein Wort, Herr Obrist von Lützow, und ich glaube nicht, daß es weniger wert ist als das eines Barons oder Grafen. Und nun, da ich weiß, Herr Obrist, daß der Zweck, für den Celsissimus das Geld benötigt, ein höchst ehrenwerter, ja für alle seine Untertanen überaus erfreulicher ist, kann ich Ihnen die Versicherung geben, daß ich nicht beabsichtige, Seine hochgräfliche Gnaden zu übervorteilen. Schicken Sie den gräflichen Rentmeister so bald wie möglich zu mir, um gemeinsam den Wert des Werkes und der Liegenschaften abzuschätzen und den Kaufvertrag vorzubereiten. Wann benötigt Celsissimus den Kaufpreis? Sie werden verstehen, daß ich eine solche Summe nicht in bar liegen habe, sondern meinerseits mich bemühen muß, sie mir auf Kredit zu verschaffen!«

Gerührt reichte der alte Offizier dem jungen Unternehmer die Hand.

»Ich wußte es, Herr Remy, daß Sie ein Ehrenmann und ein Patriot sind. Ja, ich bitte Sie, so rasch wie möglich alles vorzubereiten. Celsissimus ist signalisiert worden, daß das Fürstendiplom sich schon in der Ausfertigung befindet und in spätestens vier Wochen hier eintreffen kann.«

7

Der gräfliche Lustpark Nodhausen wimmelte an diesem Sonntagnachmittag vor Menschen. Die strahlende Junisonne hatte viele Neuwieder Familienoberhäupter mit ihren Ehehälften und Kindern in den schattigen Park gelockt, den man in einem kurzen, nur dreiviertelstündigen Fußmarsch von der Residenz aus gut erreichen konnte. Am kleinen Teich inmitten des von einer Mauer umgebenen Areals standen zwei Damen und einige Kinder und warfen Brotbröckchen hinein. Lautlos paddelnd nahm ein Schwarm fremdartiger Enten den gewohnten Tribut in Empfang, während auf den gepflegten Rasenflächen Truthühner kollernd umherstolzierten und einige Pfauen, die Wappentiere der Grafen zu Wied, ihr Rad schlugen.

Mit tiefen Verbeugungen gingen die Neuwieder Handwerker und Stadthonoratioren an der Gruppe vorbei, und ihre Frauen bemühten sich um einen besonders zierlichen Knicks.

»Untertänigsten guten Tag, gnädigste Frau Gräfin!« grüßten sie im Vorübergehen.

Erbgräfin Louise dankte allen mit freundlichem Lächeln:

»Guten Tag auch, Meister Schroth, die Kinder sind ja schon wieder so viel größer geworden! Wo ist denn die liebe Frau? Liegt sie schon wieder im Wochenbett? Grüß Er sie von mir!«

Charlotte von Lützow hatte alle Hände voll zu tun, die beiden Komtessen Caroline und Louise und den kleinen fünfjährigen Grafen August zu bändigen, die jede Minute eine andere Attraktion des Parks auskosten wollten: die zahmen Rehe streicheln, auf dem Esel reiten, der sich geduldig die Last zappelnder und lachender Kinder aufladen ließ, und in dem zierlichen Häuschen im chinesischen Stil die fremden Vögel bewundern.

Unauffällig musterte Charlotte eine Gruppe jüngerer Herren, die lebhaft plaudernd auf den Teich zuschlenderten. Es waren einige jüngere Offiziere des Regiments, am heutigen dienstfreien Sonntagnachmittag in Zivil, und unter ihnen Johann Albrecht von Hayn, der das große Wort zu führen schien. Schnell schlug sie dem kleinen Grafen August vor, doch einen Pfau mitten auf dem Rasen zu streicheln, und lief ihm hinterher, als er begeistert darauf einging. Sie legte nicht den geringsten Wert darauf, diesem eingebildeten jungen Laffen nochmals zu begegnen, erst recht nicht in der trüben Stimmung, in der sie sich seit Wochen befand.

Die jungen Herren gingen mit tiefer, respektvoller Verbeugung an der Erbgräfin vorüber und zogen schwungvoll ihre Hüte, ohne jedoch stehenzubleiben. Sie steuerten einige im Schatten alter Bäume stehenden Tische an und ließen sich daran nieder.

»Bring Er uns Wein, Wirt«, rief der junge Herr von Hayn in seiner großspurigen Art. Von seinem Abenteuer im Anhäuser Märkerwald war ihm nichts anzumerken. Er hatte wohlweislich niemandem in Neuwied etwas davon erzählt. Allerdings war er sich keineswegs sicher, ob die Taler, die er damals im Dorf Rüscheid reichlich ausgegeben hatte, den Bauern auch wirklich den Mund verschließen würden. Von einem Bauern hatte er eine alte Hose kaufen und alle, die ihn in seinem entwürdigenden Aufzug gesehen hatten, zum Schweigen verpflichten müssen. Aber mindestens dieser verdammte Bauer Schneider würde ja bestimmt überall herumerzählen, was er mit einem Edelmann angestellt hatte.

Johann Albrecht von Hayn wußte es einzurichten, etwas abseits von den übrigen Herren mit dem Hauptmann von Dieskau zusammenzusitzen. Scheinbar interessiert erkundigte er sich nach allen möglichen Einzelheiten des Dienstreglements im gräflich wied-neuwiedischen Regiment.

»Ach, sagen Sie, Herr von Dieskau«, plauderte er ganz beiläufig, »Sie haben doch da einen Musketier Schneider von Anhausen in Ihrer Kompanie, das muß ja ein schrecklich renitenter Kerl sein, hat man mir erzählt!«

»Der – der Musketier Schneider?« fragte Hauptmann von Dieskau erstaunt. »Der soll widerspenstig sein? Wer hat Ihnen denn das erzählt,

Herr von Hayn? Der ist einer der besten Soldaten meiner Kompanie!«
Von oben herab meinte der junge von Hayn:
»Täuschen Sie sich nicht, bester Herr Hauptmann, stille Wasser sind tief. Ich weiß, was ich weiß. Ich habe die schlimmsten Dinge über diesen Burschen gehört; hier im Regiment hat er vielleicht nur noch keine Gelegenheit gehabt, seine Schurkereien auszuführen. Aber sehen Sie sich vor und greifen Sie mit der allergrößten Strenge durch, wenn Sie auch nur den geringsten Anlaß zum Tadel bei ihm finden. Sie tun dem Land einen guten Dienst, der Bursche war bisher nur zu schlau, sich ertappen zu lassen.«
Noch immer ungläubig, erkundigte sich der Hauptmann:
»Das kann ich nicht verstehen, Herr von Hayn. Können Sie mir nichts Genaueres verraten?«
»Dazu«, antwortete Johann Albrecht von Hayn in geheimnisvollem Ton, »dazu bin ich nicht befugt. Ich sage nur, daß es Ihr Schaden nicht sein soll, wenn Sie diesen Burschen zur Strecke bringen.« Mit großspuriger Geste winkte der junge Mann dem Wirt. Dieser stellte die große Kaffeekanne beiseite, aus der er gerade einer Handwerkerfamilie am Nebentisch die Tassen vollgießen wollte, und eilte diensteifrig herbei. »Noch einmal Wein für alle!« bestellte von Hayn und wandte sich dann wieder an den jungen Hauptmann. »Übrigens, Herr von Dieskau, fällt mir da gerade ein, daß ich immer noch Ihr Akzept besitze, wonach Sie mir weit über hundert Taler schulden. Sie erinnern sich doch gewiß an unser kleines Pharo-Spielchen in Irlich?«
Erschrocken blickte Hauptmann von Dieskau auf und wurde bleich. Zögernd fragte er:
»Was wollen Sie damit sagen, Herr von Hayn? Ich kann Ihnen diese Summe jetzt nicht zurückzahlen. Die Frist läuft doch auch erst in einigen Monaten ab, oder nicht?«
»Ganz recht, Herr Hauptmann«, meinte Johann Albrecht von Hayn großzügig, »so eilig ist es damit nicht. Aber ich vermute, daß es Ihnen nicht leicht fallen wird, über die Summe zu verfügen, zumal ich gehört habe, daß Sie auch in letzter Zeit nicht gerade vom Glück beim Pharo-Spiel umschmeichelt worden sind. Was hielten Sie davon, wenn ich den Wechsel vor Ihren Augen zerreiße, nachdem Sie mir mitgeteilt haben, daß der Musketier Schneider seine verdiente Strafe bekommen hat? Ich hatte ja schon die Ehre anzudeuten, daß Sie damit dem Vaterland einen großen Dienst erweisen. Mehr ist mir nicht erlaubt, Ihnen

mitzuteilen. Aber ich empfehle Ihnen, darüber reiflich nachzudenken!«
»Ich freue mich immer, Ihnen zu Diensten sein zu können, Herr von Hayn«, meinte der Hauptmann formell. Leise fügte er hinzu: »Wenn Ihnen so viel daran liegt, den Musketier Schneider bestraft zu sehen, dann wird sich wohl eine Gelegenheit finden, obwohl ich die Notwendigkeit immer noch nicht begreifen kann. Ich habe doch Ihr Wort, daß Sie den Wechsel vernichten werden?«
Hauptmann Wilhelm Adolph von Dieskau war rot geworden und blickte unsicher sein Gegenüber an. Als dieser in seiner blasierten Art nickte, erhob sich der junge Offizier aus Preußen und trat aus dem Schatten in die helle Sonne am Ufer des Teiches. Er mußte mit verschiedenen Gedanken fertig werden. Seinen Wein trank er nicht aus. Er schmeckte ihm plötzlich nicht mehr.

Im Glanz der neuen Krone

1

Kammerdiener Michel war beleidigt, und seiner Stimme war das deutlich anzuhören, als er mit der üblichen tiefen Verbeugung das Arbeitszimmer des Grafen betrat, um einen Besucher anzumelden. Irgendetwas Geheimnisvolles schien im Gange zu sein und er, Johann Michel, Kammerdiener und einer der engsten Vertrauten Celsissimi, wußte nicht, was gespielt wurde.

»Bitte untertänigst um Vergebung, Euer hochgräfliche Gnaden. Im Vorzimmer ist ein Mann, der behauptet, ein Baron Leikam zu sein und dringend Euer Gnaden sprechen zu müssen, er werde erwartet. Er versteckt sein Gesicht hinter einem Taschentuch.«

Statt einen solchen Frechling kurzerhand hinauswerfen zu lassen, schien Celsissimus freudig erregt zu sein.

»Bitte Er den Herren herein, Michel, sofort!«

Während der Kammerdiener absichtlich langsam die Flügeltüren des Arbeitskabinetts hinter dem Besucher schloß, hörte er noch, als er sein Ohr nahe an den Türspalt brachte, wie sein Herr den Fremden höflich begrüßte: »Ich heiße Euer Gnaden herzlich willkommen!« Johann Michel verstand die Welt nicht mehr: ein Baron, den ein regierender Reichsgraf mit der nur Grafen zukommenden Anrede »Euer Gnaden« titulierte?

Drin im Arbeitszimmer machten es sich Graf Alexander und sein Besucher an einem Tischchen bequem. Die Fenster zum Schloßpark waren geöffnet und ließen die warme Sommerluft und Vogelzwitschern ein. In französischer Sprache machte der Besucher ein höfliches Kompliment über die Schönheit des Parks. Graf Alexander erwiderte ebenso höflich wie bestimmt:

»Euer Gnaden dürfen sich ruhig der deutschen Sprache bedienen. Hier sind wir in Neuwied und nicht in Koblenz, und keiner der Domestiken horcht an der Tür. Ein Gläschen Wein gefällig?«

»Danke, Euer Gnaden, gern«, meinte der Besucher und zog genießerisch die frische Luft in die Lunge. »Sofort nach Ankunft Ihres Briefes in Koblenz habe ich mich in eine Kutsche ohne Wappen gesetzt, und hier habe ich mich eines Pseudonyms bedient, um unerkannt ins

Schloß zu kommen, genau wie Sie mich gebeten hatten. Ist es nun soweit, Euer Gnaden?«

Graf Alexander sah seinem Besucher voll in die Augen.

»Ja, es ist soweit, Graf Metternich. Ich bin jetzt bereit, mit Ihnen als dem katholischen Mitdirektor des niedersächsisch-westfälischen Reichsgrafenkollegiums den Vergleich über die Bestellung zweier Reichstagsgesandter abzufassen und rechtsgültig zu unterschreiben.«

»Warum erst jetzt, Euer Gnaden, wenn ich mir diese offene Frage erlauben darf?« erkundigte sich Graf Franz Georg von Metternich-Winneburg vorsichtig.

»Weil – nun, ich will ganz aufrichtig mit Ihnen sein, Graf Metternich«, meinte der alte Graf nach einem Moment des Zögerns. »Weil ich in meinem langen Leben schon so manche diplomatischen Winkelzüge erlebt und Enttäuschungen habe hinnehmen müssen. Mein Nachgeben in der Sache der Evangelischen im Reichstag sollte mir und meinem Haus die Fürstenkrone einbringen – Sie selbst haben es mir vor Monaten angedeutet. Aber ich wollte erst sichergehen, daß der Staatskanzler Fürst Kaunitz in Wien seinen Teil des Kompromisses erfüllt. Nun hat man mir vertraulich mitgeteilt, daß das Fürstendiplom unmittelbar vor der Ausfertigung durch die kaiserliche Majestät stehe. Heute, da wir miteinander sprechen, wird es wohl schon in der Postkutsche von Wien nach Frankfurt unterwegs sein. Daher bin ich jetzt bereit, meinen Teil des quid pro quo[144] zu erfüllen. Mir ist klar, daß sich an der Stellung eines Reichsfürstentums Neuwied im Fürstenrat des Reichstages zu Regensburg nichts ändern wird, denn dort würden neue Virilstimmen das so mühevoll gehaltene Gleichgewicht zwischen den Protestanten und den Katholiken in Unordnung bringen. Mein Land wird also trotz meines neuen Titels weiter nur an der Kuriatstimme des niedersächsisch-westfälischen Reichsgrafenkollegiums teilhaben. Daher werde ich wie bisher dessen Direktor sein und bin an dessen Geschehen weiter interessiert.«

Während der nächsten Stunde verhandelten Graf Alexander und Graf Franz Georg von Metternich-Winneburg ernsthaft und konzentriert über den Inhalt des schriftlich niederzulegenden Vergleichs zwischen den protestantischen und den katholischen Häusern des Grafenkollegiums. Die beiden bisher ernannten Gesandten von Fischer und von

144 quid pro quo: Zug-um-Zug-Geschäft.

Haimb sollten nun auch von den Vertretern der jeweils anderen Religionspartei im Grafenkollegium bevollmächtigt werden, und diese Bevollmächtigungen sollten dann vom ganzen Corpus Evangelicorum und vom Corpus Catholicorum im Reichstag anerkannt werden. Daß die beiden Gesandten abwechselnd nur bei jedem zweiten Tagesordnungspunkt ihre Stimme abgeben konnten, war von vornherein klar. Aber welcher der beiden Gesandten würde den Turnus eröffnen? Graf Metternich bestand darauf, daß der Gesandte der katholischen Seite, also der Herr von Haimb, derjenige zu sein habe, der im ersten nach Inkrafttreten des Vergleichs zu behandelnden Tagesordnungspunkt im Plenum des Fürstenrates im Reichstag seine Stimme abgeben dürfe. Aber dem wiedischen Grafen gelang es nach langem Hin und Her, seinen Mitdirektor davon zu überzeugen, daß nur ein Losentscheid zwischen den beiden Gesandten über das Recht der ersten Stimmabgabe der Würde und dem Ansehen der protestantischen Grafenhäuser gerecht werde. Schließlich waren alle strittigen Punkte unter Dach und Fach. Der alte Graf klingelte mit dem kleinen Glöckchen und ließ seinen Privatschreiber Raeder kommen, um ihm den Entwurf in die Feder zu diktieren.
»Ach ja«, meinte Graf Alexander schließlich zu seinem Verhandlungspartner, »Euer Gnaden, wir sollten uns noch über das Datum dieses Vergleichs verständigen. Ich möchte auf keinen Fall, daß er das heutige Datum trägt. Wir schreiben heute den 17ten im Junius, und ich sagte ja bereits, daß das Fürstendiplom in wenigen Tagen hier eintreffen kann. Deswegen schlage ich vor, daß wir zwar heute unsere rechtsgültigen Unterschriften unter das Papier setzen, aber ich werde meine Unterschrift weit zurückdatieren – sagen wir auf den 21. März –, und Ihre Unterschrift könnte – nun, sagen wir, in Koblenz am 24. April – vollzogen worden sein. Sind Sie einverstanden, Graf Metternich?«
»Ja, ich bin einverstanden, Euer Gnaden, wenn nur dieser Vergleich endlich in Kraft treten kann«, murmelte Graf Metternich etwas verwirrt, »aber erlauben Sie mir die Frage, warum Sie so großen Wert auf diese Rückdatierung legen? Ihr Wunsch nach meinem Incognito-Auftreten hier scheint wohl die gleiche Ursache zu haben?«
»Mein lieber junger Freund«, meinte Graf Alexander mit mildem Lächeln, »Sie sind langjähriger Gesandter Seiner kaiserlichen Majestät und wohlerfahren in diplomatischen Sachen. Es steht mir daher nicht an, Ihnen in Fragen des diplomatischen Stils Ratschläge zu erteilen. Sie wissen genauso gut wie ein alter Mann am Ende seines langen Lebens,

daß Kompromisse, ein gegenseitiges Geben und Nehmen, in politicis et diplomaticis das A und O sind. Aber fast immer ist es besser, wenn außer den unmittelbar Beteiligten niemand weiß, was der eine und was der andere bei einem solchen Handel gezahlt hat!«

2

Charlotte von Lützows Lieblingsspaziergang im Schloßpark war der kurze Weg vom Fasaneriegebäude zum Schloß. Wie oft war sie ihn schon einsam gegangen, wenn sie einmal nicht vom Dienst bei ihrer Herrin oder deren Töchtern in Anspruch genommen war. Die Schicklichkeit verbot ihr ja ein für allemal, allein den Schloßbezirk zu verlassen oder gar in einem Bürgerhaus einen Besuch zu machen. Jetzt spürte Charlotte, wie sehr die Hofetikette sie zu einer Gefangenen im goldenen Käfig machte.

Hier, auf diesem Stückchen Weg hatte sie einst zum erstenmal die Regungen der Liebe verspürt, hatte ihren Philander bei der Hand gehalten, und sie wußte, daß auch er nur allzu oft an diese herzbewegenden Augenblicke zurückdachte. Heute, wenn sie diesen Weg ging, kam sie sich wie ein Sträfling vor, der mit einer Kette und einer Kugel an den Füßen sich mühsam durch den trostlosen Alltag schleppte und hoffnungslos von Flucht träumte.

Im Saal der Fasanerie konnte sie ihren heimlichen Verlobten wenigstens einmal im Monat bei den Versammlungen der Ismenischen Gesellschaft sehen, doch die Gelegenheiten, sich unter vier Augen sprechen zu können, waren in letzter Zeit immer seltener geworden. Die Briefchen, die die treue Anna fast täglich zwischen den Verliebten hin und her trug, ließen die Sehnsucht nacheinander nur noch größer werden. Vor allem, wie sollten Philipp und sie jemals dieser verzweifelten Lage entfliehen?

Schon längst war der Erbgräfin aufgefallen, daß ihre einst so muntere und heitere Hofdame eine tiefe Trauer mit sich herumtrug, und in einem geeigneten Augenblick war es ihr gelungen, Charlotte dazu zu bewegen, ihr von Frau zu Frau ihr Herz auszuschütten. Die Gräfin Louise hatte versucht, das junge Mädchen in seinem Liebeskummer zu trösten. Direkte Hilfe hatte sie Charlotte nicht zusagen können. Aber die Erbgräfin hatte versprochen, bei nächster Gelegenheit ihrem Schwiegervater, dem Landesherren, einige Andeutungen zu machen, vielleicht könne er ein Machtwort zum Obristen von Lützow sprechen.

Auch an diesem Juninachmittag wanderte Charlotte von Lützow tief in Gedanken verloren von der Fasanerie zum Schloß, als sie plötzlich unmittelbar vor sich eine bekannte Stimme hörte:

»Sieh da, Fräulein von Lützow, über welchen Roman sinnen Sie so traurig nach?«

Erschrocken blickte Charlotte auf und versank errötend in einen tiefen Hofknicks. Fast wäre sie mit Celsissimus zusammengestoßen, der gemeinsam mit Hofmarschall von Dobeneck ebenfalls das gute Wetter zu einem Spaziergang im Park genutzt hatte. Die warme Sonne tat seinen rheumatischen Gliedern gut.

»Werden Sie mir die Freude machen, mich auf meinem kurzen Weg durch den Park zu begleiten, Fräulein von Lützow?« fragte der alte Herr galant und winkte zugleich dem Herrn von Dobeneck unauffällig, zurückzubleiben.

»Nun sagen Sie mir doch, was Sie bedrückt, mein liebes Kind!« forderte Graf Alexander seine junge Begleiterin freundlich auf und reichte ihr zugleich ritterlich den Arm, als sie nebeneinander durch die von hohen Hecken begrenzten Wege schritten. »Ich habe Sie schon längere Zeit beobachtet. Was fehlt Ihnen? Kann ich Ihnen irgendwie helfen? Wollen Sie sich mir nicht anvertrauen? Ich kann schweigen wie ein katholischer Pfaffe nach der Beichte.«

Charlotte wurde warm ums Herz. War das nicht die Gelegenheit, Celsissimus alle ihre Sorgen zu beichten und ihn zu bitten, ob er ihr und ihrem Philipp nicht kraft seiner obersten Gewalt die Heiratserlaubnis erteilen könnte? Zögernd und stockend, aber doch voller Vertrauen zu dem gütigen alten Herrn, berichtete sie davon, wie sie den Kaufmannssohn kennengelernt und sich in ihn verliebt habe, und welche Schwierigkeiten ihrer Vereinigung entgegenstünden. Mit ein paar verständnisvollen Fragen half der alte Graf der jungen Hofdame über einige nach ihrer Meinung besonders heikle Punkte ihrer Beichte hinweg. Zum Schluß bat Charlotte ihn flehentlich darum, ihr und Philipp Breuer zu helfen, damit sie vor Gott und den Menschen ein Ehepaar werden könnten.

»Noch in meiner Todesstunde würde ich Euer Gnaden dafür danken!« flüsterte sie, während Tränen über ihre Wangen liefen.

Mitleidig blickte der alte Graf seine junge Begleiterin an. Tief seufzend sagte er schließlich:

»Es ist schon etwas Wunderbares um die Jugend und die Liebe. Wenn ich mich zurückerinnere ...« Celsissimus verstummte, und das ungleiche Paar ging eine Weile schweigend nebeneinander her, jeder in seine Gedanken vertieft. Schließlich nahm Graf Alexander das Gespräch wieder auf. »Ich möchte so gerne jeden Untertanen glücklich sehen, vor allem ein so hoffnungsvolles junges Blut wie Sie, liebes Fräulein von Lützow«, sagte er vorsichtig. »Ich bin souveräner Herrscher dieser Grafschaft, das ist wahr. Aber auch wenn die Literaten uns Landesherren gerne absolute Herrscher nennen, so können wir doch nicht gegen das göttliche und irdische Recht verstoßen. Manche meiner Standesgenossen tun es, das weiß ich leider«, fügte der Graf leise hinzu. »Aber ich müßte mich des Thrones schämen, auf den die Gnade Gottes mich gerufen hat, wenn auch ich so handelte.«
Mit großen, tränenerfüllten Augen blickte Charlotte Celsissimus an, sagte aber kein Wort. Der Graf wandte seinen Kopf ab. Er konnte es nicht ertragen, dem jungen Mädchen in die Augen zu sehen, während er ihm in möglichst schonender Form erklärte, was gesagt werden mußte.
»Wären Sie *mein* Mündel, liebes Fräulein von Lützow, so würde ich als Vormund bereit sein, über die Frage der Religionsverschiedenheit hinwegzusehen. Nach der alten Kirchenordnung dieser Grafschaft, noch von meinem Großvater selig her, dem Grafen Friedrich, die jetzt gerade hundert Jahre alt ist, ist es Mädchen strikt verboten, Bekenner einer anderen Religion zu heiraten; aber heute, in unserem aufgeklärten Zeitalter, sollte man das, meine ich, in bestimmten Fällen anders betrachten. Sie haben mir ja eben auch berichtet, daß Ihr Auserwählter nichts dagegen hätte, zum lutherischen Glauben zu konvertieren. Wenn der Herr Kirchenrat Engel es abgelehnt hat, diese Konversion zu vollziehen und darüber hinaus sich weigert, Sie beide zu trauen, so kann ich ihn selbst als summus episcopus dieses Landes kaum dazu zwingen. Aber vielleicht würde sich da ein Ausweg finden, wenn Sie beide für eine Weile in ein lutherisches Land übersiedelten, etwa in die Landgrafschaft Hessen-Darmstadt.« Der alte Graf machte eine Pause, um seine Gedanken zu ordnen. Jetzt kam der schwierigere Teil dessen, was er der jungen Hofdame taktvoll zu eröffnen hatte. »Nun bin ich aber bedauerlicherweise nicht Ihr Vormund, liebe Charlotte, sondern Ihr Onkel ist es. Und wenn er sagt, daß eine Heirat mit einem Bürgerlichen für Sie nicht in Frage kommt, dann ist das sein gutes Recht, darauf zu bestehen, so lange, bis Sie volljährig geworden sind. Das

Alter dafür ist in dieser Grafschaft nun einmal vierundzwanzig Jahre und Sie haben – lassen Sie mich rechnen – bis dahin noch fast fünf Jahre Zeit. Ich kann meinen alten Obristen schon verstehen, wenn er auf die Reinhaltung des Stammbaums derer von Lützow bedacht ist. Der Adel, und gerade der uralte Adel, wie es die Lützows und wir Wieds sind, darf sich nicht mit Bauern, Handwerkern oder Krämern gemein machen. Das sind wir unseren Ahnen über viele hundert Jahre schuldig.«

Charlotte versetzte diese Bemerkung einen schmerzhaften Stich. Ob sie so gemeint war oder nicht – sie bezog den »Krämer« auf den Beruf ihres Philipp und dessen Vaters. In ihrer Kindheit, im heimischen Mecklenburg, hatte sie von Kaufleuten nichts gewußt und sie auch für »Krämer« gehalten. Jetzt, durch die Verbindung mit Philipp Breuer, hatte sie ein anderes Verständnis für diesen Stand gewonnen. Philipp hatte ihr in seinen Briefen so anschaulich die Verbindungen, den Einfluß und den Nutzen der Großkaufleute für das Land geschildert, daß Charlotte den Mut fand, ihrem Landesherren zu widersprechen.

»Und doch sind es die Krämer«, sagte sie leise, aber in sehr ernstem Ton, »wie Euer hochgräfliche Gnaden sie zu nennen belieben, die im Land für wachsenden Wohlstand und für den Luxus sorgen, in dem der Adel so gerne lebt. Die ›Krämer‹ sind es, die den so häufig verschuldeten Adligen das Geld leihen müssen, damit sie sich ihren Luxus noch weiter leisten können. Haben nicht schon viele sogenannte Krämer das Adelsdiplom erhalten, eben weil die Fürsten ihre Hilfe brauchten?« Charlotte kam bei diesen verbitterten Worten ein Gedanke, den sie sogleich aussprach. Das junge, sonst so schüchterne Mädchen hatte das Gefühl, bei diesem Gespräch über sich selbst hinauszuwachsen. Sie war bereit, jetzt und hier mit Celsissimus um das künftige Lebensglück ihres Philipps und ihrer selbst zu kämpfen. »Könnten Euer Gnaden nicht den Kaufmann Johann Wilhelm Breuer in den erblichen Adelsstand versetzen – in Anerkennung seiner Verdienste um die Stadt und die Grafschaft Neuwied? Dann könnte doch mein Onkel nichts mehr gegen unsere Verbindung einwenden?«

Graf Alexander hatte sich schweigend die leidenschaftlichen Worte des jungen Mädchens an seinem Arm angehört. Er gehörte nicht zu der Sorte von Fürsten, die Widerspruch oder auch nur das Äußern einer anderen Ansicht mit dem sofortigen Entzug der landesherrlichen Gunst bestraften. Im Gegenteil, seine Achtung vor der jungen Hofdame wuchs, und er glaubte, sich verteidigen zu müssen.

»Gut pariert, Fräulein von Lützow, nur leider – diese Möglichkeit ist mir versperrt. Dem Haus der Grafen zu Wied ist bisher von der kaiserlichen Majestät nicht das große Komitiv verliehen worden, also das Recht, Nobilitierungen[145] auszusprechen. Nun gibt es zwar genügend Inhaber des Hofpfalzgrafenamtes,[146] die dieses Recht besitzen. Aber ich habe es mir zum Prinzip gemacht, für meine Untertanen nur dann darum zu ersuchen, wenn sie in unmittelbaren Diensten meines Hauses stehen oder wenn sie Offizier in meinem Regiment werden wollen und noch nicht den Adel haben. Von diesem Prinzip kann ich nicht abgehen, auch Ihnen zuliebe nicht. Ich kann mir nicht recht denken, daß Ihr Philipp Offizier im gräflich-wiedischen Regiment werden möchte, ganz abgesehen davon, daß derzeit auch keine Stelle frei ist. Ich weiß, liebes Fräulein von Lützow, daß ich Sie jetzt furchtbar enttäuschen muß und daß meine Worte für Sie kein Trost sind. Aber ich kann Ihnen nur raten, noch ein paar Jahre zu warten. Kommt Zeit, kommt Rat, mein liebes Kind. Wer weiß, wie Sie in fünf Jahren darüber denken werden.«

3

Elisabeth Schettlerin genoß es jedesmal, wenn sie von der Hausherrin oder der Ältermagd Trine den Auftrag erhielt, auf dem Wochenmarkt einzukaufen. Sie war stolz auf die Verantwortung, die man ihr übertrug, den Haushalt der Familie Breuer für möglichst wenig Geld mit frischem Gemüse und Geflügel, mit Eiern und Fischen zu versorgen. Vor allem aber empfand sie es immer noch als höchstes Glück, frei und unbeaufsichtigt in der Stadt umhergehen und mit anderen Menschen sprechen, scherzen und lachen zu dürfen.

Sie gestand es sich selbst kaum ein, daß sie auch noch ein anderes Gefühl hinaus in die Stadt zog. Jedesmal, wenn Elisabeth zum Wochenmarkt ging oder sonst eine Besorgung in der Stadt zu erledigen hatte,

145 Nobilitierung: Erhebung in den Adelsstand.

146 Hofpfalzgrafenamt: Vom Kaiser meist erblich verliehenes Amt, an seiner Stelle bestimmte Rechtshandlungen vorzunehmen, insbesondere Erhebungen in den Adelsstand. Die Kurfürsten sowie zahlreiche andere weltliche und geistliche Reichsfürsten hatten dieses Recht, aber keineswegs alle. Unberührt davon blieb das ausschließliche kaiserliche Privileg, Standeserhöhungen reichs*unmittelbarer* Adliger, also etwa eines Reichsgrafen zum Reichsfürsten, auszusprechen.

machte sie einen kleinen Umweg am Schloß vorbei. Gelegentlich hatte sie Glück, und ihr Wilmluisch stand dort Wache und präsentierte stolz seine Muskete vor ihr, während sie winkend am Schilderhäuschen vor dem Eingang zum weiten Schloßhof vorbeiging. Es stand zwar in keiner Dienstanweisung, daß ein Wachhabender am Schloß vor einer Dienstmagd das Gewehr zu präsentieren habe, aber wenn kein Vorgesetzter in der Nähe war, glaubte der Musketier Schneider dies schon verantworten zu können. Wenn der zweite Wachhabende diskret war und nach einer solchen Ehrenbezeugung gerade einmal zum Austreten verschwand, hatten die beiden Liebenden sogar die Möglichkeit, für ein paar Minuten unter vier Augen zu plaudern.

Heute brannte die Julisonne heiß auf den Marktplatz herab. Die Bauern mit ihren Gemüsekörben und die Fischer mit ihren Fässern hatten sich nach Möglichkeit in den Schatten der Bäume zurückgezogen, die das Viereck des Marktplatzes umgaben. Elisabeth hatte gerade bei einer Bäuerin aus Fahr, dem nächsten neuwiedischen Dorf rheinabwärts von Irlich, ein Viertel Malter[147] frische grüne Bohnen zum Preis von 24 Albus erhandelt, als von der reformierten Stadtkirche her ein ungewohnter Lärm ertönte.

»Was ist denn das?« meinte Elisabeth zu der Bäuerin, »heute ist doch nicht Sonntag? Das hört sich wahrhaftig so an wie die Regimentsmusik zur Sonntagsparade!«

Alle die vielen Besucher des Neuwieder Wochenmarktes wandten ihre Köpfe. Tatsächlich marschierten acht Pfeifer und Trommler in ihren Ausgehuniformen auf den Platz, gefolgt von einer kleinen Patrouille aus je vier Musketieren und Grenadieren unter dem Kommando eines jungen Leutnants. In exaktem Gleichschritt schwenkte der Zug auf die Mitte des Platzes und stand dann auf Befehl still wie Bildsäulen. Ein Schwarm neugieriger Kinder war den Soldaten gefolgt und scharte sich dicht um sie, während alles, was sich sonst auf dem Marktplatz aufhielt, heranströmte, um sich nichts von den offenbar bevorstehenden Sensationen entgehen zu lassen. Aber kein Offizier und kein Korporal mit befehlsgewohnter Stimme trat vor, sondern der Stadtdiener Henns. Mit ernstem Gesicht hielt er seine Hellebarde in der linken Hand, während er mit der rechten die große Schelle schwang, die jedesmal die Bekanntgabe städtischer Verlautbarungen ankündigte. Aber noch nie hatte man erlebt, daß Soldaten mit Musik einer solchen

147 Malter: Altes Maß für Mehl und Gemüse, ca. 55 Liter.

Verlautbarung einen feierlichen Rahmen gaben. Und nun stellte sich Stadtschreiber Schott in Positur, entrollte ein Blatt Papier und verkündete mit voller Lungenkraft den Bewohnern der Stadt:
»Bekanntmachung eines hochwohllöblichen Magistrats der Stadt Neuwied, auf Befehl eines hochgräflichen Regierungskollegiums! Seine Majestät, der römische Kaiser Josephus der Zweite zu Wien, haben sich gnädigst bewogen gefunden, unserem allergnädigsten Landesherrn, Johann Friedrich Alexander, regierendem Reichsgrafen zu Wied-Neuwied, Grafen zu Isenburg, Herren von Runkel, nebst seinen ehelichen Nachkommen, in Anerkennung seines bei vielfältigen Gelegenheiten bewiesenen patriotischen Diensteifers und unbegrenzter Devotion gegen den Kaiser und sein durchlauchtigstes Erzhaus in des Heiligen Römischen Reiches Fürstenstand mildest zu erheben. Dieses sei aller Welt und zuvörderst allen Untertanen unseres allergnädigsten Landesherrn männiglich gebührend bekanntgemacht. Auf Anordnung Seiner hochfürstlichen Gnaden, des regierenden Fürsten Johann Friedrich Alexander, findet am Sonntag, dem dreizehnten Tag des Julius im Jahre des Herrn 1784 ein feierlicher Dankgottesdienst in der reformierten Stadtkirche zu Neuwied und in allen anderen Gotteshäusern der fürstlichen Residenzstadt und des Fürstentums Wied-Neuwied statt. Im Anschluß daran werden alle fürstlich-wied-neuwiedischen Untertanen zu einer Wachtparade des fürstlich-neuwiedischen Regiments und des gesamten Korps der Bürgerwehr von Neuwied im Hof des fürstlichen Residenzschlosses eingeladen. Unser allergnädigster Landesvater, Fürst Alexander, er lebe hoch, hoch hoch!«
Zuerst verdutzt, dann immer begeisterter waren die Bürger und Bauern und die Kinder auf dem Marktplatz diesen Worten gefolgt. Zum Schluß stimmten alle lautstark in die Hochrufe ein, und die Kinder und auch manche Männer warfen im Überschwang ihre Mützen oder Hüte in die Luft. Ein kurzes Kommando, dann schulterten die Soldaten wieder ihre Musketen, die Spielleute setzten ihre Flöten an den Mund und die Trommler hoben die Schlegel. Mit klingendem Spiel marschierte der kleine Zug wieder zurück in die Kaserne, stolz, als folgten Tausende von Uniformierten der Regimentsmusik.
Unter den Besuchern des Wochenmarktes bildeten sich sofort Grüppchen, die erregt die aufregende Neuigkeit besprachen. Andere Zuhörer hasteten nach Hause, um dort ihr Wissen so schnell wie möglich loszuwerden. Aber es gab keinen Neuwieder Untertanen, der nicht seiner Freude Ausdruck gab, daß der angestammte Landesherr nun zu

einer so hohen Würde aufgestiegen sei und daß der gute Graf Alexander das wirklich schon lange verdient habe.
»Und keiner hat was davon gewußt«, meinte die alte Sterzin aus Fahr, die der Jungfer Elisabeth die Bohnen verkauft hatte. Und auch das konnten die Umstehenden nur aus vollem Herzen bestätigen.
Schiffer Heinrich Mendel, der mit seinem Marktschiff den Rhein zwischen Koblenz, Ehrenbreitstein und Neuwied zu befahren pflegte, hörte diese überall geäußerte Meinung mit breitem Schmunzeln an. Er selbst hatte es schon vor acht Tagen gewußt, denn ein aus Mainz in Koblenz angekommenes Schiff hatte das Gerücht von der bevorstehenden Erhebung des Grafen zum Reichsfürsten in die kurtrierische Residenzstadt mitgebracht. Doch als er stolz seine Neuigkeit dem gräflichen Zollerheber erzählt hatte, war er von diesem sofort zum Stadtschultheißen Greyß geschleppt worden, und der hatte ihm strikt verboten, irgendjemandem, und sei es der eigenen Frau, dieses Gerücht weiterzuerzählen. Und der Herr Stadtschultheiß hatte dem Schiffer Mendel eine gute Belohnung in Aussicht gestellt, wenn bis zur baldigen offiziellen Verkündung des großen Ereignisses nichts davon in Neuwied durchsickern würde. Mindestens einen Dukaten könne sich der Schiffer dadurch verdienen, daß er für eine Weile den Mund hielte.
»Jetzt gehe ich mir meinen Dukaten holen«, brummte Heinrich Mendel in sich hinein und schlug den Weg zum Rathaus ein.

4

Aus dem Hinterzimmer des Gasthauses »Zum blauen Pfau« in der Marktstraße tönte angeregte Unterhaltung. Der Wirt mußte immer wieder einen großen Krug Heddesdorfer Wein zum Nachfüllen der Gläser hereinbringen. Freitagabends pflegten sich die Literaten von Neuwied oder die, die sich dafür hielten, zum Dämmerschoppen zu treffen. Mit wem als untereinander sollten die Herren auch sonst vertraulichen Umgang pflegen? Von Ausnahmen abgesehen zeigten sich weder die vornehmen Herren von der Regierung noch die Offiziere vom Regiment zu einem Gespräch mit den Männern der Feder von gleich zu gleich geneigt, und mit den Krämern und Handwerkern der Stadt oder gar den bigotten Pfarrern wollten wiederum die Herren Schriftsteller nichts zu tun haben.

Die Ausnahmen aus dem Offizierskorps bildeten zwei Hauptleute, die auch heute in der kleinen Runde fleißig dem Wein zusprachen, wie üblich in Zivil. Ludwig von Buri glaubte ja selbst ein erstrangiger Theaterfachmann und nicht unbekannter Dichter zu sein, und Jaques von Roques suchte gerne die Gesellschaft des Redakteurs der »Correspondance sécrète politique et littéraire«, des französischen Schriftstellers François de Metra, um mit ihm französisch sprechen zu können.
Der letztere war ein agiler, umgänglicher Mann mittleren Alters mit freundlichen Umgangsformen. Obwohl er schon seit sieben Jahren in Neuwied im Exil lebte und von hier aus, ungestört von jeder Zensur, seine antiroyalistischen Streitschriften nach Frankreich schmuggeln ließ, konnte er noch kaum ein Wort Deutsch. Die Leute, mit denen er zu tun hatte, sprachen ja im allgemeinen seine Muttersprache mehr oder weniger fließend, die Sprache der Gebildeten in Europa. Er unterhielt sich gerade mit Hauptmann von Roques über den tragischen Selbstmord des Juweliers Dubois du Rousset, der vor einigen Tagen die Gemüter der Stadt erregt hatte.
»Er hat wohl den Verlust seiner wertvollen Juwelen nicht verwinden können«, meinte Hauptmann von Roques niedergeschlagen. »Zum Teil haben sie ihm nicht einmal selbst gehört. Es ist mir zwar noch nicht gelungen, die Täter ausfindig zu machen, aber ich bin überzeugt, daß ich sie finden werde. Monsieur Dubois hätte doch Vertrauen zur hiesigen Polizei haben können. Stattdessen wird er nun als Selbstmörder in einer Friedhofsecke ohne kirchliches Begräbnis verscharrt.«
François de Metra, der scharfzüngige Satiriker, konnte es nicht unterlassen, seinen Gesprächspartner ein wenig zu frotzeln.
»Wenn sich das in Frankreich abgespielt hätte, könnten Sie sicher sein, daß ich den Fall von eklatantem Versagen der Polizei und dem daraus resultierenden Selbstmord eines unbescholtenen Bürgers in einem Artikel meiner Zeitschrift aufgegriffen hätte. Aber Sie haben Glück, Monsieur, daß meine Korrespondenz sich nur mit den unglaublichen Zuständen in unserem schönen, leider von einem ahnungslosen König und einer korrupten, unfähigen Adels- und Pfaffenclique beherrschten Frankreich beschäftigt. Aber wäre das nichts für Ihr Neuwieder Blättchen, chèr collegue Neveroffsky?«
Der Angesprochene war ein älterer Herr mit stattlichem Bauch. Erschrocken stellte er das Glas ab, das er gerade zum Mund führen wollte.
»Wo denken Sie hin, Monsieur de Metra«, antwortete er. »Sie wissen zwar so gut wie ich, daß unsere Grafschaft – nein, Fürstentum Neu-

wied keine Zensur kennt und damit eines der wenigen Länder im Reich ist, wo der Landesherr sich nicht um die Gazetten kümmert. Aber so ehrgeizig bin ich gar nicht, daß meine ›Wöchentlichen Neuwiedischen Nachrichten‹ sich mit allen Behörden hier und anderswo anlegen müßten. Ich gebe nun seit fast dreißig Jahren mein Blättchen heraus und lebe so einigermaßen davon, und noch nie hat es Ärger deswegen gegeben. Das soll auch so bleiben, Monsieur de Metra! Ich habe mir schon schwer überlegt, ob ich den Tod des Herrn Dubois überhaupt vermelden sollte. Nun, ich habe ihn ohne Hinweis auf die Art seines Todes in der Rubrik ›Gestorben‹ aufgenommen. In Neuwied weiß ja ohnehin jeder Bescheid. Doch ich muß Ihnen unbedingt erzählen, meine Herren, was ich als Huldigung zur verdienten Erhebung unseres allergnädigsten Grafen in den Fürstenstand geschrieben habe!«
So kam das Gespräch auf die wirkliche Sensation der letzten Tage. Auch in diesem Kreis von Literaten war man der Meinung, daß die so überraschende kaiserliche Gnade für den Landesherren wohl verdient war. Selbst der sonst so gegen König und Adel – in Frankreich! – seinen Geist versprühende François de Metra wußte nichts gegen den Grafen einzuwenden.
»Wie redet man denn eigentlich nun den Fürsten an?« wollte Professor Simon wissen, der Leiter des Neuwieder Philanthropins. Ebenso wie der frühere Präzeptor und jetzige Inhaber der Hauptischen Hofbuchdruckerei und Verleger des Wochenblättchens, Gehra, rechnete sich der Professor zu den geistigen Größen der Stadt und nahm daher mit Behagen am Literaten-Stammtisch teil.
Hauptmann von Buri wußte Bescheid. Er kannte sich schon immer gut im höfischen Zeremoniell aus und hatte außerdem in den letzten Tagen Hofdienst als Kammerjunker gehabt.
»Fürsten haben normalerweise Anspruch auf die Anrede ›Euer Durchlaucht‹«, erläuterte er in wichtigem Tonfall, »und sie haben den Titel Serenissimus statt Celsissimus. Da werden wir uns alle umgewöhnen müssen. Allerdings verlautete inoffiziell bei Hofe, der Kaiser habe unserem Grafen nicht gleichzeitig mit dem Fürstenbrief auch die Anrede Durchlaucht verliehen – warum, das weiß ich nicht; vielleicht folgt dieser Gnadenerweis noch nach. Offiziell werden also wohl auswärtige Fürsten unseren Landesherrn zunächst nur mit ›hochfürstliche Gnaden‹ anreden, aber ich glaube, wir als neuwiedische Untertanen dürfen Serenissimus ruhig die Freude machen, ihn mit Durchlaucht anzusprechen.«

»Mit hochfürstlich-wiedischer gnädigster Freiheit – der neue Untertitel unter meinen Wöchentlichen Nachrichten wird sich gut machen«, sinnierte der Redakteur Neveroffsky laut vor sich hin, »ich darf nicht vergessen, gleich um die Führung des neuen Titels einzukommen. Fürst – das klingt ja doch ganz anders als Graf. Wie viele Grafen gibt es in Deutschland und wie wenige Fürsten?«

Allmählich wandte sich die Stammtischrunde anderen Themen zu.

»Wissen Sie, Herr Neveroffsky«, fragte der siebente in der Runde, der sachsen-weimarische Hauptmann und neuwiedische Hofmeister Friedrich Emanuel Schwarz, »daß die herrschaftliche Rentkammer gestern für 43 000 Gulden den Rasselstein-Hammer an die Firma Remy & Konsorten verkauft hat? Das wäre doch eine Neuigkeit für Ihr Blättchen!«

»So?« meinte Herr Neveroffsky mißtrauisch und blickte den jungen Mann über den Rand seiner Brille an. »Woher wollen Sie das wissen? Waren Sie dabei oder hat es Ihnen jemand von der Regierung gesagt?«

»Ja nun«, verteidigte sich der Lehrer der nun ebenfalls Fürsten gewordenen jungen Grafen, »so offiziell habe ich es freilich nicht erfahren. Aber der Kammerlakai meiner Zöglinge hat einen Schatz, und das ist die Tochter des Rentkammerschreibers Schmidt, und die wußte es direkt von ihrem Vater. Sie können sich darauf verlassen, daß die Nachricht stimmt, Herr Neveroffsky!«

Mit abweisendem Gesicht schloß der Zeitungsherausgeber den Fall für sich ab:

»Celsissimus – ich meine Serenissimus – wird schon wissen, ob und wann er den Verkauf einer so wichtigen herrschaftlichen Besitzung bekanntgeben will. Ich für meinen Teil möchte mir keine Schwierigkeiten einhandeln, indem ich eine Nachricht verbreite, die unserem gnädigsten Herrn möglicherweise nicht recht ist. Mein Blatt will die Leser mit allerlei interessanten und lehrreichen Begebenheiten aus aller Herren Länder unterhalten und bilden, und es will den Einwohnern dieser schönen Stadt die Möglichkeit bieten, es bekanntzumachen, wenn sie etwas verloren haben oder ein Kind getauft worden ist. Aber ich werde mich hüten, mich in die Politik einzumischen. Ich habe keine Lust, wegen meiner Zeitung einmal wie der Dichter Schubart auf irgendeinem Hohenasperg[148] zu enden.«

148 Hohenasperg: Festung und Gefängnis bei Ludwigsburg in Württemberg. Der württembergische Herzog Karl ließ dort den Dichter und Schriftsteller Christian

5

In diesen Tagen überschlugen sich die Ereignisse am sonst so stillen und friedlichen Hof zu Neuwied. Das endlich eingetroffene kostbare Pergament mit dem großen kaiserlichen Siegel und der eigenhändigen Unterschrift des Kaisers hatte selbst in der engsten Umgebung Celsissimi, ja auch in seiner Familie als völlige Überraschung gewirkt. Zugleich wurde das ganze Schloßpersonal in hektische Betriebsamkeit versetzt. Charlotte von Lützow war das nur recht, so konnte ihr Geist für kurze Zeit den düsteren Gedanken entfliehen, die seit dem Gespräch mit dem alten Grafen nur noch verzweifelter geworden waren.

Alle Lakaien, Zimmermädchen und Hausknechte waren fieberhaft dabei, jeden Saal und Salon des Schlosses, von denen viele das ganze Jahr über kaum benutzt wurden, empfangsbereit zu machen. Alle übrigen Schloßbewohner, Regierungsmitglieder und Hofkavaliere hatten sich auf besondere Anordnung Celsissimi – nein, Serenissimi – einer höchst ungewohnten Arbeit zu widmen. Jeder, der einigermaßen mit Tinte und Feder umgehen konnte, selbst die älteren fürstlichen Enkel und die Hofdamen, mußten von morgens bis abends Briefe kopieren. Denn die wenigen Männer, die sonst als Schreiber beschäftigt waren, konnten den plötzlichen und eiligen Arbeitsanfall niemals schaffen. Das gesamte Husarenkorps war ständig auf Pferden unterwegs, um die Briefe zu den Empfängern oder zur Poststation zu schaffen.

Da mußten sämtlichen Pfarrern im Land Abschriften der Proklamation über die Erhebung des Landesherren zum Reichsfürsten übersandt werden, damit sie diese gleich am nächsten Sonntag von ihren Kanzeln verlesen konnten. Alle Freiwächter des Regiments waren zur großen Festparade am übernächsten Sonntag nach Neuwied zu kommandieren. Und die örtlichen Honoratioren in der Stadt Neuwied und in den drei Ämtern, zwölf Kirchspielen und neunundvierzig Dörfern des Landes, bis hin zum fernen Kirchspiel Rückeroth am Dreifelder Weiher, weit oben im Westerwald, waren zu benachrichtigen. Wer

Schubart von 1777 bis 1787 gefangenhalten, weil er sich über dessen Zeitschrift »Deutsche Chronik« geärgert hatte. Schubart war aus der Freien Reichsstadt Ulm, wo er lebte, auf württembergisches Gebiet gelockt und widerrechtlich festgenommen worden. Der Fall erregte in Deutschland großes Aufsehen.

von den Schultheißen und Bauermeistern es einrichten konnte, war ebenfalls zur Festparade nach Neuwied eingeladen. Schließlich waren die benachbarten Landesherren, die vielen Mitglieder des Grafenkollegiums sowie andere verwandte oder befreundete Herrscherfamilien in Briefen in gebührender Höflichkeit von der hohen Ehre zu benachrichtigen, die dem Reichsgrafen zu Wied-Neuwied widerfahren war.

Der Sonntag des großen Festes begann mit einem strahlenden Sonnenaufgang. Es versprach, herrliches Wetter zu werden.
»Fürstenwetter«, sagten die Neuwieder stolz zueinander, »das gehört sich auch so!« Sie waren an diesem Tag schon in aller Herrgottsfrühe auf den Beinen und in ihrer besten Kleidung.
Genauso früh begann der Tag für die Schloßbewohner, vom regierenden Fürsten bis hinunter zur jüngsten Küchenmagd, und es würde ein langer und anstrengender Tag werden. Auch Friedrich Carl war aus seinem mehr oder weniger freiwilligen Verbannungsort Bonefeld in die Residenz gekommen. Er trug jetzt den stolzen Titel Erbfürst und durfte, trotz der schweren Spannungen in der Familie, an diesem Ehrentag unmöglich fehlen.
Die reformierte Stadtkirche konnte an diesem Sonntag die vielen Gläubigen kaum fassen, denn zu der normalen Gemeinde einschließlich der meisten Angehörigen der fürstlichen Familie kamen ja diesmal die vielen zusätzlichen Gäste, Soldaten und Honoratioren aus allen Teilen des neugebackenen Fürstentums. Und selbstverständlich gingen diesmal auch diejenigen Gemeindemitglieder in die Kirche, die es sonst mit dem Gottesdienstbesuch nicht so genau nahmen.
Das neuwiedische Konsistorium hatte an alle Pfarrer in der Stadt und im Land, gleich welcher Glaubenszugehörigkeit, die Weisung ausgegeben, über den ersten Vers im 106. Psalm zu predigen: *Danket dem Herrn, denn er ist freundlich und seine Güte währet ewiglich.* Dieser Text bot genügend Möglichkeiten zu Allegorien, je nachdem, worauf man das Wort »Herrn« bezog: auf Gott, den Kaiser oder den eigenen Landesherrn.
Nach dem Ende der Gottesdienste in den verschiedenen Kirchen der Stadt Neuwied begann eine wahre Völkerwanderung zum Schloß. Denn ein großer Teil der Stadtbürger, ihre Frauen und Kinder und, soweit abkömmlich, auch die Knechte und Mägde, die Lehrlinge und Gesellen, wollten sich natürlich gute Stehplätze für die Parade si-

chern. Die Soldaten des Regiments und die vielen Freiwächter formierten sich auf dem Hof ihrer Kaserne in der Luisenstraße zur Parade. Und auf dem Marktplatz sammelten sich die drei Kompanien der Neuwieder Bürgerwehr unter ihren Hauptleuten und Leutnants, mit ihren Fahnen, Trommeln und Pfeifen. So ungern die Stadtbürger sonst den unbeliebten Wehrdienst versahen und ihm, wo sie nur konnten, durch allerlei Schlupflöcher zu entgehen suchten, so gern und vollzählig erschienen sie bei einem solchen Anlaß.
Es wurde hoher Mittag, bis die vielen Menschen auf dem Schloßhof ihren Platz gefunden und die beiden Marschsäulen des Regiments und der Bürgerwehr mit klingendem Spiel auf dem für sie abgesteckten Viereck vor dem Schloßportal Aufstellung genommen hatten. Unter der heißen Julisonne begann den Menschen der Magen zu knurren, aber keiner hätte jetzt das Feld geräumt, zumal es von der Ecke zwischen dem Küchengebäude und dem Schloß her verführerisch duftete. Seit dem frühen Morgen drehten sich dort auf großen Gestellen zwei Ochsen und vier Schweine am Spieß über dem Feuer.
Die fürstliche Familie hatte sich nach dem Gottesdienst vollzählig an den geöffneten Fenstern im ersten Stock des Schlosses aufgestellt. Für die erwachsenen Mitglieder der Familie, noch mehr aber für die Kinder, war es eine harte Geduldsprobe und Kraftanstrengung, stundenlang an den Fenstern stillstehen zu müssen. Doch das war der selbstverständliche Preis, den die Herrscherfamilie für die Ergebenheit und die Treue ihrer Untertanen zu zahlen hatte. Der Landesherr und seine Angehörigen mußten sich, zumal bei einer solchen Gelegenheit, vor ihren Untertanen sehen lassen. Mochten auch andere Herrscher im Reich sich ängstlich vor ihren Untertanen abschirmen und ihre Feste ausschließlich im Kreis einer adligen Hofgesellschaft feiern, in Neuwied war so etwas noch nie der Brauch gewesen.
Charlotte von Lützow und die Kinderfrau hatten alle Hände voll zu tun, den fünfjährigen August, den knapp zweijährigen Maximilian und den jüngsten Sproß der Familie, den acht Monate alten Victor in seinem Steckkissen, immer wieder hochzuheben, damit sie aus dem Fenster auf die vielen Menschen sehen konnten. Die Kinder des Erbfürstenpaares waren nun auf einmal zu Prinzen und Prinzessinnen befördert worden. Jedesmal, wenn einer der kleinen Prinzen aus dem Fenster blickte, jubelten unten die Neuwieder Kinder, und auch viele Erwachsene winkten freudig mit ihren Hüten.
Endlich war der Aufmarsch beendet. Die Fahnenträger des Regiments

und der Bürgerwehr-Kompanien traten vor, und Oberst von Lützow meldete mit lauter Stimme zum Fenster hinauf Regiment und Bürgerwehr zur Huldigung an Seine Durchlaucht, den Fürsten Alexander, den geliebten Vater des Vaterlandes, und Ihre Durchlaucht, die ehrwürdige Fürstin Caroline, angetreten. In das dreifache Hurra der bewaffneten Macht stimmte auch die ganze Menge der neuwiedischen Untertanen und viele Fremde aus den Nachbarorten, die als Schaulustige gekommen waren, aus voller Kehle ein.

Fürst und Fürstin winkten huldvoll, worauf Hofmarschall von Dobeneck aus dem Fenster rufend bekanntgab, daß nun die gebratenen Ochsen und Schweine portionsweise an die braven Soldaten, die tapfere Bürgerwehr von Neuwied und an die getreuen Untertanen verteilt würden, dazu Gratiswein aus dem fürstlichen Weinkeller. Die Soldaten und die Bürgerwehr marschierten auf Befehl ihrer Offiziere das kurze Stück vor das Marstallgebäude, stellten dort ihre Musketen wie beim Biwak im Manöver in Dreieckspyramiden ab und durften sich danach zwanglos in die Volksmenge mischen, die den Schloßhof bevölkerte.

Auch das Fürstenpaar, seine Angehörigen und deren Begleiter traten nun durch das Schloßportal auf den Hof mitten unter das Volk. Überall bildeten sich Grüppchen von Untertanen, die mit tiefer Verbeugung oder Hofknicks und Handkuß dem Landesvater oder seinen Angehörigen die untertänigsten Glückwünsche aussprachen. Freundlich dankend schritten die Herrschaften durch die Menge und blieben hier und da stehen, um mit Korporal Schindler oder Meister Reinhold ein wenig zu plaudern.

6

Charlotte von Lützow hielt sich wie vorgeschrieben anderthalb Schritte links hinter ihrer Herrin, während diese langsam durch das Gewühl froher Leute auf den Schloßhof schritt. Der Duft gebratener Fleischstücke, die die Bürger aus der Hand aßen, erinnerte sie plötzlich daran, daß sie selbst und auch die fürstlichen Herrschaften seit dem frühen Morgen nichts mehr gegessen hatten. Aber auch wenn der Magen knurrte – Haltung mußte gezeigt werden. Denn es war undenkbar, daß die fürstliche Familie ihr Fleisch ebenfalls aus der Hand aß. Also mußten auch die Hofdamen fasten.

Fast unbewußt schaute Charlotte in der Menge nach einem jungen

Mann aus, um den ihre Gedanken unablässig kreisten. Erbfürstin Louise blieb plötzlich stehen und winkte sie näher heran.
»Gehen Sie zu Ihrem Philander, liebes Kind«, flüsterte sie ihr in verschwörerischem Ton zu. »Dort drüben steht er und schaut sich die Augen nach Ihnen aus. Heute ist es ganz unauffällig, wenn Sie mit ihm sprechen. Ich brauche Sie in der nächsten Stunde gewiß nicht.« Und schon strebte sie in eine andere Richtung.
Charlottes Herz schlug bis zum Halse, als sie sich Philipp Breuer näherte, der scheu in einer Ecke des Hofes stehengeblieben war. Immer wieder blickte sie sich um, ob auch niemand von der fürstlichen Familie oder gar ihr Onkel oder ihre Tante in der Nähe waren. Endlich standen die beiden Liebenden dicht beieinander und bemühten sich, so ungezwungen miteinander zu reden, wie es die vielen anderen Leute ringsum taten.
Strahlend berichtete sie, wie ihre Herrin sich als Schutzengel ihrer Liebe gezeigt und ihr das Stelldichein ermöglicht habe. Es zuckte ihr in den Händen, den Geliebten zu berühren, aber ein solcher Verstoß gegen die Schicklichkeit angesichts der vielen hundert Menschen war völlig ausgeschlossen.
Hastig versuchten sich Charlotte und Philipp das Wichtigste zu sagen, verfolgt von schlechtem Gewissen und der Furcht, daß jemand an der Unterhaltung der adligen Hofdame und des bürgerlichen Kaufmannssohnes Anstoß nehmen könnte. Charlotte erzählte niedergeschlagen von ihrem Gespräch mit dem Fürsten, auf das sie so große Hoffnungen gesetzt hatte.
»Fünf Jahre zu warten, bis ich nach hiesigem Recht volljährig geworden bin – Philipp, das halte ich nicht aus!« klagte sie mit Tränen in den Augen.
Verstohlen ballte Philipp die Faust, um seinen Zorn abzureagieren. Seine Stimme klang heiser vor Aufregung. Auch er mußte in aller Eile das Wichtigste aussprechen, das er seit einigen Tagen in seinem Herzen mit sich herumtrug:
»Liebste Freundin – würden Sie – wären Sie bereit, mit mir ins Ausland zu gehen, dorthin, wo man uns keine solchen Hindernisse in den Weg legt?«
»Bis ans Ende der Welt würde ich mit Ihnen gehen, Philipp«, hauchte Charlotte, »wenn ich nur bei Ihnen sein dürfte!« Es war wie ein Hoffnungsfunke, ein zunächst noch weit entferntes Licht in der trüben Finsternis ihrer Gedanken, das vor ihnen aufglomm.

Philipps Vater, der seinem Sohn in dessen seelischen Qualen helfen wollte, hatte den Vorschlag gemacht, daß sie beide – Charlotte und Philipp – nach Hamburg reisen sollten, natürlich getrennt und so unauffällig wie möglich. Dort könne Philipp in die Großhandelsfirma von Geschäftsfreunden eintreten, und auch Charlotte würde in der Familie eines dieser Geschäftsfreunde für einige Monate willkommen sein, bis ihnen eine Heirat möglich sei. Wahrscheinlich werde Philipp auch in Hamburg zur lutherischen Religion konvertieren müssen, aber man kenne ihn dort nicht, und die dortigen Geistlichen seien bestimmt liberaler und weltoffener als hier, wie es die ganze Freie Reichs- und Hansestadt Hamburg sei. Dort würden Männer und Frauen auch schon mit einundzwanzig Jahren volljährig, so daß die Wartezeit bis zu einer Heirat auch ohne Einwilligung des Vormunds nicht allzu lang sein würde.
»Philipp«, jauchzte Charlotte fast und hatte auf einmal doch ihre Hand in der seinen, »plötzlich ist das Leben wieder schön!« Nur, wie Charlotte ohne Aufsehen zu erregen nach Hamburg reisen, ohne daß ihr Onkel sie suchen und zurückholen lassen könne, das wollte den beiden nicht einfallen. Doch Charlotte war mutig geworden. »Sie wissen doch, Philipp«, meinte sie, »ich habe neuerdings einen hohen Schutzengel, meine Herrin. Ich werde sie einfach fragen, ob sie nicht einen Rat weiß.«
Voll neuer Hoffnung trennten sich die beiden, die trotz der Menschenmenge um sie herum für eine Viertelstunde das Gefühl gehabt hatten, allein miteinander auf der Welt zu sein.

Noch ein anderes Paar hatte die außergewöhnliche Gelegenheit benützt, sich unauffällig zu sprechen. Der Musketier Wilmluisch Schneider sah in seiner Uniform schmuck aus, und die Augen der Jungfer Elisabeth Schettlerin glänzten, als sie zielstrebig auf ihn zuging. Sie hatten sich so viel zu sagen, die beiden jungen Leute. Unbekümmert um die Menschen ringsum stellten sie sich in die Reihe, um auch ein Stück Ochsenbraten abgeschnitten zu bekommen und aus einem der vielen bereitstehenden Tonkrüge einen Schluck vom fürstlichen Wein zu probieren. Heute, so hatte jedermann das Gefühl, an diesem Freudentag des Landes, müsse man es mit den sonst so streng beachteten Schranken zwischen hoch und niedrig, zwischen Stadt und Land, und insbesondere auch zwischen unverheirateten jungen Männern und Frauen nicht allzu genau nehmen.

Doch nach der Freude über das Treffen kam auch bei diesem Paar bald die Sprache auf persönliche Sorgen.
»Ich weiß nicht, was ich immer falsch mache«, klagte Wilmluisch, »seit einiger Zeit kann ich meinem Herrn Hauptmann überhaupt nichts mehr recht machen. Ständig brüllt er mich an und nennt mich einen schlechten Soldaten. Er hat mich schon zweimal strafexerzieren lassen, ohne daß ich mir des kleinsten Versehens bewußt war.«
Elisabeth versuchte, ihren Wilmluisch so gut es ging zu trösten. Mit der praktischen Logik der Frauen fragte sie:
»Vielleicht müßt Ihr nur von diesem Hauptmann wegkommen, Wilmluisch? Wer weiß, worüber er sich geärgert hat. Ein anderer Hauptmann würde sicher anerkennen, daß Ihr Euch alle Mühe gebt, ein guter Soldat zu sein!«
»Ja«, meinte Wilmluisch nachdenklich, »vielleicht wäre das schon möglich. Der Herr Leutnant von Roeder hat verlauten lassen, daß er einen neuen Offiziersburschen braucht. Aber der gehört zur Grenadierkompanie. Doch ich könnte mich ja melden, und ich müßte dann in die andere Kompanie überwechseln. Als Offiziersbursche bekäme ich sogar eine Zulage ...«
Bei diesen Worten kam dem jungen Soldaten ein Gedanke, der ihm im ersten Augenblick den Atem raubte.
»Elisabeth – hört Ihr, dann verdiene ich etwas mehr. Vielleicht wäre es möglich, daß wir dann schon bald heiraten könnten! Wir brauchen ja nicht viel, und Ihr habt mir ja verraten, daß Ihr Euch gern die Finger blutig nähen und sticken würdet, wenn wir von dem Verdienst Ehemann und Ehefrau werden können!«
Elisabeths Augen wurden feucht, und sie drückte verstohlen die Hand ihres Geliebten.
»Wilmluisch, Ihr wißt, ich habe versprochen, auf Euch zu warten, und wenn es Jahre dauern sollte. Aber wenn wir schon bald vor den Traualtar treten könnten, wäre niemand glücklicher als ich. Doch wird man es Euch erlauben – und mir?«
»Oh, es gibt viele verheiratete Soldaten«, meinte Wilmluisch unbekümmert, »warum sollte man es mir nicht erlauben? Die Kaserne hat viel zu wenig Platz für alle. Wenn im Herbst die neuen Rekruten kommen, wird man froh sein, wenn ich mit – meiner Elisabeth ein eigenes Nestchen baue. Es gibt ja für verheiratete Soldaten auch noch eine Zulage. Ihr werdet sehen, liebe Elisabeth, wir werden schneller Mann und Frau, als wir es noch vor ein paar Tagen geahnt haben!«

Abschied

1

»Melde gehorsamst, Herr Hauptmann, Musketier Schneider zur Stelle!« In vorschriftsmäßiger Uniform, sauber gebürstet, die langen Haare zu einem ordentlichen Zopf gebunden, frisch rasiert und alle vierundvierzig Knöpfe der weißen Gamaschen geschlossen, stand der Soldat in Habtachtstellung vor seinem Vorgesetzten.

»Was will Er von mir?« stieß Hauptmann von Dieskau ärgerlich hervor. Irgendwie fühlte er sich dem Musketier Schneider gegenüber unbehaglich. Bisher hatte er diesen immer gemocht, weil er sich alle Mühe gab, den Dienst bis aufs i-Tüpfelchen korrekt zu versehen und weil ihm der Soldatenberuf offensichtlich Freude machte. Doch seit einigen Wochen belauerte der Hauptmann seinen Untergebenen mißtrauisch. Was ihm der junge von Hayn geheimnisvoll angedeutet hatte, war gar zu ungeheuerlich. Konnte man es glauben? Andererseits war da der verhängnisvolle Wechsel, den der Sohn des Vizeforstmeisters im Portefeuille trug. Sein Fälligkeitstag rückte bedenklich näher. Sich davon mit einem Schlag befreien zu können – das war zu verlockend. Doch mit welcher Begründung sollte er den Musketier Schneider bestrafen – sehr schwer bestrafen, wie es doch wohl erwartet wurde –, wenn dieser sich nie etwas zuschulden kommen ließ?

»Halten zu Gnaden, Herr Hauptmann«, meldete Wilmluisch Schneider und blickte seinem Vorgesetzten offen ins Gesicht, »ich möchte mich beim Herrn Leutnant von Roeder von der Grenadierkompanie um die Stelle als Offiziersbursche bewerben. Ich bitte um die Erlaubnis des Herrn Hauptmanns dazu!«

»Was fällt Ihm ein, Musketier Schneider«, schnauzte der Hauptmann, »was hat Er in der Grenadierkompanie zu suchen? Er gehört zu meiner Kompanie, und da hat Er gefälligst zu bleiben, verstanden? Sein Gesuch ist abgelehnt!«

Wilmluisch schoß das Blut ins Gesicht. Sollte sein Herzenswunsch schon im allerersten Anfang scheitern? Der Gedanke an das junge Mädchen, dessen Gestalt ihm jetzt so oft im Traum erschien, gab ihm den Mut, es trotz der brüsken Ablehnung durch den Hauptmann noch einmal zu versuchen. Er war allerdings klug genug, nur den einen der

beiden Gründe zu nennen, die ihn zur Meldung für den freigewordenen Posten veranlaßt hatten. Wie es Vorschrift war, stand er weiter unbeweglich still, mit angelegten Fingern an der Hosennaht, die Füße an den Hacken zusammen, und antwortete:
»Bitte gehorsamst um Verzeihung, Herr Hauptmann. Ich habe gehört, daß der Herr Leutnant von Roeder in seiner Kompanie bisher noch nicht den geeigneten Burschen gefunden hat. Und – Herr Hauptmann – ich möchte gerne die dreißig Albus Zulage im Monat verdienen!«
Hauptmann von Dieskaus Stimme wurde leise und scharf.
»So? Er ist hinter der Zulage her? Warum? Er bekommt doch als Musketier ausreichend Löhnung und noch dazu freie Verpflegung, Unterkunft und Montur. Was braucht Er da die Zulage?«
Wieder wurde Wilmluisch rot, aber er bewegte sich nicht um Haaresbreite.
»Der Herr Hauptmann halten zu Gnaden. Ich möchte mich gerne verheiraten!« Jetzt war es heraus, aber Wilmluisch sah keinen Grund, sich wegen seiner Absicht zu schämen.
»Verheiraten – Er will sich verheiraten?« rief der Hauptmann erstaunt. »Was fällt Ihm jungen Kerl denn ein? Er ist ja überhaupt noch nicht reif, eine Familie zu ernähren!« Hauptmann von Dieskau stutzte. Ihm war ein Gedanke gekommen. »Warte Er hier!« herrschte er den Musketier an und verschwand aus dem Offizierszimmer der Kaserne.
Als der Hauptmann nach einigen Minuten wiederkam, hielt er ein großes, bedrucktes Blatt in der Hand. Dem Musketier Schneider kam es bekannt vor. Es waren die *Wiedischen Kriegs-Artikel für die Unteroffiziere und Gemeinen Soldaten* aus dem Jahre 1756, die dem angetretenen Regiment alle Monate einmal vor der Sonntagsparade verlesen wurden. Was hatten die Kriegsartikel mit seinem Wunsch zu tun, Bursche beim Leutnant von Roeder zu werden? Außerdem war, offenbar auf Veranlassung des Hauptmanns, der Feldwebel Zorn von der Musketierkompanie mit in den Raum getreten und stellte sich schweigend neben der Tür auf.
Wilhelm Adolph von Dieskau setzte sich mit strenger Miene hinter den Schreibtisch, glättete das große Papier vor sich und begann dann ein Verhör des immer noch unbeweglich in Habtachtstellung vor ihm stehenden Soldaten.
»Er möchte also heiraten, Musketier?« fragte er mit einer Stimme, aus der sich nicht erkennen ließ, worauf er hinauswollte. »Wen will Er denn heiraten?«

»Halten zu Gnaden, Herr Hauptmann«, antwortete Wilmluisch vorschriftsmäßig knapp, »die Jungfer Elisabeth Schettlerin, Hausmagd beim Kaufmann Breuer in der Rheinstraße!«

»Soso, eine Hausmagd«, murmelte der Hauptmann, »und Er ist sich mit der Jungfer einig, daß bald geheiratet werden soll?« Die Frage klang mehr wie eine Feststellung.

»Zu Befehl, Herr Hauptmann, wir sind uns einig!«

Noch immer ließ sich aus der Stimme des Hauptmanns nicht entnehmen, zu welchem Zweck er dieses Verhör anstellte. Wilmluisch fand es durchaus in der Ordnung, daß sein Hauptmann sich nach den näheren Einzelheiten erkundigte, ehe er ihm die Heiratserlaubnis erteilte. Sollte sein Traum von einer baldigen Hochzeit schon so rasch und unkompliziert in Erfüllung gehen? Doch die nächsten Sätze seines Vorgesetzten rissen ihn unbarmherzig aus dieser Illusion.

»Er hat also ohne Vorwissen und Einwilligung seines Oberoffiziers einer Weibsperson die Ehe versprochen, denn ich stelle hiermit fest, daß mir davon nichts bekannt war und ich keine Erlaubnis erteilt habe«, konstatierte Hauptmann von Dieskau noch immer in unpersönlichem Tonfall, indem er auf die Kriegsartikel vor sich auf dem Schreibtisch blickte. »Feldwebel Zorn, hat Er etwas davon gewußt? Oder kann möglicherweise der Kompanie-Leutnant, Herr von Malcomesius, etwas davon wissen?«

Knapp schnarrte der Feldwebel, indem er ebenfalls Habtachtstellung einnahm, wie es jeder Untergebene tun mußte, wenn er mit einem Offizier sprach:

»Nein, Herr Hauptmann, ich weiß nichts davon. Ich glaube auch nicht, daß der Herr Leutnant von Malcomesius etwas davon weiß!«

Hauptmann von Dieskau stand hinter seinem Schreibtisch auf und hob das Blatt mit den Kriegsartikeln hoch, um daraus vorzulesen. Mit jetzt plötzlich scharfer Stimme fuhr er den Soldaten an:

»Musketier Schneider, Er hat damit gegen Artikel 20 der wiedischen Kriegsartikel verstoßen. Ich will Ihm diesen Artikel noch einmal vorlesen, obwohl Er ihn oft genug gehört hat: ›Wer sich ohne Vorwissen und Einwilligung seines Oberoffiziers mit einer Weibsperson ehelich verspricht, soll in einem Tag fünfzehnmal die Gasse laufen. Auch soll die Zusage für null und nichtig gelten und, falls priesterliche Kopulation schon geschehen sein sollte, die Strafe verdoppelt werden.‹ Musketier Schneider, Er hat sich damit eines schweren Vergehens schuldig gemacht. Bis zum Vollzug der Prügelstrafe – hat Er gehört, Musketier: fünfzehnmaliges Spießrutenlaufen durch das ganze Regiment! – bleibt Er in Arrest. Feldwebel Zorn, hol Er den Profoß, damit dieser den Arrestanten abführt. Gefangener, rechtsum kehrt!«

2

Der Abend war mild und still. Erbfürstin Louise und Charlotte von Lützow hatten noch lange, bis weit in die Dunkelheit hinein, am Rheinufer auf einer Bank gesessen und den Frieden genossen, der von dem ruhig strömenden Fluß vor ihnen und den leise rauschenden Bäumen des Schloßparks hinter ihnen ausging. Charlottes Herrin hatte diese Erholung für ihre Nerven auch dringend nötig. Denn die letzten Wochen waren für sie eine stetige Anspannung gewesen. Zwar war die Unruhe im Zusammenhang mit den Feiern zur Standeserhöhung der neuwiedischen Herrscherfamilie längst abgeklungen, der kleine Hof hatte wieder zum üblichen Gleichmaß zurückgefunden. Das Fürstenpaar war, wie fast jedes Jahr im Sommer, für einige Wochen nach Schloß Monrepos gereist. Dadurch war der Tagesablauf im Schloß noch eintöniger geworden. Aber dieser äußeren Ruhe entsprach nicht die innere Stimmung der hohen Frau.
Ihr Gatte, Erbfürst Friedrich Carl, war seit der großen Festparade in Neuwied geblieben. Louise konnte ihm zur Zeit nichts vorwerfen. Er bemühte sich um ein äußerlich korrektes Verhalten seiner Frau gegenüber und hielt sich auch die meiste Zeit in seinem Arbeits- und Schlafkabinett im ersten Stock des Schlosses auf, Bücher lesend und Briefe schreibend. Aber bei den gemeinsamen Mahlzeiten war die Spannung zwischen den beiden Ehegatten doch mit Händen greifbar, auch wenn sie mit keinem Wort hörbaren Ausdruck fand. Man brauchte, so fand Charlotte, als stille Beobachterin dieses Ehedramas, wohl schon die eiserne Selbstbeherrschung, wie sie den Angehörigen regierender Familien von klein auf anerzogen wurde, um sich von der seelischen Last äußerlich nichts anmerken zu lassen.
Mit einem Seufzer erhob sich die noch immer jugendlich wirkende Erbfürstin von der Bank im Park und raffte ihren Strohhut und den seidenen Umhang zusammen, den sie neben sich abgelegt hatte. Es war Zeit, zurück ins Schloß zu gehen.
Wie es ihre Gewohnheit war, warf Louise vor dem Schlafengehen noch einen Blick in die Schlafzimmer ihrer Kinder, die jedoch alle

friedlich schlummerten. Im Vorraum des erbfürstlichen Schlafgemachs erhob sich die junge Kammerzofe von einem Sofa, auf dem sie bisher gedöst hatte. Gemeinsam mühten sich Charlotte und die Zofe, ihre Herrin zur Nacht auszukleiden, denn vornehmen Damen war es praktisch unmöglich, ohne fremde Hilfe aus dem mit Draht und Fischbein versteiften Reifrock und insbesondere aus dem engen Schnürkorsett herauszukommen.
Aufatmend reckte sich die Erbfürstin, als sie endlich vom ständigen Druck um die Taille befreit war und in einem leichten Negligé-Hemd dastand. Dann schickte sie ihre Helferinnen zur Ruhe.
»Gute Nacht, liebe Charlotte, gute Nacht, Julie!«
Plötzlich schlug die Tür zum Schlafzimmer auf. Leicht schwankend, mit vom übermäßigen Weingenuß geröteten Gesicht, ohne Perücke und Rock und mit offenem Hemd stand der Erbfürst plötzlich vor den drei Frauen. Ohne ein Wort zu sagen, drängte er Charlotte und die Kammerzofe zur Tür hinaus und schlug sie ihnen vor der Nase zu.
»Was wünschen Sie hier?« herrschte Louise ihren Gatten in einem unendlich hoheitsvollen Ton an, der sonst gar nicht ihre Art war. »Ich vermutete Sie in Ihren Räumen drüben im anderen Flügel!«
Wie es Betrunkene mitunter zu tun pflegen, gab sich der Erbfürst große Mühe, besonders sanft zu sprechen. Dabei griff er mit verlangenden Armen nach seiner Frau, die jedoch auf die andere Seite der Bettstatt mit dem großen Baldachin darüber flüchtete.
»Der Ehemann gehört zu seiner Frau, meine Liebe, besonders des Nachts im Bett. Ich habe Sehnsucht nach Ihnen, meine Liebe, nach ein wenig Wärme und Zärtlichkeit.«
»Ich nicht«, stieß Louise voll Abscheu hervor. »Liebe und Zärtlichkeit haben Sie mir in langen Ehejahren durch ihr oft unerträgliches und rohes Verhalten ausgetrieben! Sie denken doch nur an die Befriedigung ihrer eigenen viehischen Wollust. Was Sie mir damit antun, das ist Ihnen völlig gleichgültig. Vielleicht stecken Sie mich mit Ihrer galanten Krankheit an, die Sie sich von Ihren vielen Mätressen geholt haben. Gehen Sie, ich kann es nicht ertragen, wenn Sie mich auch nur berühren!«
Friedrich Carl schwankte und hielt sich am Bettpfosten fest. Mit der weinerlichen Stimme eines Betrunkenen jammerte er:
»Alle sind sie gegen mich und lassen mir kein Stück von meiner Manneswürde, mein Vater und auch Sie. Dabei bin ich der Erbfürst eines Fürstentums des Heiligen Römischen Reiches, hören Sie, der Erb-

fürst. Aber kann ich tun und lassen, was ich will? Mein Vater verbietet mir, mich ernsthaft mit Regierungsangelegenheiten zu befassen, und meine eigene Frau verweigert mir die Erfüllung ihrer ehelichen Pflichten. Sie werfen mir meine Mätressen vor, Madame – meinen Sie, ich wüßte nicht, daß Sie diesem Hauptmann Schwarz schöne Augen machen? Meinetwegen – ich habe nichts dagegen, daß Sie sich anderen hingeben, wenn Sie nur ab und zu Ihre ehelichen Pflichten Ihrem Gatten gegenüber erfüllen!«

Sprachlos und für einen Moment bewegungslos vor Empörung verharrte Louise hinter dem Bett. Dann stürzte sie, die sonst so beherrschte Frau, wütend auf ihren Mann zu, trommelte ihm mit ihren Fäusten auf die Brust und schrie in höchster Erregung:

»Was wagen Sie mir zuzumuten? Verlassen Sie sofort dieses Zimmer, Sie Wüstling, Sie ehrloser Beleidiger einer anständigen Frau!« Und als er sie trotzdem zu umarmen versuchte, rief sie laut und verzweifelt: »Charlotte, Julie, helft mir doch!«

Halb ohnmächtig vor Angst waren die beiden jungen Frauen vor der Tür dem dramatischen Geschehen im erbfürstlichen Schlafzimmer gefolgt. Ohne sich über das eigentlich Ungehörige ihres Tuns Rechenschaft abzulegen, hatten sie beide ihre Ohren an den Türspalt gepreßt und so jedes Wort der Auseinandersetzung mit angehört. Und auf den Hilferuf ihrer Herrin stürzten sie ins Zimmer und ergriffen den vom Wein berauschten Erbfürsten an den Armen. Es kam ihnen in diesem Augenblick überhaupt nicht in den Sinn, daß das, was sie taten, als tätlicher Angriff auf ein Mitglied des Herrscherhauses unter Umständen schwerste Strafen nach sich ziehen könnte. Instinktiv zogen und schoben sie den schweren Mann unter Aufbietung aller Kräfte aus dem Raum, schlugen die Tür hinter ihm zu und drehten den innen steckenden Schlüssel um.

Schwer atmend starrten sich die drei Frauen an. Dann sank die Erbfürstin auf das Bett und schlug weinend die Hände vor das Gesicht.

»Ich halte es nicht mehr aus, Charlotte«, schluchzte sie, »Ich kann dieses Leben nicht mehr ertragen! Dieser Mann macht es mir zur Hölle. Was er mir soeben angetan hat, ist ungeheuerlich!« Verzweifelt warf sich Louise mit dem Gesicht nach unten auf die Kissen, ihr Rükken zuckte.

Charlotte stand unschlüssig dabei, noch ganz unter der Einwirkung des Schocks nach den Geschehnissen der letzten Minuten. Doch dann setzte sie sich auf das Bett und nahm tröstend ihre so viel ältere Herrin

wie ein Kind in die Arme und streichelte sie sanft. Die Kammerzofe wußte vor Verlegenheit nicht, wohin sie sehen sollte. Auf Zehenspitzen schlich sie zur Tür, horchte und signalisierte dann mit Gebärden, daß der Erbfürst sich entfernt habe. Allmählich beruhigte sich die weinende Frau. Sie wendete den Kopf und lächelte unter Tränen ihre Hofdame dankbar an.
»Charlotte«, flüsterte sie, »ich verlasse dieses Schloß, so schnell es geht. Ich reise nach Berleburg, an den Hof meines Bruders, und komme nicht wieder zurück. Meine Kinder nehme ich mit, damit dieser Wüstling hier nicht seine Wut an ihnen auslassen kann. Und Sie kommen mit, Charlotte, und fahren von da aus weiter nach Hamburg, damit Sie Ihren Philipp heiraten können!«

3

Der junge Fräs Schneider war der erste, der die seltsame Gestalt entdeckte, die den Hügel herab von Anhausen her dem Dörfchen Thalhausen zustrebte. Zuerst hörte man den Mann, denn ein ununterbrochenes metallenes Klappern und Klingeln begleitete ihn. An einem leichten Rahmen aus Weidenruten, den er auf dem Rücken trug, hingen dicht gepackt allerlei verzinnte Blechwaren: Töpfe, Tiegel, Löffel, Siebe, Teller und vieles andere mehr. Ein großer runder Hut, ein langer zweizipfliger Vollbart und ein schwerer, abgetragener Mantel, den der Mann trotz der Sommerhitze trug, war das nächste, was an dem Ankömmling auffiel.
»Der Blechjude kommt«, riefen die Kinder des Dorfes, die den Fremden wie ein Mückenschwarm umtanzten, als er von einem Bauernhaus zum anderen ging, um seine Ware anzupreisen. Etwa alle halbe Jahre kam Veitel Ephraim aus der Neuwieder Judengasse auch nach Thalhausen, hochwillkommen sowohl wegen seiner neumodischen und praktischen Pfauenblechwaren wie auch wegen der Neuigkeiten, die er aus der Residenz, aus Nachbardörfern und aus der großen weiten Welt mitzubringen pflegte.
Auch in der rauchigen Küche im Haus des Gerichtsschöffen Klosenwöllm Schneider hob der Hausierer seine schwere Last vom Rücken und öffnete seine verschiedenen Taschen, mit denen er sich noch behängt hatte.
»Einen modischen Kamm aus Blech gefällig, gute Frau?« pries er seine

Ware an. »Hat keine der vornehmen Damen am Hof etwas Feineres, und spottbillig, nur zwanzig Albus.«

Wie es Brauch war, bot Klosenwöllm dem seltenen Besucher einen Schluck aus der Branntweinkruke und einen Kanten Brot und Butter an und forderte ihn auf, zu erzählen, was denn so alles in der Welt passiert sei. Es war Feierabend nach einem langen anstrengenden Arbeitstag mitten in der Erntezeit, das Vieh war für den Abend versorgt, nun durfte man ruhig noch für ein kurzes Plauderstündchen die Beine unter den Tisch strecken und die schwieligen Hände ruhen lassen.

Etwas, was Klosenwöllm mit großer Anteilnahme hörte, wußte der Hausierer aus Urbach zu berichten, dem nächsten Dorf hinter dem Anhäuser Märkerwald, schon jenseits der Grenze in der Grafschaft Wied-Runkel gelegen. Auch dort hatte die Märkerschaft einen alten Prozeß gegen ihre Landesherrschaft wegen der Waldrechte wieder aufgenommen. Überall waren wohl die Bauern wachgeworden und stritten um ihr gutes altes Recht am Wald. Klosenwöllm hörte es mit heimlichem Stolz, denn er war sich klar, daß hauptsächlich er es gewesen war, der einst diese ganze Unruhe in Gang gebracht hatte, wenn er sich auch sehr hütete, je darüber zu sprechen.

In seiner blumigen, oft zum Lachen reizenden Art erzählte der Jude Ephraim aber auch noch anderes. Er schilderte »die großmächtige Parade, die haben gemacht die Soldaten neulich vor dem Schloß des Herrn Fürsten, welcher ist geworden der Herr Graf durch kaiserliche Gnade.« Der Hausierer hatte Erfahrung im Erzählen, denn er wußte, daß man dies von ihm erwartete, und er tat es ja fast in jedem Haus. Kaum jemand, der die schönen Geschichten gehört hatte, schickte ihn fort, ohne irgendeines der vielen Erzeugnisse der Neuwiedischen Pfauenblechfabrik der Firma Remy & Barensfeld gekauft zu haben.

Interessiert erkundigte sich Mutter Dottchen, wie denn die Soldaten ausgesehen hätten und ob sie auch nicht Hunger leiden müßten. Schließlich war ihr Sohn Wilmluisch unter ihnen. Das war ihr viel wichtiger als die Neuigkeit, daß der gnädigste Herr Graf nun Fürst geworden sei. Der Herr Pfarrer hatte das neulich in der Anhäuser Kirche von der Kanzel verlesen, aber die Bauersfrau konnte sich nichts Rechtes darunter vorstellen. Wahrscheinlich würde es nur bedeuten, daß die Bauern bald noch höhere Steuern würden zahlen müssen.

Veitel Ephraim beschrieb genau die Uniform der Soldaten und meinte, daß sie nichts Übles auszustehen hätten.

»Was haben sie schon zu tun außer alle Sonntage zu marschieren zur

Parade und manchmal zu stehen auf der Wache vor des Herrn Fürsten Schloß? Nur einem wird es bald gehen schlecht, weil er wird geschlagen mit Ruten von allen Soldaten, fünfzehnmal die Gasse vom Regiment auf und ab. Wird sein sein Rücken blutig für viele Wochen, wenn er wird überleben die Strafe!«

Mitleidig erkundigte sich Mutter Dottchen, was der arme Mann denn verbrochen habe. Auch das wußte der Jude zu berichten, denn in der kleinen Residenz verbreiteten sich solche Nachrichten stets mit Windeseile.

»Hat er versprochen einem Mädchen die Ehe, welches ist verboten von den Artikeln des Krieges bei schwerer Strafe. Kommt der Mann übrigens hier aus Thalhausen.«

Klosenwöllm Schneider fuhr auf. Den Erzählungen des Hausierers von allen möglichen Klatschgeschichten aus der Stadt und von der Parade war er nur mit halbem Ohr gefolgt, weil er in Gedanken bei dem Prozeß war, an den ihn vorhin der Jude erinnert hatte. Jetzt aber hatte er etwas gehört, was er nicht glauben konnte.

»Ein Soldat von Thalhausen ist es, der bestraft werden soll?« fragte er erschrocken. »Sagt, Jude, daß es nicht wahr ist!«

»Doch, Klosenwöllm«, versicherte der Hausierer, »beim Leben meiner Väter, ist es wahr, habe ich doch gehört genau, wie der Herr Feldwebel es hat erzählt in der Wirtschaft. Nur weiß ich nicht den Namen von dem Verbrecher!«

Bleich wie ein Leintuch, mit Schweiß auf der Stirn und an allen Gliedern zitternd erhob sich Klosenwöllm Schneider schwerfällig hinter dem Tisch, während ihn seine Frau und die beiden Kinder und auch der jüdische Hausierer erschrocken anstarrten. Was war in ihn gefahren?

»Sag, daß es nicht wahr ist, Jude!« knirschte er noch einmal zwischen den Zähnen hervor. »Erst meine Klärsch und jetzt der Wilmluisch ... Hier aus Thalhausen gibt es nur einen Soldaten im Regiment des Herrn Grafen, und das ist mein Sohn Wilmluisch!«

Mühsam stützte er sich mit den Fäusten auf den Tisch und stierte den Händler mit Augen an, die plötzlich blutunterlaufen waren. Der Jude wagte kein Wort zu sagen, und auch die Familienmitglieder hielten den Atem an. Mit einem unverständlichen Aufschrei stürzte der schwere Mann zu Boden und rührte sich nicht mehr.

4

Serenissimus empfing Oberstleutnant von Trützschler an einem Gartentischchen im Park des Schlosses Monrepos. Jetzt, in der Nachmittagshitze des Augusttages, war es still im Park. Die Vögel hatten ihr Konzert für eine Weile eingestellt. Mittagswolken umhüllten zwar vorübergehend die Sonne, aber es war nicht so schwül, als ob sich ein Gewitter ankündigte.

»Nun, Herr von Trützschler, was bringen Sie Neues vom Regiment?« fragte der Fürst und deutete mit einer Handbewegung an, der Offizier solle ihm gegenüber auf der Holzbank Platz nehmen. Hier draußen in Monrepos erledigte der alte Herr die Regierungsgeschäfte gern so zwanglos wie möglich. Zweimal in der Woche kamen im Wechsel der Kabinettsdirektor von Becmann, der Oberstleutnant von Trützschler, der Hofprediger und Präsident des wiedischen Konsistoriums von Roques und der Vizeforstmeister von Hayn mit der Kutsche oder hoch zu Roß aus der Stadt herauf, um über die Angelegenheiten Vortrag zu halten, die in ihre Kompetenz fielen, und um die Entscheidungen des Landesherrn darüber einzuholen.

Oberstleutnant von Trützschler setzte sich kerzengrade und zog einige Papiere aus der Tasche. Ohne Umschweife und in aller Kürze begann er zu berichten, weil er aus langer Erfahrung wußte, daß nichts Serenissimus verdrießlicher machte als überflüssige Rederei.

»Der tägliche Wachaufzug vor dem Residenzschloß ist für die Zeit der Abwesenheit Euer Durchlaucht gemäß den Befehlen Euer Durchlaucht eingestellt worden.«

Bei der noch immer ungewohnten Anrede zuckte Fürst Alexander leicht zusammen, sagte aber nichts. Er wußte nur zu gut, daß ihm diese Anrede eigentlich nicht zukam, weil ihn deren Verleihung durch den Kaiser zusätzliche siebeneinhalbtausend Gulden gekostet hätte. Aber sie war nun einmal für Fürsten üblich, und warum sollte er seinen Untertanen verbieten, sich ihrer zu bedienen, wo sie doch so gut klang?

»Gut, Trützschler«, nahm der alte Herr die eigentlich selbstverständliche Mitteilung des Offiziers zur Kenntnis. »Was weiter?«

Carl Wilhelm von Trützschler legte einige zusammengeheftete Papiere vor sich hin und machte ein ausdrucksloses Gesicht.

»Der Regimentsauditor[149] von Riese legt einen Bericht über die notwendige Bestrafung eines Musketiers vor und bittet um Bestätigung des Urteilsspruchs durch Euer Durchlaucht!«
»Um was handelt es sich?« fragte der Fürst knapp.
»Der Musketier Schneider von Thalhausen mußte wegen Verstoßes gegen den zwanzigsten Kriegsartikel zu fünfzehnmaligem Spießrutenlaufen verurteilt werden. Bis zum Vollzug der Strafe ist er in Eisen gelegt und in Arrest.«
»Fünfzehnmal durch die Spießrutengasse – eine schwere Strafe, Herr Oberstleutnant!« überlegte Fürst Alexander, »wie lange ist es her, seit hier bei uns eine solche Strafe verhängt worden ist? Hat der Musketier gemeutert oder einen Vorgesetzten geschlagen? Ich weiß nicht mehr, was im zwanzigsten Kriegsartikel steht. Sagen Sie es mir, Trützschler!«
Der Oberstleutnant verlas den Wortlaut und fügte dann hinzu:
»Darf ich bei meinem Bericht offen sprechen, Euer Durchlaucht? Ich habe das Gefühl, daß dies ein sehr ungewöhnlicher Fall ist.«
»Selbstverständlich, Trützschler«, forderte der Landesherr den Offizier auf, »Sie wissen doch, daß ich stets volle Offenheit erwarte, auch wenn die Wahrheit vielleicht unangenehm ist.«
Der Oberstleutnant berichtete nun, daß der Hauptmann von Dieskau den Musketier Schneider zur Bestrafung gemeldet habe, weil er einer Weibsperson ohne seine vorherige Erlaubnis die Ehe versprochen habe. Um diese Ehe eingehen zu können, habe er sich als Offiziersbursche beim Leutnant von Roeder von der Grenadierkompanie gemeldet, weil er mit der dafür gezahlten Zulage und der Mithilfe seiner künftigen Frau hoffe, eine Familie unterhalten zu können. Es sei richtig, meinte Carl Wilhelm von Trützschler, daß der Wortlaut des Artikels dem Hauptmann recht gebe. Aber dieser Artikel sei vielleicht in Kriegszeiten von Bedeutung gewesen. Als er erlassen worden sei, habe ja gerade der große preußisch-österreichische Krieg angefangen gehabt, und das neuwiedische Regiment habe jeden Moment mit der Einberufung zur Reichsarmee[150] rechnen müssen. Aber in Friedenszeiten sei dieser Artikel seines Wissens noch nie angewendet worden.

149 Regimentsauditor: Militärrichter
150 Reichsarmee: Die einzelnen Reichsstände (Fürsten, Bischöfe, Reichsstädte usw.) mußten je nach der Größe ihrer Territorien bestimmte Kontingente von Soldaten zu einer Reichsarmee stellen, die aber im 18. Jahrhundert kaum tatsächlich eingesetzt wurde.

Schließlich sei die Mehrzahl selbst der einfachen Soldaten im Regiment verheiratet und wohne im Bürgerquartier irgendwo in der Stadt.
»Es kommt hinzu, Euer Durchlaucht«, sagte der Oberstleutnant vorsichtig, »daß ich den Eindruck habe, daß hier ein persönlicher, mir allerdings unerklärlicher Groll des Hauptmanns von Dieskau gegen den Musketier Schneider mitzuspielen scheint, wenn nicht sogar irgendeine mysteriöse Angelegenheit, über die ich nichts weiß. Der Musketier ist mir bisher als sehr guter Soldat aufgefallen. Er hat sich während der großen Flut im Frühjahr sogar als Lebensretter bewährt und ist dafür öffentlich belobigt worden. Übrigens sehe ich hier aus den Akten, Euer Durchlaucht, daß er gerade dem jungen Mädchen, das er aus dem Wasser gezogen hat, die Ehe versprochen hat.«
»Das ist ja ein interessanter, aber durchaus verständlicher Roman«, schmunzelte Serenissimus. »Wer ist denn das junge Mädchen?«
Der Offizier blätterte erneut in den Papieren.
»Eine gewisse Jungfer Elisabeth Schettlerin, Hausmagd beim Kaufmann Breuer, Euer Durchlaucht!«
Der Fürst stutzte.
»Ach nein, sieh an, Elisabeth Schettlerin, die kleine Herrnhuterin, die nicht mehr im Schwesternhaus leben wollte. Ich kenne sie und ich würde ihr wünschen, einen guten Mann zu finden. Aber weiter, Herr von Trützschler, Sie sprachen von einer mysteriösen Angelegenheit.«
Der Oberstleutnant fuhr in seinem Bericht fort.
»Ich verstehe das alles nicht ganz, Euer Durchlaucht. Hauptmann von Dieskau berief sich darauf, der junge Herr von Hayn habe ihm Andeutungen gemacht, wonach man von höchster Stelle den Musketier Schneider bestraft wissen wolle. Falls dieser Wunsch von Euer Durchlaucht ausgehen sollte, habe ich mich selbstverständlich befehlsgemäß zu fügen.«
Fürst Alexander griff sich die dünne Akte, um darin zu lesen.
»Von mir ist ein solcher Wunsch gewiß nicht geäußert worden«, sagte er kopfschüttelnd. »Musketier Schneider von Thalhausen – ist sein Vater nicht der Gerichtsschöffe Schneider von Thalhausen? Der war doch unter denen, die den Prozeß gegen mich wegen der Waldrechte in Gang gebracht haben? Ich habe gewiß keinen Anlaß, dem Vater dankbar zu sein. Aber in wied-neuwiedischen Landen gibt es keine Rache an den Kindern für das, was ihre Väter etwa verbrochen haben.

Wer weiß, wer da geglaubt hat, päpstlicher als der Papst sein zu sollen. Wir wollen den Fall einmal ganz nüchtern betrachten, Herr Oberstleutnant. Sagen Sie doch bitte drüben dem diensttuenden Lakaien Bescheid, er möge mir mein Schreibzeug herausbringen. Dann kann ich gleich meine allerhöchste Entscheidung hier unter die Akte setzen. Meine erste wichtigere Amtshandlung als Fürst des Heiligen Römischen Reiches kann doch nicht darin bestehen, daß ich mich wie ein Tyrann verhalte!«
Mit seiner raschen, aber vom Alter schon etwas zittrigen Schrift schrieb der Landesherr seine Entscheidung nieder.

Musketier Schneider wird im Hinblick auf gute Führung begnadigt und auf seinen Wunsch zur Grenadierkompanie versetzt. Muß mit Heirat wie alle Untertanen vom Lande bis zum vierundzwanzigsten Lebensjahr warten. Monrepos, am 12. August 1784.
J.F.A.

5

Erbfürstin Louise benutzte die Gelegenheit eines Ausritts ihres Mannes, um ihren seit einigen Tagen heimlich vorbereiteten Plan durchzuführen. Wie üblich, ohne sich zu verabschieden oder seiner Gattin auch nur eine Nachricht zukommen zu lassen, hatte Friedrich Carl sich zwei Pferde satteln lassen und war, gefolgt von seinem getreuen Kammerdiener Paster, aus dem Schloßhof geritten. Kein Mensch wußte, ob die Abwesenheit des hohen Herren eine Stunde oder einige Monate dauern würde.
In fieberhafter Eile packten die Kammerzofen und Wäschemägde des Schlosses Koffer mit Wäsche und Kleidung, mit persönlichem Schmuck und Erinnerungsstücken. Währenddessen striegelten im Marstall die Pferdeknechte im Schweiße ihres Angesichts die Pferde und schirrten sie an. Denn der Stallmeister hatte den gemessenen Befehl der Erbfürstin erhalten, in spätestens einer Stunde zwei größere Reisekutschen und einen Planwagen für Gepäck und Dienerschaft reisefertig zu haben.
Die Prinzessinnen Caroline und Louise waren aufgeregt, sollte es doch, wie ihre Mutter ihnen gesagt hatte, zum geliebten Schloß Monrepos gehen, um die Großeltern dort zu besuchen. Sie wunderten sich

nur, daß auch ihre kleinen Brüder Christian, August, Max und Victor diesmal mitreisen sollten. Diese kamen sonst meist nur zu anderen Zeiten als die jungen Damen nach Monrepos, weil das Schloß nicht so vielen Menschen gleichzeitig Platz bot. Selbst der Prinzenerzieher, Hauptmann Schwarz, sollte die Reisegesellschaft begleiten. Nur Prinz Clemens, der Älteste, mußte zurückbleiben, weil er ja bei Präzeptor Bender in die Lateinschule ging und die kurzen Sommerferien längst vorbei waren.
Charlotte von Lützow warf noch einmal einen Blick auf das kleine Stübchen im Dachgeschoß des Schlosses. Hier hatte sie ein gutes Jahr lang gewohnt, gehofft und geweint. Gleich würde sie es verlassen und nie mehr wiedersehen. In ihre Reisetasche packte sie noch ein Bündel Briefe, die von einer rosa Schleife zusammengehalten wurden – die Erinnerungen an den Mann, aus dessen Nähe sie nun verschwinden würde, aber nur, um ihn dann im fremden Land, in Hamburg, hoffentlich bald wiederzusehen und für immer mit ihm vereint zu sein. Unten in ihrem Pompadour klimperte in einem Säckchen eine nicht unbeträchtliche Summe in Dukaten und Reichstalern. Teils waren es Charlottes Ersparnisse von ihrem wahrlich nicht hohen Gehalt als Hofdame, teils aber auch ein heimlich übersandtes Geschenk ihres zukünftigen Schwiegervaters. In seiner Güte hatte der Kaufmann Johann Wilhelm Breuer daran gedacht, daß die junge Dame für die weite Reise nach Hamburg ja auch mit standesgemäßem Reisegeld ausgestattet sein müsse.
Hastig eilte Charlotte zum letzten Mal die Treppen hinunter in die Gemächer ihrer Herrin, um diese zur Kutsche zu geleiten. Dort warf auch Erbfürstin Louise einen wehmütigen Blick auf die Einrichtung und die Erinnerungen, die sie damit verband. Was sie zurückließ, waren meist Gedanken an unangenehme, ja erniedrigende Szenen; was sie mitnahm – ihre Kinder – bot ihr Hoffnung auf eine zwar stille, aber lichtere Zukunft. Mit Bedauern dachte die Erbfürstin eigentlich nur an ihre Schwiegereltern, das Fürstenpaar. Wie sehr hatte sie die beiden alten Herrschaften schätzen und lieben gelernt, und wie sehr hatten diese ihre Schwiegertochter ins Herz geschlossen. Sie würden enttäuscht sein über die eigenmächtige Abreise, gewiß, aber sie würden auch im Innersten Verständnis dafür zeigen, dessen war sich die Erbfürstin sicher. Gewaltsam riß sich Louise von ihren wirbelnden Gedanken los und schritt voller Würde die Treppe hinunter, mit freundlichem Kopfnicken für die Hofknickse dankend, mit denen sich die

Schloßmägde von ihr verabschiedeten. Nur nicht auffallen, nicht anders verhalten als sonst, wenn es nach Monrepos ging, dachte sie. Wir brauchen einen Vorsprung von wenigstens einem Tag, an dem uns der Erbfürst auf neuwiedischem Gebiet nicht aufspüren kann.
Im Hof knallte der fürstliche Leibkutscher auf dem Bock der ersten Kutsche mit der Peitsche, als alle Teilnehmer der Reisegesellschaft in den Wagen saßen, und der kleine Zug setzte sich in Bewegung. Erbfürstin Louise flüsterte der ihr gegenübersitzenden Hofdame und Freundin rasch etwas zu und befahl dann laut dem Kutscher:
»Mach Er einen kleinen Umweg durch die Rheinstraße, Kutscher, und halte Er vor dem Haus Breuer!«
Charlotte von Lützow kam sich vor, als träume sie, während sie aus der Kutsche kletterte und das Haus ihres heimlichen Verlobten betrat, von einem freundlichen und nachdrücklichen Winken ihrer Herrin ermuntert. Diese blieb ruhig in der Kutsche sitzen. Noch nie hatte Charlotte das Wagnis auf sich genommen, Philipp in seinem Haus zu besuchen, aus Rücksicht auf das Stadtgespräch, das ein solcher Besuch unweigerlich auslösen und ihrem guten Ruf schaden würde. Jetzt aber, wenige Augenblicke vor dem endgültigen Verlassen Neuwieds, war ihr das alles gleichgültig geworden. Nur noch eines zählte: sie mußte Philipp noch einmal wiedersehen und sich von ihm für ein paar Wochen oder Monate verabschieden. Sie mußte ihn noch einmal von Angesicht zu Angesicht ihrer unwandelbaren Liebe und ihrer festen Zuversicht auf baldige glückliche Vereinigung versichern, sie mußte sich von ihm einmal noch in den Arm nehmen und küssen lassen. Dann war sie innerlich gewappnet für alles, was die Zukunft an Widrigkeiten für sie in ihrem Schoß bergen würde.
Als Charlotte nach nur wenigen Minuten Aufenthalt im Haus Breuer wieder zu der Erbfürstin in die Kutsche stieg, sprach sie kein Wort. In ihrem Gesicht glänzte der stille Widerschein ihrer Liebe, die sie soeben bestätigt bekommen hatte. Louise war zartfühlend genug, ihre Hofdame im Sturm ihrer Empfindungen nicht zu stören.
Entsprechend einer erst während der kurzen Wartezeit flüsternd von der Erbfürstin empfangenen Instruktion lenkte der Kutscher seine Pferde nicht auf die holprige Straße an der Wied entlang, wo es nach Schloß Monrepos ging, sondern er schlug den Weg ein, der nach Engers führte, bald aber davon abzweigte und in einigen Kehren die Rheinhöhe nach Anhausen zu erreichte.
»Wir reisen nicht nach Morepos, liebe Kinder«, klärte Erbfürstin

Louise ihre beiden Lieblinge auf, die Prinzessinnen Caroline und Louise, die mit in der Kutsche saßen und erstaunt den anderen Weg registriert hatten. »Wir wollen heute nach Dierdorf. Im Schloß der Grafen von Wied-Runkel, unserer Verwandten, werden wir übernachten. Und ab morgen, meine lieben Kinder, fahren wir über Altenkirchen und Siegen weiter nach Schloß Berleburg. Euer Onkel, mein Bruder, der regierende Reichsgraf Christian Heinrich zu Sayn-Wittgenstein-Berleburg, hat uns schon lange eingeladen, ihn zu besuchen. Er muß doch endlich einmal seine reizenden Nichten und Neffen kennenlernen. Schaut euch noch einmal um, Kinder, wie es in Neuwied aussieht! Wir werden eine ganze Weile in Berleburg bleiben.«

6

In der Feiertagsstille am Nachmittag dieses Sonntags im Spätseptember wirkte das Klopfen an der Haustür unnatürlich laut. Philipp Breuer hörte es bis in sein Stübchen, in das er sich zurückgezogen hatte, um einen Brief nach Hamburg zu schreiben. Vor wenigen Tagen hatte sein Vater von seinen Geschäftsfreunden Schuback & Matthiesen aus Hamburg ein Schreiben erhalten, dem ein kleines Briefchen aus weiblicher Hand beigefügt war. Charlotte von Lützow hatte darin überglücklich mitgeteilt, daß sie wohlbehalten in der Hansestadt Hamburg angekommen sei und nun im Hause Matthiesen, von der Hausfrau und deren Töchtern liebevoll umsorgt, ungeduldig die Ankunft ihres Philander erwarte. Philipp hatte schon die Anrede geschrieben: *Meine herzallerliebste Freundin ...* – doch weiter sollte er mit seinem Brief an diesem Tag nicht kommen.

Schritte kamen die Holztreppe herauf, und es klopfte zaghaft an seiner Tür. Auf sein »Herein« trat die Jungfer Elisabeth ein, mit einem Gesicht, in dem Überraschung, Freude, aber auch etwas Verlegenheit zu lesen war.

»Gnädiger Herr«, meldete sie schüchtern, »da ist ein Soldat, der Sie bittet, ihm gnädigst eine Unterredung zu gewähren.« Sie konnte sich nicht enthalten hinzuzufügen: »Es ist der Wilmluisch Schneider!«

»Herein mit ihm«, rief Philipp erfreut. Zaghaft trat der Bauernsohn aus Thalhausen ein, der nun kein Musketier mehr war, sondern zu den Grenadieren des fürstlich-wiedischen Regiments gehörte. Mit militärischer Ehrenbezeugung grüßte er den jungen Herrn. Unbeholfen entschuldigte er sich für die Störung, doch Philipp wischte die Verlegenheit des Besuchers hinweg, indem er ihm herzlich einen Stuhl anbot. Dann hatte Wilmluisch noch eine Bitte: Ob die Jungfer Elisabeth bei der Unterredung dabei bleiben dürfe, es ginge auch sie an. Mit rotem Kopf nahm Elisabeth auf Philipps Aufforderung auf der Kante eines anderen Stuhles Platz.

Nach diesen Einleitungen wartete Philipp gespannt, was er zu hören bekommen würde. Es war nichts Gutes. Bescheiden bat Wilmluisch seinen gelehrten und vornehmen Bekannten, ihm doch zu helfen, vom Militär wieder freizukommen. Ob er so gütig sein wolle, ihm ein entsprechendes Gesuch zu schreiben?

Erschüttert vernahm Philipp Breuer den Grund dafür. Wilmluischs Vater, der Gerichtsschöffe und Bauer Klosenwöllm Schneider von Thalhausen, war vor ein paar Tagen gestorben. Ein Bauer, der mit seinem Fuhrwerk Bauholz in die Stadt fuhr, hatte die Nachricht aus dem Heimatdorf mitgebracht und auf Bitte von Mutter Dottchen ihren Sohn in der Kaserne besucht. Der Vater war im August vom Schlag getroffen worden, als ein Hausierer unwissentlich von der über den Musketier Schneider verhängten Prügelstrafe erzählt hatte. Danach hatte Klosenwöllm noch einige Wochen im Bett gelegen, gelähmt und unfähig zu sprechen, bis schließlich Gott ihn aus dem irdischen Jammertal abgerufen hatte. Nun stehe die Familie ohne Ernährer und der Hof ohne Bauer da, denn der jüngere Bruder sei erst dreizehn Jahre alt, berichtete Wilmluisch traurig. Dabei sei sein Vater noch gar nicht so alt und sehr kräftig gewesen. Nur in der Annahme, daß in zehn oder fünfzehn Jahren der Bruder Fräs einmal den Hof übernehmen werde – und um die Teilung des dazu viel zu kleinen Anwesens zu vermeiden –, habe er sich auf Dauer als Soldat verpflichtet.

»Was wird aus dem Land, was wird aus dem Vieh, was wird aus meiner Mutter, meiner kleinen Schwester und meinem Bruder?« stieß Wilmluisch fast schluchzend hervor. »Ich kann doch nicht zulassen, daß sie betteln gehen müssen!«

Philipp Breuer drückte dem jungen Soldaten stumm und teilnehmend die Hand, und die Jungfer Elisabeth, der das alles genauso neu war wie ihrem jungen Herren, fuhr mit ihrer Schürze an die Augen. Eine Weile schwiegen die drei jungen Leute.

Dann sagte Philipp entschlossen:

»Hier muß geholfen werden, Wilmluisch, und zwar schnell und gründlich. Ich bin froh, daß Sie zu mir gekommen sind. Wir haben vor einem halben Jahr so viel zusammen erlebt, daß ich mich freue, ein wenig von der Schuld abtragen zu können, in der das Haus Breuer bei Ihnen steht. Wir werden sofort ein Gesuch auf Entlassung aus dem fürstlichen Militär aufsetzen, und zwar an Serenissimus höchstpersönlich. Wer weiß, welche Stricke Ihnen sonst erneut von Ihren Vorgesetzten daraus gedreht werden.«

Und schon nahm der Kaufmannssohn ein Blatt Papier aus seinem Schreibsekretär und tunkte die Gänsefeder in das Tintenfaß. Schwungvoll und in sorgfältigster Kanzleischrift schrieb er die Anrede, wie sie jeder »Briefsteller für die gehobenen Stände« bei Schreiben an einen regierenden Fürsten verlangte: *Durchlauchtigster Fürst, gnädigster Fürst und Herr!*

Dem schreibgewandten jungen Mann fiel es nicht schwer, in den notwendigen untertänigen Wendungen die verzweifelte Lage des Grenadiers Schneider darzustellen und das Gesuch um Entlassung zu begründen. Schließlich las Philipp den beiden Zuhörern sein Werk vor, und er war selbst beeindruckt von seiner Eindringlichkeit.

»Unser Fürst Alexander müßte nicht er selbst sein, wenn er diese Bitte ablehnen sollte«, meinte er.

In seiner schlichten Art bedankte sich Wilmluisch bei Philipp und meinte dann leise, fast bedauernd:

»Es geht nicht anders, ich muß wieder nach Hause. Dabei war ich gerne Soldat. Jetzt beim Herrn Leutnant von Roeder habe ich es auch wieder gut. Mein voriger Hauptmann sieht mich wohl noch böse an, aber er hat mir nichts mehr zu befehlen. Ich wäre gerne im Regiment geblieben, selbst nach dem Schreck von neulich. Ich habe ja nie geahnt, daß ich damit etwas Böses tun könnte, als ich Euch, Jungfer Elisabeth, versprach, Euer Mann zu werden, und ich glaube es auch heute nicht. Unser gnädigster Fürst hat mich ja auch begnadigt. Ich dürfte sogar heiraten, wenn ich vierundzwanzig Jahre alt bin, hat er geschrieben. Elisabeth, wollt Ihr auch einen Bauern heiraten, der keine schmucke Uniform trägt? Wollt Ihr noch zwei Jahre warten? Dann bin ich so alt, daß wir vor den Traualtar treten können.«

Dabei blickte der Soldat dem Mädchen offen in die Augen. Obwohl der junge Herr mit im Raum saß und das Liebespaar mit leisem Lächeln ansah, ergriff Elisabeth die Hand ihres Wilmluisch, drückte sie fest und sagte ernst und ohne Umschweife:

»Ja, Wilmluisch, ich werde warten, solange Ihr wollt!«

7

Im kleinen Salon des Hauses Breuer herrschte Schweigen. Das letzte Licht des Abendrots schien durch die kleinen Fensterscheiben und ließ den Wein in den Gläsern geheimnisvoll aufleuchten. Philipp Breuer und seine Eltern saßen zusammen um den Tisch und hingen ihren Gedanken nach.

Ein gutes Jahr hatte die Zeit zu Hause nur gedauert, überlegte Philipp melancholisch, eine Zeit, von der er selbst und seine Eltern angenommen hatten, daß sie ein ganzes Leben währen würde. Morgen früh ging das Marktschiff nach Köln, das letzte in diesem Jahr. Es war zwar schon fast Ende Oktober, aber Schiffer Jacob Brodt hatte versichert, daß Philipp trotz der fortgeschrittenen Jahreszeit noch sicher nach Köln und von dort aus weiter nach Amsterdam kommen werde. Dorthin sollte sein Sohn fahren, hatte der Kaufmann Breuer allen seinen Bekannten erzählt, um bei Geschäftsfreunden Gelder zu erheben und neue Geschäftsverbindungen anzuknüpfen. In Wahrheit würde Philipp das erste Segelschiff von Rotterdam oder Amsterdam nach Hamburg nehmen. Dies war ein Abschied fürs Leben oder wenigstens für viele, viele Jahre, das war den drei schweigenden Menschen im Salon klar. Wenn Philipp je einmal zurück nach Neuwied kommen sollte, dann höchstens für einen kurzen Besuch. Und solange in Neuwied der Obrist von Lützow lebte, war an eine Rückkehr des jungen Ehepaares Breuer in die Residenz ohnehin nicht zu denken. In Hamburg, als Gehilfe und später vielleicht einmal als Partner der Geschäftsfreunde seines Vaters, in der Firma der Westindienkaufleute Schuback & Matthiesen, würde Philipp sein Leben von Grund auf neu aufbauen müssen. Vater Breuer sog an seiner Tonpfeife und blies eine große Rauchwolke in den Salon. Langsam sagte er:

»Firma J. W. Breuer & Sohn – so hätte mein Lebenswerk bald einmal heißen sollen. Das ist nun vorbei.«

Tiefe Resignation sprach aus Worten und Tonfall des Kaufmanns.

Erschüttert kniete Philipp vor seinem verehrten Vater nieder, faßte dessen Hände und legte den Kopf in seinen Schoß.

»Herr Vater, verzeihen Sie mir«, stammelte er, »aber ich kann nicht anders. Sie wissen das ja. Ich wollte so gerne bei Ihnen lernen, wie man ein erfolgreicher Kaufmann wird. Vielleicht werde ich das auch einmal, in Hamburg. Aber ich könnte das nur, wenn ich mit meinem Lebensglück, meiner Charlotte vereint bin.«

Sanft legte Vater Breuer seine Hand auf den Kopf des Sohnes.
»Das haben wir ja alles schon so oft besprochen, Philipp. Ich kenne und respektiere deine Gefühle, mein Sohn. Deswegen habe ich dir und deiner Phyllis ja auch den Weg nach Hamburg geebnet. Mach dir keine Gewissensbisse. Ich selbst habe es so gewollt. Vielleicht bin ich auch selber daran schuld. Ich hätte dich nicht zum Studium nach Würzburg und hinterher nach Paris und Amsterdam schicken sollen. Dort hast du Dinge gelernt, die zu groß sind für unser kleines Fürstentum.«
Philipp hob den Kopf. Mit Tränen in den Augen blickte er seinen Vater an. Dieser zog ihn sacht aus seiner knieenden Stellung empor und schob ihn wieder auf seinen Stuhl.
»Ich habe mich mit den Verhältnissen hier arrangiert, Philipp«, setzte Johann Wilhelm Breuer leise seine Gedanken fort. »Ich denke mir mein Teil und suche meine Freiheit dort, wo ich es ohne Schaden kann. Ich bin zu alt, um mit dem Kopf durch die Wand zu gehen. Aber du gehörst zu einer anderen Generation. Du brauchst die Luft der Freiheit, der Freiheit von überholten Konventionen und unduldsamem Glaubenseifer. Unser Fürst Alexander ist gewiß ein aufgeklärter und toleranter Monarch, einer der besten, die es im Reiche gibt. Aber er kann auch nicht aus seiner Haut, aus seinem Adelsstolz, und er kann vor allem nicht in wenigen Jahren Mauern umstoßen, die Dutzende von Generationen vor ihm aufgebaut haben. Hamburg liegt an der See. Dort ist man weltoffen und kennt nicht so viele Schranken wie hier. In Hamburg ist man stolz, *keine* landsässigen Freiherren und Grafen zu haben. Dort sind die Kaufleute der Adel. Du wirst dich wohlfühlen in Hamburg, mein Junge, du und deine Charlotte.«
Vater Breuer hob sein Weinglas. Leise klirrten die Pokale aneinander. Wieder war Stille im Raum. Es war alles gesagt.

Epilog

Neuwied, am 30. Novembris im Jahre des Herrn 1786.

Meine lieben Kinder!

Euer Brief vom 5. currentis hat mein Herz und das Eurer Mutter erfreut. Daß unsere Enkeltochter Sophia nach meiner Frau heißen soll, ist uns ein Zeichen für Deine kindliche Verbundenheit mit Deinen Eltern, lieber Philipp. Du weißt, daß es uns nichts ausmacht, wenn es in unserer Familie nun auch eine lutherische Sophia Breuer gibt. Gott sieht nach dem Herzen und nicht nach dem Meßbuch. Grüße Deine liebe Frau Charlotte von uns, die Dir eine Tochter und uns ein Enkelkind geschenkt hat. Wir beten, daß es ihr gut gehen möge und daß Ihr weiter miteinander glücklich seid.
Mit Stolz erfüllt mich auch Deine Mitteilung, lieber Philipp, daß Du in Kürze als weiterer Teilhaber in die alte Hamburger Firma Schuback & Matthiesen aufgenommen werden sollst. So kommt der Name Breuer doch wenigstens dort zu Ansehen, wenn ich hier einmal die Augen schließe.
Hier in unserem Haus ist es still geworden, seit vor sechs Wochen unsere immer fröhliche und willige Jungfer Elisabeth nach Thalhausen gezogen ist, um ihren Wilmluisch Schneider zu heiraten. Ich habe für ein nicht zu knappes Hochzeitsgut gesorgt und sie selbst in der Kutsche nach Thalhausen gebracht und war bei ihrer Hochzeit in der Kirche zu Anhausen dabei. Wilmluisch schickt Dir in tiefer Dankbarkeit seine respektvollen Grüße.
Vor einiger Zeit kam auch Nachricht vom Reichskammergericht in Wetzlar, daß der Prozeß der Anhäuser Märkerschaft und anderer Kirchspiele mit dem Landesherrn um die Waldrechte und andere Streitfragen zu Ende ist. Man hat einen Vergleich geschlossen. Die Bauern jubeln darüber, daß das Gericht verfügt hat, der Fürst müsse die zu Unrecht erhobene Verdoppelung der Monatssteuer rückgängig machen und rückwirkend bis Anno 1700 das so unrechtmäßig eingenommene Geld zurückzahlen. Weil der Fürst das unmöglich kann, haben die Bauern in dem Vergleich darauf verzichtet, sich dafür aber andere Vorrechte im Märkerwald ausbedungen, die sehr weit gehen. Ein wenig warst ja auch Du, lieber Sohn, an diesen Auseinandersetzungen beteiligt; ich denke, daß diese Nachricht Dich interessieren wird.

Unsere liebe Schwiegertochter wird es interessieren, daß ihre einstige Herrin, die Erbfürstin Louise, vor kurzem aus Berleburg nach Neuwied zurückgekommen ist und sich, wie es heißt, mit dem Erbfürsten ausgesöhnt hat. Wie lange diese Aussöhnung allerdings halten wird, wage ich nicht zu prophezeien. In Kreisen, die dem Hof nahestehen, munkelt man, daß es mehr die inständigen Bitten Serenissimi, zurückzukommen, und das Pflichtgefühl der hohen Dame dem Haus Wied gegenüber gewesen sind, die ihren Sinneswandel veranlaßt haben.
In meinem Geschäft ist alles wohl. Wenn indischer Pfeffer für weniger als 360 Mark hamburgisch für den Ballen von 300 Pfund zu haben ist, veranlasse doch bitte eine Sendung von drei Ballen nach hier so früh wie möglich im Frühjahr. Es herrscht viel Nachfrage danach.
In steter Liebe umarmen Euch drei in Hamburg Eure Mutter und Euer oft an Euch denkender Vater

Johann Wilhelm Breuer.

Inhalt

Vorwort 5

Sommer am Rhein 9

Ein Tag des Herren 38

Schloß Monrepos 59

In Bedrängnis 80

Unter der Regimentsfahne 105

Liebe, Geburt und Tod 129

Der Ball auf Schloß Engers 152

Ein Jahr klingt aus 176

Große Sorgen, kleine Sorgen 196

Die große Flut 215

Aufruhr und Empörung 238

Der Baron aus Schweden 257

Klosenwöllms Rache 284

Im Glanz der neuen Krone 307

Abschied 328

Epilog 348

ERZÄHLTE GESCHICHTE

JETTA SACHS

Band 1

Leocadie – die Löwenherzige

424 Seiten, Leinen

Band 2

Leocadie – die Gesandtin des Königs

416 Seiten, Leinen

Band 3

Leocadie – im Schatten der Ulme

424 Seiten, Leinen

Die Heldin dieser brillant erzählten Romantrilogie wird zur gleichen Stunde wie der Preußenkönig Friedrich II. geboren. Beide »Sternengeschwister« begegnen sich an entscheidenden Schnittpunkten ihres Lebens.

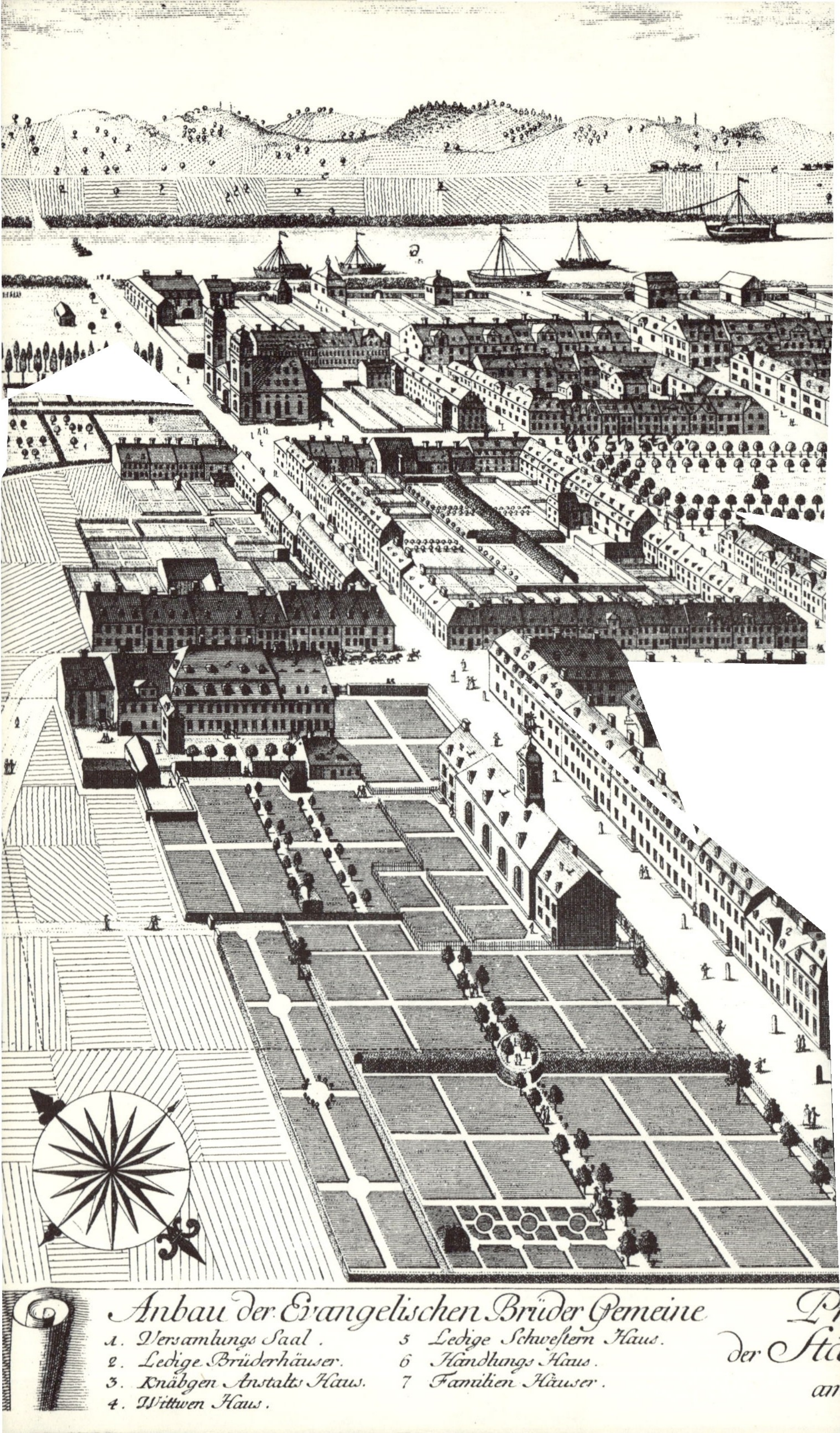
Anbau der Evangelischen Brüder Gemeine
1. Versamlungs Saal.
2. Ledige Brüderhäuser.
3. Knäbgen Anstalts Haus.
4. Wittwen Haus.
5 Ledige Schwestern Haus.
6 Handlungs Haus.
7 Familien Häuser.
der